U0647080

编 委 会

顾　　　问　刘魁立

编委会主任　杨建新　郑孟状

副　主　任　张根福　叶　菁　王　淼　张　雁

主　　　编　陈华文　施俊天

副　主　编　杨和平　彭　纲　孙发成（执行）

编　　　委（按姓氏笔画排序）

　　　　　　王巨山　叶　涛　刘修敏　孙发成

　　　　　　李　虹　杨和平　陈华文　陈映婕

　　　　　　林敏霞　钟朝芳　施俊天　祝汉明

　　　　　　彭　纲　彭伟文

浙江师范大学
浙江省非物质文化遗产研究基地　编

第十五辑

非物质文化遗产研究

集刊

陈华文　施俊天　主编

ZHEJIANG UNIVERSITY PRESS
浙江大学出版社
·杭州·

图书在版编目（CIP）数据

非物质文化遗产研究集刊. 第十五辑 / 陈华文,
施俊天主编. -- 杭州：浙江大学出版社，2022.12
ISBN 978-7-308-23371-2

Ⅰ. ①非… Ⅱ. ①陈… ②施… Ⅲ. ①非物质文化遗
产－研究－中国－丛刊 Ⅳ. ①G122-55

中国版本图书馆CIP数据核字(2022)第239357号

非物质文化遗产研究集刊（第十五辑）
FEIWUZHI WENHUA YICHAN YANJIU JIKAN（DI-SHI WU JI）

陈华文　施俊天　主编

责任编辑	平　静
责任校对	汪　潇
封面设计	周　灵
出版发行	浙江大学出版社
	（杭州市天目山路148号　邮政编码　310007）
	（网址：http：//www.zjupress.com）
排　　版	杭州林智广告有限公司
印　　刷	浙江省邮电印刷股份有限公司
开　　本	880mm×1230mm　1/32
印　　张	13.25
字　　数	368千
版 印 次	2022年12月第1版　2022年12月第1次印刷
书　　号	ISBN 978-7-308-23371-2
定　　价	68.00元

版权所有　翻印必究　　印装差错　负责调换

浙江大学出版社市场运营中心联系方式：0571-88925591；http：//zjdxcbs.tmall.com

目　录

非物质文化遗产影像与传统文化研究

非物质文化遗产与人才培养研究

非物质文化遗产与产业发展研究

非物质文化遗产个案调查与研究

传统音乐研究

国家级"非遗"壮族三声部民歌生态审美及译配①

杨 洋 覃祥周 梁惠梅②

（浙江科技学院，浙江杭州，310023；《三月三》杂志社，广西南宁，532800；玉林师范学院，广西玉林，537000）

摘 要：国家级非物质文化遗产"壮族三声部民歌"系我国多声部音乐文化瑰宝。综合运用音乐学、音韵学、文学、文化学、生态美学、生态伦理学的相关原理解析了其艺术特色及生态审美形构，并从"诗乐会通""元功能对等"与"生态适应选择"多层面、多向度、跨界面探寻了英译之理路。主张"以歌译歌、形神兼具"为基准，"异化优先、归化相辅"为策略。一定程度上，"诗乐会通""元功能对等""生态适应选择"合力作用，让译词、原歌、原歌旋律三维一体、三线合一可期，也让三声部民歌英译入于化境可望。经此，以期为壮族三声部民歌传承、传播与发展另辟蹊径。

关键词：壮族三声部民歌；诗乐会通；元功能对等；生态适应选择

①基金项目：广西哲学社会科学规划研究课题"生态审美下壮族三声部民歌译介研究"（18FMZ001）阶段性成果。
②作者简介：杨洋，浙江科技学院外国语学院教授、外国语言文学博士，中国民间文艺家协会会员。覃祥周，《三月三》总编，广西山歌学会会长，广西民间文艺家协会副主席，中国翻译协会理事，广西翻译协会副秘书长。梁惠梅，玉林师范学院外国语学院副教授，文学硕士。

国家非物质文化遗产目录"壮族三声部民歌"[①]发祥聚集于广西南宁马山县，其发现填补了东方少数民族没有多声部民歌之空白[②]。它是壮族同胞千百年来社会生活、艺术智慧与思想精神的结晶，亦是我国多声部音乐文化瑰宝。近年，随着社会生活变迁，壮族三声部民歌赖以生存和发展的自然与人文环境日渐变异、消失。目前，仅在马山东部古寨乡、里当乡和古零镇等地传唱，其他地方已很难听到。因此，创新传承、发展与弘扬壮族三声部民歌已刻不容缓。为此，本研究基于生态美学圆观宏照，综合应用生态音乐学、功能语言学、元功能对等论及生态翻译学相关原理，多层面、多向度、跨界面探讨其艺术品性及译介，以期为壮族三声部民歌的传承、传播与发展另辟蹊径。

一、壮族三声部民歌艺术品性

壮族三声部民歌系壮族人民自发创作、自由传唱的独特声乐体裁与艺术形式。其中最具代表性的当是马山"三顿欢"或"三跳欢"，被誉为壮族三声部民歌"活化石"，亦为中国多声部音乐文化瑰宝。从源头看，马山"三顿欢"系在壮族二声部音乐基础上创新发展而来。也就是在第一、第二主旋律声部基础上，加入当地特有的衬词并以长时值音演唱作为第三声部。下面以马山"三顿欢"为例，从旋律、歌词、演唱方式等方面分析广西壮族三声部民歌的艺术品性。

（一）壮族三声部民歌音调旋律特色

壮族三声部民歌旋律结构遵循"主导－随从"音调关系，高音声部（第一声部）为主导旋律，中音声部（第二声部）、低音声

---

①《国务院关于公布第二批国家级非物质文化遗产名录和第一批国家级非物质文化遗产扩展项目名录的通知》国发〔2008〕19号（传统音乐，61Ⅱ–30多声部民歌），http://www.gov.cn/zwgk/20008–06/14/content_1016331.htm，2008年6月7日。

②覃荣：《广西马山县壮族三声部民歌调查报告》，《歌海》2005年第7期。

部（第三声部）为随从旋律。以下以《生活美如霞》为例。

生活美如霞

范西姆 记谱
韦显珍 编词

1=C 2/4 3/4

（谱例）

上谱显示：《生活美如霞》三声部分工明确，第一声部承担主旋律任务，主导全歌主旨；第二声部"随从"第一声部，以相近节奏和稍低音区陪唱，展现变化形态；第三声部系前两个声部的陪衬，通过悠长的音调哼唱"吔""哼""咧""嗨""哼""哪"等衬词与长时值音陪衬、烘托，形成优美的和声效果。总之，三声部分工明晰，相互协调与补充；三个声部旋律发展方向统一，三者交叉穿行，节奏上互相补充；歌曲曲调音调柔和，旋律调动不大，音乐风格也较为相似、统一，呈现出亲密无间的和谐之美。

（二）壮族三声部民歌歌词特色

壮族三声部民歌歌词来源于独具特色的壮乡文化传统、风俗习惯以及日常生活。首先，歌词内容有反映壮乡人民的劳动本色，有折射朴实人生哲理，有描述男女思恋与互相倾慕，有叙述生活苦情或表达寄情山水之志。比如，壮族三声部民歌《蓝天广朗朗》①中的"个天广朗朗，父母恩情广"，告诫人们要感恩父母，孝顺父母，体现了朴实的人生哲理。《兄弟得同心》②（三步欢）把中华传统美德"兄弟同心，其利断金"呈现出来：兄弟能同心，比金还顶用；人人讲文明，一定得欢荣。而《长工苦》③（三顿欢）：

> 别人来世上，得欢乐（啰），
>
> 我却穷到（啊）死，不求得（啰）发（哈）财，
>
> 兄弟吃艾菜（啰），代代都辛苦。

首先，《长工苦》歌词非常口语化，用直白通俗的语言抒发了歌者对繁重枯燥的体力劳动的哀叹，诉说了自己身处穷困生活的痛苦和叹息，传递了歌者勇于追求富足生活的心声，以及对美好未来的向往，同时，也用歌声缓解了劳动的紧张强度，化解了生活的苦闷情绪。

其次，壮族三声部民歌歌词注重押韵，符合音乐节拍，为歌曲增添了韵味，独具民族特性和艺术魅力。其第一、第二声部为正词，常使用五言四句、五言六句或五言八句。这种五言句体和对仗的押韵使歌词朗朗上口，易唱易听，为壮族三声部民歌增添了一种音韵美。比如《思念年连年》④第一声部：

① 廖昆铭、楚卓：《壮族三声部民歌》，北京科学技术出版社，2013，第 57 页。
② 同上书，第 31 页。
③ 同上书，第 54 页。
④ 苏慧慧：《壮族民歌选译（壮汉英对照）》，广西人民出版社，2017，第 11 页。

阿哥在哪里？妹思与哥连，

青菜当肉吃，不用放油盐。

与哥离别前，见哥心就甜，

妹思与哥连，思念年连年。

歌词五言八句，对仗工整，除了第一、三句，全歌各行均押尾韵 ian，唱起来朗朗上口，听起来极具音韵之美、意象之美与形式之美。

最后，壮族三声部民歌浓重的抒情性与民歌中意象运用分不开，各种意象隐含于一些生活歌、爱情歌中，常常以花、鸟、虫、鱼等自然之物作为其关联的意象。这些意象蕴含着歌唱者浓烈的情感，传达着他们的心声，富有表现力和艺术的审美性，成了壮族三声部民歌传情达意不可或缺的因素。

（三）壮族三声部民歌演唱风格

壮族三声部民歌常多人演唱。一声部多为主旋律，二声部或三声部多为副旋律，其演唱形式多为一领众和，演唱现场氛围颇为热烈和壮观。无论在田间、村头还是歌墟，无论在劳动还是恋爱，无论有两人、三五人还是几十人甚至上百人，均可随口吟上一段多声部民歌，以歌当话、以歌代言、以歌助兴。多使用支声复调和声，形成三度和声风格。声音较为明亮甜美、婉转动听，或高亢或淡雅，独具浓厚的地方色彩。和声常用马山当地方言"哈"声，时值长短不定，比较随意，主要根据歌手自身的演唱情况，在明确主旋律的基础上，对音乐做即兴化的处理，比如改变其节奏、音程，或在曲调旋律上加花等等。壮族三声部民歌来源于民间，产生于百姓的劳动和生活中，唱词的节奏、旋律的高低随着劳动的频率、歌者的情绪起伏变化；偶尔的声部交错更多充满了临时性、偶然性、即兴性，使之感性多于理性，同时使演唱双方的主次地位形成了偶尔的互换，也充满了幽默感和情趣感；歌者通过娴熟的发声技术、歌唱技巧、情感表现、肢体配合来诠释每一个音符，用歌声抒发自己的情怀，传递民族文化精神，赋予音乐作品新的生命力。

　　总之，壮族三声部民歌曲调旋律悠扬，歌词意蕴深刻，对仗工整，韵律节拍整齐，体现了音韵美、意象美、形式美之和谐统一，具有丰富生态美学内涵。译配壮族三声部民歌，译者应着眼于其整体性，充分考虑其审美意蕴，最大限度地进行平仄律与音步之间的功能转换，才能全方位保留和传达壮族三声部民歌的神韵，从而达到壮族三声部民歌英译质量的最优化，以便传承壮族语言、音乐与文化，以提升壮族的民族自豪感与民族认同感。

二、壮族三声部民歌生态审美形构

　　生态美学从人与自然的审美关系出发，建立一种人与自然动态平衡、和谐共生的美学观。曾繁仁先生认为生态美学"是人与自然生态关系和谐的产物，它是以人的生态过程和生态系统作为审美关照的对象。生态美首先体现了主体的参与性和一种生命的共感与欢歌。它是人与大自然的生命和弦，而并非自然的独奏曲"①。这一界定概括了生态美本质：人与自然之间的一种和谐、平衡之美，具有和谐性、生命性和共生性的特征。壮族三声部民歌，一种具有独特民族性、地域性、原生性、活态性的声乐艺术，自然具有鲜明的生态美学特性，亦蕴含丰富的生态智慧与情感。

（一）自然之美在人类劳动中开显，在壮族三声部民歌中再现

　　首先，劳动创造了美，劳动具有审美价值。没有人类劳动，就无法把自然界的生态美和生态价值显现出来。比如，上山割草，一边唱一边割，歌谣节拍跟随着劳动的频率，表达出割草人的心情：

　　　　树在——悬崖——上

---

① 范西姆：《论壮族多声部民歌的形成与特征》，《广西民族研究》1986年第1期。

茅长——在陡——坡

你莫——嫌我——小

靠我——挂未——来

壮族三声部民歌中有大量的劳动歌谣，如《辛苦吟》《采桑歌》《风调雨顺》《庄稼丰收歌》。这与壮族人民的生存环境、劳动方式分不开。马山、上林地处广西中部大明山区，生产方式以传统农耕为主。长期以来，大多数的壮乡人民在山坡崖岭中从事着农耕劳作，发展条件有限，靠天吃饭是常态。

其次，壮族三声部民歌中有不少以崇尚自然为主题的民歌。如《大明山》[①]：

弄拉天然氧，人人岸，灵阳寺雄伟。

金伦洞感好，步步杯，随杯奔小康。

又如《山水和谐山歌飞》[②]：

山有水才灵，水有山才青；

山水和谐山歌飞，神州遍喜庆。

风调山生金，雨顺水流银；

山水和谐山歌飞，中华遍和韵。

歌词质朴大方，形象生动，真实地反映了壮乡人民强烈的环境保护意识以及构建和谐生态社会的美好愿景。

（二）生命之光、生活之美在壮族三声部民歌中回映

壮族三声部民歌源于生活，其曲调旋律清爽，表达内容丰富，抒发情感质朴。壮族三声部民歌歌曲种类繁多，涉及题材广泛，上至天文，下及地理，诸如政治、经济、历史、文化等社会生产生活方面面皆有一定程度的涉猎。比如婚丧嫁娶歌、庆生歌、寿宴歌、厌恶赌博歌、感谢歌、痛恨贪污腐败歌等。一些歌也富含生活智慧、哲理与教育意义。如《生活美如霞》："开口像朵花，

---

① 廖昆铭、楚卓：《壮族三声部民歌》，北京科学技术出版社，2013，第45页。
② 同上书，第81页。

·8·

笑哈哈，如水开闸，日子唱着过；多潇洒，生活美如霞。"[1]借助形象的比喻，教育人们保持乐观心态，积极向上，生活才会如晚霞一般绚烂。

此外，壮族三声部民歌还反映了壮族同胞对生活的信心，对未来的憧憬，对家庭的眷恋，对社会的责任感。如《金银花开满天香》[2]：

> 春天来了，百花满天挂，
> 只有芳香酷烈的金银花，
> 金银花吐露芬芳，美丽的花容灿烂如霞。
> 勤劳的蜜蜂在花海中飞舞，
> 飞不出花山，飞不出花山，
> 酿造生活美如画，生活美如画。

总之，壮族三声部民歌涵盖了生产、婚恋、族群繁衍、时政国策等各方面内容，被视为"百科全书式"文化宝库，对壮族文化的传承和保护发挥着重要作用。

（三）亲情之甜、爱情之蜜在壮族三声部民歌中酿成

壮族三声部民歌滥觞于原始社会，由早期劳动歌谣衍化而来，主题以亲情和爱情为主。千百年来，壮族人民用歌声表达心中的真挚情感，用歌声传递着亲情与爱情。比如《思念年连年》："阿哥在哪里？妹思与哥连，青菜当肉吃，不用放油盐。与哥离别前，见哥心就甜，妹思与哥连，思念年连年。"歌曲用朴素语言表达了一个女子对爱情的热烈追求和执着坚定，给人以巨大情感触动。

总之，作为一种壮族人民自发创作、自由传唱的独特的声乐体裁和艺术形式，壮族三声部民歌具有鲜明的生态美学特征，主要体现在自然与劳动之生态美，生命与生活之生态美，爱情与亲情之生态美三个方面，暗含"天人合一"的生态智慧和生态理想，

---

[1] 廖昆铭、楚卓：《壮族三声部民歌》，北京科学技术出版社，2013，第63页。
[2] 同上书，第75页。

与生态美学有很高的契合度。

三、壮族三声部民歌译配之理与路

（一）"切听""切唱"：壮族三声部民歌译配必由之路

壮族三声部民歌译配的终极目标是演唱。文字曲谱转化为音响艺术，需由演唱者来实现，在声乐作品演绎过程中，演唱者须经历三个阶段：（1）对歌词的语言进行分析，以便把握好作品主题；（2）对作品的音乐形象进行分析，包括曲式结构、旋律特点，以便更好地把握其情感基调；（3）在体悟作品的语言风格与音乐旋律所表现的特有的音乐色彩基础上，通过恰当的声乐技巧和演绎方式对声乐作品进行艺术处理和二度创作。[①] 因此，译词文本到真正演唱环节时，还需经演唱者推敲、变换、选择、修改。是否"切听"，是否符合译语听众听觉习惯，还有待检验。

（二）"以歌译歌，形神兼具""异化优先，归化相辅"：壮族三声部民歌译配准则与策略

壮族三声部民歌具独特民族性、地域性与艺术品性。其调式调性、句法结构、节拍节奏、旋律线条皆具独特个性。具言之，其调式单一，句法结构非方整性，歌词押韵巧妙，节奏节拍多变，旋律线条起伏不大，整体曲调平稳而不枯燥。该特性体现了壮族人民崇尚自然、向往自由、热爱生活、知足常乐、坚韧不拔的民族个性。因此壮族三声部民歌英译不仅要契合音乐、文学规律，还需跨越英壮语言文化、思维及审美差异。鉴于此，可以"以歌译歌"为基准，以"形神兼具"为理想。具言之，译词音韵、轻重音、语调走向与原歌旋律融为一体。为此，可以"异化优先，归化相辅"为策略，相应方法与技巧包括：直译、音译、意象转换、视角转换、形意互合等。

---

① 余笃刚：《声乐语言艺术》，湖南文艺出版社，2000，第6页。

（三）壮族三声部民歌译配方法与技巧

1. "直译"首选特色显

在不违背译语文化传统前提下，完全保留源语指称意义，亦即按照字面意思翻译，不做任何释义，以求内容与形式的统一。直译既能传达源语概念意义，又能再现源语民族文化信息，是丰富语言、促进文化交流的理想途径。因此，壮族三声部民歌中大量壮族文化词语，即可直译。例如：铜鼓（bronze drum）、铜鼓舞（bronze drum dance）、铜鼓文化（bronze drum culture）、桂西和桂西北（west and northwest Guangxi）、春节（Spring Festival）、红喜（red happiness）、白喜（white happiness）、天然氧吧（natural oxygen bar）、鸟纹钱纹铜鼓（bronze drum with bird and coin pattern）、失蜡法（lost-wax method）、花神（Flower God）、大皮鼓（a big hide drum）、扁担舞（shoulder-pole dance）、壮族群众（Zhuang people）。总之，基于人类语言、文化、认知、情感、思维、审美诸多共性与通约性，即便对象陌生，语境也会或多或少消除交流障碍，因此，直译是壮族三声部民歌译配首选方法。

2. "音译"和谐成"三美"

民歌的节奏律动，体现着一个民族的审美情趣与民族特性。壮族三声部民歌的节律也不例外，其彰显着壮族人民朴实、奔放、洒脱的性格特征。总体上，壮族三声部民歌节律不受周期性循环往复的节拍制约，而壮族语言节律的起止停顿，将均分律动与非均分律动巧妙结合，既有基本拍点，又比较自由，因此一般很难使多声合唱或重唱的各声部整齐划一。但壮族民间歌手们并未因此而任各声部随意处置，而是以高度灵活机动的手法，在散化、自由中求取各声部相互协调，从而获得整体上的完美统一。因此，译者在壮族三声部民歌译配过程中需对译词做适应性选择，同时协调分配歌曲的节奏律动。因为从音节看，壮语字词以单音节居多，常以元音结尾，且大多为开口音，英文单词有单音节、双音节、多音节之分，且多个辅音相连现象也很普遍，如此就增加了节奏的译配难度。为了最大限度地再现原歌风格、情绪，壮族三声部民歌译配应顺应和遵循壮语音韵特点，尽量让译词与原歌音节数相同或接近，尽可能用元音结尾的单词，尽可能避免句末多个辅音相连、影响旋律美感、增加演唱难度。为此，"音译"便是壮族三声部民歌译配常用方法和技巧之一，因为壮族三声部民歌中存在大量衬词与一些反映壮民族文化中特有事物的名词。例如：啰（luo）、咧（lie）、哈（ha）、欧（ou）、孔够（kong-gou）、芦笙（lusheng）、布努瑶（Bunu-Yao）、白裤瑶（Baiku-Yao）、蓝靛瑶（Landian-Yao）、弄拉（Nong-la）等。这些衬词一般出现在句中或句尾，起衔接过渡的桥梁作用，尤其腔多字少情况下，衬词能够让演唱变得更顺畅，更自然，更口语化，也更具审美情趣。此外，衬词还能烘托演唱者的思想感情和形象。本文认为"音译"衬词，亦即用汉语拼音注音替代原衬词，不仅可以保留原歌词音韵与源语文化内涵，还可再现和传播壮文化特质。以《金银花开满天香》①英译为例：

原文：《金银花开满天香》

译文：*The Honeysuckle Fragrance Pervades the Sky*

原文：嘹啰嘹啰嘹，嘹啰嘹啰嘹，

译文：Liao~luo，Liao~luo，Liao~luo，Liao~luo，

原文：嘹啰嘹，嘹啰嘹，嘹啰嘹，嘹啰嘹！嘹啰嘹！嘹啰嘹！

译文：Liao~luo~liao，Liao~luo~liao，Liao~luo~liao，Liao~luo~liao! Liao~luo~liao! Liao~luo~liao！

原文：春天来了，百花满天挂，

译文：As spring arrives，blossoms smile in the sky，

原文：只有芳香酷烈的金银花，

译文：Only sweet honeysuckle，

原文：金银花吐露芬芳，美丽的花容灿烂如霞。

---

① 廖昆铭、楚卓：《壮族三声部民歌》，北京科学技术出版社，2013，第75页。

译文：Its buds sprout as rosy clouds come out.

原文：勤劳的蜜蜂在花海中飞舞，

译文：Above the blossom sea are flying busy bees，

原文：飞不出花山，飞不出花山，

译文：They miss their way in the sea，

原文：酿造生活美如画，生活美如画。

译文：They make honey life as sweet as nectar.

原文：嘹啰嘹，嘹啰嘹，嘹啰嘹！

译文：Liao~luo~liao，Liao~luo~liao，Liao~luo~liao！

原文：开满金银花的地方是我美丽的家，

译文：Covered with honeysuckle is my beautiful hometown，

原文：美丽的家，嘹啰嘹！

译文：Beautiful hometown，Liao~luo~liao！

《金银花开满天香》一共四个小节。与典型的三声部民歌一样，第一小节歌词全是衬词，因此第一小节与第四小节中的衬词音译即可。

此外，一些壮族文化独有的文化负载词也可以直接用拼音标注。以《谷雨》①英译为例：

原文：谷雨种姜正当时，

译文：Grow the ginger in Grain Rain，

原文：清明种芋不宜迟，

译文：Plant the taro in Qingming，

原文：传分季节姆六甲，

译文：The four seasons Muliujia designed，

原文：二四节气便种植。

译文：Let the farming timely assigned.

这首民歌中的"清明"是中国传统节气，"姆六甲"系壮族人

---

① 周艳鲜：《广西壮族嘹歌壮语英译策略研究》，《广西民族大学学报》（哲学社会科学版）2012年第3期。

信奉的创世女神，皆中国特色文化词语，因此均通过拼音标注翻译。

3. 意象转换意重现

再以《金银花开满天香》第三小节为例，根据第一句"勤劳的蜜蜂在花海中飞舞"的语义前提，第二句"飞不出花山"中的"花山"实则是指上一句中的"花海"。因此，译者在处理此处译文时，进行意象转换，即：山→海。从而第二句译为"They miss their way in the sea"，这样处理可谓一箭双雕，不仅保持意象延续性与语义连贯性，而且使得本节中三句歌词最后一个单词"bee-sea-honey"均押尾韵，唱起来朗朗上口，听起来娓娓动听，音美十足，亦表达出歌者对未来美好生活的憧憬。

4. 视角转换生共鸣

不同文化对语言风格和表达方式产生了极大影响，使得语言运用的视角存在一定的差异，因此，在民歌译配时，译者要摆脱原语文化的传统思维模式，使译文的语言和风格更符合译语读者的语言习惯。这就要求译者在了解语言文化背景及视角差异的基础上，在翻译过程中进行视角转换。以《山水和谐山歌飞》[①] 为例：

一声部：

原文：欧欧嗨锐，欧嗨锐，欧嗨锐，欧嗨锐，欧嗨锐，欧欧嗨锐，欧嗨锐。

译文：Ou~ou~hi~rui, ou~hi~rui, ou~hi~rui, ou~hi~rui, ou~hi~rui, ou~ou~hi~rui, ou~hi~rui.

二声部：

原文：欧欧嗨锐，欧嗨锐，欧嗨锐，欧欧嗨锐，欧嗨锐，欧嗨锐，欧嗨锐。

译文：Ou~ou~hi~rui, ou~hi~rui, ou~hi~rui, ou~ou~hi~rui, ou~hi~rui, ou~hi~rui, ou~hi~rui.

---

① 廖昆铭、楚卓：《壮族三声部民歌》，北京科学技术出版社，2013，第81页。

一声部：

原文：山有水才灵，水有山才青；

译文：The water greens the hills, the hills clean the water;

原文：山水和谐山歌飞，神州遍喜庆。

译文：Harmonious water and hills make us Chinese smile.

原文：风调山生金，雨顺水流银；

译文：The wind and rain in time bring us hap and harvest;

原文：山水和谐山歌飞，中华遍和韵。

译文：Harmonious water and hills help us make a pile.

一声部：

原文：科学雨露催春早，

译文：Science spurs spring earlier,

原文：（欧嗨锐，欧欧嗨锐）

译文：(ou~hi~rui, ou~ou~hi~rui)

原文：发展旋律振鼓声。

译文：We advance with beating drum.

原文：（欧嗨锐，欧欧嗨锐）

译文：(ou~hi~rui, ou~ou~hi~rui)

原文：和谐百业旺，

译文：Harmony speeds us reviving,

原文：（欧嗨锐，欧欧嗨锐）

译文：(ou~hi~rui, ou~ou~hi~rui)

原文：和谐万事兴。

译文：Harmony speeds us reviving.

原文：（欧嗨锐，欧嗨锐，欧嗨锐）

译文：(ou~hi~rui, ou~hi~rui, ou~ou~hi~rui)

三声部：

原文：（欧欧嗨锐）科学雨露催春早，

译文：(ou~ou~hi~rui) Science spurs,

原文：（欧欧嗨锐）发展旋律振鼓声。

译文：(ou~ou~hi~rui) We advance.

原文：（欧欧嗨锐）和谐百业旺，

译文：(ou~ou~hi~rui) reviving,

原文：（欧欧嗨锐）和谐万事兴。

译文：(ou~ou~hi~rui) reviving.

一声部：

原文：科学彩云耀人间，

译文：Science lights us with glory,

原文：（欧嗨锐，欧欧嗨锐）

译文：(ou~hi~rui, ou~ou~hi~rui)

原文：发展潮声振征程。

译文：We advance with Spring Story.

原文：（欧嗨锐，欧欧嗨锐）

译文：(ou~hi~rui, ou~ou~hi~rui)

原文：和谐百姓喜，

译文：Harmony promotes us thriving，

原文：（欧嗨锐，欧欧嗨锐）

译文：(ou~hi~rui, ou~ou~hi~rui)

原文：和谐民族兴。

译文：Harmony promotes us thriving.

原文：（欧嗨锐，欧嗨锐，欧嗨锐）

译文：(ou~hi~rui, ou~hi~rui, ou~ou~hi~rui)

三声部：

原文：（欧欧嗨锐）科学彩云耀人间，

译文：(ou~ou~hi~rui)Science lights us，

原文：（欧欧嗨锐）发展潮声振征程。

译文：(ou~ou~hi~rui)We advance .

原文：（欧欧嗨锐）和谐百姓喜，

译文：(ou~ou~hi~rui)us thriving，

原文：（欧欧嗨锐）和谐民族兴。

译文：(ou~ou~hi~rui)us thriving.

译词配上原歌及旋律如下：

山水和谐山歌飞

Melodious folksongs resounding among the harmonious mountains and waters

蓝庆金 作曲
黄孟林 作词

欧　　欧嗨锐，　　　　欧嗨锐）
ou　　ou hi rui,　　ou hi rui)

山有　　水才灵，　水有山才
The wa ter greens the hills,　the hills clean the
风调　　山生金，雨顺水流
The wind and rain in time　bring us hap and

青；　山水和谐山歌飞，神州遍喜
water.　Har mo ni ous water and hills make us Chi nese
银；　山水和谐山歌飞，中华遍和
harvest.　Har mo ni ous water and hills help us make a

庆。　　庆。　科学雨露
smile.　smile.　Sci ence spurs
韵。　　韵。　科学彩云
pile.　pile.　Sci ence lights us

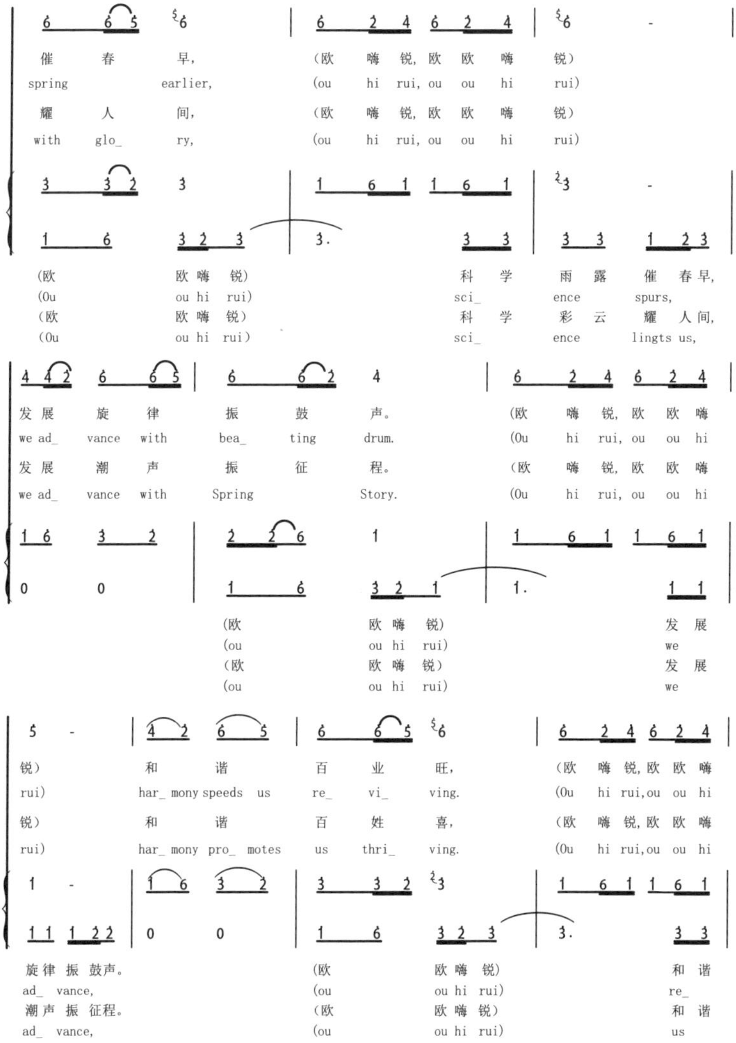
催 春 早，(欧 嗨 锐，欧 欧 嗨 锐)
spring earlier, (ou hi rui, ou ou hi rui)
耀 人 间，(欧 嗨 锐，欧 欧 嗨 锐)
with glo_ ry, (ou hi rui, ou ou hi rui)
(欧 欧 嗨 锐) 科 学 雨 露 催 春 早，
(Ou ou hi rui) sci_ ence spurs,
(欧 欧 嗨 锐) 科 学 彩 云 耀 人 间，
(Ou ou hi rui) sci_ ence lingts us,
发 展 旋 律 振 鼓 声。(欧 嗨 锐，欧 欧 嗨
we ad_ vance with bea_ ting drum. (Ou hi rui, ou ou hi
发 展 潮 声 振 征 程。(欧 嗨 锐，欧 欧 嗨
we ad_ vance with Spring Story. (Ou hi rui, ou ou hi
(欧 欧 嗨 锐) 发 展
(ou ou hi rui) we
(欧 欧 嗨 锐) 发 展
(ou ou hi rui) we
锐) 和 谐 百 业 旺，(欧 嗨 锐，欧 欧 嗨
rui) har_ mony speeds us re_ vi_ ving. (Ou hi rui,ou ou hi
锐) 和 谐 百 姓 喜，(欧 嗨 锐，欧 欧 嗨
rui) har_ mony pro_ motes us thri_ ving. (Ou hi rui,ou ou hi
旋律 振 鼓声。(欧 欧 嗨 锐) 和 谐
ad_ vance, (ou ou hi rui) re_
潮声 振 征程。(欧 欧 嗨 锐) 和 谐
ad_ vance, (ou ou hi rui) us

锐) 　和　谐　万　事　兴。
rui)　har_ mony speeds us　re_　vi_　ving.
锐) 　和　谐　民　族　兴。
rui)　har_ mony pro_ motes us　thri_　ving.

百　业　旺，
vi_　ving,
百　姓　喜，
thri_　ving,

（欧　　欧　嗨　锐）
（ou　　ou　hi　rui）
（欧　　欧　嗨　锐）
（ou　　ou　hi　rui）

（欧　嗨　锐，欧　嗨　锐，欧　　嗨　锐）
（Ou　hi　rui, ou　hi　rui, ou　　hi　rui）
（欧　嗨　锐，欧　嗨　锐，欧　　嗨　锐）
（Ou　hi　rui, ou　hi　rui, ou　　hi　rui）

和　谐　万　事　兴。
re_　vi_　ving.
和　谐　民　族　兴。
us　thri_　ving.

　　综观《山水和谐山歌飞》译词及曲谱，发现译词轻重音、语调走向与原歌、原歌旋律基本实现了三维一体、三线合一，原歌审美形构亦基本得以再现，也就是"以歌译歌、形神兼具"目标基本达成。

　　首先，为了顺应壮语音韵特点，最大限度地再现原歌风格、情绪，歌中的衬词全部采用"音译"，亦即用汉语拼音注音替代原衬词。

　　其次，由于壮族三声部民歌是一种与壮语紧密结合的，具独特民族性、地域性的声乐艺术，其译配不仅要符合音乐原理、依循文学规律，还需跨越中外语言、文化、思维及审美差异，因此，部分译词作了相应调配。比如，原文第二节第一句"山有水才灵，水有山才青"是一个对偶句，分别用了"灵"和"青"对"山"

和"水"进行对应修饰。这属于汉语常见修辞搭配。然而，在英文中，人们往往不会用"灵气"这种难以名状的修饰语来形容景物，而是使用一些比较具体的描述词，比如"绿色""清澈"。因此，汉译英时，要对修饰语进行相应的转化，即"山灵"和"水青"转化为"山绿"（green hills）和"水清"（clean water），化虚为实，抽象变具体，静态描述转动态描述。此外，为了顺应歌曲节奏和律动，单词合并、拆分与省略一些句子成分亦是歌曲译配之常用手段，合并指译配时压缩多个单词或多个音节以对应一个音符，拆分则相反。总之，"山有水才灵，水有山才青"再通过合并，减少译文节拍数，最后译为"The water greens the hills，the hills clean the water"。这样处理不仅更加符合英文表达性，而且更好地还原了原句的对偶结构以及音韵节拍。第三句"风调山生金，雨顺水流银"中的"生金""流银"押尾韵 ing，"金和银"如果直译为"gold and silver"，原来的音韵特色就荡然无存。因此，对押韵形式进行相应的转换，头韵替代尾韵，从而译为"hap and harvest"，然后在下一行再用更符合英文表达习惯的谚语"make a pile"进行增译，语义得到了充分的呈现，既"得意"，又"得形"，形意互合，音形相融。

最后，第三节中四句均使用了隐喻修辞格。如果把本体（科学）以及喻体（雨露、旋律、彩云、潮声）全都一一翻译出来，那么译文节拍数就会远远超过原句。这显然就违背了"以歌译歌"的民歌译配首要原则。因此，运用形象转换策略，把抽象的文学形象抽离出来，转换为具体的对象，只保留本体（science）。通过削减歌词的一点文学性为代价，获得更高的音韵价值。再借助一定的音韵技巧，比如头韵(science-spur-spring)、尾韵(glory-story)来实现韵律等值最大化，让译语听众获得同样的审美体验。

5. 形意互合形神俱

以《生活美如霞》①（"Live a happy life like the sunglow"）英译为例：

原文：（吔）开呀口像朵花过切笑哈哈，啊！

译文：（Yeah）open mouth like a flower，laughing ha~ha，ah!

原文：（吔）像朵花笑哈哈，

译文：（Yeah）like a flower，ha~ha~ha，

原文：吔~哼~

译文：Yeah~heng~

原文：如水啰开闸，日子唱沟着过，（吔俾依呃）

译文：Like water falling down from dam ,living by singing songs (yeah bi yi e)

原文：如水开闸，唱着沟过，（吔俾依呃）

译文：Like water from dam ,living by singing songs (yeah bi yi e)

原文：吔~呃~

译文：Yeah~e~

原文：多潇洒过是生活美啰，生活美如啰霞。

译文：Live a happy life like the sunglow，happy life like sunglow.

原文：多潇洒，生活美如霞。

译文：Live a happy life like sunglow.

原文：哼~哪~

译文：Heng~na~

译词配上原歌及旋律如下：

---

① 廖昆铭、楚卓：《壮族三声部民歌》，北京科学技术出版社，2013，第63页。

生活美如霞

Live a happy life like the sunglow

范西姆 记谱
韦显珍 编词

1=C 2/4 3/4

（吧）　开呀口　像朵花过　切笑　哈哈，啊！
(Yeah)　o　pen mouth like a flow_ er, laugh_ ing ha ha, ah !

（吧）　像　朵　花　笑哈哈，
(Yeah)　like a flow_ er, ha ha ha,

吧
Yeah

哼
heng

如水啰开闸　日子唱沟着过，　（吧俚依
like wa ter falling down from dam li_ ving by sing_ ing songs,　(yeah bi yi

如水开闸　唱着沟过　（吧俚依
like wa ter from dam li_ ving by songs　(yeah bi yi

吧
yeah

呃
e

呃）　多潇洒过是　生活美啰，　生活美如啰霞。
e)　live a hap_ py life like the sun_ glow,　hap_ py life like sun_ glow.

呃）　多潇洒，　生活　美如　霞。
e)　live a hap_　py life　like sun_　glow.

哼
Heng

哪
na

　　《生活美如霞》采用了壮族三声部民歌典型曲式，原歌词为三行三节句式结构。第一声部担任主旋律，主导全歌主旨；第二声部歌词"随从"第一声部，展示其变化形态；第三声部是陪衬，全部由衬词构成。而译文中，译者依循原文句式结构，一一对应，整齐划一，再现了原文"形美"，亦实现了形意互合，形俱神生。

四、结　语

国家级非物质文化遗产"壮族三声部民歌"系壮族民间音乐的璀璨明珠，亦为我国多声部音乐之文化瑰宝。当今信息时代，文化交融日益深入，传统文化面临严峻挑战。作为本土译者，我们有责任把壮族祖先留下的珍贵文化遗产向世界传播。由于壮族三声部民歌是文学性与音乐性统一体，因此，其译配不仅要依循文学翻译的规律、方法与原则，符合音乐原理，还需跨越两种不同的语言与文化背景，协调译词与原歌旋律的关系。为此，本文综合运用音乐学、音韵学、文学、文化学、生态美学、生态伦理学的相关原理解析其艺术特色及生态审美形构，并从"诗乐会通""元功能对等"与"生态适应选择"多层面、多向度、跨界面探寻英译之理路。认为应以"以歌译歌、形神兼具"为基准，以"异化优先、归化相辅"为策略，"诗乐会通""元功能对等""生态适应选择"合力作用，让译词、原歌、原歌旋律三维一体、三线合一可期，可望让三声部民歌英译臻于化境。

乡村振兴，请把目光投向民俗音乐[①]

吴远华　洪　欣[②]

（贵州民族大学音乐舞蹈学院，贵州贵阳，550025；贵州民族大学民族学与历史学学院，贵州贵阳，550025）

摘　要：民俗音乐是乡村文明的重要载体，在乡村振兴中有重要的多维价值。本文在文献分析的基础上，结合民俗音乐田野调查掌握的资料，论述民俗音乐助力乡村振兴的重要性与可行性，析理民俗音乐在乡村振兴中具有的经济、文化、社会和生态价值，并提出民俗音乐助力乡村振兴的可操作性路径。

关键词：民俗音乐；乡村振兴

党的十九大报告明确提出了以"产业兴旺、生态宜居、乡风文明、治理有效、生活富裕"为总要求的乡村振兴战略，全面推进乡村经济、政治、文化、生态建设，为新时代乡村振兴指明了新的方向、提供了根本遵循。中共中央、国务院印发的《乡村振兴战略规划2018—2022年》指出"实施乡村振兴战略是传承中华

①基金项目：2021年度国家社科基金艺术学一般项目"侗族音乐史研究（21BD058）"阶段性成果。

②作者简介：吴远华，艺术学博士，贵州民族大学侗族文化研究院研究员，民族学与历史学学院、音乐舞蹈学院硕士生导师。洪欣，贵州民族大学民族学与历史学学院2020级少数民族音乐方向硕士研究生。

优秀传统文化的有效途径"①，道出了中华优秀传统文化在乡村振兴战略中的重要性和必要性。作为中华优秀传统文化的重要组成部分，民俗音乐犹如乡村生活的一面镜子，映照出乡村社会生活的面貌，表现出乡村的精神文明内涵。我国是由 56 个民族组成的文明国度，每个民族都有承载着自身传统文化特质的民俗音乐。在新时代背景下，充分激活、用好民俗音乐资源，对于促进乡村经济增长、助力乡村人才振兴、坚守乡村生态本色、复兴乡村文化建设等具有重要意义。虽然，自"乡村振兴战略"提出与实施以来，学术界围绕乡村振兴进行了多角度、多层面、立体化的理论和实践探索，但其内容主要集中在乡村"产业""生态""组织"和"人才"方面，对"传统艺术"助力乡村振兴进行系统研究还处于起步阶段，特别在民俗音乐介入乡村振兴方面，有影响的研究成果更为鲜见。基于此，本文在乡村振兴背景下，以民俗音乐为对象，通过文献梳理和田野调查获取第一手资料进行分析，论述民俗音乐助力乡村振兴的重要性和可行性、多维价值和有效路径，以为新时代保护、传承好民俗音乐遗产，助推乡村振兴提供借鉴。

一、民俗音乐助力乡村振兴的重要性和可行性

（一）国家政策支持民俗音乐资源开发

中共中央、国务院印发的《乡村振兴战略规划（2018—2022年）》提出要"支持农村地区优秀戏曲曲艺、少数民族文化、民间文化等传承发展""积极开发传统节日文化用品和武术、戏曲、舞龙、舞狮、锣鼓等民间艺术、民俗表演项目"，足见传统音乐、民间艺术和民俗表演活动在乡村振兴中的重要性。《乡村振兴战略规划（2018—2022年）》还提出，"深入挖掘乡村特色文化符号，盘

---

① 中共中央、国务院印发《乡村振兴战略规划（2018—2022年）》，《人民日报》2018 年 9 月 27 日。

活民族和地方特色文化资源"。①民俗音乐是民俗活动与民族特色文化的载体，"作为民俗传统的象征符号和民俗生活化的原生艺术，在岁时节令、人生礼俗、民间信仰、社会交际、衣食住行、消遣娱乐等方面广泛应用"②。在促进乡村生态保护、推进乡风文明建设、提升乡村治理水平、推动乡村产业发展、提高人民生活水平诸方面有独特价值。

（二）乡村是民俗音乐赖以生存的场所

民俗是一个民族、一个地区民众生活中逐渐积累、相对稳固下来的，同时支配着一定范围中人们的那些有关生产、生活、艺术的某种程式或方式。乡村是民俗文化形成与发展的土壤，而民俗则是乡村文明的表现载体。作为民俗活动重要内容的音乐，自然与民俗之间紧密结合，相辅相成。民俗音乐伴随着民俗活动而存在，在生产生活民俗、岁时节日民俗、人生礼仪民俗和民间信仰民俗中被广泛应用。例如，侗族"拦路对歌""鼓楼对歌""坐夜对歌"等无不存在于侗族民俗活动中。乡村作为民俗音乐保护与传承的重要空间，开发以乡村为土壤的民俗音乐产业，既形成了民俗音乐特定的传承机制，使其自然运行，又拓宽了民俗音乐传承与保护的空间，达到民俗音乐可持续发展的目的。

（三）民俗音乐是乡村旅游的重要资源

民俗音乐形式多样，内容丰富，折射出乡村社会的生活面貌，反映出民族乡村的文化内涵。我国旅游业充分认识到民俗音乐文化对乡村旅游开发的独特价值，通过旅游开发，充分利用民俗音乐资源的经济价值，将民俗音乐的艺术魅力呈现出来，从而吸引更多的游客，促进民俗音乐旅游产业的创新与持续发展。在"文化兴旅"和全域旅游的背景下，乡村旅游业大力开发与利用民俗

---

① 中共中央、国务院印发《乡村振兴战略规划（2018—2022年）》，《人民日报》2018年9月27日。

② 陶思炎等：《民俗艺术学》，南京出版社，2013，第1页。

文化，既丰富了乡村旅游资源，又是民俗文化创造性转化和创新性发展的有效途径。而今，在全国各个乡村旅游景点中都能发现民俗音乐的身影，例如，肇兴侗寨中的侗族大歌，西江千户苗寨中的苗族芦笙，张家界的"魅力湘西"剧场，江山的村歌等。我们从这些走红的旅游景点中也能看出，民俗音乐资源与乡村旅游产业融为一体，对促进该地区经济发展有着重要的作用。

二、民俗音乐助力乡村振兴的多维价值

乔建中认为："在一般意义上，音乐与民俗有一种天然的亲缘关系，许多民俗（特别是婚丧嫁娶四大礼俗）离不开音乐，音乐也很少游离于特定的民俗"。[1]民俗活动蕴藏着许多社会历史内容，与民族乡村的自然、历史、文化、精神与观念紧密相连，是一个民族乡村文化的集中反映。许多民俗音乐不断地适应时代变迁，满足人民生活的需求传承至今。它的产生与发展，都与社会发展状况及其广泛的应用价值密切相连。民俗音乐不是独立存在的对象，而是与民俗生活紧密地联系在一起，汇聚着集民族乡村自然地理、人文历史、语言习惯、民俗风情、宗教信仰、道德规范和审美追求等于一体的文化价值体系。激活、用好民俗音乐，对于乡村产业发展、乡风文明建设、乡村社会治理和乡村生态振兴等有着独特价值。

（一）乡村产业发展价值

实施乡村振兴战略，产业兴旺是重点。近年来乡村旅游总人次占国内旅游总人次比重较高，乡村旅游成为当下休闲娱乐的新业态。民俗音乐是推动乡村旅游、发展民俗文化产业的重要资源。随着乡村旅游的快速发展，民俗音乐也当抓住时机，搭上旅游快车，助力乡村振兴。各地乡村借助本土资源优势，对民俗音乐资源进行有效挖掘和利用，结合旅游业开发民俗音乐活动，并将民

---

[1] 乔建中：《浅议民俗音乐研究》，《人民音乐》1991 年第 7 期。

俗音乐文化元素纳入乡村建设中，利用民俗音乐文化资源打造文化产业，提升乡村旅游吸引力，产生了一定的经济效益和社会效益。在这方面，贵州"肇兴侗寨""西江千户苗寨""小黄侗寨"等民族村寨都将本地特色的民俗音乐与乡村旅游融合，将民俗音乐发展纳入乡村建设总体规划之中，不仅凸显了乡村旅游的特色，彰显着乡村文化的独特个性，打造出具有自身民俗音乐特色的美丽乡村，还使得村民生活水平得到显著提高，达到乡村居民共同富裕的目的。通过市场运作将民俗音乐资源转化成文化产业，能够优化乡村产业结构，推动当地经济社会发展，提升乡村民众生活水平。比如，"黎平县委、县政府每年出资 10 万元用于扶持岩洞镇农民侗族大歌队，并于 2008 年与北京申电瑞达公司签订协议引进 6.5 亿元，成立现代文化创意产业公司——贵州侗族大歌文化产业发展有限公司，发展侗族大歌文化产业"①。着力开发民俗音乐产业，不仅有效推动了民俗音乐的创造性转化和创新性发展，而且使民俗音乐成为经济社会发展的重要引擎，为乡村经济发展提供了新的增长点。

（二）乡风文明建设价值

实施乡村振兴战略，乡风文明是保障。中国社会的本质是乡土社会，中华文化的本质为乡土文化。乡土文化真实地反映了乡村人民生活的方方面面，折射出乡村社会群体的人文精神、道德规范和思想观念等。因此，加强乡土文化建设对营造良好的乡村风气与文明等方面有着持久的引导作用。民俗音乐根植于乡土社会，是在乡土文化的土壤中滋生并发展的。它不仅内含乡村文化的核心精神，也渗透出中华优秀传统文化的精髓，包括乐于助人、尊老爱幼的传统美德，仁礼一体的儒家思想等，这些都是文明乡风建设的重要内容。在我国各民族乡村生活中处处离不开民俗音

---

① 全红霞:《论地方政府在非物质文化遗产保护中作用——以黔东南州非物质文化遗产保护为例》,《湖北广播电视大学学报》2013 年第 11 期。

乐，乡村民俗音乐以真、善、美为演唱内容，是乡村社会生活的真实写照，表现了乡村人民惩恶扬善的道德观念。乡民通过音乐抒发对美好生活的向往、憧憬远大理想；通过音乐述说民族历史、表达个人情感；通过音乐阐释生活感悟、装点村容村貌。比如，侗族以唱歌为荣，以能唱为尊，以唱歌为乐，他们生活中的美好与困难都藏在歌中，更是有俗语称"侗乡无处不飞歌""饭养身，歌养心"等，可见音乐在侗族民俗生活中的重要性。民俗音乐是乡村精神文化的主要载体，是传统文化传承的主要表现形式，体现了乡村民众精神风貌和审美品格，展示了他们对生活积极向上、乐观开朗的态度，是促进乡民身心健康、提高乡民审美情趣、复兴乡村文化、建设文明乡风的重要载体。

（三）乡村社会治理价值

实施乡村振兴战略，治理有效是基础。孔子认为，"《诗》，可以兴、可以观、可以群、可以怨。"[1] 也就是说，音乐有启发群众、考察社会、协调关系等社会功能。儒家音乐思想强调"礼"与"乐"相辅相成，从而引导人们弃恶向善，国家变乱为治，足见音乐的社会功能及其教化作用。民俗活动是人与人交流的重要方式之一，通过民俗音乐有关活动，可以加深不同群体之间的社会交往以及文化、思想与观念等方面的交流，对于增进乡民情感、促进乡村安定团结有重要作用，为乡村社会德治奠定了思想基础。侗族"月也"是一种以村寨为单位的集体社交活动，村寨之间相互对歌、相互走寨、做客等交流情感，增进了民族内聚力。乡村社会靠"礼"得以维持秩序，"礼治"就是乡土社会的传统。例如，在苗族社会，规范着苗族人日常生活的苗族古歌不仅反映了苗族的族群历史、祖先记忆，还折射出苗族社会的伦理观念及社会规约，是苗族人民生活的指导性文本。苗族古歌《苗族贾理》写道：

---

[1]（春秋）孔丘、（战国）孟轲:《论语》，吴兆基编译，京华出版社，1999，第 165 页。

"卷缩妈肚内，卷缩娘腹中，胎内妈血养，生后娘乳育。你出生三晚，你出世三朝，爸手拿钉耙，爸身拴腰篓，去开寨脚田，去开寨边塘，捕双白背鱼，捉对白鳞鲤，来起你尊名，来命你贵字。"[1]这表现了人生成长道路上离不开母亲含辛茹苦的喂养与父亲辛劳苦累的工作，折射出父母对子女的养育之恩。我国各民族乡村民俗音乐中所蕴含的思想观念、道德规范等在潜移默化中指导了乡村民众的社会行为，提高了人们的思想道德素质，其中所体现的"仁孝之礼""和谐之礼"等传统规范为乡村"礼治"提供了价值遵循，对提升乡村治理水平、助力和谐乡村社会建设有重要的作用。

（四）乡村生态振兴价值

实施乡村振兴战略，生态宜居是关键。《吕氏春秋》强调音乐来自自然，认为五音、十二律与五时、十二月相配列。《乐记》详细论述了音乐与阴阳、五行相通。这些音乐思想体现了自然和谐的生态思想，反映出音乐与自然之间的相互关系。民俗音乐文化蕴含着中华优秀传统文化的核心思想，即"天人合一"，重视人与自然的关系，强调两者之间的和谐发展。我国各民族乡村依山傍水，歌声与自然相融，在他们的传统观念中，人与万物同源，大自然中的一切皆有生命与思维。作为反映乡村民众生活的民俗音乐不仅传递在人们的情感交流之间，还飘扬在青山绿水之间。因此，各民族的民俗音乐多模仿鸟叫虫鸣、高山流水等自然之音。例如，侗族《蝉之歌》模仿蝉鸣之声，而《布谷鸟催春》则模仿布谷鸟叫声，这些音乐的内容和形式都反映了侗族人民的自然生态观念，展现了侗族人民与大自然和谐共生的心理，最终形成侗族人民共同遵守的生态道德。各民族乡村民俗音乐体现着人与自然的最美和声，其中蕴含的生态理念、生态道德折射出"天人合一"的哲学思想和美学理想，表现出乡村民众在历史的长河中，追求人与自然、人与社会和谐共生的审美情怀。这对于当前民众正确

---

① 王凤刚收集整理译注：《苗族贾理》，贵州人民出版社，2009，第716页。

处理人与自然的关系有着借鉴意义，在保护乡村生态、改善乡民居住环境以及促进乡村生态振兴等方面产生积极作用。

三、民俗音乐助力乡村振兴的有效路径

新时代语境下，民俗音乐体现出来的多维价值为全面推进乡村振兴提供了新思路，但却没有得到学术界的系统研究。民俗音乐助力乡村振兴应着眼开发民俗音乐文化产业，推动乡村经济增长；培养民俗音乐人才队伍，助力乡村人才振兴；推动民俗音乐传承与保护，固守乡村生态本色；聚焦民俗音乐持续发展，促进乡村文化复兴。

（一）开发民俗音乐文化产业，推动乡村经济增长

产业振兴是实施乡村振兴战略的根本所在，产业融合发展是助力乡村振兴的有力抓手，要以产业化思维推动民俗音乐文化发展，在民俗音乐产业布局引导下形成产业融合及多元化发展形态。我国各民族乡村民俗音乐活动、节日庆典等都是开发民俗音乐旅游的重要场域，如，侗族的"芦笙节"、苗族的"苗年"、布依族的"查白歌节"、水族的"端节"等，要充分发挥这些节日民俗活动的内涵与价值，将节庆礼仪、民俗音乐与舞台表演相结合，打造具有地域乡村特色的文化实景演出，带动当地民俗音乐产业及经济发展。例如，"东方戏圣"汤显祖的家乡江西抚州市就以汤显祖文化资源为依托，开发文昌里历史文化街区，再根据《牡丹亭》这一经典著作打造大型实景演出《寻梦牡丹亭》，让游客亲身"游园"，参与体验艺术观演，感受杜丽娘与柳梦梅的生死爱情故事。

此外，由旅游业衍生出的文创经济，也是民俗音乐文化产业发展的新方向。近年来，故宫文创根植于传统文化，设计出大批人民群众生活所需的产品。例如，故宫娃娃、故宫口红、宫门旅行包等一系列文创产品，成为故宫又一个"金字招牌"，既让年轻人爱上故宫文化，又推动了故宫旅游业的发展。

乡村与民俗音乐结合必将产生既富有乡村本色又充满艺术审

美特质的音乐产业。因此，各民族乡村可以挖掘当地民俗音乐文化元素，将富有乡村特色的芦笙、侗琵琶、牛腿琴、独弦琴等乐器形象，以及民俗戏曲、曲艺人物形象等融入文创产品设计中，还能带动手工业、礼品业等相关产业的发展，优化乡村产业结构，为乡村经济产业发展提供新的路径，形成"音乐＋旅游＋文化"的发展模式，推动乡村旅游现代化发展，促进乡村经济全面增长。

（二）培养民俗音乐人才队伍，助力乡村人才振兴

挖掘培养本土化乡土人才是乡村振兴战略规划中提出的人才战略。乡村振兴离不开民俗音乐人才，民俗音乐活动的开展更离不开民俗音乐人才。毋庸置疑，将人才培养作为根本战略，有助于推进乡村人才振兴。乡村精英是乡村文化建设的中坚力量，在活动组织、人才培育等方面有重要功能。推进民俗音乐人才培养战略，必须发挥乡村精英的引领作用。包含民族音乐传承人、研究者等在内的"民俗音乐精英"要身体力行，对参与组织民俗音乐活动起示范作用，对民俗音乐文化的传承起带头作用，提高广大村民对民俗音乐的认识，提升他们的文化素养和审美意识。例如，广西柳州三江侗族自治县燕茶村的驻村队员吴纯娟就将侗族大歌带入扶贫工作中，在村内开设侗族大歌培训班，成立侗族大歌文艺队，还把侗族大歌带入当地小学课堂，激发了村民学唱侗族大歌的热情，在传承民俗文化的同时还增添了当地村民的生活情趣。侗族大歌中内含的自然、劳动、教育之美更是激励着村民们追求美好生活。

完善民俗音乐人才培养体系还需要健全民俗音乐传承人保护、培养机制，建立有效的激励机制，给予相应的经济资助和政策优惠，组织相关交流演出、理论研讨等活动，鼓励他们积极开展民俗音乐文化传承活动，有计划、有针对性地培养青年一代传承人。

此外，还要发挥政府文化部门的作用，加大对人才培养的投入，加强乡村音乐教师的专业知识与技能培训，定期举办民俗音乐文化传习活动，引进外地音乐人才，提升当地音乐师资水平。

通过扶持乡村精英、民俗音乐传承人、乡村音乐教师等，夯实乡村民俗音乐文化基础设施，实施培养当地村民、引进外地人才双重措施，能够有效地营造人才发展良好环境、创建人才成长平台，推进和完善民俗音乐人才体系建设。

（三）坚持民俗音乐保护与传承，坚守乡村生态本色

民俗音乐助力乡村振兴的基础在其传承与保护，各乡村要坚持开展民俗音乐的挖掘与整理工作，深入发掘民俗音乐的文化内涵，将保护、传承与开发、利用相结合，抢救濒危民俗音乐文化，让民俗音乐文化得以有效承继。对于在民俗音乐助力乡村振兴的过程中存在的"过度商业化""文化消亡"等问题，民俗音乐发展要立足自身民族乡村特质，汲取、融合外来优秀文化，实现自身创造性转换和创新性发展，营造出健康的民俗文化生态环境。在"文旅融合"背景下开发民俗音乐活动，有些地方出现了盲目"山寨模仿"的现象，许多乡村旅游景点并没有从当地民俗特质出发，一味地模仿其他"网红"景点的旅游开发模式，失去自身乡村文化特色，最终面临乡村民俗音乐经济"昙花一现"的威胁。青海茶卡盐湖"天空之镜"景观在爆红网络引发大批游客后，众多景点复制，全国冒出几十个山寨"天空之镜"就是最鲜明的实例。

此外，南昌的"长城"、贵州的"紫禁城"、河北的"狮身人面像"，这些景点急功近利的行为，暴露出文化创意的匮乏，也是自身文化不自信的表现。即使暂时能获得眼前利益，没有自身民俗文化作为支撑，也无法保持其长久生命力。

在乡村振兴战略下，民俗音乐的开发必须以绿色发展为理念，不仅要保护民俗音乐文化的多样性，还要保护民俗音乐文化的本质内涵。也就是说乡村民俗音乐的开发必须结合当地现状，着重突出当地民俗音乐文化的精神内涵，实施"一乡一特"的措施，以当地特色民俗音乐为品牌，在保持鲜明的乡村文化特色的基础上吸收现代音乐文化的发展方式，打造既有乡村本色又富有时代气息的民俗音乐文化"产品"，这样才能实现民俗音乐健康可持续发展。

（四）聚焦民俗音乐持续发展，促进乡村文化复兴

党的十九大报告提出要"推动中华优秀传统文化创造性转化、创新性发展"。民俗音乐作为优秀传统文化的重要组成部分，也应当跟随时代的脚步创造性转化、创新性发展，建构与时代相符的核心价值观，改革自身的内容与形式，与当代文化相适应、与当代社会相协调。例如，河北省衡水市武强县周窝村依托本地乡村音乐资源，开发特色音乐产业，延展出音乐教育与音乐旅游产业，形成集乐器制造、演奏、教育于一体的音乐小镇。一个普通村庄向音乐小镇的转变，不仅让当地乐器生产制造产业越做越大，还从单一的乐器生产到多种业态共同发展，正是这种独具特色的音乐文化使得周窝村成为众多游客流连忘返之地。

在民俗音乐助力乡村振兴的过程中，除了开发民俗音乐文化之外，还可以改革民俗音乐自身形式与内容，利用民俗音乐文化元素作词作曲，创造为大众所喜爱的音乐样式，这对激活乡村文化的魅力，复兴乡村文化建设有着独特价值。例如，《侗歌向着北京唱》就是以侗族民俗音乐元素为基础，结合当时社会环境，为了满足人们的精神需求，以歌颂毛主席、歌唱共产党为内容创作而成的，不仅让侗族音乐为人们所知，还深受全国人民的喜爱。

在乡村文化建设当中，一些乡村习惯于照搬城市文化建设模式，丢弃自身本土文化特色，将城市文化作为乡村文化的发展方向，这种盲目的文化跟随必然会导致乡村优秀传统文化的消失。因而民俗音乐的创造性转化和创新性发展应当坚持以乡村文化为本，对其加以鉴别，扬弃过时的部分，保留其中有价值的部分，并与当代文化相融相通，满足当代人的精神所需，适应当代社会需求的文化样式，才能真正为乡村文化振兴注入新的活力。

四、结　语

民俗音乐是在特定的地域、社会和经济范围内，将人们的情感、精神、思想及观念物化为声音载体。民俗音乐承载着乡村的

人文精神、思想观念，反映出乡村的生产生活、风俗习惯等。民俗音乐内含的经济、文化、社会、生态价值对于助力乡村振兴有重要作用。因此，在乡村振兴战略中也当重视民俗音乐内含的价值，利用好民俗音乐文化资源，激活乡村文化魅力，对于推动乡村经济增长、助推乡村文化建设、丰富乡村文化生活、塑造乡村文明新风、促进乡村生态保护等有着不可替代的作用。习近平总书记深刻指出："提高国家文化软实力，要努力展示中华文化独特魅力。在5000多年文明发展进程中，中华民族创造了博大精深的灿烂文化，要使中华民族最基本的文化基因与当代文化相适应、与现代社会相协调，以人们喜闻乐见、具有广泛参与性的方式推广开来，把跨越时空、超越国度、富有永恒魅力、具有当代价值的文化精神弘扬起来，把继承传统优秀文化又弘扬时代精神、立足本国又面向世界的当代中国文化创新成果传播出去。"[1] 我们认为，民俗音乐的保护与传承，不仅要关注如何保护，还要重视如何传承；不仅要抛弃固守的传统传承模式，还要避免一味跟风、盲目创新。要立足于自身乡村文化特质，与时代精神相结合，与当代社会发展相适应，形成适合自身文化发展规律的传承模式。这样才能永葆民俗音乐文化活力，才能持续助力乡村振兴。

---

[1] 习近平：《提高国家文化软实力》，《习近平谈治国理政》，外文出版社，2014，第161页。

山东济阳垛石镇迷戏唱腔音乐分析①

段 文 黄继菲②

（德州学院音乐学院，山东德州，253023；昂立教育济南长清分校，
山东济南，250300）

摘 要：山东济阳垛石镇迷戏由山东琴书发展而来，在发展过程中吸取山东的传统文化，逐步形成迷戏的体系和特点，具有其独特的艺术魅力。迷戏的唱词、唱腔极具山东地域文化特点，主要体现在它唱词的内容是反映山东农民生活，并且对山东方言、歇后语的大量运用、应用，以及唱腔运用山东方言演绎等多种因素的融合。

关键词：迷戏；唱腔；唱词

中国文化博大精深、种类繁多，其中戏曲是中华文化的特殊传承，占据特殊地位。山东济阳垛石镇迷戏是山东本土戏曲，极具山东地域特色，已经传承百余年。迷戏的唱词道白通俗易懂，具有浓郁的乡土特色，迷戏的唱腔主要为"四平腔""二板"等几种形式，表演形式是唱中有说，十分灵活俏皮、清新明快。笔者将从历史背景、音乐构成与特点和腔词关系三个方面分析山东济

①基金项目：山东省高等学校人文社会科学重点项目"济南垛石'迷戏'考"（J18RZ020）阶段性成果。
②作者简介：段文，德州学院音乐学院教授。黄继菲，昂立教育济南长清分校初级教师。

阳垛石镇迷戏音乐。

一、山东济阳垛石镇迷戏的历史背景

戏曲是中华民族的传统艺术，拥有悠久的历史，源远流长。中国戏曲在发展过程中不断汲取其他优秀文化，如音乐、舞蹈、文学、美术、武术、杂技等艺术形式，其唱腔优美、形式丰富。中国戏曲经过八百年的丰富与发展，形成了不同的戏曲体系，山东济阳垛石镇迷戏便是戏曲发展中形成的一种艺术形式。

（一）山东济阳垛石镇迷戏的形成与发展

迷戏是山东的地方小戏，曾经被称为"驴戏"和"化妆扬琴"，由民间的说唱艺术"山东琴书"（坐腔扬琴）发展演变而来，于鲁西南一带产生，在山东地带流行传播。因风俗文化的不同，在不同地域有不同的名字。

清朝光绪年间，汛期黄河经常会淹没土地，迫使大量百姓背井离乡，行乞逃荒。逃荒的灾民在行乞过程中哼唱民间小调谋生，多了很多民间艺人。此时山东琴书流入，灾民争相学习，作为一种谋生手段。职业的琴书艺人越来越多，竞争也越发激烈。北路琴书艺人时殿元另辟蹊径，将琴书著名作品《王小赶脚》进行改编，一位演员借道具扮成驴，另一位演员扮作赶驴人，再让其他演员以坠琴、扬琴、竹板等乐器进行伴奏，演员在伴奏中表演。因其具有辨识度的道具"驴"，又被人们称为"驴戏"。之后，时殿元将其他作品也进行改编，进行化妆演出，首创"化妆扬琴"。在演出过程中，到了临邑、济阳一带，群众因为看戏的痴迷状态，将"化妆扬琴"改称为"迷戏"。

1917年，商河县民间艺人董志贤和瑞美林在演出过程中路过济阳的一些村庄，将迷戏教给当地的居民，自此迷戏在济阳盛行起来，济阳的迷戏戏班开始去往山东各地演出。后因抗日战争全面爆发，社会局势动荡不安，演出越发萧条，迷戏演出人员的生计受到威胁，大批返回乡里，大量的文字资料和戏服也被烧毁。

抗日战争结束后，人们重新组建迷戏戏班，但不作为主要谋生手段，学习迷戏的人也越来越少，演出只活跃在几个村庄之间，再难与往日相比较。

（二）山东济阳垛石镇迷戏的现状

山东济阳垛石镇迷戏距今已传承百余年，曾经是山东农村最为流行的小戏，是节日庙会和重大庆典上隆重的庆祝方式。随时间发展，垛石镇迷戏发生变化，主要现况如下。

传承方式 山东济阳垛石镇迷戏的主要传承方式是"口传心教"，现在因为互联网的发展，加入了"微信视频教学"和"视频成果检验"等先进的教学模式，方便了因生活、工作或其他原因无时间与老师见面的学生，使更多人可以接触、学习迷戏。（图1）

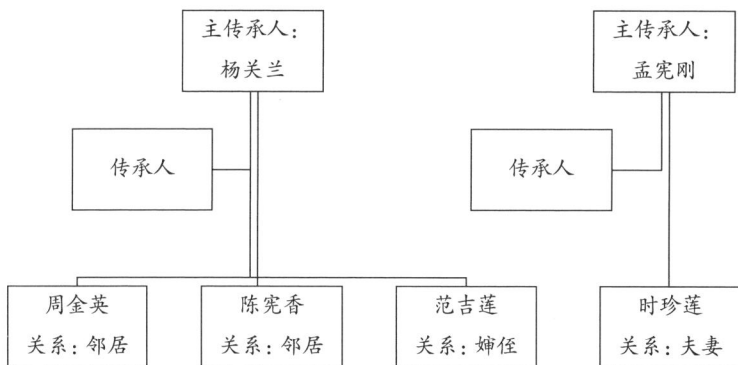

图1 山东济阳垛石镇迷戏的主要传承方式

现主要传承人孟宪刚、杨关兰与其徒弟主要关系为夫妻和邻里，主要传承人孟宪刚也是自小由父亲教迷戏。现如今垛石镇迷戏的传承范围多为"乡邻之间"和"亲属之间"，传承范围较窄，导致外乡人很难听闻、了解迷戏。

传承人 山东济阳垛石镇迷戏现传承人方面也面临难关，主要传承人都已经七十多岁，其他学习者也在四十岁以上。垛石镇迷戏传承人中没有年轻的血液，主要为中老年人传承。据笔者的实地走访和资料调查，垛石镇迷戏的传承人也十分少，唱腔方面的传承人不过近十人，并且部分人员还要担任迷戏乐团中的乐器演奏等其他工作。垛石镇迷戏传承人多为农民和外出打工者，主要职业并不是迷戏演出，迷戏只是业余爱好，所以对于迷戏的唱腔、身段等技艺练习并不多。传承人的年龄、数目、专业度等问题，造成垛石镇迷戏乐团无法完整地表演经典剧目，只能表演剧目片段。

活动情况 山东济阳垛石镇迷戏的剧团主要于每月的初五、十五、二十五于牛王渡槽、镇文化广场排练或演出，在每年的春节、元宵节都以演出迷戏的方式来庆贺节日，并且会去往其他村庄进行演出。现今垛石镇迷戏剧团已经在三镇20余村进行了200余场的义务演出，并且连续三年参加"欢乐济阳行"活动。但迷戏戏团的成员来自不同的村庄，每次排练十分烦琐，需要成员自己骑车或戏团内的刘子平老师开车接送，并且成员年龄较大，常有因身体原因而无法参加排练的成员。其主要的演出地点也是附近村庄，每年场次并不高。

山东济阳垛石镇迷戏曲目主要分为家庭伦理、男女爱情、闺阁情思、鞭挞嫌贫爱富、民间风俗故事和神话故事这六种重要题材。下面将这六种题材的重要代表曲目和迷戏演员新创作的迷戏曲目整理出来，如表1所示。

表1 迷戏曲目

分类	曲目
家庭伦理	《三打四劝》《王定保借当》《小姑贤》
男女爱情	《宝玉与黛玉》《张生与莺莺》《梁祝下山》《花墙会》《并台会》
闺阁情思	《白二姐思春》《王姑娘做梦当新娘》
鞭挞嫌贫爱富	《王宝钏与薛平贵》《姊妹换》《空棺计》《大借粮》
民间风俗故事	《箍炉子与王大娘》《听房》《王小赶脚》
神话故事	《水漫金山》《吕洞宾戏牡丹》《仙女下凡》

分类	曲目
新曲目	《垛石处处充满喜和乐》《文化广场建得好》《贤惠媳妇孝顺儿》

2017年，山东济阳垛石镇迷戏加入济阳县级非物质文化遗产行列，并有媒体开始关注这濒临失传的剧种，对它进行视频采访和新闻报道，已有专家为其发展提出了建议，这对垛石镇迷戏传承起到了积极作用。

二、山东济阳垛石镇迷戏音乐构成与特点

从戏曲的产生、发展的过程中来细看，戏曲艺术和民歌有着千丝万缕的关系，很多戏种都继承了民间的歌舞音乐、说唱音乐以及器乐曲目的一些突出特点，为戏曲音乐中的剧情和人物性格特色服务，而山东济阳垛石镇迷戏除继承了山东琴书的优点，还吸收了山东的地域文化特点，其唱词、唱腔尽显山东地域文化特点。迷戏唱词是迷戏音乐的基础，决定了迷戏所表达的态度和精神，决定了唱腔的表达方式；迷戏唱腔是迷戏音乐的决定性因素，决定了迷戏音乐的风格特点。笔者将从唱词、唱腔两个方面分析迷戏音乐。

（一）山东济阳垛石镇迷戏唱词分析

山东济阳垛石镇迷戏的创作、形成，来源于生活细节、表达内容和对传统文化的吸取、提炼加工，经过时间的洗礼，慢慢地形成山东济阳垛石镇迷戏所独有的艺术特色。山东济阳垛石镇迷戏的剧本编写，表现出了独有的特点。

1. 直白反映群众生活

山东济阳垛石镇迷戏的唱词题材能直白反映群众生活，垛石镇迷戏主要是写农村的家庭生活、人物，写得较多的是家庭伦理。迷戏从形成的《王小赶脚》起，到山东济阳垛石镇迷戏的经典戏目《小过门》《小姑贤》《李二嫂改嫁》等，都描写了农村生活中的

家长里短，描绘了时代人物的新事、新思，宣扬了当代的新道德、新风尚，斥责唯利是图、嫌贫爱富等错误思想。为人民发新声，反映了人民的生活态度和理想。如《李二嫂改嫁》讲述了一位农村守寡妇女李二嫂冲破封建枷锁，勇于追求幸福的故事。

2. 以小见大

山东济阳垛石镇迷戏的唱词题材选择多是"以小见大"，以真实历史背景下社会生活中的某一件小事展开论述，彰显人们对美的理解、追求。山东济阳垛石镇迷戏用身边小事显大事，符合当地人民审美，是适合当地人民的小戏。

3. 妇女题材多

山东济阳垛石镇迷戏唱词题材所选择的人物多是生活中的普通百姓，并且以农村妇女为主。迷戏经常为妇女发声，为妇女鸣不平、申正义，所以有"拴老婆橛子"的称号。迷戏中的《小过门》《小姑贤》《逼婚记》《李二嫂改嫁》《白二姐思春》《王姑娘做梦当新娘》等都是描写妇女生活的。其中以《小姑贤》为例，它主要讲述了姚氏经常无事找事、欺负媳妇，姚氏女儿斥责、劝解姚氏。迷戏斥责旧时代的三从四德，讲新概念、新思想。

4. 运用方言

因为在山东这片大地上产生、发展，所以山东济阳垛石镇迷戏的唱词和念白，力求通俗易懂，还大量地运用当地的方言、歇后语，尽显山东济阳垛石镇迷戏的诙谐幽默。

如《小姑贤》（谱例一）的唱词、唱腔中都有浓郁的地方特色，唱词都是从现实生活中借鉴而来，讲究质朴、自然，给人以朴实无华、生动亲切、趣味盎然的艺术感受。唱词中的"大娘家""家常便饭""絮叨叨"都是山东乡土方言，日常生活中常被挂在口边。

谱例一：迷戏《小姑贤》选段（段文记谱）

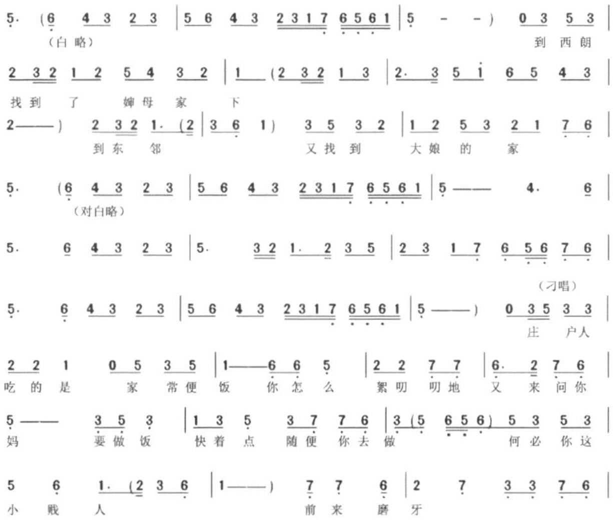

这种风格特征不仅体现在《小姑贤》的唱词中，还体现在《借年》中："相公呵，你个痴心的，你为何不来俺家里！你穷应该来俺家借，这样的亲戚咱是应该的"。还有《王定保借当》中的"忽听得门板响连天，想必是爹娘把家还，俺插下了钢针盘绒绒，给俺爹娘开门栓"，都是一些农民生活中的家长里短，用的也是山东土话，让听众觉得亲切。像里面运用的"俺家里""亲戚""爹娘""把家还""开门栓"都是充满乡土气息的地方方言，使山东济阳垛石镇迷戏的地方色彩更加突出。

5. 多用比兴手法、歇后语

山东济阳垛石镇迷戏的唱词，通常会运用大量的山东本土方言和歇后语以及"比兴"手法，以通俗易懂、简单直接的唱词揭示一个事物的真理性。如"纸糊的船下不了水、土柱子怎能当梁用""老鼠拉木锨，大头在后面""高墙上吹喇叭，响声在外"等，都是农民生活中的土话和歇后语，使我们看到的山东济阳垛石镇迷戏拥有丰富浓郁的地方特色。

（二）山东济阳垛石镇迷戏唱腔分析

山东济阳垛石镇迷戏虽然传承只有上百年，但它的剧目丰富，花旦、老旦、老生、三花脸、青衣等人物齐全，扮相逼真，惟妙惟肖。据刘子平说，迷戏的曲调来源于"秦腔"和章丘民间音乐，唱腔主要以板腔为主，曲牌腔为辅助。迷戏的主要板式有"四平""二板"，还有较常用板式"尖板""散板""垛子板"等。

迷戏的"四平腔"是基本调，具有独特的音乐特点和艺术风格，是区别于其他戏曲的重要依据，但也具有中国戏曲"基本调"的共性。"四平腔"在继承"孟姜女春调"音乐特点的基础上，也在发展过程中吸取了琴书"凤阳歌"的重要特点，使其艺术特色更加丰满，在节奏和曲式变化中拥有说唱艺术的音乐特点。"四平腔"一板三眼，包括了"快四平""慢四平""四平二六板"这三种板式，"慢四平"常用于迷戏的抒情，"快四平"被用于迷戏的叙事片段，而"四平二六板"则是介于两者之间运用。"四平腔"的一腔多用，丰富了戏曲的可塑性和表现力，使表演者可以更加丰满地表现伤心哀怨的情绪，也可以充分表现出开心喜悦的情绪，丰富了迷戏人物的色彩感和迷戏的表现力。

1. 迷戏"四平腔"的基本特点

（1）唱腔的段落结构由四个乐句组成，分别是头腔、二腔、三腔和四腔，这四句有起、承、转、合的对称连接作用。（2）"四平腔"为"一板三眼"，是4/4拍，它需要四拍为一板，一板作为一个节奏小节。一个唱句不能少于一板，少于一板可以用"过门"代替，最长为五板。"四平腔"的音乐特点就是对称、完整，俗称"四平八稳"。（3）四平腔一个完整的乐段由四个乐句构成，在表现唱词时，是依据"四句一番"的基本规律来发展的。第一个乐句为头腔（起），其落音一般为2或1；第二个乐句叫二腔（承），落音一般为5；第三个乐句是三腔（转），落音一般为6或5；第四个乐句叫四腔（合），落音为5。如谱例二。

谱例二：迷戏《坐楼杀惜》选段（段文记谱）

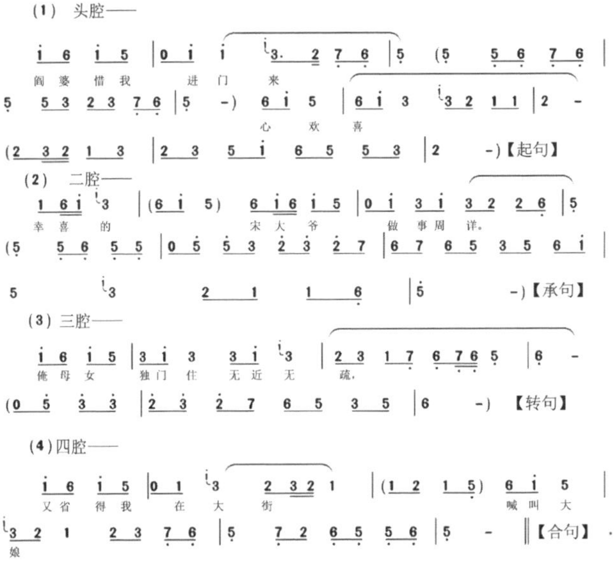

(1) 头腔——

（乐谱：阎婆惜我进门来 ... 心欢喜 ... 【起句】）

(2) 二腔——

（乐谱：幸喜的 宋大爷 做事周详 ... 【承句】）

(3) 三腔——

（乐谱：俺母女 独门住 无近无疏，... 【转句】）

(4) 四腔——

（乐谱：又省得我 在大街 喊叫大 娘 ... 【合句】）

2. 迷戏"快四平"的基本特点

"快四平"是由"四平腔"紧缩派生出来的，板速会比"四平腔"快两至三倍，依旧保持"四平腔"的一板三眼。在《李二嫂改嫁》（谱例三）中李二嫂和张小六对唱，运用"快四板"使情绪高涨、情感更上一层楼，为之后的剧情做了有利铺垫。

谱例三：迷戏《李二嫂改嫁》选段（段文记谱）

小六：我散了会回来，就听说你在这里打麦子，我就连饭也没顾得吃，跑慢跑地来了，这场麦子要真收拾不好，你婆婆回来又拿你出气，嫂往后有急事，早和我说说，也省得你犯难为。

二嫂：六兄弟呀！

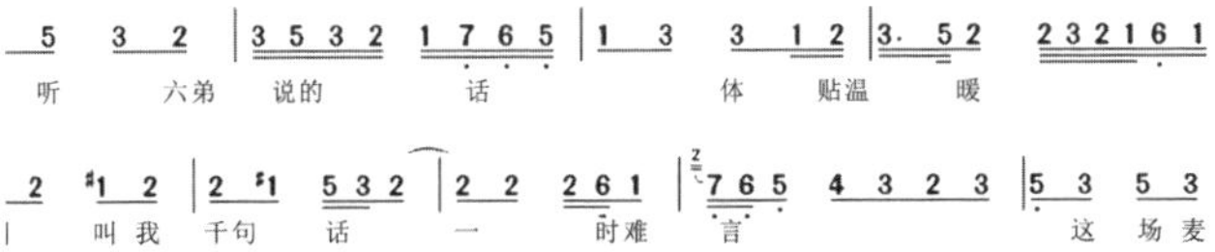

（乐谱：听 六弟说的话 体贴温暖 叫我 千句话 一时难言 这场麦）

3 2 | 1 7 6 5 6 | 1 6 | 1 1 2 | 3 5 2 | 7 6 5 | 6. 7 2 5 3 2 3 1 7 | 6 3 3. 2 | 3 2 3. 2 1 | 1 7 5 7 |
假若是　　收　拾　不　好　　　　　　　　　　　　　　老　婆　婆　回　家　　来　定　把　脸

6 1 7 6 | 5 6 4 3 2 3 | 5 3 1 2 | 5 3 2 3. 2 1 1 | 0 3 3 1 2 | 3. 5 2 1 | 7. 6 5 | 6. 7 2 5 3 2 1 7 |
翻　　　　满　心的　感激　话说　不出　口

6 6 1. 6 | 3 2 1 7 6 5 | 1 1 6 3 | 2 3 2 1 7 | 5. 4 3 2 3 | 5 6 4 3 2 1 7 6 | 5 1 1 6 |
这　点事你何　必挂　在嘴边　　　　　　　　　　　　　　俺　娘她

1 6 1 | 3 1 2 | 3 4 3. 2 1 2 | 3 2 3 | 3 5 | 1 7 6 3 6 | 5 4 3 2 1 7 6 |
年老　眼不　好　　　　家里　无人　做吃　穿

3. 迷戏"慢四平"的基本特点

在保持"四平腔"的音乐特点的基础上，派生出了"慢四平"，它与"四平腔"相比慢了几乎一倍的速度，并且对其进行了变奏，把原本的4/4拍改成3/4拍。在迷戏的一些曲目中，烘托剧目中的角色，起到抒情的作用。

4. 迷戏"二板"的基本特点

"二板"又被称为"垛子板"，是山东济阳垛石镇迷戏的重要板式之一。"二板"用较慢的速度来演唱，有着"一板一眼"的结构，所以被称为"二板"。"二板"的唱词以七个字为基础构成，上下句为一番，以四板为基础乐句。

三、山东济阳垛石镇迷戏唱腔、唱词关系

戏曲的唱词、唱腔是文学与音乐的完美交融，对于戏曲的人物形象来说，两者就如同天与地、阴与阳；对于整体而言，唱词用其文学文字、语言声调以及形象塑造，直接地影响着唱腔的曲调、结构，两者是不可分割的。

（一）戏曲的唱词是唱腔具体音乐形象的根基

唱词体现人物性别、年龄、身份和气质，还描绘了剧目人物喜、怒、哀、乐的不同情绪变化，唱腔只有紧扣唱词所赋予的形象，才能塑造出一个有血有肉的人物形象。同是旦角形象，因为

其唱词不同，其唱腔也大不相同，如李二嫂、李氏女、蔡文姬等人物形象、唱腔形象各不同。

如《李二嫂改嫁》（谱例四）中的唱词："提起这个小老婆就活活地气死俺……"塑造"天不怕"（李二嫂婆婆）的尖酸刻薄的形象，"天不怕"的声音尖锐，念白粗鲁、直白，运用四平腔来展现她的情绪。

谱例四：迷戏《李二嫂改嫁》选段（段文记谱）

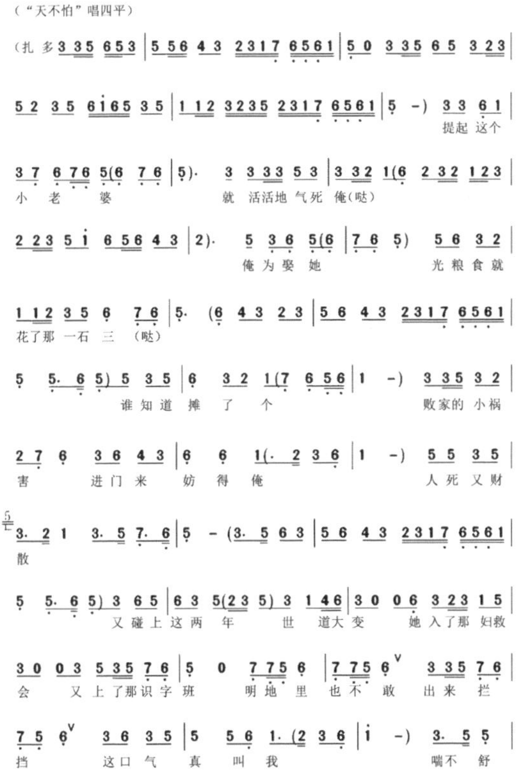

（"天不怕"唱四平）

（扎多 3 35 653｜5 56 43 2317 6561｜5 0 35 65 3 23｜

52 35 6165 35｜1 12 3235 2317 6561｜5 -）33 61｜
　　　　　　　　　　　　　　　　　　　　提起 这个

3 7 676 5(6 76 5)｜3 3 3353｜3 32 1(6 32 123｜
小 老 婆　　　就 活活地 气 俺(哒)

2 23 51 6 5643｜2)｜5 36 5(6 76 5)｜56 32｜
俺为娶她　　　光粮食就

1 12 35 6 76｜5（6 43 23｜56 43 2317 6561｜
花了那 一石 三 （哒）

5 5 65)5 35 6｜32 1(7 656｜1 -)3 35 32｜
谁知道 摊了个　　　败家的 小祸

2 76 36 43 6 6｜1(236｜1 -)5 5 35｜
害 进门来 妨得俺　　　人死又财

3 21 35 76 5｜-(3 5 63｜56 43 2317 6561｜
散

5 5 65)3 65｜63 5(23 5)3 146｜30 06 3231 5｜
又碰上这两 年 世道大变 她入了那 妇救

30 03 5357 6｜5 0 775 6｜775 6 3 35 76｜
会 又上了那识字班 明地里也不 敢 出来拦

7 5 6 36 35 5｜5 6 1 (2 36 1 -)3 55｜
挡 这口气真叫我　　　喘不舒

（二）戏曲的唱词结构是唱腔曲式结构的框架

唱词的分句、句式是唱腔曲式结构的基础。山东济阳垛石镇"迷戏"的"四句一段"的构词结构，决定了济阳迷戏唱腔的"起、承、转、合"曲式结构。济阳迷戏根据唱词的分段、分句和段式结构,构成了济阳迷戏唱腔的戏曲小节和戏曲段落。如四平腔"起、承、转、合"的结构中,每一乐句分为两个分句,结构对称统一,如图2所示。

图2 迷戏唱词结构

(三)戏曲的唱词决定演唱风格

山东济阳垛石镇迷戏多运用山东的本土语言,如《李二嫂改嫁》中唱词多用方言,像"满肚子苦水儿能对谁言""倒不如打开窗子明着谈"等都是山东方言,形成了山东济阳垛石镇迷戏唱腔质朴、通俗、亲切、抒情的艺术演唱风格。山东济阳垛石镇迷戏擅长描写受旧时代封建礼教压迫的人,特别是旧时代的妇女,如《小过门》《小姑贤》《李二嫂改嫁》等唱词内容都是旧时代女性为自己发声,为自己鸣不平,并形成质朴、亲切、委婉、抒情的演唱风格。

根据以上的特点分析,更能深刻地发现山东济阳垛石镇迷戏唱词对唱腔的基础性作用,以及唱腔对唱词的描绘性作用。唱词和唱腔是相互依靠的、相辅相成的。迷戏的产生地域与发展路线决定了迷戏唱腔的艺术特点和艺术风格。迷戏是由"山东琴书"发展而来的,是群众走街串巷爱哼的小戏,所以迷戏的唱腔淳朴,极具山东地域特点;又因政府扶持,一部分迷戏学习、吸收了其他优秀戏曲的精华，发展而成现在的吕剧。可以说，现存的迷戏是较原始形态的吕剧，很多唱腔特点与吕剧十分相像。迷戏唱腔也在历史发展中形成了自己的特点，其主要唱腔为"四平腔""二板"，主要便是"四平八稳"的音乐特点。而迷戏的唱词为迷戏唱腔构建基础，决定了唱腔的具体音乐形象的根基、唱腔曲式结构的框架、演唱风格。

四、结　语

笔者对山东济阳垛石镇迷戏唱腔的音乐分析主要采用了民族音乐学的分析方法，一方面对迷戏唱腔音乐进行必要的本体分析，从而发现其内在的规律性和风格特征。另一方面，更加关注对迷戏唱腔音乐的文化属性的分析。迷戏是山东省的地方小戏，在特定的地域范围内顽强地生存着。它的产生、发展和传承离不开地域文化的滋养，与当地的语言、风俗习惯及民歌、说唱、戏曲等音乐种类息息相关，对其唱腔、唱词及相互关系的分析梳理，集中体现了地方小戏在某一民族或某一地域浓郁的的群体相关性。

非物质文化遗产传承保护研究

浙江舞龙类非遗项目的社区品牌
与诗路文化带建设

宣炳善①

（浙江师范大学国际文化与教育学院，浙江金华，321004）

摘　要：目前浙江省有11个舞龙项目列入国家级非遗名录，是国家级舞龙项目数量最多的省份。但是浙江舞龙类非遗项目在其发展过程中，呈现一种脱离原有社区向新的社区或更大的文化空间发展的趋势。因此在社区文化的传承与发展层面，社区博物馆或社区非遗馆的建立就十分重要，这也是营造非遗项目社区品牌的重要途径。另外，浙江舞龙类非遗项目的套路化、程式化的舞龙动作，既为青少年群体的身体规训与社区文化认同提供可能，也为浙江诗路文化带的诗路明珠建设提供了文旅融合的新内容。

关键词：浙江；舞龙；社区品牌；非遗；诗路文化带

目前浙江省的奉化布龙、长兴百叶龙、浦江板凳龙、兰溪断头龙、开化香火草龙、泰顺碇步龙、乐清首饰龙、玉环坎门花龙、平阳鳌江划大龙、萧山河上龙灯胜会、安吉上舍化龙灯共11个舞龙项目列入国家级非遗名录，在数量上超过湖南省与广东省，已经形成浙江省独特的舞龙非遗资源，也是具有一定代表性的浙江

---

① 作者简介：宣炳善，复旦大学历史地理学博士，浙江师范大学国际文化与教育学院副教授，民俗学硕士生导师。

民俗体育。

从民俗学学科角度来说，"民俗体育"这一概念是指民俗活动过程中相伴生的体育活动。因此，民俗体育的发生首先是由于民俗活动的开展，如果没有相应的民俗活动，也就没有民俗体育的产生。因此，对于民俗体育而言，民俗是第一性的，而体育则是第二性的。民俗体育中的体育是指依附于民俗活动中的体育活动，不能脱离其民俗语境，所以民俗体育与纯粹意义上的竞技体育有所区别。只有当这一体育活动脱离民俗语境，民俗体育才发展成为竞技体育的形态。

民俗过程中所呈现的体育活动因为没有独立，所以要受到相应民俗文化传统与信仰禁忌的内在制约。民俗体育由于是一种民俗文化现象，因此有强烈的文化仪式性，有学者称之为"仪式性民间体育"①。所谓仪式性民间体育，即强调民俗体育活动开展过程中所体现的信仰的神圣性与程序的仪式性。

民俗体育具有时间、空间、身体、文化、信仰、性别、年龄等多重特征，如每年春节的舞龙与舞狮、端午节的龙舟竞渡比赛、地方庙会开光时的叠罗汉等民俗体育活动。民俗体育与非物质文化遗产及其社区文化建设存在密切的内在关联。在一定程度上，浙江民俗体育的发展是浙江非物质文化遗产在地域空间的传承与发展，也是探讨浙江诗路文化带建设过程中的社区品牌形成的过程。

一、舞龙民俗项目的非物质文化遗产特征

民俗体育活动因为具有一定的地域文化因素、历史文化因素或者民族文化因素，因此也是当地文化部门非遗项目申报与保护的对象，部分民俗体育项目已列为省级与国家级非物质文化遗产

---

① 李志清：《乡土中国的仪式性少数民族体育》，中国社会科学出版社，2008，第116—118页。作者认为侗族抢花炮民俗体育活动是表达信仰和凝聚集体的仪式性活动，是群体记忆的保存方式。

保护项目。在实际发展过程中，民俗体育与非物质文化遗产具有重叠交叉部分，如舞龙、划龙舟、叠罗汉、民间武术等既是民俗体育，同时也是政府大力保护的非物质文化遗产。

国务院于 2006 年批准了第一批国家级非物质文化遗产名录518 项；2008 年批准第二批国家级非物质文化遗产名录 510 项，扩展项目 147 项；2011 年，批准第三批国家级非物质文化遗产名录 191 项，扩展项目 164 项；2014 年，批准第四批国家级非物质文化遗产名录 153 项，扩展项目 153 项；2021 年，批准第五批国家级非物质文化遗产名录 185 项，扩展项目 140 项。

2007 年 6 月，文化部[①]公布第一批国家级非物质文化遗产项目 226 名代表性传承人名单；2008 年 1 月，公布第二批国家级非物质文化遗产项目 551 名代表性传承人名单。

在前两批国家级非物质文化遗产名录与相应的国家级传承人名单中，有一部分也是民俗体育项目。如 2006 年第一批国家级非物质文化遗产名录中，民俗体育项目主要分布在民间舞蹈、杂技与竞技、民俗这三大非遗类别之中。其中民间舞蹈主要有龙舞（汕尾滚地金龙、浦江板凳龙、长兴百叶龙、奉化布龙等）、狮舞（黄沙狮子、广东醒狮等）、滚灯（余杭滚灯）等；杂技与竞技主要有武当武术、回族重刀武术、沧州武术、杨氏太极拳、陈氏太极拳、邢台梅花拳等项目；而民俗类中的春节、端午节、那达慕等节日实际包含了舞龙、划龙舟、摔跤、射箭、赛马等体育竞技活动。

在这两批国家级非物质文化遗产项目代表性传承人名单中，有些也是民俗体育项目的传承人，如第一批国家级非物质文化遗产项目中，杂技与竞技类代表性传承人赵剑英是武当武术的国家级传承人，杨振河是杨氏太极拳国家级传承人等。由于民俗类项目传承人数众多，属于大众参与性的民俗节日，民众基础好，因而没有列出代表性传承人名单。在第二批国家级非物质文化遗产

---

① 2018 年，文化部与国家旅游局合并为文化和旅游部。全书同，不另注。——编者。

民间舞蹈类项目代表性传承人中，浙江的谈小明是长兴百叶龙项目的国家级代表性传承人，浙江的陈行国是奉化布龙项目的国家级代表性传承人。

在国家级非物质文化遗产的十大类中，民俗体育项目是分散在民间舞蹈、杂技与竞技、民俗这三大类中的，因此识别比较困难，其他项目也存在这样的情况。有学者建议，中国的非物质文化遗产应分为如下十三类：

一、语言

二、民间文学

三、传统音乐

四、传统舞蹈

五、传统戏剧

六、曲艺

七、杂技

八、传统武术、体育与竞技

九、传统美术、工艺美术

十、传统手工技艺

十一、传统医药

十二、民俗

十三、文化空间 [①]

这一新的分类标准中，增加了语言，传统武术、体育与竞技，文化空间这三种类型，用"传统武术、体育与竞技"代替原来的"杂技与竞技"，并与杂技单列，这是比较合理的处理方法。学者们提出的十三类分类模式是对原有的前两批国家级非物质文化遗产名录十大分类的一个改进，但是否会被文化和旅游部采纳，尚不确定。民俗体育在国家非物质文化遗产保护体系中的识别问题并没有完全解决，因为在传统舞蹈类与民俗类项目中仍然存在着大量民俗体育活动，只是其重要性相对而言有所降低。

[①] 王文章：《非物质文化遗产概论》，教育科学出版社，2008，第253页。

二、浙江民俗体育地域性差异的社会认知

由于民俗体育是民俗活动的有机组成部分，因此，在其开展活动过程中必然受到民俗的内在制约与规范。民俗体育从文化层面上说，它强调的是体育活动内在的文化精神与地域文化风格，因而民俗体育与地域民间信仰、地域文化传统、地域审美风格等文化要素息息相关。在社区文化建设过程中，民俗体育具有地方性与文化性的双重特征，因而民俗体育也是社区文化发展的重要组成部分。文化产业化的发展以及新体育项目的产生，都促使民俗体育由传统的民俗文化形态向现代的竞技或审美形态演变，其发展也逐渐脱离原有的社区向新的社区乃至海外的异文化空间发展，因此，对于民俗体育文化空间的转移现象，需要进一步分析。在分析民俗体育文化空间转移现象之前，首先对民俗体育的地域性与社区概念需要进行初步分析。

民俗体育的地域性特征首先是由民俗的地域性特征所决定的。"十里不同风，百里不同俗"，民俗作为重要的非物质文化遗产，其地域性也是指非物质文化遗产在地理空间上的分布特征。由于中国国土辽阔，同一项非物质文化遗产在不同地区、不同地理环境具有不同的文化形态。非物质文化遗产的地域性与民俗体育的地域性都强调地理环境、地域文化传统的内在制约作用，如划龙舟作为民俗体育活动，是农历五月初五端午民俗节日的重要组成部分，但由于南北方的地理差异，划龙舟在北方就十分少见，在南方江浙一带水乡则十分普遍，而在南方山区划龙舟也比较少，可见作为民俗体育活动的划龙舟与其地理环境有密切的关联。

民俗体育在浙江省的空间表现也十分明显，而且这种民俗体育的空间分化现象在明清时期已十分明显。浙江主要分为浙东与浙西两大民俗文化区。从自然地理意义上说，钱塘江将浙江分成浙东、浙西两部分，即清代浙西的杭、嘉、湖三府与浙东的宁、绍、金、衢、严、处、台、温八府。在清代，这一政区地理上的下三府属于自然地理上的浙西，而政区地理上的上八府则属于自

然地理上的浙东。浙西是杭嘉湖平原民俗文化区，浙东则又可分为宁绍平原、金衢盆地、台温处沿海丘陵三个亚民俗文化区。

明清时期，浙江民俗体育主要体现在夏至端午节的龙舟竞渡等，地方志中对此多有记载。在宁绍平原与温州滨海一带，端午节民间一直有龙舟竞渡活动。在绍兴府属的山阴、会稽二县，有夏至日龙舟竞渡活动，万历《绍兴府志》记载："夏至……山会农人作竞渡会。衣小儿衣，歌农歌，率数十人共一舟，以先后相驰逐，观者如堵。"①

温州、处州府属各县的端午节赛龙舟活动较之浙江其他地区尤盛。丽水地方志中记载："端午……向有龙舟之戏，因舟覆戒勿为。嘉庆初，总戎韩正国谓可借以教水战，选健卒数十人习之，放鸭中流，先至者任取之，自是以为常。道光十九年，水涨舟覆，死者五人，复戒勿为矣。"说的就是在端午节竞渡抢鸭子，但最后由于淹死了人，在道光十九年（1839 年）后就禁止了。②

除了划龙舟，板凳龙这一民俗体育活动在浙东地区也十分盛行。如河上龙灯胜会流传于浙江省杭州市萧山区河上镇一带，起源于南宋时期。据笔者 2014 年的田野调查，每年元宵节期间，河上龙灯胜会以河上镇溪头村为中心，以板凳龙表演为主，融合马灯、高照等民间艺术元素，持续时间长达五天。河上龙灯胜会每一板凳称为一桥龙段，表示男丁一人，即民间的"一桥一丁"，象征人丁兴旺。河上龙灯胜会的仪式程序主要包括开光大典、出灯、闹元宵、化灯四个过程。开光大典目前在正月初五举行。先从钱塘江、富春江、浦阳江汇合的三江口取来开光圣水，再由德高望重的老人用毛笔蘸上圣水涂在板凳龙的眼珠上，为板凳龙开光，并将开光后的毛笔扔给观礼的民众，民众则争抢毛笔，象征将来

---

① 丁世良、赵放：《中国地方志民俗资料汇编·华东卷（中）》，《绍兴府志》（五十卷），明万历十五年刻本，书目文献出版社，1995，第 820 页。

② 丁世良、赵放：《中国地方志民俗资料汇编·华东卷（中）》，《丽水县志》（十五卷），清同治十三年刻本，书目文献出版社，1995，第 918 页。

孩子学习成绩优秀。出灯时，板凳龙从祠堂出来，锣鼓队伴奏，高照在前，宝马随行，龙珠随风旋转，在龙头前导路，高照高达13米，画有八卦图案，而宝马是民间扎制的体形高大的竹马，用手推或拉，民间称之为"宝马"。板凳龙要去附近的岩将庙拜岩将老太，在经过人家门口时，家家户户摆香案、献供品、放爆竹迎祭神龙，而龙头一般要向设香案的人家三点头，表示龙王赐福回敬。最后一天晚上舞龙灯时，要在祠堂中绕柱舞龙，在广场上则有各种阵势表演，如"元宝抽心""柴爿扣"等，其中最激动人心的是绞龙浆，即用尽全力舞龙，将龙段舞散架为止。最后在河中化龙，将龙头与龙段点燃，送龙王上天。目前溪头村的舞龙习俗传承情况良好，但朱家村、伟民村、里都村、凤坞村、下门村的二龙、三龙、青龙、黄须龙、红须龙的传承处于濒危边缘。

明清时期，浙江家族文化传统十分发达，强调子孙繁衍，人丁兴旺。板凳龙在一定程度上是浙东地区特别是金衢盆地家族香火兴旺的民俗体现，这一传统在浦江、萧山至今得以完整保留。而在浙江沿海地区，板凳龙的民俗体育活动就比较少。自2005年民俗活动被列入非遗名录后，民俗类非遗项目仍具有强烈的地域特征。

三、舞龙类非遗项目的社区活动的空间变化

民俗的地域性是民俗的基本特征，也是民俗文化展开的空间场所，这一空间场所在社会学学科中更多地表述为"社区"的概念。在现代社会学中，社区是指地区性的生活共同体。一定的社会群体在一定的地域内形成区域性的生活共同体，整个社会由这些地区性生活共同体结合而成。共同体则是指人们在某种相同条件下结成的群体，如地域、血缘、经济、文化、宗教、民族等多种因素。

据费孝通介绍，"社区"的概念最初是燕京大学的大学生在1933年介绍美国芝加哥学派创始人帕克的社会学时，用来翻译英文"community"一词的。它是指以地区为范围，人们在地缘基

础上结成的互助合作的群体，用以区别在血缘基础上形成的互助合作的亲属群体。血缘群体最基本的是家庭，逐步推广成氏族以至民族，民族则是虚拟的血缘关系。地缘群体最基本的人群是邻里，邻里是指比邻而居的互助合作的人群。邻里在农业区发展成村和乡，在城市则发展成胡同、弄堂等等。关于社区的不同定义有100多种，但从定义的出发点看，则有两大类：一类是功能主义观点，认为社区是由有共同目标、共同利害关系的人组成的社会团体；另一类是地域性观点，认为社区是在一个地区内共同生活的有组织的人群。尽管人们对社区的定义不同，但社区的基本含义包括了以下几个特点：①必须有以一定的社会关系为基础组织起来的、并有一定数量规模的进行共同生活的人口。②有一定的人们从事社会活动的地域条件，即一定的地理位置、地势、资源、气候、交通条件等等。③有一整套相对完备的、可以满足社区成员物质需要和精神需要的社会生活服务设施，如商业、服务业、文化、教育等设施。④有自己特有的文化制度、价值观念、风俗习惯和生活方式。⑤社区居民在情感、心理上具有共同的地域观念、乡土观念和认同感、归属感。⑥有一套相互配合的适合社区生活的制度与相应的管理机构。①

值得注意的是，"community"有时也被译成"共同体"，表示社会群体关系。2003年联合国教科文组织《保护非物质文化遗产公约》反复强调社区的最大限度的参与。杨利慧《以社区为中心：联合国教科文组织非遗保护政策中社区的地位及其界定》的研究文章表明，社区这一概念具有非固定性、非均质性，更多是指向非遗的实践者，包括直接实践者、间接施行和传承非遗的人，而且这些人员均认同该非遗项目是其文化遗产的一部分。②

20世纪初德国社会学家滕尼斯十分重视社会共同体的概念，

---

① 费孝通：《当前城市社区建设的一些思考》，《群言》2000年第8期。
② 康丽：《非物质文化遗产学术精粹》（理论卷），中国社会科学出版社，2022，第83页。

滕尼斯认为社会有三种共同体，分别是血缘共同体、地缘共同体、精神共同体，而且这三种共同体之间存在逐渐递进发展的关系，血缘共同体会发展成为地缘共同体，而地缘共同体则继续发展成为精神共同体，精神共同体是最高形式的共同体。血缘共同体的标志是亲戚，地缘共同体的标志是邻里，而精神共同体的标志却是抽象的友谊。友谊是志同道合，同心协力一起工作，由于职业或艺术相同或相似，最容易产生友谊，而友谊的纽带也往往与城市的神灵有关。①

因此，当译作"社区"时，在中文世界中，侧重的是空间概念，而译作"共同体"，侧重的是群体概念。本文基本沿用空间概念的传统翻译法进行分析并吸收相关的共同体概念，并特别关注社区中的青少年群体对非遗项目的认知与传承。

在实际应用中，社区的概念可大可小，小的社区可以指城市里的居民生活区或者农村里的村落生活区，大的社区则可以指享有相同文化模式、相同民间信仰的语言相同的同一民族的文化区。早期的民俗体育的开展都是在小社区中开展，如国家级第一批非物质文化遗产名录中的民间舞蹈类中有浙江的百叶龙这一民俗体育活动。据调查②，在浙江长兴县林城镇天平村，人人以舞龙为荣，村里男子均会舞龙，不会舞龙者被认为不是男子汉。舞龙尤以舞龙头者最受尊敬，村规规定，不会舞龙头的不能当村干部。2007年，长兴县大剧院筹建百叶龙艺术团，请谈小明辅导舞龙。但天平村有个村规，舞龙技巧传里不传外，传男不传女，百叶龙只能由本村人来舞，不能把技巧传给外人。一百多年来，百叶龙一直未能出村表演。后来谈小明打破陈规，无私教授舞龙技巧。在调查过程中，我们了解到，在将百叶龙传授给外人时，谈小明也经

---

① ［德］斐迪南·滕尼斯：《共同体与社会》，林荣远译，商务印书馆，1999，第66—67页。

② 2012年7月12日至15日，笔者与浙江师范大学体育学院部分教师在长兴县林城镇天平村调查。

历了心理上的考验，当时有村民指责谈小明把村里的宝贝送给了别人。这样，百叶龙的世代传承就突破了村落社区的限制，向城市社区发展，并在长兴县大剧院的舞台上表演。这是百叶龙民俗体育活动从原有乡土社区向新的社区发展的一个趋势。

在2004年，长兴县成立12个百叶龙艺术培训基地，长兴县委宣传部与县文广新局正式聘请百叶龙传承人谈小明为百叶龙艺术培训基地艺术总顾问。在这12个基地中，主要有长兴县职教中心百叶龙艺术培训基地、长兴县电大进修学校百叶龙艺术培训基地、长兴县清泉武术学校百叶龙艺术培训基地、长兴县实验小学百叶龙艺术培训基地、长兴县卫校百叶龙艺术培训基地、长兴天平小学百叶龙艺术培训基地、长兴第四小学百叶龙艺术培训基地等。这些基地实际上是百叶龙民俗体育表演的社区文化空间的扩展。而这些舞龙基地的参与者，主要是年轻人群体，年轻人已成为百叶龙非遗项目传承的主体力量。

当百叶龙民俗体育表演的社区发生变化时，两个重要的变化也随之而来。

第一，民俗体育活动的主体发生变化。原来只有天平村的村民才能舞百叶龙，外来村民不能参加舞龙，所以有一定的排外性。但在2004年长兴县设立百叶龙艺术培训基地后，学生、武警、公安等都可以舞百叶龙，因此民俗体育的传承主体得以扩大。如长兴县公安局将百叶龙艺术培训作为丰富公安干警的文化生活和磨炼意志的有效途径。[①]

第二，民俗体育的文化心态也发生相应变化，民俗体育以信仰为主的文化神圣性弱化乃至消失。以前在乡村社区舞百叶龙，天平村村民对龙神有敬畏之情，并且相信舞龙活动后，村庄会太平吉祥，所以在农村舞百叶龙也是龙崇拜信仰的体现，是一种神圣性的文化仪式。正如侗族的抢花炮民俗体育，花炮在侗乡具有神圣地位，当地民众认为花炮能带来好运，还要抢头炮与尾炮。

---

① 吴露生：《长兴百叶龙》，浙江摄影出版社，2009，第54页。

百叶龙的活动空间变了，从农村社区变成城市社区，如中小学、职业学校、广场、大剧院、街道等，民俗活动主体也不再是村里人，所以其文化心态也发生了变化。对龙崇拜的文化神圣性下降，游戏性则上升。本来在舞龙之前，需要给龙点睛开光，要举行拜龙仪式，但在城市社区中，这些神圣仪式消失了，只有技术性的舞龙套路的展演。

浙江玉环县（今玉环市）的坎门花龙，在2011年由文化部公布入选第三批国家级非物质文化遗产名录的扩展名录。而早期的坎门花龙则有"投庙"的民俗仪式，具有强烈的民间龙神信仰的特征。坎门花龙扎制完成后，需要选择黄道吉日的吉时，或者利用潮水起涨时将花龙迎至村庙，称为"投庙"。由猜龙先生举行开龙光仪式，为花龙开眼。猜龙先生要念："一笔点起龙眼光，龙眼点光显圣聪。左开太阳昭日月，右开太阴万里光。"接着要唱"请龙神"，举行请龙神下凡等仪式活动。舞坎门花龙，一般是在正月初一以后，主要是以龙绕柱的民俗体育方式呈现。在民国时期，玉环县的坎门花龙主要是在村庙中举行，如1929年，坎门三圣庙的一个舞龙班以城关老城隍庙的32根以工代殿廊立柱间表演绕柱。但到了21世纪，坎门花龙则大量活跃在省市举办的各种群众文艺活动与节日文化活动中，具有一定的外出表演性。[①] 这样，舞龙习俗由于离开本土乡村，习俗表演空间发生变化，其神灵信仰也会逐渐淡化。

民俗体育在其发展过程中，总是出现民俗体育的文化神圣性下降或消解的情况，这其实也是传统文化在现代性变异过程中的一种必然现象。少数民族的民俗体育项目如抢花炮，本来在侗族民众心目中是很神圣的，但是随着社会商业化的发展，花炮的神圣地位也在下降。另外如浙江长兴百叶龙在百叶龙艺术培训基地中有活动传承，但只有这13个长兴百叶龙基地开展活动是远远不

① 张一芳：《坎门花龙》，浙江摄影出版社，2016，第125—126页、第147—150页。

够的，因为这些活动以表演为主，主要是有上级领导来访或者民俗节日期间展开相应舞龙活动。但活动结束，往往被人遗忘，因此还需要设立更为神圣的文化空间传承百叶龙的文化功能，传承并强化这一地方文化记忆。为了克服这一传统民俗文化的负面现代性现象，除了定期展开相应的舞龙活动以外，一个主要的改进方法就是在原有社区或新的城市社区建立相应民俗体育项目的社区博物馆或社区非遗馆，并与浙江诗路文化带的建设相结合，发展成为诗路名村中的诗路明珠景点，并逐渐培育成为一个社区品牌，即文化活动意义上的社区品牌。

社区博物馆（community museum）的出现是社会生态变异在文化上的反映。学者研究表明，自 1960 年以来，社区博物馆的概念由于对"社区"的认知存在争论，主要是从地方史的区域因素、社区居民的情感因素、参与因素方面开展分析，侧重人文社会环境，致力于解决社区现实问题，从而与生态博物馆形成区分，但至今还没有一个公认的普遍接受的定义。[①] 由于社会的发展，传统农业社会逐渐向工业社会转型，工业社会则逐渐向后工业社会转型。在转型期间往往造成文化传统的流失，因此不得不考虑应该建立一种有效的社会机制，让地方优秀的传统文化能够源远流长地传承下去，使人们认识到当地居住的地方有哪些优良的文化传统值得怀旧。在当前急剧变迁的社会，这个最有效的社会机制就是社区博物馆或社区非遗馆的设立与运行。社区博物馆或社区非遗馆的建立，其实是地方文化神圣性确立的一个文化空间的象征。在社区博物馆或社区非遗馆内，面对地方优秀文化传统，人们往往怀着学习与敬畏的心情。这也是确立文化神圣性的一个手段，否则舞龙表演一类的民俗体育一旦结束后，民众往往会随着时间的流逝而失去印象，而社区博物馆或社区非遗馆的建立，则巩固了地方文化的神圣性记忆。

博物馆或非遗馆参与社区建设、与社区居民互动是今后社区

---

① 王巨山：《遗产·空间·新制序》，商务印书馆，2018，第 246—247 页。

文化建设发展的必然趋势。一般的博物馆或非遗馆相当于文物馆或者展览馆、体验馆，社区博物馆或社区非遗馆强调的是与当地居民在生活与文化上的互动，唤起当地居民对文化传统的认同感，拉近与传统文化的距离。本土性与互动性是社区博物馆或社区非遗馆的主要功能。社区博物馆或社区非遗馆建在不同社区之内，展示不同的地方传统文化，这一文化传承模式使当地民众能了解该社区与众不同的历史和文化活动。

根据文化部的要求，全国各县市都要求建立独立的非物质文化遗产保护中心，而非物质文化遗产保护中心作为一个机构，就可以与社区博物馆或社区非遗馆的建设结合起来。如长兴百叶龙，完全有条件在天平村的村落社区建立一个非物质文化遗产社区博物馆，展示百叶龙的历史、现状与传承发展情况，也可以在内部设置放映厅，播放相关非物质文化遗产项目的内容。如果传承情况良好，则可以直接建立长兴百叶龙的社区非遗馆。相对而言，社区博物馆侧重物品的静态展示，而社区非遗馆则侧重活动的动态展演，从理论上说，社区非遗馆更加符合非遗的保护与传承，其相应的运行成本也更高。

近年来，长兴百叶龙多次参与国际文化交流，向世界展示了其博大精深的中华文化魅力。2008年4月7日，北京奥运圣火顺利抵达法国巴黎，应中国驻法国大使馆邀请，由长兴教育系统组建的百叶龙艺术团在巴黎参加了奥运圣火传递活动。百叶龙先后在本次奥运圣火传递活动的起点（埃菲尔铁塔）和终点（夏莱蒂体育场）精彩亮相，为奥运助威。

浙江的奉化布龙发展到当代，其竞技舞龙的特征越来越明显，并成为舞龙套路规定动作的制定者，在体育竞技上成为一个新的体育活动类型。奉化布龙也曾在国外的异文化社区开展舞龙活动。2008年8月17日，奉化高级中学舞龙队代表中国参加在土耳其举行的伊兹密尔国际文化节和第四届国际库布克文化艺术节。在土耳其的10天时间里，以奉化布龙为代表的宁波民间艺术团充满东方神韵的精彩表演成为当地媒体和群众竞相追逐的焦点。出访期间，宁波民间艺术团全体成员还高规格地受到了中国驻土耳其大使馆大使孙国祥等人的接见。祖籍宁波东钱湖的孙国祥在接见时动情地说："我为家乡有这么精彩的非遗项目而自豪，为你们在土耳其的精彩演出感到十分高兴。你们为祖国争了光，感谢你们！"大使馆官员称，宁波民间艺术团堪称近5年来国内赴土耳其艺术团中最受当地欢迎的一支。①

当民俗体育逐渐发展成为竞技体育时，这些体育活动最容易出国演出，而纯粹的民俗体育活动则没有出国演出的机会与可能性。如浙江的浦江板凳龙一直在浦江的乡土社区与城市社区中传承，没有出国演出的机会。究其原因，主要是浦江板凳龙数百年来没有变化，一直在浦江境内活动，从来没有走出浦江。而长兴百叶龙与奉化布龙都经过专家与艺术家的多方指导调教，锐意创新，已经不是传统意义上的民俗体育项目，而成为具有一定商业性的竞技表演项目。在这样的情况下，民俗体育项目更应得到保护，从而更好地传承地方社区文化，否则地方文化发展的文化生态将失衡。在这样的背景下，民俗体育的传承急需相应的文化生态保护区建设试点工作，并与非物质文化遗产保护工作相结合，从而使地方社区公共文化代代传承。相对于浙江的民俗体育而言，有必要在浦江建立浦江板凳龙民间文化生态保护区，从而使民俗体育发展的社会生态环境免受商业化的过度冲击。

当传统民俗体育型舞龙向现代艺术表演型或现代技巧型舞龙转型时，龙文化传承呈现文化分化现象，原有龙文化禁忌被打破，龙文化神圣性淡化。因此，民俗体育在应对现代社会的急剧变化时，其相应的文化功能应得以保存与传承，这其中一个主要的方式就是尽快建立社区博物馆或社区非遗馆。社区博物馆或社区非遗馆的建立主要是基于本土民俗体育发展的内部应对策略，只有这样，民俗体育的发展才有其相应的文化空间的保障。

---

①《奉化布龙土耳其凯旋》，http://www.ctc.mofcom.gov.cn/ciweb/ctc/info/Article.jsp?a_no=148631&col_no=634，访问日期：2021年3月20日。

四、浙江舞龙类非遗项目身体规训的文化认同

2003 年的教科文组织对于"非遗"的定义，是建立在文化认同的基础上，强调社区民众对非遗项目持续的文化认同感。2003 年《保护非物质文化遗产公约》对非物质文化遗产概念的定义是：被各社区、群体，有时是个人，视为其文化遗产组成部分的各种社会实践、观念表述、表现形式、知识、技能以及相关的工具、实物、手工艺品和文化场所。这种非物质文化遗产世代相传，在各社区和群体适应周围环境以及与自然和历史的互动中，被不断地再创造，为这些社区和群体提供认同感和持续感，从而增强对文化多样性和人类创造力的尊重。①

联合国教科文组织这一定义重视个人与群体的文化传承作用，强调非物质文化遗产不断被创造，并提供文化认同感与持续感。实际上，非物质文化遗产的文化认同感与民俗的文化认同感是一脉相承的，这一"非遗"定义与"民俗"的定义十分接近，只是非物质文化遗产更突出文化的遗产意识，而民俗体育的文化仪式性，在一定程度上也是民俗文化认同得以产生的重要途径。民众在参与民俗体育活动时，在神圣的仪式场景下，容易激发对地方神灵与祖先或者传统文化的强烈认同心理。在众多的民俗体育活动中，具有代表性的就是舞龙民俗体育。中国人是龙的传人，龙是中华民族的伟大图腾，也是中华民族的古老祖先，这些文化理念已经成为所有中国人的文化共识。舞龙这一民俗体育的开展，既是对中华民族龙文化传统的传承与认同，也是对中华民族文化共同体认同感与归属感的强化。

"身体民俗"的概念来自美国民俗学。根据彭牧的研究，1989 年，在美国民俗学年会上，民俗学家凯瑟琳·扬（Katharine Young）按照民俗（folklore）的构词法，创造性地提出"身体民俗"（bodylore），并探讨有关身体的民俗或知识，特别是身体如何参与

---

① 王文章：《非物质文化遗产概论》，教育科学出版社，2008，第 42 页。

构建社会的意义。凯瑟琳·扬在《身体民俗》一书中认为，文化刻写在身体上。我们关于身体的信仰，对于身体的感知，以及赋予它的特性，无论是本意还是象征的，都是被文化构建的。身体总在被发明出来，体态、举手投足和穿衣戴帽的方式都体现出我们是某一文化的成员。凯瑟琳·扬认为"身体民俗"研究的核心是关注身体的社会构建，身体是能动的创造与实践主体。①

张青仁在田野调查中发现丧礼过程的禁忌，首当其冲的就是对子女身体的约束。在湖南省麻阳县，整个丧葬仪式须在村中的权威老人即"老司"主持下进行。子女在"老司"的指挥下必须通宵坐夜、守灵，起水和出殡时还要三步一回，五步一跪。张青仁认为民俗作为生活文化，其对身体的规训赋予自然身体以社会含义。身体成为民俗的载体，身体从自然身体层面上升到自然身体与社会身体的统一。另外，身体不仅是民俗规训的对象，更是民俗传承的主要途径。只有在身体的知觉中才能呈现出民俗的本原含义，并且这种含义往往超越了语言的层面，通过身体的知觉才得以真正体验。②

由于中国的民俗学长期以来重视口头性与仪式性以及民俗事象的研究，对于身体性的关注也是近十年来才开始的，因此需要进一步深入分析。因为民俗体育需要一定的体力与技巧，不太适合儿童群体与老年人群体，而青少年群体与中年人群体则相对适合。民俗体育的传承主体因此主要分为两类人群：

第一类是中年人群体，这一人群是民俗体育的中坚力量，也是民俗体育最为坚定的守护者与引导者，完全掌握传统民俗体育的相关技艺与知识，其中不少人员还是国家级非物质文化遗产项目或者省级非物质文化遗产项目的代表性传承人。

第二类是青少年群体，这一人群是民俗体育的习得者与追随

---

① 彭牧：《民俗与身体——美国民俗学的身体研究》，《民俗研究》2010 年第 3 期。

② 张青仁：《身体性：民俗的基本特性》，《民俗研究》2009 年第 2 期。

者，对于传统文化的认知与认同还处在学习的过程中，其人生观与价值观则处在形成与培育的过程中。文化认同的学术研究也表明，文化认同危机往往发生于青少年时期。在社会心理学领域被认为是认同理论创立者的美国的爱利克·埃里克森（Erik Erikson）也发现，认同危机总是出现在青年期，年轻人往往失去历史连续性。青少年期是认同的关键时期，青少年的身体发生了变化，新的社会角色与原有角色会发生冲突，无法连续的时候，就会导致认同混乱。① 因此对于第二类群体，需要进行文化引导，增进文化认知，尤其是突出身体规训对于文化传承的重要性。从整体上看，中年人群是民俗体育的引导者，青少年人群则是民俗体育的追随者，从而形成一定的代际传承关系。

当讨论民俗体育的身体性问题时，对青少年身体民俗认同的文化引导就十分重要。英国社会学家齐格蒙特·鲍曼（Zygmunt Bauman）在一次关于认同的主题谈话中，十分敏锐地指出认同的建立需要通过身体的可视化（visualization）："认同是为了穿戴和展示，而不是为了储藏和保存。"②

也就是说，认同的建立需要通过身体的动态形象展示得以实现，而不是静态的陈列。身体的可视化则是指身体需要在公共场合被展示，并接受各方面的审视。青少年身体民俗的身体性意识的培养与强化是民俗体育开展时的一个重要的文化维度。民俗体育参与者的身体，既是队员的身体与表演者的身体，也是民俗传承人的身体与文化公民的身体。而民俗传承人的身体与文化公民的身体对前者的队员身体、表演者身体形成了规训与引导，从而确保民俗体育的传承与表演具有文化共同体意识。正是在这个意义上，民俗体育表演者的身体也是被社会文化建构的身体，即被规训的身体（disciplined body），存在极为明显的青少年身体民俗

---

① 伍庆：《消费社会与消费认同》，社会科学文献出版社，2009，第16—19页。
②Zygmunt Bauman .Identity: Conversations with Benedetto Vecchi. Cambridge, Polity Press，2004:89.

的身体性规训现象。

　　民俗体育对青少年身体民俗的身体性规训首先体现在动作程式化与套路化的规训上，这与以身体对抗为特征的竞技体育形成显著的区分。民俗体育并不刻意追求输赢与胜负，民俗体育重在文化传承与文化认同，以谦和合作为本，这与竞技体育的身体对抗的运动精神并不相同。民俗体育的身体运动具有程式化与套路化特征，遵循数百年传承的模式化动作与阵法，其身体行为具有可预测性，而竞技体育的身体运动的身体行为难以预测。因为系列动作被规制化的原因，民俗体育的身体运动往往沿着固定的线路，展示模式化的动作，在各种套路的转换中，各种动作多次重复，整个民俗体育的过程是程式化的，所以民俗体育的身体行为，下一个动作与套路，在懂行的人看来，都是可以预测的。而竞技体育的现场由于双方对抗性强，运动场内的比赛情况瞬息万变，运动员的身体行为几乎无法预测。民俗体育的动作是代代传承的程式化套路，不能随便更改，要求习得者细心体悟才能完全掌握。所以民俗体育的身体性，实际是对身体的一种文化安排与管理，对于青少年的身体自我管理来说，则更为重要。

　　舞龙民俗体育同样存在程式化与套路化的身体规训。作为国家级非物质文化遗产项目的浙江玉环坎门花龙，一般是在正月初一以后表演，主要是以龙绕柱的程式化动作的民俗体育方式呈现。如 1929 年，坎门三圣庙的一个舞龙班到城关老城隍庙的 32 根以工代殿廊立柱间表演绕柱。但到了 21 世纪，坎门花龙大量活跃在省市举办的各种群众文艺活动与节日文化活动中，但是程式化动作与套路仍然不变。①

　　浙江奉化布龙已成为国内舞龙套路规定动作的制定者，在全国农运会与大学生运动会上均有程式化的动作表演。奉化高级中学舞龙队于 2008 年 8 月 17 日代表中国参加在土耳其举行的伊兹

---

① 张一芳：《坎门花龙》，浙江摄影出版社，2016，第 125—126 页、第 147—150 页。

密尔国际文化节和第四届国际库布克文化艺术节，表演的仍是程式化的动作与套路。

通过程式化动作的反复规训，习练者就会逐渐领会到民俗体育的内在文化逻辑。通过长期的民俗体育身体动作的程式化规训，生理意义上的自然身体就会变成文化意义上的身体，而随着历史的发展与交流的深化，文化意义上的身体就会进一步上升为文明化的身体。英国的身体社会学家克里斯·希林分析了"文明化身体"的三个特征，即身体的社会化、理性化、个体化。身体的社会化是指身体成为社会行为准则的表达场所，人们越来越把身体作为社会性的东西进行管理，理性化是对身体的自我控制，表现为身体的道德行为，个体化并不是指孤立的个体，而是指相互依赖的个体，而人际关系的相互依赖也会使暴力减少。克里斯·希林认为，体育运动是一种相对非暴力的身体对抗形式，伴随着整个社会的暴力减少，以及用非暴力手段来解决冲突，这是一种文明化的进程。[①] 克里斯·希林讨论的体育运动的非暴力性，主要是针对竞技体育，而民俗体育更多的不是身体对抗，而是身体合作，通过合作共同完成程式化套路的表演。

因此，在当下中国的语境中，青少年群体对民俗体育的非遗项目的传承，既是身体规训，也是对传统文化认同的实践，而在这认同实践的过程中，浙江诗路文化带的社区品牌的营造也就具有了可能性。

五、浙江诗路文化带建设中的舞龙非遗项目的 社区品牌营造

2019 年浙江省政府提出诗路文化带建设的长期规划。诗路文化带包括大运河诗路、钱塘江诗路、浙东唐诗之路、瓯江山水诗之路四条诗路，将诗与远方两者结合，走文旅深度融合发展之路。

---

① ［英］克里斯·希林：《身体与社会理论》，李康译，北京大学出版社，2010，第 154—159 页。

诗路文化带是浙江省大花园建设的标志性工程，也是浙江省践行"两山"理论的时代创造与文化实践，体现了浙江独特的地域风格，是具有全国示范意义的浙江经验的积极探索。浙江诗路文化带的提出，主要还是为了进一步促进浙江地方文化的传承与发展，特别是培养年轻人群体对传统文化的认知与认同，并与经济、旅游、生态等要素相结合。

在讨论浙江诗路文化带建设的品牌问题时，首先需要讨论地域文化品牌问题。地域文化品牌（regional cultural brand）是指在一定地理范围内具有一定知名度、美誉度的公共文化产品，由系列文化符号和活动组成，其内涵是一种集群共同声誉（clusters reputation），其根本属性是文化公共属性。区域文化品牌的公共性表现其文化品牌的非竞争性和非排他性，因而具有强大的包容性，而且地域文化品牌通过持续发展，可以发展成为国家文化品牌乃至世界文化品牌，从而发挥更大的文化影响力。

"十里不同风，百里不同俗"，民俗具有一定的地域文化差异，民俗体育也同样如此。浙江省 11 个县市有 11 条舞龙民俗项目，也都是国家级非物质文化遗产保护项目，这 11 条龙的民俗风格都不一样，民俗表现形式也不一样，如平阳鳌江划大龙项目、乐清首饰龙项目就无法舞动，只能在街上拉着叫观众展示，严格意义上，不能说是"舞龙"，只能说是"拉龙""推龙"。虽然如此，民俗体育仍然具有其内在共性，如沿海的玉环坎门花龙与内陆的兰溪断头龙的舞龙动作套路不同，但是对龙神的崇敬却是相同的。有的虽然时间不同，如开化草龙是在中秋节舞，其他的 10 条龙都是在春节期间舞，但是舞龙过程中采用的民俗元素与符号都是相同的。民俗体育发展到一定程度，往往会成为该地域突出的具有象征意义的地方文化元素，并发展成为地方文化的象征，在地方政府、民众、企业、媒体等多种社会力量的集体推动下，就有可能发展成为地域文化品牌，如浙江的奉化布龙、长兴百叶龙在当地就享有很高美誉，已经发展成为地域文化品牌，并经常代表浙江乃至全国走出国门，走向世界。

2018 年 7 月 27 日，文化和旅游部发布《中国非遗品牌计划》，推动实施中华优秀传统文化传承发展工程，打造非遗的品牌力量。在这一非遗品牌的推动过程中，民俗体育因为结合了民俗与体育两大文化元素，因而在演艺类品牌发展的路上，具有其特殊的文化地位。

品牌以符号的形式出现，而民众通过符号来认知品牌。因此，讨论民俗体育中的民俗符号，必然要讨论民俗体育活动的开展是否发展成为民俗体育品牌活动，民众对民俗符号是否在更广泛的层面上得以认知，特别是青少年群体的认知程度的提升。如果民俗体育活动没有发展成为一个文化活动品牌，那么民俗体育的文化影响力的发挥就会受到很大的局限，其影响力可能是无法持续的。品牌是民众对特定符号认知与认同从而形成的社会化、市场化概念，非遗产品或者非遗表演类的活动项目的品牌形成过程也是民众文化认知与文化认同的形成过程。如张艺谋导演的刘三姐印象、丽江印象等"印象系列"在国内已形成演艺类文化品牌，具有极高的社会辨识度，提升了当地的文化影响力，也给地方旅游部门带来巨大的经济利益。

浙江诗路文化带建设，主要在国内树立以浙江为地理标志的地域文化品牌，而地域文化品牌的建立则需要以社区的地域子品牌为基础。只有扎根于社区的传统文化活动，才有可能建设成为非遗项目的地方演艺品牌。

文化具有整合力与感召力，符号也具有整合力与感召力，品牌也同样具有整合力与感召力，三者有异质同构的效应。品牌理论侧重于品牌的命名、标识、商标等方面，对品牌的内涵和外延进行研究，并从塑造与功能的角度提出品牌个性理论、品牌形象理论、品牌适应理论等。美国的布莱格·加德纳（Burleigh B.Gardner）和西德尼·列维（Sidney J.Levy）两位学者在 1955 年《哈佛商业评论》上发表第一篇具有历史意义的《产品与品牌》（"The Product and the Brand"）的论文，提出品牌是具有好的价值观的至关重要的公共形象的符号，认为消费者的理念、情感与态度决定了对某一品牌的选择与认可，而品牌被民众认可后，就会形成民众对品牌的忠诚度。品牌需要良好的形象呈现，在创造品牌后，要发展品牌，持续完善品牌形象。而品牌活动中出现的色彩与图像不只是审美的对象，同时也具有社会与心理意义，也是社会建构与观众交流的过程。在此基础上论文还研究了情感性品牌和品牌的个性思想。这篇论文认为，品牌是具有情感认同功能的，品牌的建立需要文化情感的支持，需要情感性的文化表达，而品牌个性理论（brand character theory）认为品牌的发展就是从标志到形象再到个性的发展，个性是品牌最高层面，而且需要将品牌人格化才能达到其最终的效果。①

布莱格·加德纳与西德尼·列维两位学者虽然讨论的是市场上的产品品牌，但是产品品牌的背后则是文化价值观的支撑，而且产品不只是物质产品，也包括文化生产的文化产品，如电影、电视、综艺节目、主题公园活动、演艺类活动等，因此对于民俗体育活动而言，也需要将一般意义上的民俗体育活动提升成民俗体育品牌活动，从而发挥民俗文化的影响力，而这篇论文中讨论的民众对品牌的忠诚度，实际上也是民众对品牌的认同度，忠诚度越高，认同度也就越高，反之亦然。对于民俗体育活动也是如此，青少年群体喜欢上某一项民俗体育活动后，就会产生一定程度的认同度，其文化忠诚度也会提高。而品牌的个性化，实际是指不同品牌之间的区分，从而彰显自身品牌的特色，品牌人格的概念则是指品牌价值观的可视化载体，如品牌的形象代言人，从而发挥品牌更大的文化影响力。布莱格·加德纳与西德尼·列维两位学者强调品牌的建设过程，也是和观众、消费者不断交流沟通的过程，从而不断改进自身，完成品牌的持续升级。

中国由于以前的一些错误政策，大量文物与传统习俗被视为封建主义，遭到严重破坏，大量民俗中断消失，民俗体育也失去

---

① Burleigh B.Gardner and Sidney J.Levy. The Product and the Brand. *Harvard Business Review*,March–April.1955:33–39.

了依附的民俗基础，传统文化生态被破坏。2004年中国开始重视非物质文化遗产保护，民间的地方意义上的文化传统才得以逐渐恢复。但中国的第一批国家级非物质文化遗产名录2006年6月才正式公布，时间上非常滞后，民众的非物质文化遗产意识的培养与教育工作也有所不足，特别是对青少年群体的文化教育。在中国的语境中，则需要考虑对社区内的青少年群体的文化引导，即鼓励青少年群体积极参与以舞龙为代表的非遗活动，在民俗活动中体验传统文化，进一步培养文化认同。

目前在浙江的11个国家级非物质文化遗产的舞龙民俗体育项目中，兰溪断头龙、浦江板凳龙、开化香火草龙、泰顺碇步龙、萧山河上龙灯胜会、乐清首饰龙、玉环坎门花龙、平阳鳌江划大龙、安吉上舍化龙灯9个国家级舞龙非遗项目还保留民俗体育的特征，并主要在原有社区代代传承，体现儒家家族文化与民间村落文化的特点。另外两个非遗项目奉化布龙、长兴百叶龙已逐渐离开原有社区，向现代竞技型或现代舞台审美型演变。因此，针对其发展过程中的文化分化现象，需要设计不同的社区发展的品牌类型。从整体上说，仍在地方社区传承基本不外出表演的非遗项目的社区品牌的营造应采取就地保护、就地建设的路径，并主要依靠当地社区的民众力量。而离开原有社区向其他空间发展的非遗项目，除了在原有的村落社区建立社区博物馆或者社区非遗馆之外，还需要在城市社区新建社区非遗馆，从而提升其社会知名度与社会能见度，吸引更多的城市青年群体的参与。

浙江诗路文化带的最终落脚点是诗路明珠的建设，特别是诗路名镇的诗路明珠、诗路名村的诗路明珠两个空间层级。诗路明珠是浙江诗路文化带建设的最小单元，与非遗项目的社区品牌建设互为关联，并互相促进。这一问题，需要另文详细讨论。

"春来江水绿如蓝"新解

——基于传统靛蓝染色工艺的视角

申屠青松①

（浙江师范大学文化创意与传播学院，浙江金华，321004）

摘　要："春来江水绿如蓝"，传统往往将"蓝"解释成蓝草或蓝色，这是因为对古代靛蓝染色工艺缺乏深入了解而发生的误解。古代靛蓝染色分成叶染和靛染两种工艺，明代以前叶染工艺使用更为广泛，且其鲜明的染绿效果深入人心。唐代诗人因此喜欢以"蓝"进行比喻，用来强调描写对象的绿色效果。"春来江水绿如蓝"，或者其他以"蓝"进行比喻的诗句，其"蓝"字的真实含义不是蓝草或蓼蓝，更非蓝色，而是叶染时所用蓼蓝汁液。

关键词：白居易；忆江南；蓼蓝；靛青

白居易《忆江南》三首为千古名章，第一首尤脍炙人口："江南好，风景旧曾谙。日出江花红胜火，春来江水绿如蓝。能不忆江南？"但历来对"蓝"字的解释都是错误的，本文在深入考察传统靛蓝染色工艺的基础上，对"蓝"字含义提出新的解释。

一、"蓝"非蓝草与蓝色

关于"春来江水绿如蓝"中"蓝"的含义，历来有两种解释。

---

① 作者简介：申屠青松，浙江师范大学文化创意与传播学院副教授。

一是蓝草，这是普遍的说法，如朱东润主编《中国历代文学作品选》："蓝，蓝草，可制青蓝色的染料。"[①] 中小学语文教材及其他大部分选本亦多沿此说，如2019年人教版小学语文四年级下册课本："蓝：一种植物，叶蓝绿色，可提取青蓝色染料。"[②] 需要说明的是，这里对蓝叶颜色的描绘是错误的。中国古代用以染色的蓝草主要有四种，蓼蓝（Persicaria tinctoria）、菘蓝（Isatis tinctoria）、木蓝（Indigofera tinctoria）、马蓝（Baphicacanthus cusia），任何一种蓝草叶子都呈绿色，并无丝毫蓝色。蓝草内含靛苷（Indican），其只有水解释放并氧化成靛蓝后才会呈现蓝色，含于蓝叶组织内并不会呈现蓝色。四种蓝草中，木蓝原产印度，约在南北朝时期传入中国，但主要种植在岭南地区，直到宋代才扩张至南方其他地区。马蓝亦原产印度，具体传入时间尚待详考，现可知者，至晚在明代中期，已在福建广泛种植。故在宋代以前，用于染色的蓝草主要是蓼蓝、菘蓝二种，"蓝"若释为蓝草，所指仅能是这两种。蓼蓝和菘蓝在古代都可称为"蓝"，但一般以指蓼蓝为多，因为蓼蓝比菘蓝使用得更普遍。两种蓝草染色方法也不同，蓼蓝多直接用叶，而菘蓝一般是提炼靛青用于染色，故后者又被称为"靛"或"靛草"。俞平伯先生在《唐宋词选释》中即将"蓝"径直释为蓼蓝："蓝草，蓼蓝，可制靛青。"[③]

二是蓝色，这仅见于个别学者，如王富仁《白居易：春风又绿江南岸　春来江水绿如蓝——〈忆江南〉词赏析》一文即持此观点。[④]

仔细推敲起来，两种解释都有问题。释为"蓝色"显然是毫无道理的，本质不同的事物才能构成比喻，用一种颜色比喻另一种

① 朱东润：《中国历代文学作品选》中编第一册，上海古籍出版社，2002，第426页。
② 小学《语文》四年级下册，人民教育出版社，2019，第4页。
③ 俞平伯：《唐宋词选释》，人民文学出版社，1979，第18页。
④ 《语文学习》编辑部：《名作导读》，上海教育出版社，2006，第48页。

颜色，在修辞上是无法成立的，我们可以说"红得发紫""绿得发蓝"，但并不会说"红得像紫色""绿得像蓝色"。至于蓼蓝，它与一般草木叶子相比，在色泽上并无特别之处，三国《秦子》即言："常闻做人当如园圃之蓝，不异众草，染而后朗。"[①] 也就是说，真正给人印象深刻的是蓼蓝上染织物以后的颜色，蓼蓝本身则平平无奇。比喻意在强调描写对象某一方面的特征，"不异众草"的蓼蓝显然不能凸显江水之绿色。所以，将"蓝"解释成蓼蓝，从写作角度讲，只能说是一种拙劣而无效的修辞。

事实上，以"蓝"为喻，《忆江南》并非个案，这在古代颇为常见。早在两晋之交，郭璞就开始用"蓝"进行比喻，其《柚赞》云："叶鲜翠蓝"[②]，意谓柚叶翠绿，鲜明胜"蓝"。至唐代尤其是中唐以后，这一修辞趋于频繁，遂成常语。《全唐诗》中以"蓝"为喻的诗句除《忆江南》，另外还有 12 例[③]：

笑夸故人指绝境，山光水色青于蓝。（李白《鲁郡尧祠送窦明府薄华还西京》）

蓝水色似蓝，日夜长潺潺。（白居易《游悟真寺诗》）

千里嘉陵江水色，含烟带月碧于蓝。（李商隐《望喜驿别嘉陵江水二绝·其二》）

功成献寿歌飘雪，谁爱扁舟水似蓝。（贯休《读吴越春秋》）

西塞山前水似蓝，乱云如絮满澄潭。（韦庄《西塞山下作》）

春水如蓝垂柳醉，和风无力袅金丝。（和凝《宫词》）

门底秋苔嫩似蓝，此中消息兴何堪。（齐己《庚午岁九日作》）

家风负荷须名宦，可惜千峰绿似蓝。（崔橹《过南城县麻姑山》）

---

① （唐）欧阳询：《艺文类聚》，上海古籍出版社，1965，第 1398 页。

② 同上书，1965，第 1492 页。

③ （清）彭定求：《全唐诗》，中华书局，1960。本文所引唐诗，若未作特别说明，皆引自《全唐诗》。

薜荔雨余山自黛，蒹葭烟尽岛如蓝。（胡曾《自岭下泛鹋到清远峡作》）

极野如蓝日，长波似镜年。（姚鹄《奉和秘监从翁夏日陕州河亭晚望》）

夕照红于烧，晴空碧胜蓝。（白居易《秋思》）

抉天心，开地脉，浮动凌霄拂蓝碧。（李沇《巫山高》）

这些"蓝"字都很难解释成蓼蓝，除了蓼蓝叶子无鲜明颜色特征外，还有两个方面的原因：第一，一些记载提到"蓝"的颜色具有柔嫩、可爱等特征，如上举"门底秋苔嫩似蓝"，另如段成式《酉阳杂俎》："慈恩寺唐三藏院后檐阶，开成末有苔，状如苦苣，布于砖上，色如蓝绿，轻嫩可爱。"[①] 胡峤《陷北记》亦云契丹有花"色类蓝可爱"[②]。蓼蓝植物并没有这些特征。第二，上述例句中，比喻本体包括江水、山峦、平川、岛屿、青苔、晴空等，蓼蓝颜色与江水、山峦、平川、岛屿、青苔尚可称得上相似，但与蓝色的晴空相比，则明显不侔，自然也无法用来突出晴空的颜色效果，说晴空比绿色的蓼蓝更蓝，显然是荒谬的。菘蓝叶子颜色上有一定的鲜嫩特征，但同样为绿色，所以也不可能被用来比喻晴空。

所以，"蓝"并非"蓝色"，亦不指蓼蓝或菘蓝。前贤虽然注意到了"蓝"与古代靛蓝染色技术的关系，但他们显然对后者工艺细节了解不深，所以仍然对"蓝"作出了错误的解释。要探究"蓝"的准确含义，必须对古代靛蓝染色的材料、方法及其发展历史进行详细考察。

二、叶染与靛染

根据现代学者的研究，中国古代靛蓝染色主要采用两种工艺，

---

① （唐）段成式：《酉阳杂俎》卷十九，四部丛刊景明本。今校本"蓝绿"多作"盐绿"，误。

② （清）董诰：《全唐文》，中华书局，1983，第9011页。

一是缩合染色法，直接使用新鲜蓝叶揉浸染色，我们简称为"叶染"；二是还原染色法，使用从蓝草提炼之靛青进行染色，我们简称为"靛染"。

　　叶染是人类最早掌握的靛蓝染色技术，原料一般只使用蓼蓝，工艺则分生染和熟染两种。生染起初方法较为原始，只要将丝、布、毛等纤维染品与蓼蓝叶放在一起揉搓，或者将蓝叶揉搓成汁，淘净渣滓，浸入染品，待染品上色，洗涤晾干即可。这一方法有较明显的缺陷，与蓝叶一起揉搓对染品损伤较大，上色也不均匀，而揉搓成汁浸染，虽可避免上述缺陷，但因色素释出有限，上色往往较为浅淡。后来人们发明了更为先进的熟染，可以释放更多色素，上色更深。虽名"熟染"，其方法实为生熟蓝叶混合揉染，清丁宜曾在《农圃便览》中详细记录了其方法步骤："染蓝用小蓝，每担用水一担，将叶茎细切，锅内煮数百沸，去渣，盛汁于缸。每熟蓝三停用生蓝一停，摘叶于瓦盆内，手揉三次，用熟汁浇，按滤相合，以净缸盛，用以染衣。或绿、或蓝、或沙绿、沙蓝，染工俱于生熟蓝汁内斟酌。"① 小蓝即蓼蓝，蓼蓝叶小，故称"小蓝"。此法在明宋应星的《天工开物》中亦有记录，唯内容稍简："月白、草白二色……今法用荩蓝煎水，半生半熟染。"② 荩蓝也就是蓼蓝。编写于 905—927 年间的日本文献《延喜式》，其中《缝掖殿》一章，详细记载了当时日本宫廷染布用料，与"蓝"即蓝叶一起使用的往往有"薪"，即柴火，如："深缥绫一匹，蓝十围，薪六十斤。"③ 可见使用的也是生熟蓝叶混合揉染之法。这一技术显然是从中国传入日本的，说明熟染技术在唐代已普遍使用。至于其产生时间，最早可以追溯到夏代。④

① （清）丁宜曾：《农圃便览·七月》，清乾隆原刻本。

② （明）宋应星：《天工开物》，广东人民出版社，1976，第 115 页。

③ ［日］藤原时平等：《延喜式》，《国史大系》第十三卷，吉川弘文馆，2000，第 513—514 页。

④ 参见拙作《古代靛蓝染色工艺与"蓝""绿"等颜色词含义的起源演变》，未刊稿。

蓝草的茎叶含有靛苷，它是吲哚酚和葡萄糖的缩合物。蓝草经揉搓后，靛苷会断键分裂，游离出吲哚酚。吲哚酚上染织物后，经空气氧化发生双分子的缩合，形成靛蓝（Indigo，$C_{16}H_{10}N_2O_2$），从而使织物呈现出蓝色。这是叶染的基本原理。[①] 之所以要加入热水，一方面是因为高温会破坏叶片组织，促进吲哚酚析出；另一方面是吲哚酚溶于热水，热水环境可保证其与纤维充分结合。

靛染分制靛和染色两大工序。古人一般是通过发酵水解、石灰沉淀的方法提炼靛青，即通过自然发酵析出吲哚酚，然后加入石灰，一方面促进吲哚酚在碱性溶液中氧化缩合形成靛蓝，另一方面则是帮助靛蓝沉淀，沥水即可得到靛泥或稠状液体，也就是我们通常所谓的"靛"或"靛青"。染布时将靛青在碱性溶液里还原成水溶性靛白（Leucoindigo，$[C_6H_4C(OH)CNH]_2$），然后浸入织物，靛白附着其上，再次氧化成靛蓝，即可使织物呈现出各种深浅不同的蓝色。靛染技术文献上最早可追溯至北魏《齐民要术》[②]，但其产生应该更早，有人认为在战国时期即已出现。[③]

纯粹从工艺角度而言，靛染无疑比叶染更为先进。首先，蓝草制成靛青后，可贮存运输，故靛染能长年洗染，不受时间和地域限制，大规模商业化运作亦成为可能。而叶染必须使用新鲜蓝叶，所以染色仅限于蓝草成熟季节，既无法长途远贩，也很难实现商业化运作。

其次，吲哚酚直接上染纤维需要数小时，而靛白仅需几分钟，故靛染比叶染上色时间更短，效率更高。

再次，靛染得色比叶染更为丰富多变。古代文献每言叶染染绿，靛染染青，此仅概而言之，细析之，叶染单染或加上与其他

---

① 张志伯：《我国古代植物靛蓝染色的探讨》，《上海纺织工学院学报》1979 年第 4 期；榕嘉：《古代靛蓝染色工艺原理分析》，《丝绸》1991 年第 1 期。

② 缪启愉：《齐民要术校释》，农业出版社，1982，第 270 页。

③ 张志伯：《我国古代植物靛蓝染色的探讨》，《上海纺织工学院学报》1979 年第 4 期。

染料复染，得色范围在绿色和淡蓝色之间。《延喜式》载蓼蓝单独揉染可得"缥色"[①]，即淡蓝色[②]，与黄檗、苅安草等黄色染料复染可得各种绿色，凡有深绿、中绿、浅绿、青绿、青浅绿（黄浅绿）、深蓝、中蓝、浅蓝等[③]。《天工开物》亦云蓼蓝单染可得"月白、草白二色"[④]，也就是淡蓝、淡绿，与黄檗复染得"豆绿色"。《农圃便览》云蓼蓝叶染得色"或绿，或蓝，或沙绿、沙蓝"[⑤]，这里所谓"蓝""沙蓝"实际上也仅限于"淡蓝色"的范围，并不能染出更深的蓝色。靛染的得色范围，据《天工开物》记载，靛水单染可得草白、月白、翠蓝、天蓝、深青，而与黄檗、苏木、芦木、杨梅皮等染料复染，又可得鹅黄、大红、官绿、豆绿、天青、葡萄青、蛋青、玄等颜色[⑥]。由此可知，靛染既可用于染蓝，也可用于染绿、黄、黑、紫等，其得色远较叶染丰富。

① ［日］藤原时平等：《延喜式》，《国史大系》第十三卷，吉川弘文馆，2000，第513—514页。

② （东汉）许慎：《说文解字》卷十三上："缥，帛青白色也。"（浙江古籍出版社，2016，第434页。）

③ ［日］藤原时平等《延喜式》，《国史大系》第十三卷，吉川弘文馆，2000，第513—514页。这里的"蓝"并不是我们现代意义上同于英文"blue"的颜色，而仍属于绿色范围。受靛蓝染色工艺的影响，"蓝"在古代汉语中作为颜色词的涵义经历了从"绿色"到"蓝色"（blue）的变迁，明代末期以前，"蓝"主要指绿色，明末以后，才转变成现代意义的蓝色，其根本原因是靛染技术的推广和普及。这一问题牵涉殊多，笔者另文撰述。《延喜式》所载诸"蓝色"布料是蓼蓝与黄檗复染而成，蓼蓝单染而成的"缥色"在淡绿与淡蓝之间，更偏黄色的"蓝色"自然应属于绿色的范围。从用料数量看，青浅绿、黄浅绿丝一绚与浅蓝色丝一绚相同，皆"蓝小半围，黄檗八两"，两者颜色必相当，亦可知"蓝"属"绿色"。

④ （明）宋应星：《天工开物》，广东人民出版社，1976，第115页。

⑤ （清）丁宜曾：《农圃便览·七月》，清乾隆原刻本。

⑥ （明）宋应星：《天工开物》，广东人民出版社，1976，第114—115页。

三、明代以前叶染占优势的原因

因为靛染具有上述优势，所以许多人认为它出现后就很快取代了叶染。[①] 这种观点并不正确，事实上，靛染长期受到原料、布料和染色技术等多方面的限制，其优势一直没有得到很好发挥，至少在明代以前，靛染相对叶染并无明显优势，甚至叶染一度更占主导地位，使用更为普遍。原因如下。

第一，靛染原料不佳，很长一段时间只能使用品质低劣的菘蓝，而无法使用其他蓝草。如上文所说，中国古代用于靛蓝染色的蓝草有蓼蓝、菘蓝、木蓝、马蓝四种，木蓝要迟至南宋以后才有较大规模的使用，马蓝更是迟至明代，蓼蓝虽然出现很早，但长期仅用于叶染，直到明代才开始用于靛染。明代以前的文献都记载蓼蓝不堪为靛，靛染仅用菘蓝，如《唐·新修本草》："菘蓝为淀，惟堪染青，其蓼蓝不堪为淀，惟作碧色尔。"[②] 北宋《本草图经》："有菘蓝，可以为淀者……有蓼蓝，但可染碧，而不堪作淀。"[③] 北宋《本草衍义》："蓼蓝即堪揉汁染翠碧。"[④] 南宋罗愿《尔雅翼》："菘蓝，其汁抨为淀，堪染青。蓼蓝，苗似蓼而味不辛，不堪为淀，雅作碧色尔。"[⑤]

南宋以后，木蓝开始用于靛染，但仅限于今两广、福建、浙江一带，而蓼蓝仍只用于叶染。如南宋戴侗《六书故》："槐蓝丛生，叶如槐，宜为淀。蓼蓝子、叶皆如蓼而差大，萼红白，宜染青绿。大叶如蟹匡者，俗谓之蟹壳淀。又有大蓝，眡蓼蓝为大，而色不隶，宜染碧。"[⑥] "槐蓝"即木蓝，"大蓝"即菘蓝，因叶子长

① 吴淑生、田自秉：《中国染织史》，上海人民出版社，1986，第63页；榕嘉：《古代靛蓝染色工艺原理分析》，《丝绸》1991年第1期，第46页。

② 尚志钧辑校：《唐·新修本草》，安徽科学技术出版社，1981，第185页。

③ 尚志钧辑校：《本草图经》，安徽科学技术出版社，1994，第131页。

④ （宋）寇宗奭：《本草衍义》，人民卫生出版社，1990，第53页。

⑤ （宋）罗愿：《尔雅翼》，黄山书社，1991，第39页。

⑥ （宋）戴侗：《六书故》（卷二十四），清文渊阁四库全书本。"蟹壳淀"未知为何种蓝草，估计为蓼蓝之别种。

大，故有此称。元代王祯《农书》亦云："蓝有数种。有木蓝，有松蓝，可以为淀者。有蓼蓝，但可染碧，不堪作淀。"①元至顺《镇江志》："菘蓝可为淀，蓼蓝为染碧。"②唯南宋郑樵《通志》云蓼蓝可以制靛："蓝有三种，蓼蓝如蓼，染绿，大蓝如芥，染碧，槐蓝如槐，染青。三蓝皆可以为淀。"③但此语颇可怀疑，因为蓼蓝如果可以制靛，就不可能仅"染绿"而已，亦可染青，宋元文献中笔者亦未见他书记载蓼蓝可以制靛，因此，所谓"三蓝皆可以为淀"很可能是郑樵误载。直到明代中期，我们才看到蓼蓝用于制靛的准确记载，如明正德《瑞州府志》："蓝草：有水蓝、蓼蓝、米蓝，皆沤之取淀以染青。"④

蓼蓝与菘蓝在应用工艺上的区别也影响了它们的称谓，古人提及"蓝"，一般指的都是蓼蓝，很少指菘蓝，而往往把后者称为"蓝靛草"，或径称为"靛"，如元鲁明善《农桑衣食撮要》即称种植蓼蓝为"种蓝"，而种菘蓝则称"种淀（靛）"。⑤明成化年间《中都志》载凤阳土产，亦云："草类：靛、蓝、红花。"⑥"靛"为菘蓝，"蓝"为蓼蓝。嘉靖《尉氏县志》："蓼蓝，俗名小蓝，染绿。大蓝，俗名靛，如芥，染碧。"⑦"大蓝"即菘蓝。

蓼蓝不堪为靛的原因，在于蓼蓝苷与菘蓝苷的分子式构成不同。菘蓝苷严格来说并不是苷，而是吲哚酚与果糖酮酸生成的酯，酯键遇到草木灰、石灰等弱性碱液即可断键水解，游离出吲哚酚。而蓼蓝苷属于吲哚酚和葡萄糖生成的配糖物，需要长期发酵，由糖酶及稀酸作用才能断键游离出吲哚酚。古人一般使用短时间自然发酵的方法促使靛苷水解，这一方法对菘蓝有效，对蓼蓝却效

① 缪启愉、缪桂龙：《东鲁王氏农书译注》，上海古籍出版社，2008，第336页。
② （元）俞希鲁：《镇江志》（卷四），清刻宛委别藏本。
③ （宋）郑樵：《通志》，浙江古籍出版社，1988，第866页。
④ （明）邝璠：《瑞州府志》（卷三），明正德刻本。
⑤ （元）鲁明善：《农桑衣食撮要》，农业出版社，1962，第55页。
⑥ （明）柳瑛：《中都志》（卷一），明弘治刻本。
⑦ （明）汪心：《尉氏县志》（卷一），明嘉靖刻本。

用有限，所以古人多言"蓼蓝不堪为靛"。直到明代，人们开始延长发酵时间及加大碱剂用量，才比较好地解决了蓼蓝靛苷水解困难的问题，蓼蓝制靛遂趋普遍。[①]

四种蓝草提炼成的靛青，品质以马蓝为最佳，次为蓼蓝、木蓝、菘蓝。菘蓝在四种蓝草中含靛量最低[②]，制成靛青品质最劣，种植和提炼难度却最高。故明宋诩《竹屿山房杂部》云："蓝：大青难生少刈，小青易生多刈。"[③]"大青"即菘蓝，"小青"指蓼蓝。叶染不用菘蓝，则与它含靛量低有关。明代，随着其他三种蓝草都开始用于制靛，菘蓝遂渐趋式微。所以，原料的缺陷首先影响了靛染的推广。

第二，靛染染色效果不佳，不如叶染鲜明纯粹。靛染容易出现红光，原因包括两个方面，一是吲哚酚在氧化缩合成靛蓝时，如果温度过高、碱性过强，还会产生一种靛蓝的同素异构体靛玉红（Indirubin，$C_{16}H_{10}N_2O_2$）；二是靛白氧化成靛蓝时，如果反应条件剧烈，氧化过度还会产生靛红（Isatin，$C_8H_5NO_2$）。靛染颜色过深，甚至还会出现泛紫的情况。如唐贞观四年（630年）初定官员服色，其中一品服青紫，二品、三品服赤紫，八品服浅青，九品服深青，但至龙朔二年（662年），有官员建议八品、九品皆改服"碧"色，原因是"深青乱紫"[④]。"深青"相当于今深蓝色，本来与一品官员所服"青紫"是两种颜色，但"深青"只能由靛染而成，受靛玉红和靛红影响而表面泛紫，自然就容易与"青紫"相互混淆。明人田艺蘅

---

① 榕嘉：《古代靛蓝染色工艺原理分析》，《丝绸》1991年第1期。

② 据民国初年学者王季点所作测量，木蓝含靛苷量最高，约1%，其次为马蓝，约0.6%~0.7%，蓼蓝约0.2%~0.3%，菘蓝最低，仅约0.1%。蓝草的靛苷含量受多种因素影响，这种测量并不准确，但大致也能反映四种蓝草含靛量的顺序和差距。（王季点：《蓼蓝制靛法试验报告》，《农商公报》1925年第123卷，第26页。）

③ （明）宋诩：《竹屿山房杂部》（卷十），清文渊阁四库全书本。

④ （五代）刘昫：《旧唐书》，中华书局，1975，第1952页。

亦言福建、广东出产的靛染棉布"深青发红紫光焰"①。

古代制作靛青一般都用石灰沉淀，染色时也需要加入石灰、草木灰等碱性物质，所以很难避免靛玉红和靛红的产生。直到明代末期，人们才找到了一定程度的解决办法。即染色时在织物上加入胶水、豆浆，如《天工开物》云："近代其法，取淞江美布，染成深青，不复浆碾，吹干，用胶水参豆浆水一过。先蓄好靛，名曰标缸，入内薄染即起，红焰之色隐然。"② 加入胶水、豆浆，有助于匀染，增加黏着力，豆浆中含有的淀粉和葡萄糖具有一定弱还原性，可以防止靛白过度氧化产生靛红。而强调使用"好靛"，则意味着其靛蓝较为纯正，靛玉红含量较少。使用这种方法，可以将靛玉红和靛红的影响降到较低限度。

相比靛染，叶染的染色效果要好得多。首先，叶染没有红光问题，吲哚酚直接在织物上氧化缩合成靛蓝，所以不会产生靛红。虽然温度过高的情况下，也会产生一定数量的靛玉红，但只要温度控制得法，其影响几乎可以忽略不计。其次，吲哚酚上染速度缓慢，虽然牺牲了效率，但却保证了染色的匀称性，色牢度也更高。再次，叶染过程不加入碱性溶液，不损伤织物。

当然，染色效果除了受染色方法影响外，还取决于布料本身，所谓叶染得色效果好，其实主要是针对丝织品而言。另外，颜色主要指的也不是蓼蓝单染而成的淡蓝色，而是蓼蓝与黄色染料复染成的绿色。丝织品表面光滑，比其他布料更能发挥叶染上色纯净鲜明的优势，而绿色则比淡蓝色更为醒目。关于这点，古代文献多有记载，如《天工开物》云："豆绿色：黄檗水染，靛水盖。今用小叶苋蓝煎水盖者，名草豆绿，色甚鲜。"③ 这段话前面说的是黄檗染与靛染的复染方法，后面说的是黄檗染与叶染的复染方法，虽然两者都能染成豆绿色，但后者得色却更为鲜明。另如《秦子》

———————————

① （明）田艺蘅：《留青日札》，上海古籍出版社，1992，第605页。
② （明）宋应星：《天工开物》，广东人民出版社，1976，第116页。
③ 同上书，第115页。

言"园圃之蓝","染而后朗"[1];《江南野史》载南唐蓝染风俗:"城中士庶衣碧服,染时须经宿露,则愈鲜,时呼之为天水碧。"[2]宋徽宗《宫词》(其四十一)载北宋宫廷蓝染:"翠色青浓自不堪,敲冰柔叶两相参。"[3]说的也都是叶染优良的染色效果。

第三,布料限制了靛染的推广,这是最重要的原因。明代以前,布料主要有麻、葛、毛绒和丝绸等,其中又以麻和丝绸最为普遍。麻纤维分子结构紧密,结晶度、取向度高,拉伸度小,回弹性差,染料很难随水溶液渗透附着,加之受木质素、果胶等共生物含量过高的影响,上色往往较浅,色牢度亦不高。[4]葛亦类似。所以,古代麻布、葛布的染色需求并不大,明代以前,平民服色以白为多,也就是麻布的本色,故平民称为"白衣",而麻布、葛布则多称"白纻""白葛"。在普通面料领域,靛染相比叶染最大的优势是染色更深,更耐磨耐脏,但这点在麻葛类布料上显然无从体现,自然也就不受待见。而因为需求少,商业化程度低,靛染工序繁杂、成本高昂的劣势进一步显现,麻、葛即使偶有所染,人们使用更多的也是叶染,因为它操作更简便,成本更低廉。如《延喜式》记了一种"贳布",是一种麻类布料[5],其染色用料为:"(深绿)贳布亦同:蓝十围,苅安草大二斤,灰一斗,薪一百廿斤。""(深缥)贳布一端:干蓝二斗,灰一斗,薪卅斤。"[6]显然,用的是叶染方法,但与染丝绸不同的是,它加入了草木灰,因为麻布上染困难,草木灰的弱碱性有助于吲哚酚更多释出,并更易

---

① (唐)欧阳询:《艺文类聚》,上海古籍出版社,1965,第1398页。

② (宋)龙衮:《江南野史》(卷三),民国刻豫章丛书本。

③ 傅璇琮等:《全宋诗》,北京大学出版社,1998,第17046页。

④ 裴振岐:《麻织物染整探讨(上)》,《染整技术》2006年第12期,第14—15页。

⑤ 〔日〕新井清:《古代染色的化学的研究·古代蓝染について》,《奈良大学纪要》1978年第7号,第15页。

⑥ 〔日〕藤原时平等:《延喜式》,《国史大系》第十三卷,吉川弘文馆,2000,第513—514页。

吸附于纤维之上。代价是会产生少量靛玉红导致染品上色不纯，不过麻布的染色效果要求没有丝绸这么高，所以许多人也就不在乎了。另唐苏颋《布衫段一》："纻之以绩，蓝因之染。绿兮衣兮，俯拾斯渐。"[①] 南宋高翥《秋日田父辞二首》（其二）："少妇挼蓝旋染裙，大儿敲葛自浆巾。"[②] 前者布料为纻麻，后者可能是葛，但它们的染色方法都是叶染。

而丝绸作为高级面料，染色效果要求较高，大部分情况都使用叶染，只有在必须染成较深蓝色的情况下，才会使用靛染。《延喜式》详细记载了用叶染法洗染的绫、绵、丝、束绢、帛、赀布、缬帛等面料，这些布料，除赀布外，其他皆为丝绸面料，而对靛染，并无任何记载。[③]《唐六典》载织染署染青、绛、黄、白、皂、紫六色，至于原料，则云："凡染大抵以草木而成，有以花叶，有以茎实，有以根皮，出有方土，采以时月。"[④] 叶染用蓼蓝"茎叶"，靛染用的是从蓝草中提取的靛青，所以，这里的"原料"应该包括了蓼蓝，但肯定不包括靛青。宋代诗词描写女性衣裳之丽，常曰"揉蓝衫子""揉蓝袖""揉蓝花缬"，"揉蓝"是叶染的必要工序，靛染则无此工序，可见，宋代丝品仍然主要依靠叶染。另如宋徽宗《宫词》（其四十一）："翠色青浓自不堪，敲冰柔叶两相参。宫人因出方传法，迄后民间识内蓝。"[⑤] 记载的正是北宋宫廷内部的叶染方法，故曰"内蓝"。"敲冰"指的是染色用水，系化冰而得，古代染色非常重视用水，但冰水具体有何功效，已不可考知。"柔叶"同于"揉叶"，即揉搓蓼蓝叶成汁。总之，明代以前，无论是低端的麻、葛布料，还是高端的丝绸，叶染都比靛染更占优势。所以，明代以前，无论是低端的麻、葛布料，还是高端的丝绸，

① （清）董诰：《全唐文》（卷二百五十六），清嘉庆内府刻本。

② （宋）高翥：《菊涧小集》，汲古阁景宋钞本。

③ ［日］藤原时平等：《延喜式》，《国史大系》第十三卷，吉川弘文馆，2000，第513—514页。

④ （唐）李林甫等：《唐六典》，中华书局，1992，第576页。

⑤ 傅璇琮等：《全宋诗》，北京大学出版社，1998，第17046页。

叶染都比靛染更占优势，靛染使用较多的，仅仅是在与靛蓝亲和性较高的毛绒领域。

　　明代以前靛染规模有限，从靛青出产亦可见一斑。《唐六典》载唐代各州土产，凡染料有苏木、紫草、栀子、黄檗，但无靛青。杜牧《同州澄城县户工仓尉厅壁记》言澄城贫瘠，"复绝丝、麻、蓝、果之饶"①，可见在唐人眼里，作为重要物产的是蓼蓝，而非靛青。《太平寰宇记》载北宋初期各地土产，染料中出红花者凡九地，出紫草者凡五地，但无一地产靛青。又文献记载，北宋三司岁购红花、紫草各十万斤②，而靛青仅二万五千六十七斤③。南宋朱熹攻击唐仲友在婺州开染坊，购买染料提及红花、紫草，亦未提及靛青。④当然，这些文献也鲜少提及蓼蓝，那是因为叶染必须使用新鲜蓝叶，不便贮存，所以只能自己种植，或在成熟季节于附近地区购买，所以很难进入常规的购买和贡献渠道。可见，靛青在唐宋及以前都不是最重要的染料，其规模既远小于蓼蓝，也小于其他染色原料。

　　至明代，靛染才超过叶染，也超过其他染色工艺，成为最主要、规模最大的染色工艺，其原因，一方面是上文所说的原料和技术方面的瓶颈得到突破，如靛青品质最高、产量又大的马蓝开始被推广种植，蓼蓝制靛困难的问题得到解决，而靛染红光问题也一定程度上被突破。另一方面，最根本的原因是棉布的推广，代替纻麻和丝绸成为最流行的布料。棉花种植和棉纺业在南宋就已出现，但主要限于闽广一带，大规模推广始于明代。⑤棉布于

---

①（唐）杜牧：《樊川文集》，上海古籍出版社，2009，第157页。

②（宋）李焘：《续资治通鉴长编》（卷一百三十五）"庆历二年三月丙寅"，上海古籍出版社，1986，第1235页。

③（清）徐松：《宋会要辑稿》第11册《食货三五》，上海古籍出版社，2014，第6752页。

④（宋）朱熹：《按唐仲友第三状》，《晦庵集》（卷十八），四部丛刊景明嘉靖本。

⑤王缨：《对我国植棉史分期的探讨》，《棉花》1980年第4期，第43—47页。

靛蓝有很好的亲和性，上染后耐脏耐磨，而且人们普遍喜欢染成颜色较深的蓝色和黑色，其布料就是通常所谓的"青蓝布"，这只能通过靛染才能染成，叶染无法达到这么深的颜色。根据西方传教士和水手的记载，最晚至嘉靖年间，在广东和福建一带，靛青染成的蓝色和黑色已成为街头百姓的普遍服色①，中国开始从"麻衣如雪"逐渐变成一个"穿蓝色长袍的国度"，并一直延续至民国初期。

成本低廉，工序简单，叶染相对靛染的这些优势只有在自产自用的小农环境下才能成立，一旦靛染进入大规模商业化渠道，成本下降，叶染的优势也就不复存在。所以，至明代，叶染的唯一优势是更好的染色效果，而随着靛染红光问题一定程度的解决，这一优势也被缩小。当然，加入豆浆、胶水等方法并不能完全解决红光问题，所以，叶染在一定范围内仍然存在，这也就是我们为什么还可以在《天工开物》《农圃便览》等明清文献上看到叶染工艺记载的原因，只是其使用范围确实是非常狭窄了。

四、"蓝"的正确含义

综上所述，明代以前，叶染和靛染界线明晰，其工艺、使用原料、染成颜色都不相同，叶染直接以蓼蓝为原料，主要染绿，正如东汉魏伯阳《周易参同契》所云："若蘖染为黄兮，似蓝成绿。"② 靛染的原料是菘蓝，但直接使用的是从菘蓝提炼而得的靛青，主要染蓝。叶染与靛染都产生很早，但靛染因为受到蓝草原料品质不佳、染色红光，尤其是布料问题的制约，明代以前发展规模一直不大，而叶染因为染色效果更佳、操作简便、成本低廉等优势，在应用范围和地位上占有优势。更为重要的是，其染丝

---

① ［英］博克舍：《十六世纪中国南部行纪》，中华书局，1990，第200页；［葡］费尔南·门德斯·平托：《葡萄牙人在华见闻录》，海南出版社，1998，第25页；［葡］曾德昭：《大中国志》，上海古籍出版社，1998，第35页。

② （宋）陈显微：《周易参同契解》（卷下），明正统道藏本。

绸鲜明纯粹的颜色效果深入人心。所以，人们以"蓝"为喻来形容绿色物象，其相关的染色方式首先肯定是叶染，而非靛染。事实上，唐诗中不少比喻绿色物象的诗句直接点出了叶染，如：

直似授蓝新汁色，与君南宅染罗裙。（白居易《春池上戏赠李郎中》）

风师剪翠换枯条，青帝授蓝染江水。（无名氏《春》）

仙峤倍分元化功，揉蓝翠色一重重。（方干《送水墨项处士归天台》）

欲教鱼目无分别，须学揉蓝染钓丝。（方干《赠江上老人》）

揉蓝尚带新鲜叶，泼血犹残旧折条。（卢延让《谢杨尚书惠樱桃》）

揉蓝绿色曲尘开，静见三星入坐来。（无名氏《襄帐》）

"授蓝""揉蓝"是叶染过程中的必要工序，靛染并没有这道工序。这几句诗都是以叶染为喻，用来凸显江水、青山、樱桃鲜叶、绿罗帐的绿色。另如：

池色溶溶蓝染水，花光焰焰火烧春。（白居易《早春招张宾客》）

毕竟输他老渔叟，绿蓑青竹钓浓蓝。（齐己《潇湘》）

细草浓蓝泼，轻烟匹练拖。（王周《过武宁县》）

巴江江水色，一带浓蓝碧。（王周《巴江》）

汹涌匹练白，嶙峋浓蓝青。（王周《巫庙》）

色嫩似将蓝汁染，叶齐如把剪刀裁。（徐寅《草》）

摩久见菱蕊，青于蓝水色。（朱昼《赠友人古镜》）

这些诗句虽没有出现"揉蓝""授蓝"等明确指示为叶染的字词，但从其染绿效果与形容对象看，显然也与叶染相关。"蓝染水"也就是白居易自己在《春池上戏赠李郎中》所说的"授蓝新汁"。"浓蓝"曰"钓"，曰"泼"，显然不可能是"浓郁的蓝草"，而只可能指"浓郁的蓝汁"，它们与"蓝汁""蓝水"一样，指的都是用蓼蓝进行叶染时所用的染液。再如：

长江春水绿堪染，莲叶出水大如钱。（张籍《春别曲》）
溶溶漾漾白鸥飞，绿净春深好染衣。（杜牧《汉江》）
碧水色堪染，白莲香正浓。（《白蘋洲碧衣女子吟》）
一樽绿酒绿于染，拍手高歌天地险。（李咸用《短歌行》）

四句诗都是强调描写对象的绿色效果，前三句是把绿色的江水暗喻为叶染染液，第四句则是将绿酒与叶染染品进行较喻。

这些以叶染为喻的诗句，其描写物象主要有两种方式，一是将物象比喻为叶染染液，如"长江春水绿堪染""青于蓝水色"等，二是将物象比喻为叶染染品，即谓物象如叶染染成，如"色嫩似将蓝汁染""一樽绿酒绿于染"等。所以，诗句中以"蓝"为喻者，"蓝"的含义亦当不出于两者。人们不大可能把叶染染品称为"蓝"，但叶染染液却常常被称为"蓝"，如上文所举"浓蓝"即是。另如宋潘葛民《休洗红》："不似妾接蓝，接蓝手先染。蓝深如妾心，郎心红不禁。"[1] 前二处"蓝"指蓼蓝，但第三处"蓝"则指染液，因为蓼蓝作为植物显然不能直接用"深"来形容。又宋刘子寰《清溪》："水作澄蓝可染衣，坐来巾屦湿烟霏。"[2] 既云"水作澄蓝"显然也指染液。再如宋人周去非载当时瑶族蜡染方法云："其法以木板二片，镂成细花，用以夹布。而熔蜡灌于镂中，而后乃释板取布，投诸蓝中，布既受蓝，则煮布以去其蜡。"[3] 显而易见，此两处"蓝"指的也是染液。

综上所述，"春来江水绿如蓝"和唐诗中其他以"蓝"为喻的诗句，"蓝"的准确含义应该是叶染所用蓼蓝汁液。白居易是唐代

---

① 傅璇琮等：《全宋诗》，北京大学出版社，1998，第45188页。
② 同上书，第36810页。
③ （宋）周去非：《岭外代答》，上海远东出版社，1996，第127页。

最喜欢将叶染化入修辞的诗人，其诗有云"春来江水绿如蓝""蓝水色似蓝""晴空碧胜蓝"，又有云"直似挼蓝新汁色""池色溶溶蓝染水"，两相对照，亦可证"蓝"确为蓼蓝汁液之意。本文第一部分提到，"蓝"具有颜色鲜明、柔嫩可爱、可比喻蓝色晴空等特征，这些事实上是丝绸织物经叶染后呈现出来的特征，但唐人将叶染染品与所用蓼蓝汁液的颜色效果视为等同，后者因此也就具备了与前者同样的特征。

不过，必须指出的是，这种等同实际上有对叶染工艺的误解成分在里面。首先，染绿并非蓼蓝单独叶染而得，它事实上要经过两道工序，即先用黄檗、槐花、荩草等黄色染料将纤维染成黄色，再浸入蓼蓝汁液复染，方能成绿。蓼蓝单独叶染仅能得淡蓝色而已。其次，决定染品颜色效果的，除了染液，还有染色时间和频率等因素，同一染液可以染出不同的颜色效果，所以，织物的颜色不能完全等同于染液颜色。再次，在实际生产环境中，蓼蓝汁液在经过煎煮、揉搓等工序后，不可能完全去除碎叶、泥沙、杂质等成分，颜色确为绿色，但要呈现出如诗人们所说的"鲜明""绿净""溶溶""柔嫩可爱"等特征，则是完全不可能的。诗人们并不了解叶染实际具体的工艺，他们完全是因为看到丝绸织品叶染后良好的颜色效果，想当然地认为所用染液也应该具备同样的特征。也因为同样的原因，轻率地将染液称为"蓝汁""挼蓝水""蓝水"，或简称为"蓝"，而完全忽略了黄色染料在其中不可或缺的作用。

"蓝"在汉语中可以表示多个意思，《汉语大词典》列出七个义项，一是植物名，包括蓼蓝、菘蓝、木蓝、马蓝等；二是颜色的一种，像晴天天空的颜色；三是同"滥"，不加节制；四是同"婪"，指末尾；五是佛寺，即"伽蓝"的省词；六是通"褴"，如蓝缕；七是姓氏。① 除此之外，我们还可以加上一个义项，即叶染时所用

① 汉语大词典编辑委员会：《汉语大词典》，汉语大词典出版社，1990，第588页。

蓼蓝汁液。同时，不为人所知的是，"蓝"作颜色词并不仅指深青色，其含义经历了一个历史演变的过程。"蓝"作颜色词使用始于东汉，但主要指绿色，明代以后才转指深青色，即现在意义的"蓝色"，背后的根本原因，同样是叶染和靛染的地位更替。[①] 在叶染占主体地位且有优质染绿效果的时期，与"蓝"联系在一起的更多是叶染，而非靛染，所以，"蓝"作颜色词，主要表示绿色，而用以比喻，则指蓼蓝汁液。这两个义项都是从"蓝"的蓼蓝本义引申而出，其媒介则是叶染技术。

五、结　语

综上所述，古代靛蓝染色分成叶染和靛染两种工艺，叶染在明代以前一直处于相对优势地位，其染绿效果更是深入人心，从而对语言文学发生深刻的影响，唐代诗人喜欢用叶染进行比喻就是其中之一。"春来江水绿如蓝"，或其他以"蓝"为比喻的诗句，其"蓝"字的准确含义不是蓼蓝，更非蓝色，而是叶染所用蓼蓝汁液。这一比喻形成的原因，除了叶染的普遍性和其强烈的颜色效果外，也有诗人对于相关染色工艺的误解成分在里面，他们将叶染染品与染液的颜色效果视为高度一致，但这与实际生产情况并不完全符合。

古代许多语言和文学现象都与传统手工艺存在密切关系，随着传统手工艺的技术变迁乃至消失，后人往往会因缺乏了解而对相关语言文学现象发生错误理解。从深入还原传统手工艺相关原理、材料、技术、效果等细节的角度对古代语言文学进行研究，无疑能为我们打开一个新的窗口，给予我们新的认知。

---

① 参见拙作《古代靛蓝染色工艺与"蓝""绿"等颜色词含义的起源演变》，未刊稿。

乡村振兴视域下的非遗保护和传承发展

——以丽水为例

黄来松　钟梦迪 [①]

（丽水市非遗保护中心，浙江丽水，321400）

摘　要：乡村文化是非遗存在的基石，是民族文脉的精华，也是乡村社会生活中不可缺少的部分。我们要立足乡村文明，在保护传承的基础上，创造性转化，创新性发展，推进非遗资源合理适度利用。本文就以丽水市的非遗保护和传承发展为例，分析非遗资源在乡村振兴中的价值所在，探讨非遗项目在乡村传承中遇到的问题和困难，从而提出非遗保护助推乡村振兴的措施和对策。

关键词：乡村振兴；非遗保护；和谐发展；丽水

党的十九大作出实施乡村振兴战略的重大决策，这是决胜全面建成小康社会、全面建设社会主义现代化国家的重大历史任务，也是新时代做好"三农"工作的总抓手。乡村振兴是乡村产业、人才、文化、生态和组织的振兴，其总要求是"产业兴旺、生态宜居、乡风文明、治理有效、生活富裕"。经济是乡村振兴的主要着力点，经济复苏了，才能吸引人才、留住人才。而文化是推动乡

---

① 作者简介：黄来松，丽水市非遗保护中心副研究馆员。钟梦迪，丽水市非遗保护中心群众文化馆员。

村振兴的重要因素，是乡村振兴源源不断的动力。乡村振兴的总体要求能否达到预期的目标，与乡村非遗项目的保护和传承发展直接相关。比如，乡村传统手工艺、传统美术的复兴将直接带动乡村文化产业的发展，使村民获益，从而提高农村群众的生活质量；民间文学、传统音乐、传统戏剧等的流传可以敦化、教育村民，有利于营造文明的乡风及和谐的宜居氛围；民俗活动的开展不仅给村民生活增添乐趣，还往往能够加强村集体的凝聚力，有利于村落有效治理。

丰富多彩的非遗资源与广大农村群众的生产生活密切相关，农村给予非遗传承丰厚的土壤。它蕴含了当地村民特有的精神价值、思维方式、想象力和文化意识，是历代村民智慧的结晶。它既是历史发展的见证，又是珍贵的、具有重要价值的文化资源。

目前我国共有各类非遗资源近87万项，已经列入国家、省、市、县四级非遗名录体系的有近7万项，这些庞大的数据中约有7成来自民间，来自广大农村。从丽水市的情况来看，到目前为止，已入围人类非遗名录3项、国遗名录18项、省遗名录104项、市遗名录254项。

丽水地貌以山地、丘陵居多，鲜有平原，故有"九山半水半分田"的说法。一方水土养育一方人，独特的自然环境造成了丽水城镇化速度滞缓，密集的村落分布于山间，形成独具风貌的村落文化，绝大多数非遗项目就分布于这些村落之中。那么，在当前的乡村振兴战略中，我们应该以怎样的方式去促进非遗项目的保护和传承发展，以此来推动乡村的振兴呢？近期，笔者先后深入缙云、龙泉、松阳、云和、庆元、景宁等地，通过了解当地非遗资源在乡村振兴中的保护及传承发展状况，分析存在的问题和困难，寻求解决的对策和方法。

一、非遗资源在乡村振兴战略中的价值分析

（一）非遗集中反映了特定历史时期一个地区的生产力发展状况，体现突出的经济效益

作为历史的产物，非遗凝结着一个地域的精神血脉，集中反映了特定历史时期的生产力、生产关系以及人类社会的认知能力。非遗项目的发展和延续，往往凝结了当地几代人的心血。先人的智慧是不容小觑的，尽管时代发展迅速，很多技术已经出现了革命性的发展，但是非遗蕴含的文化精华，始终都是我们可资借鉴的宝贵资源，对于当今社会的发展依然具有不容忽视的现实意义。

乡村振兴战略的主体是农民，其宗旨是利用当地的有效资源发展经济，提高居民的生活水平，产业兴旺是农民富裕的基础。乡村振兴要靠产业，产业发展要有特色，而非遗资源最具地方特色。习近平总书记曾说："新农村建设一定要走符合农村实际的路子，遵循乡村自身发展规律，充分体现农村特点，注意乡土味道，保留乡村风貌，留得住青山绿水，记得住乡愁。"因此，乡村振兴要注重非遗项目的保护传承和创新发展，留住文化韵味，留住美丽乡愁，留住传统工艺。要依托原有的生产力资源，激发乡村文化新的创造力。

（二）非遗构成一方群众的精神寄托，蕴含着丰富的文化价值

我国的非遗资源门类众多，遍布各族各地，涵盖了衣食住行等各方面。各类节日庆典、礼仪习俗、民间信仰、语言文学、传统艺术、饮食小吃等等，无不和广大群众的生产生活息息相关，是乡村文化"活"的灵魂。更难能可贵的是，这些非遗项目能够历经百年而延续发展，少不了其中强大的精神支撑力及广大群众的信任。党的十九大报告中指出，要"加强和改进思想政治工作，深化群众性精神文明创建活动。弘扬科学精神，普及科学知识，开展移风易俗、弘扬时代新风行动，抵制腐朽落后文化侵蚀"。人

民有信仰，民族有希望，国家有力量。

在乡村振兴过程中，如何使非遗蕴含的精神元素发挥作用，成为推动乡村振兴的强大力量，是我们当下需要思考的一大问题。乡村文化是乡村社会得以延续的核心，因此，乡村文化的复兴是人心所向，大势所趋。我们应大力推进乡村文化的创造性转化和创新性发展，留住乡村的"魂"，让古老的乡村文明承担起乡村振兴的现代使命。

（三）非遗资源传播塑造美好的价值取向，调整群众间和谐的社会关系

非遗资源形式多样，但往往都是展现美的形式或是美好的事物。传统技艺、传统美术展示的是美好的艺术手段和审美价值；民间传说传播的是积极的人生观、价值观和坚定的人格信念；传统戏剧、曲艺等演绎的不论是帝王将相还是才子佳人、爱恨情仇，都离不开对中国传统伦理道德"仁义礼智信"等的歌颂和赞美；民俗活动更是源于对济危扶困、大爱无私的人神的敬畏和崇拜。上述的非遗项目都是广大群众净化心灵、陶冶情操的重要途径。

因此，非遗资源的合理利用，可以很好地教化人民，寓教于乐而内化于心，对于调整广大群众间的社会关系，建立和谐稳定的社会秩序有重要的意义。

综上所述，非遗资源是我国社会逐渐发展壮大的历史见证，蕴含着中华民族特有的价值理念和思维方式。当前实施的乡村振兴战略是一项实现农村群众安居乐业的伟大工程，它与非遗保护和传承发展的要求本应该是相辅相成的。但任何事物的发展还是会受到客观因素的影响。以丽水市为例，受村民文化程度、知识修养、经济利益等因素的制约，当前的非遗保护传承和乡村振兴发展之间还存在一定的矛盾和冲突。从笔者本次在各地调研的情况来看，主要存在下列一些问题。

二、非遗保护和乡村振兴中存在的主要问题

（一）传统农耕社会瓦解影响非遗生存的土壤

农耕社会是自给自足的自然经济社会，也是非遗资源生存的土壤。自古以来，我国就以农业为主导产业，有着灿烂的农耕文明。在这片富饶的土地上，我们的老祖宗面朝黄土背朝天，勤勤恳恳种植庄稼，从而积累了一套完整的耕作方式和生产经验，并与之相伴产生了许多和生产生活息息相关的传统文化方式。如今，农业文明向工业文明转变，导致人们生活方式发生了重大转变。农业收成不再成为人们解决温饱的唯一依靠，很多新的生产生活方式让原有的生产技艺成为历史，不少依托于农耕社会的传统技艺类非遗项目也就失去生存的市场。比如传统的铁器打造、竹木编织、蓑衣编织、农具制作等技艺，因为缺少市场现在少有人问津。

另外，随着生产力的发展和科技的进步，村民已鲜有祈求风调雨顺、六畜兴旺等寄托于神灵的需求，对自然界依赖性的削减也使得很多传统表演及民俗类项目产生蜕变，有的消失，有的则失去了原有的味道。如"二十四节气"是一项完全根植于农耕社会的农民生产实践类非遗项目，已列入人类非遗代表作名录。原来丽水一带也存在诸多与二十四节气相关的民俗活动。但是到目前，引人注目的"二十四节气"习俗，涉及的国家级非遗项目全国只有七个半，除了遂昌的班春劝农，丽水其余地区的"二十四节气"习俗也基本无稽可考。

（二）城镇化加速人口流动导致传承人群队伍削减

城镇化进程和非遗保护似乎是一对很难调和的矛盾。之前，当农村的经济收入不足以维持部分群众实现自己的理想，一部分群众要么去外地打工，要么易地搬迁下山脱贫，远离了祖先一直生存的那块空间。近几年城镇化大发展更是促使更多的农村青壮年背井离乡，加入城市化建设的大军中去。青壮年劳动力的大量

流失势必会导致农村生产力的急骤下降，又造成农村经济社会发展的进一步滞后，从而陷入不合理的恶性循环怪圈。传统舞蹈、传统戏剧、民俗活动等需要多人参与的非遗项目也因为缺少参与度而渐行渐远。除此之外，人们的生产生活方式也发生了重大变化，许多文化记忆渐趋淡化，祖祖辈辈传承下来的优秀文化遗产逐渐被遗忘。一些掌握绝技绝活的艺人年龄老化，年轻人受市场经济和当前就业观念的影响，不愿学习和继承传统文化，传承后继乏人，非遗项目因找不到传承人而面临濒危状态。例如缙云县著名的"张山寨七七会"，是浙南一带规模最大、参与人数最多的综合性民俗活动。但是这几年来，参与活动的几乎清一色是老人、妇女和小孩，年轻人几乎没有。严格地讲，没有一定数量的群体特别是年轻群体的参与，非遗保护和传承发展很难延续下去，乡村振兴也会失去人才基础。如何使这些年轻人重新回到非遗资源生存的文化空间当中，是当前非遗保护的重点工作，也是乡村振兴的基石所在。

（三）新农村建设导致部分文化空间破损严重

非遗资源及其所存在文化空间是一个密不可分的有机整体。这里所说的文化空间，主要指各种文化活动及仪式的特定场所，以及传统文化形式从产生到发展的具体自然环境与人文环境，兼具时间性和空间性。有时候，文化空间还表示一种文化遗产所处的空间范围、结构组成、环境变迁等方面内容。我们在研究非遗保护的时候决不能割裂文化空间。我们要尊重其内在的丰富性和生命特点，不但要保护非遗的自身及其物质遗存，更要注意它们所依赖的文化空间。文化空间是进行文化活动的载体，是承载文化内涵的依托，是保护和传承非遗的重要场所。目前，随着城镇化步伐的加快和新农村建设的推进，原有的农村环境受到极大影响，主要体现出下列几个特征：一是文化空间无人打理，破损严重。比如，不少地方由于人去村空，原有的社庙房梁坍塌，塑像及其他建筑物无人看护，损坏严重。二是不少村民对文化空间的认识不够，没有主动保护，甚至产生无意识的破坏举动，致使原有的非遗项目的生存环境不复存在。三是受新农村建设的政策驱使，整体规划、整体搬迁等措施的实施，导致该地原来固有的文化空间或被拆除，或被挪作他用。不少非遗项目失去赖以生存的传承场所，从而影响了今后的传承发展。

（四）有关部门对非遗保护工作缺乏深度认识

非遗保护是一项社会性的工作，复杂多样，所以要求相关部门携手合作，共同努力。经过非遗普查和十几年来非遗保护的宣传推广，尽管目前社会各界对非遗保护工作的认识普遍得到提高，但对其重要性还远远没有形成社会共识。一方面，大部分地方目前还是主要靠文化部门"自拉自唱"。各部门之间，政府与社会团体之间，对有些非遗项目是否需要保护看法不同，导致一些非遗项目的保护传承工作难以为继。另一方面，除了文化和旅游部门承担非遗保护责任，有较为详细的工作计划和工作思路外，相关的其他部门对非遗保护缺乏整体化思路和手段，只停留在执行法规文件层面，未能从当前和将来整个经济社会发展的角度，全方位、多角度认真思考非遗保护工作，支持力度远远不够。全市对各地的非遗项目及代表性传承人在政策和资金上的扶持力度不均衡，重视程度不一。一是部分县传承补助资金缺乏，政策措施不到位，直接影响了非遗保护工作；二是有些县虽然已将传承补助资金纳入财政预算，但与实际需求相比仍显得捉襟见肘；三是非遗管理层的人员编制未落实到位。一方面，非遗专业管理人员明显不足，工作力不从心；另一方面又存在非遗编制被占用，在编人员被挪用的情况。比如，文旅融合后，非遗保护机构也重组，独立的机构比之前减少，从事非遗工作的人员严重不足；更为突出的是各县（市、区）的非遗保护经费捉襟见肘。相比较而言，经费的缺乏更不利于项目的保护。人员缺乏，还可以依靠购买服务或社会团体的力量来解决；没有保护经费，一切设想和计划都没有实际意义。从本次的调查情况来看，丽水市各地主要靠国家和省里的专项经费，地方财政支出严重不足。除了国、省级非遗项目有一定的资金保障，市、县级项目几乎没有多少资金来源，大部分市、县级非遗项目仅仅是名义上列入了保护名录，没有真正意义上的保护措施（见表1和表2）。

表1　2020年丽水市各县（市、区）非遗机构及人员调查

市本级、县（市、区）	非遗机构性质			工作人员		
	独立	和文化馆合并	和文物所合并	编制数	在岗正式人员	在岗临时人员
市本级		√		3	3	0
庆元		√		1	2	0
龙泉			√	2	2	0
缙云	√			4	3	1
莲都		√		3	2	1
遂昌	√			5	3	0
景宁			√	3	4	2
松阳		√		3	2	0
青田	√			3	1	1
云和		√		1	2	0

表2　2020年丽水市各县（市、区）非遗保护经费调查

市本级、县（市、区）	2020年国家、省、市、县（市、区）非遗保护资金投入／万元			其他经费
	国家级	省级	市（县）级	
市本级	0	32	40	婺剧促进会30万元；非遗馆运行费约60万元
莲都	0	53	15.5	
青田	23	71.5	30	
遂昌	31	63	13	
云和	0	52	10	

续表

市本级、县（市、区）	2020年国家、省、市、县（市、区）非遗保护资金投入 / 万元			其他经费
	国家级	省级	市（县）级	
景宁	21	86	40	协会、企业等自筹资金100万元
缙云	0	83	0	
龙泉	81	77	200	
松阳	33	56	50	保护经费包括非遗馆运行费
庆元	75	52.5	22	

（五）传承人的创新意识不强，保障制度不够完善

非遗技艺的核心是传承人，传承人的保护和培养也是非遗保护传承和发展的关键。但是从实际情况来看，目前大多数项目的非遗传承人群基本上还没有深刻认识到非遗项目在文旅融合发展、促进社会和谐进步及提升生活品质等方面的地位和作用，主动承担保护传承责任的只是少数，大部分人主要还是靠政府的安排，自主创新意识不强，在所传承项目的经营和推广方面并不擅长，市场营销意识和技能非常缺乏。另外，有关部门没有出台较好的非遗项目保护与传承的管理办法以及相应的工作规划；没有按照有关法律制度，对有突出贡献的非遗保护传承骨干进行表彰奖励；对传承骨干的扶持补助，没有形成制度并实行常态化的有考核的管理；受经费等因素的制约，考核管理的要求也迟迟无法落实。我们要营造为传承人做实事、办好事、解难事的氛围，鼓励他们带徒授艺，培养新一代的传承人，积极参加各类展示、展演活动。有权利才有义务，有功要有奖励，有过才能够处罚。否则，没有任何的奖励措施，只强调传承人义务的落实，这个是行不通的。所以，2021年浙江省出台了对省级以上非遗项目和代表性传承人的考核办法。依照考核要求，部分传承人是难以完成任务的。

这里面有传承人自己的问题，也有文化主管部门的责任。部分项目我们若是不帮助传承人创造保护传承的环境和条件，光靠他们自身的努力是无法完成的。

三、非遗保护助力乡村振兴的思考和对策

党的十九大提出实施乡村振兴战略的决策部署，中共中央、国务院印发了《乡村振兴战略规划（2018—2022年)》，要求各地各部门认真贯彻实施。其中第二十三章重点提出要弘扬中华优秀传统文化，保护利用乡村传统文化、重塑乡村文化生态、发展乡村特色文化产业。我们要认真学习习近平新时代中国特色社会主义思想，进一步学习领会党的十九大精神，深入了解乡村振兴战略，探讨研究非遗保护在乡村振兴战略中的重要意义，在当前文旅融合发展的大背景下，借势借力，做好非遗保护和乡村振兴共享共赢这一文章。笔者认为可从如下几个方面采取对策。

（一）顺应时代要求，促进传统文化创造性转化、创新性发展

根据中共中央、国务院《关于实施乡村振兴战略的意见》精神，乡村振兴越来越被重视，而非遗保护引领的乡村振兴是丽水市当前发展的一条可行道路。由于时代的发展，工业文明逐渐取代农业文明，对农村传统文化的继承和发展也要有新的要求。我们要立足乡村文明，在保护传承的基础上，创造性转化、创新性发展，切实保护好优秀非遗项目，推动优秀非遗资源合理适度利用。比如，我们可以深入挖掘农耕文化蕴含的优秀思想观念、人文精神、道德规范，充分发挥其在凝聚人心、教化群众、敦化民风中的重要作用。如春播夏耘秋收冬藏，是人们在长期的生产实践过程中总结出来的朴素的农作方式，以此为依托的民俗活动、生产习俗、民谚俗语等蕴含着丰富的文化内涵，值得我们挖掘和传承。农耕社会背景下的传统生产生活方式，特别是传统技艺具有大量的经济附加值，利用传承好这些濒临绝迹的传统手工技艺，

同样可以带动传统村落经济的发展。

畲族彩带配色鲜艳，图案复杂，编织工艺繁复，是畲族民间工艺品中最具有民族地域特色、体现畲族民俗特征的代表性作品。畲族彩带编织历史悠久，它是古时畲民系在腰上的腰带，既是考验畲族女子女工活的重要标准，也是男女之间的定情之物，有着丰富的文化内涵和精神价值。随着社会进步，畲族彩带逐渐失去了其原本的使用价值，但它所蕴含的文化价值却是源远流长，特别是彩带上编织的畲族符号元素，是畲族文化的物化象征。景宁畲族自治县东弄村的畲族彩带传习所是畲族彩带编织技艺传承人蓝延兰的住所。一直以来，蓝延兰坚持用最传统的方式编织彩带。虽然她技艺出色，但是传统彩带的编织需要花费很多的时间，收益不高。近年来，她在坚持畲族彩带传统编织技艺的基础上，采纳高校及其他社会研发机构的设计理念，在畲族服饰、背包等产品中融入畲族彩带的艺术元素，实现了传统技艺的创造性转化和创新性发展，受到了许多顾客特别是女性顾客的青睐。在蓝延兰的带领下，东弄村的不少妇女也会在闲暇时制作类似的产品增加收益。2017年，东弄村利用搬迁后遗留下来的老房子开发建设田园综合体，除了建成一批民宿和观光农业、旅游业之外，还计划利用畲族彩带编织技艺、畲族民歌、畲族婚俗、畲族刺绣等当地突出的非遗项目打造东弄村民俗体验馆，实现文化和旅游的融合发展。

近年来，丽水市先后打造了"美丽非遗农村文化礼堂四季行""多彩非遗乡村四季行"等非遗品牌活动，组织全市和金华、舟山、衢州、杭州等地的优秀非遗项目进入各地农村文化礼堂，在做好非遗知识宣传推广的同时，让许多和广大群众渐行渐远的非遗项目重新进入群众视野。在横向交流学习的基础上，积极鼓励传承人进行非遗文创产品开发。比如蓑衣编织技艺，鼓励传承人将从事农业劳动时穿的大蓑衣，改造成精致的观赏性的小蓑衣，或者是背包、纸巾盒等样式的小产品，将农业生产工具变成旅游文创产品。类似的还有龙泉青瓷烧制技艺、青田石雕、缙云木雕、云和木玩具制作技艺、缙云剪纸等非遗项目，也纷纷进行创新设计，制作成首饰、挂件、摆件及各类小玩意。非遗项目以一种崭新的方式重新回到人们的日常生活中，广大非遗传承人也通过这种方式获得收益，从而改善生活质量。

（二）努力挖掘非遗经济价值，留住村落里的人

非遗资源不仅仅是一种文化资源，还包含着文化产业的竞争力。如何开发和合理利用非遗资源，也是实现乡村振兴的重要内容。当前，由于传统农产品收益低、见效慢，不少农村劳动力都外出打工以谋求改善生活。"空心村"成为新时代农村的一大普遍现象。人离开了，非遗资源也失去了民间土壤，导致非遗传承陷于困境。如何盘活乡村经济，留住本土村民甚至吸引外来人口，成了解决"空心村"问题的关键所在。令人欣喜的是，随着城市生活节奏的加快，对城市新鲜感的消失，又让越来越多的人开始寻找"乡愁记忆"。20 世纪 90 年代以来，乡村旅游逐渐成了旅游业的新宠，原生态的农村生活面貌成为游客蜂拥而入传统村落的吸引点，非遗资源更是成为乡村吸引游客的主打招牌。作为非遗项目，它本身具有"非物质性"和"活态性"等特点，不能够像文物那样着重于静态展示。所以如何合理运用非遗这块"文化招牌"，让非遗尽快融入游客空间，融入百姓生活，成了政府和旅游规划者需要考虑的重要内容。有不少观点认为，旅游开发和非遗保护是一个矛盾体，因为非遗保护要尊重非遗项目的原生态和本真性，但仅仅依靠本地居民及传承人的自娱自乐又很难维持项目的传承发展。而旅游开发和游客的涌入，势必会影响非遗的传承环境和传承人群，同时还需要经常对非遗项目进行一定的改造和创新，为了迎合游客喜好进行刻意加工、随意添加文化元素。因此，需要合理统筹非遗资源和村落旅游之间的关系，尽量去寻求两者的和谐统一。

从县域经济来看，龙泉青瓷烧制技艺、缙云烧饼制作技艺、云和木玩具制作技艺等非遗项目的从业人员众多，已成为当地的

支柱产业，广大农村劳动力也是上述产业的主力军。从地方经济来看，缙云土面制作技艺、庆元黄粿制作技艺、松阳古法红糖制作技艺等，也成为当地农村群众重要的经济来源。

龙泉市宝溪村是丽水市的人类非遗项目龙泉青瓷传统烧制技艺的重要发源地，该村至今还保留着十几座古龙窑，其中好几座是省级文物保护单位。2017年龙泉市成立龙窑协会，并组织开展了"不灭窑火"传统龙窑复烧活动，使这个偏僻的小山村重新焕发生机。从那时候开始，每个月一场的烧窑仪式，都会吸引众多青瓷爱好者和游客前来观光。借助该项活动，宝溪村不少村民创办了民宿和农家乐，推销当地的农产品和青瓷宝剑等非遗产品，获得了很好的经济效益。

除此之外，丽水市还有不少传统村落大力挖掘遗存的民间口头文学，如历史传说、家规家训、民间故事等，编辑村志村史，编创导游词，增加乡村旅游的故事性。从2014年开始，龙泉、遂昌、缙云等地的不少村庄编写"千村故事""民间传说"等书，为乡村旅游业的发展增加文化内涵。另外，从2016年开始，丽水市连续四年组织全市非遗展示体验点申报和评审，目前有关青瓷、剪纸、烧饼、木玩、彩带编织、黄粿制作等非遗项目的36家单位被授予"丽水市非遗展示体验点"，让更多的游客在观光游览的同时，参与到当地的非遗体验活动当中。比如龙泉市，目前就申报和建设了多个青瓷展示体验点，让游客能够动手体验青瓷拉坯技艺，做好的青瓷小物件经烧制后寄给游客，提高参与的趣味性，深受小朋友的欢迎。此外，多个村落以研学旅游为着眼点，在寒暑假吸引众多学生前往体验非遗项目，如传统造纸技艺、传统扎染技艺、传统木碗制作技艺等。上述方式既丰富了当地的旅游资源内容，又为非遗保护增添了生机和活力。

（三）重塑文化生态空间，留存和谐的非遗生存环境

乡村文化的一个显著特点，就是往往体现出物质形态与精神内涵的一致性。我们在谈非遗保护的时候，不能只探讨非遗项目

的本身，因为大多数非遗项目与乡村的整体文化生态环境息息相关。目前丽水市还有不少的乡村保持着原始的风貌。千年的自然聚落，百年的祠堂庙宇，山涧潺潺的溪流，村庄袅袅的炊烟，还有风骨犹存的廊桥、书院、老屋、戏台，无不承载着乡村文化的历史印记。村落中的居民是一个具有紧密血缘关系和地缘关系的群体，这个群体具有高度的文化认同，具备相对统一的知识体系、价值观、伦理观以及生活习惯，他们依托群体共有的认知体系创造了丰富的文化资源，并群体传承、共享这一文化成果。这一部分文化成果往往因地制宜、就地取材、因势利导，充分体现了村民与大自然和谐相处的积极态度。所以，保护非遗资源，首先需要保护的就是生态环境。

近年来，丽水市的龙泉青瓷文化生态保护区、景宁畲族文化生态保护区被列入省级非物质文化生态保护区试点单位。丽水市以非遗整体性保护建设为抓手，开展对一部分特色文化村落的整体性保护尝试。如龙泉上垟的青瓷小镇，景宁封金山、东弄的畲族村落等等。这一部分村落先后采取建设非遗主题场馆、设置游客互动体验区、建立非遗传承人工作室等措施，吸引广大游客前往参观体验。松阳县城原有一条明清古街，一直颇为冷清。2015年，松阳县建成丽水市第一个综合性非遗馆之后，除固定的陈列展览外，每周还举办一场"松古遗芳"非遗展演和"非遗学堂"教学活动。受松阳县非遗馆辐射效应的带动，该古街内已经有端午茶、盐焗鸡、棕制品、打铁等三十多家非遗店铺。当地群众已把非遗馆当作休闲养身的良好场所，外地慕名而来的游客也越来越多。借鉴上述经验，丽水市还可以在庆元廊桥文化、缙云婺剧文化、遂昌汤显祖文化等方面和一部分古镇、传统村落的古街古巷改造上下功夫，通过文化生态空间和非遗展示场所的规划建设，促进当地旅游资源的开发和乡村的振兴发展。

（四）主动争取多方支持，形成全方位立体化的非遗保护利用体系

非遗资源丰富多样，但是开发利用的意义和难度并不一样，不是所有的非遗项目都是可以开发利用的。为了进一步充分合理地利用非遗资源，促进乡村振兴，我们首先要进一步研究非遗项目的开发利用价值。一部分非遗项目属于公益性文化事业，它们的保护和传承，更多需要国家政策、资金等的扶持；另一部分非遗项目则属于文化产业发展的内容，既有助于文化事业的繁荣，同时也可以产生可观的经济效益。所以，市、县文化和旅游部门要对非遗项目的开发利用前景进行梳理、评估和分析，有重点、有层次、有规划地定好非遗产业的发展思路和发展方向。其次，应当建立非遗保护传承工作部门联席会议制度，强化工作合力。非遗的保护和传承是事关乡村振兴战略的大事，需要各级党委、政府及其余工作部门在人、财、物等方面给予强力保障。传承人的传习场所、非遗场馆及展示平台建设、展演展示活动都需要一定的经费支持，现在，国家对农业农村方面的支持力度很大，但是对文化事业和文化产业的扶持还有待进一步加强。之前我们统计过丽水九县（市、区）的非遗保护经费投入，资金显然是很不够的。非遗保护传承是一项公益性的社会事业，离不开财政的支持；而要发展非遗产业，也必须有一定的基础投入，有投入才有产出。没有投入指望较大的产出效益是不现实的，光靠文化部门一家很难完成这样的重任。再次，可以对非遗传承人进行必要的经营意识和营销技能培训，通过制定相关激励措施，鼓励传承人参加各类大专院校及有关培训机构举办的技能和营销培训班。以缙云烧饼为例，从 2014 年开始，缙云县政府每年投入 500 万元资金，用于"缙云烧饼师傅"技艺传授和营销手段的免费培训；另外，县政府还出台相关政策，统一设计、统一布置缙云烧饼营销场所，达到相关要求的给予较大的经济补助。得益于这一优惠政策，到目前为止，缙云县烧饼制作技艺培训基地共培养了上万名

烧饼师傅。缙云烧饼连锁店遍布全国各大中小城市及高速公路服务区，成为缙云县的主导产业，获得非遗保护和农村群众增收的双丰收。

（五）加强分类评估管理，构建科学的传承人保护与培育长效机制

传承人是非遗保护传承和创新发展的核心和关键。要促进非遗保护和乡村振兴的和谐发展，如何激励传承人的积极性是首要任务。

首先，我们要建立一套合理有效的评估机制。文化和旅游部门可以组织专家学者对现有的各级非遗代表性传承人及所掌握的非遗项目做科学系统的评估分类，根据其年龄结构、文化水平、传承能力，以及所掌握项目的学术价值、社会价值、经济价值等相关指标，通过评估分析提出相应的分类管理要求，制定传承人保护和培育的中长远规划。

其次，要强化针对性扶持。我们应当通过基础普查和全面评估，细化管理服务方案，对传承人要有个性化的扶持、引导和帮助。比如，在调研中我们了解到，丽水木偶戏的大部分传承人年老、文化水平不高，所掌握的传统曲目跟不上时代要求，由于自身条件的限制，想要编排新的曲目力不从心，非常需要文化部门适时给予指导。因此，从2015年开始，丽水市文化部门连续举办了六届全市木偶戏培训班，邀请省内木偶戏表演水平较高的泰顺、平阳等地的传承人前来指导。经过多年的培训，丽水市的一部分木偶戏传承人已经学会了自己编排新剧目、制作新木偶。市级传承人、市木偶戏协会会长周晓敏多次受邀到舟山、杭州、金华、上海、广州等地演出，充分展示了丽水市木偶戏的表演水平，提高了木偶戏表演艺术的声誉。

再次，要遵循非遗传承规律。在拯救文化遗产中，政府充当的"推手"作用应建立在对市场科学论证的基础上，避免出现将风险转移到传承人身上的情况。市、县文化和旅游部门要组织专家

跟踪研究当前非遗传承比较常见的家庭式、师徒式、社会化传承等方式，特别关注广大农村生活方式和社会价值观改变对非遗传承造成的影响，找准非遗保护、传承工作与这个时代相契合的节点，相当多的非遗项目才能焕发活力，保护传承和创新发展的工作才可持续。"龙泉青瓷传统烧制技艺"列入人类非遗名录后，青瓷产业成为龙泉市重要的经济增长点。经历了这几年的市场竞争后，龙泉青瓷走上一条比较稳定的可持续发展道路。这得益于龙泉市已经形成较为科学的青瓷传承人保护与培育的长效机制。

"乡村振兴，文化引领，非遗先行。"这是浙江省文化厅（今浙江省文化和旅游厅）非遗处原处长、浙江省非遗保护工作先行者王淼的一句话。乡村要振兴，有很多的经验可以借鉴，有很多的途径值得参考。但数百年乃至千年沉淀下来的非物质文化遗产，其中蕴含着无穷的智慧、技巧和财富，理应在乡村振兴战略中彰显自己的力量，为实现广大农村群众过上美好新生活的愿望而生生不息。

关于数字赋能非遗传承保护的调查与思考

——以浙江省非遗数字化建设为例

余慧娟[①]

（浙江省非物质文化遗产保护中心，浙江杭州，310023）

摘　要：数字信息技术的高速发展，为非物质文化遗产的保存、保护、弘扬、传承和振兴带来了新的契机。5G、VR、AR、元宇宙、大数据和人工智能等新一代数字技术的发展与普及，可将非物质文化遗产转换、再现、复原成可共享、可再生、可保存、可推广的数字形态，打破了传统非遗主体老龄化、内容碎片化、传播小众化、项目单一化的局限，为日渐式微的非遗保护事业带来新的机遇。本文通过对浙江非遗保护中心数字化建设实践案例的梳理，分析了当前非物质文化遗产数字化建设所面临的困难和挑战，提出新的探索路径，以其最大化利用"数""智"手段，为非遗传承保护事业开拓新的发展格局。

关键词：非遗；数字化；"云"共享；场景交互；研学

一、研究背景和意义

广袤星河，非物质文化遗产作为人类历史文化发展的重要标

---

① 作者简介：余慧娟，浙江省非物质文化遗产保护中心中级经济师、政宣负责人，民进浙江省委会文化支部支委。

志和独特存在，如今已然成为社会经济发展和文化事业建设弥足珍贵的资源禀赋。然而因其受众单一、地域局限、传承人老龄化严重以及师徒传习周期漫长的局限性，非遗传播难有"活力"，非遗传承难以发展。随着数字媒介和互联网技术快速发展，虚拟现实、人机交互、直播营销、数据库源吸引了年轻群体的注意力，数字化、可视化成了流量新来源，给传统非遗保护发展带来巨大冲击，也创造了无限生机。

我国"非遗"数字化起步较晚但发展态势却十分迅速。2005年3月，国务院办公厅下发的《关于加强我国非物质文化遗产保护工作的意见》（国办发〔2005〕18号），首次对"建立非遗档案和数据库"提出要求。2010年10月，文化部启动"中国'非遗'数字化保护工程"。2017年4月，文化部颁布的《关于推动数字文化产业创新发展的指导意见》中，指出要引导数字文化产业发展方向，促进优秀文化资源数字化。2021年6月，文化和旅游部发布《"十四五"非物质文化遗产保护规划》，要求运用文字、图像、音频、视频等方式，对国家级非遗代表性项目和代表性传承人实施全面记录，充分运用非遗调查记录成果，完善非遗档案和数据库体系。2022年5月，中共中央办公厅、国务院办公厅印发《关于推进实施国家文化数字化战略的意见》，提出要统筹利用文化领域已建或在建数字化工程和数据库所形成的成果，关联形成中华文化数据库，同时夯实文化数字化基础设施，依托现有有线电视网络设施、广电5G网络和互联互通平台，形成国家文化专网。非遗数字化保护和传承成为必然趋势。

二、国内外非遗数字化建设进程及现状

（一）国外非遗数字化建设概况

自20世纪90年代以来，世界各国及联合国教科文组织便开始将非物质文化遗产资源数字化项目作为发展网络文化信息资源的主要内容。1971年4月，亚太文化中心建立了亚太"非遗"数

据库。1992 年，联合国教科文组织发起了"世界记忆工程"项目。自 1997 年起，世界记忆工程设立"世界记忆名录"，截至 2022 年，在被列入"世界记忆名录"的 346 份文献和文献集合中，来自中国的已达到 10 份，将现代信息技术应用到文化遗产保护。2002 年，联合国教科文组织起草了《数字文化遗产保护指导方针》和《数字文化遗产保护纲领》草案，2003 年通过了《保护非物质文化遗产公约》及《保护数字遗产宪章》。美国早在 20 世纪中期便建立了全国性虚拟图书馆"美国记忆"工程，免费向公众提供，涉及书面与口头文字、音频记录、静态和动态影像、印刷品、地图、乐谱等记载美国印象（American experience）的各种资源。

（二）国内非遗数字化建设进程及现状

1. 在国家级行政法规方面

2005 年 3 月，国务院办公厅下发的《关于加强我国非物质文化遗产保护工作的意见》首次提出，以数字化信息手段对现有非物质文化遗产项目与传承人传承内容进行信息转化。2010 年 10 月，文化部启动"中国'非遗'数字化保护工程"。2011 年 6 月 1 日，颁布了《中华人民共和国非物质文化遗产法》。2014 年，正式立项《非物质文化遗产数字化保护专业标准》编制项目。2017 年 4 月，文化部颁布了《关于推动数字文化产业创新发展的指导意见》，指出要引导数字文化产业发展方向，促进优秀文化资源数字化。2021 年 8 月，中共中央办公厅、国务院办公厅印发《关于进一步加强非物质文化遗产保护工作的意见》，指出要加强非遗档案数字化建设。2022 年 5 月，中共中央办公厅、国务院办公厅印发《关于推进实施国家文化数字化战略的意见》。

2. 在地方性法规规章方面

截至 2021 年 9 月，已有 30 个省（区、市）制定了省级非物质文化遗产地方性法规。其中，25 个省（区、市）的省级非物质文化遗产地方性法规在其中对记录性数字化保护有具体说明。此外，20 世纪以来，台湾、香港、澳门也相继推出非遗数字化普查、记录、保存的管理办法。

3. 在数字化实践方面

最早开展非遗数字化探索的，是 1998 年敦煌研究院对敦煌莫高窟进行数字化测量和研究。2000 年，故宫博物院提出了"数字故宫"的计划。2006 年，我国建立了"中国非物质文化遗产网"，并于 2018 年 6 月启动了"中国非物质文化遗产网·中国非物质文化遗产数字博物馆"。之后很多文化事业单位、高校和企业也加入"非遗"数字化保护的行列中。

三、浙江省非遗保护中心数字化探索实践

近年来，浙江以数字化改革为契机，构建完善全方位、多渠道、立体化的非遗保护传承体系，通过研究新媒体技术在技艺类非遗数字建档、媒体传播、数字展示与创新转化四个方面的创新应用，有效推进浙江非物质文化遗产的资源共享和传承传播。

（一）非遗资源"云管理"，实现省域数据共建共享

1. 建立非遗数据库

迭代升级浙江省非遗保护信息化平台，制定全省非遗数据库建设标准，推进省、市、县（市、区）数据资源互通，集成浙江大运河文化带、传统工艺、传统戏剧、曲艺、石雕、研培教育 6 个专题数据库，建立集非遗资源采集、存储、共享、治理于一体的浙江省非遗大数据中心，开创全省"一张网"新局面。截至目前，录入市级以上非遗项目 3980 项、代表性传承人 3564 名，各类数据逾 460 万条，市级以上非遗项目基础信息录入率 100%。

2. 深耕非遗记录工程

创新推行非遗中心、学术专员、传承人、记录团队"四力合一"模式，建立非遗传承人口述史数字档案，已开展 6 批 99 位国家级非遗传承人抢救性记录工作，收集音像 1025 部、视频 948

个，口述史访谈 674 小时，记录数量居全国第一。

3. 筑牢"云端"安全网

对现有业务系统增加云上安全防护系统，操作态势感知、"云堡垒机"等设备，对现有非遗数据资产进行安全等级管理，采购相应的安全专家服务，通过信息安全等级保护测评要求，从"云端"动态准确地掌握信息系统的安全状态，保护重要业务数据的安全。同时打造全方位安全、立体、可靠的非遗数据和网络安全防护体系。

（二）非遗项目"云传播"，实现"线上线下"全民联动参与

1. 构建传播矩阵

拓展"非遗＋互联网"传播渠道，构建微博、微信公众号、直播、短视频等新媒体传播矩阵。同时加入浙江新媒体联盟，促进宣传素材共享互通，进一步挖掘宣传潜力，实现跨地域、跨层级、跨行业横纵双向联动。截至 2022 年 9 月 9 日，浙江非遗公众号粉丝量 36023 人，发布稿件 617 篇，阅读量超 139.4 万次；浙江非遗官方抖音号粉丝量 18.2 万人，发布短视频 119 条，浏览量超 867 万次。

2. 创新公共服务

上线浙江非遗保护信息公共服务平台，提供全省省级以上非遗项目、传承人信息快速、智能、权威的检索和数据分析服务。上线"浙江非遗 Go"数字导览地图工具，收录全省 217 项国家级非遗项目、886 项省级非遗项目、810 家非遗基地、620 家非遗场馆，提供信息查询、导览导航服务。

3. 办好品牌活动

连续两年开展"浙江非遗读书周"线上赠书活动，共赠送书券 20 余万元，进一步培育非遗读者群，持续扩大我省非遗传播力与影响力。

（三）非遗产品"云消费"，实现产业发展赋能提质

1. 搭建销售推介平台

连续两年举办"非遗购物节·浙江消费季"活动。借助每年6月文化和自然遗产日，搭建浙江非遗商品销售推介平台，借助浙江非遗官方抖音号、微信公众号及淘宝、京东、好易购等直播平台，推介非遗项目，推销非遗产品。2020年以来，共有102个乡镇的3500余家非遗商户、16.8万余件非遗商品参与活动，销售额达22.6亿元，拓展传承人销售渠道，提振文化和旅游消费。

2. 树立非遗展陈展演线上传播新样板

近年来，非遗中心充分发挥非遗势能，树立了一大批如"中国传统工艺邀请展""全国曲艺邀请展""浙江·中国非物质文化遗产博览会"等各类非遗品牌展陈展演活动。通过全新开设线上展播、网络直播等数字渠道，将各类优秀非遗和旅游资源通过网络平台触达更多人群，深化云开幕式、云展览、云视听、云沙龙、云电商"五朵云"模式，打造线上线下多场景、多维度互动模式，活态展现传统文化，让非遗"看得见、学得到、带得走"。2022年第十四届浙江·中国非物质文化遗产博览会期间，吸引了全国25个省份的1200余件名家工艺作品参展，主流媒体报道61篇，阅读量达2555.3万次；抖音、微信等平台发布原创视频32条，"非遗博览会"话题播放量达4017万次，形成线上线下全方位传播效应。

（四）非遗馆建"数智"驱动，实现创新发展

利用现代数字技术，提升数据采集手段，做好浙江省非遗保护信息化平台及设备维护。推进"一台五库"建设，开展信息化平台改版，完善信息化平台架构，对栏目进行优化，整理录入普查线索、项目、传承人、图档影像等数据5万条。同时谋划非遗保护治理能力，以省非遗馆为平台，搭建全省非遗资源监测管理应用场景，以"一张图"管控模式，全面掌握全省非遗项目、传承人

存续情况及保护工作情况，并以"红黄绿"三码预警机制，实现预测性、实时反馈的管理机制。深化浙江"非遗 Go"平台建设，开展浙江非遗资源数字化推广，提升平台运营能力，扩大用户人群数量。

四、非遗数字化保护实践面临的问题和困难

近十年来，非遗数字化保护法制建设虽有发展，但是因其起步较晚，现有的"非遗"法律条文大多是"非遗"记录保护、代表性名录等方面的相关内容，数字化保护方面内容较少，不利于数字化建设研究方向的明确和政策扶持。一些部门规章更像政策性文件，只有原则性要求，没有具体的行为规范，没有违反规定应承担的责任和处罚性条款，无明确执行依据。不仅如此，因缺乏数字化相关的执法机构和队伍，数字产品的知识产权边界以及作为数据产品的平台公信力，依然存在盲区，因此健全"非遗"数字化的法律保护体系是当务之急。

在当今科技高速更新迭代的环境下，掌握最前端"数""智"技术才是把握传统文化行业发展新机遇的战略选择。然而很多非遗保护机构数据资产积累薄弱，机构人员核心技术水平偏低，重点将数字化停留在二维、三维的图片拍摄、音影录制和网站、公众号建设上，忽视云计算、人工智能、物联网、AR/VR、5G技术的冲击，与最新技术链接存在较大差距，数字鸿沟明显。而作为第三方数字服务供给方，因系统开发成本高，并且专业架构不同，无法全力、深入地参与非遗保护工作，导致核心数字技术供给不足，缺乏承担战略咨询、架构设计、数据运营等关键任务的能力，多是通用型解决方案，无法满足个性化、专业化、一体化的需求，所以最终数字化展现能力和应用效果并不理想。

专业化人才队伍缺乏，专家型人才缺乏专项培养。非遗保护是一个跨学科的综合性工作，数字化保护也要求全面了解和掌握信息技术，所以需要"专精特新"的技术人才。据了解，目前我国绝大多数非遗保护机构并没有专门的非遗数字化部门，需要进行

一些数字化保护时，一般通过聘用或者购买服务的方式借助外部力量。但是这些外部力量往往不了解非遗和非遗保护工作，只是关注如何拍照、摄影、填报数据、做好田野访谈录音等技术层面的问题，制约了非遗资源被专业、深度、深入地挖掘，从而导致一些濒临消亡的非物质文化遗产不能得到及时、妥善的保护。即便是一些已经被列入保护名录的非物质文化遗产，其价值也可能得不到充分展示展现、记录保存。

数字化建设需要大量资金和技术投入，目前列入政府财政预算的非遗保护经费份额较小，分配不均，而政府引导的融资渠道并不利于争取民间资本，只能由政府拨款。如浙江省国家级非物质文化遗产代表性项目名录241项，省级非物质文化遗产代表性项目名录886项，省级及以上非遗代表性传承人1411位，各项数量均列全国前茅，如果只靠政府输血式的投入是很难满足当前保护资金需求的。

非遗传承保护跨部门、跨领域共享共通共用存在壁垒，难以打破行业界限。在数字化信息时代，非遗传承和保护事业发展需充分调动各级政府部门、传承人、企业、学者及公众等各方资源通力配合。而如今部门、地区及各级机构之间存在的数字壁垒和信息孤岛问题，导致功能体系建设不全，资源优势难以施展，数据互融互通被局限。

形式化严重，重技术而忽视了非遗传播的"文化内涵"，"活"而"不化"。当下非遗数字化建设出现了"唯技术论"的思维，多是停留在数字化的技术层面和框架层面，涉及文化层面的较少。且非物质文化遗产门类众多，每个门类都具有其独特的艺术价值，无法用统一的数字技术进行数字化保护、传承与产业化。如图频、展览等静态传播，无法完整传达非遗历史文化内涵，仅停留于文化空间的呈现；而表演、比赛等动态传播流于形式，一时"烟火式呈现"，无法带动非遗资源可持续、效用化利用，成果转化不明显。

五、推进非遗数字化保护发展的策略和路径

（一）加强非遗数字化保护的法律法规建设，加大知识产权保护

近年来，"非遗数字化""法律法规""地方保护法"相关字眼虽然常被提起，但是各省（区、市）的"非遗"保护条例中关于数字化保护的条文并不多，部分地区到目前为止还未出台与"非遗"数字化保护相关的法规。要加强公众在"非遗"数字化保护方面的法律意识，健全"非遗"数字化的法律保护体系是当务之急。首先，国家及地方各级政府，不仅应该围绕非遗保护工作的公约、纲领，制定地方性的数字化保护法律条例，更要完善与"非遗"法律保护相关的执法机构和队伍，以及建设好管理和监管机构，重抓"非遗"数字化保护的法律法规在实践中的执行效果和效率，并根据社会的需要及时修订，形成法律、行政法规和部门规章相互衔接、相互配套的法制政策体系框架，保证"非遗"的创新力和生命力。其次，要推进"非遗"数字化知识产权的法律法规建设，强化动态管理和刚性执行。建立非物质文化遗产的使用许可制度，充分发挥公共管理职能，结合当地实际制定相关规章条例，实施各责任部门协同监管机制，着重解决"非遗"数字化中的主客体认定、版权、成果运用权限等知识产权问题。此外，对侵犯知识产权的用户给予强制处罚和刚性执行，如包括对民间传统工艺的保密保护，对重要的非物质文化艺术资料出境的限制，对著作权违规转让的限制等，如有违法必须给予法律制裁。

（二）建立全省非遗数字化生态系统

一是建立非遗数据库、数据仓，对全省资源归集储存，进行项目的监测分析以及非遗资源共享。不仅包括图片影音的保存记录、书籍刊物数字收藏阅读，还有建立非遗数据的公共服务平台，为公众提供非遗资源检索、查询、下载等，也为非遗传承教育研究提供服务。通过建立业务模块，接入个性化应用场景，对接全

省的非遗保护的相关业务。二是针对非遗的项目、代表性传承人、非遗保护工作建立评估模块，通过标准的评估，构建问题清单、整改清单、效能反馈的全过程跟踪管理机制，实现全省的非遗保护智能化的管理。三是建立决策模块，根据分析和提供的数据，做到针对问题提前干预，提早保护，提前防范，建立区域性的非遗保护的发展指数。四是联合建库，推进高效协同共建共享。要打破单位或行业的界限，宣传、文创、图书馆、博物馆等部门要通力合作，开辟渠道"网状"传播非遗生态多样性。如公共图书馆等机构网站，可通过首页重点推出向全社会提供免费服务的非遗数据库，设置相对开放的用户中心管理模块，提高大众对非遗数据库的参与度。

（三）强化平台支撑，打通数据壁垒，深化数字交叉和数字经济管理智库建设

一是以共建促进共享，多元协作，着眼于移除文化遗产数据共享的技术和制度等壁垒，聚合政府机构、科研院所、行业协会、企业等各类主体的力量，为国家文化大数据体系建设和各类数据库的规划建设提供智力和技术支持。在倡导共建的背景下，调动更多资源投入文化机构和企业的信息系统升级和数据汇聚平台建设，鼓励上下游企业开放数据，推动全流程数据采集和共享，引导数据资源开放流动，打通数据传输和应用堵点，从而激活文化遗产数据资源的价值创造潜力。二是建立全国统一的文化遗产数字化保护标准，使各类非遗素材能统一成符合国际标准格式的电子资源。同时要加强顶层统筹和制度优化，建立全面互联的国家级文化遗产信息交流平台和综合性数据库，实现对相关数据的系统化存储、安全共享以及充分转化。

（四）探索非遗"数字"场景交互，创新非遗IP，实现非遗立体化传播

一是依托非遗资源和数字技术进行非遗二次创作、生产、传

播和社会化服务，使非遗资源转化成为涵盖动漫、游戏、网络文化、数字文化装备、数字艺术展示等新业态的经济增长新动能，开发"非遗文创产品"和NFT非遗数字藏品。二是利用VR、AR、人工智能、5G、云计算、AI技术的普及应用，进行数字孪生。通过数字空间建模、虚拟现实、3D打印、3D扫描、动态捕捉等技术手段，让传统非遗核心技艺与数字科技相结合，甚至可以用沉浸式、虚拟现实的方式完全还原非遗场景，观众可通过实景、虚拟场景交互体验非遗展演、技艺实践及传统文化。三是挖掘非物质文化遗产元素，开辟非物质文化遗产的传播场景，以非遗工坊、非遗博物馆、非遗文化产业园、非遗主题景区为落地载体。推动非物质文化遗产市场价值的孵化与开发，为非物质文化遗产带来社会效益和经济效益的双赢。

（五）加大政府资金投入，优化数字人才培养体系建设

非物质文化遗产数字化保护是一项艰巨庞杂的系统工程，涉及面广，需要投入大量人、财、物。各级政府应增加财政支出、设立非遗保护专项资金，保障其物质权益。同时要鼓励企业、民间团体、行业协会甚至个人进入非物质文化遗产数字化保护领域，吸引更多社会资本参与，通过各种渠道筹集公益性资金，调动公众对非物质文化遗产开发利用的积极性。

同时，优化数字人才培养体系。一是要打通数字化人才培养的供给侧与需求侧，可与高校、科研机构、数字建设政府专班制定高水平数字化人才专项培养计划，明确数字化人才"研培、引进、交流、互通"基本方案。二是数字化不仅是技术更新，而且是理念、战略、组织、运营等全方位的变革，非遗保护机构要从全局视角调整战略目标与实践路径。如建立数字信息化部门，培育智化平台，充实基层数字化人才，为"数智"工作开展引领重要示范。三是确保非遗保护应用技术连接最新数据市场以及高端供应链，统筹推进各行业各领域人才、专业、技能系统集约建设、互联互通、协同联动，要构建深层次科技长期合作平台，确保发

展共济。四是优化数字服务供给，对传承人、非遗保护工作者、非遗产业带头人、非遗志愿者等开展全域数字化培训，实现数字资源覆盖推广。同时将数字化水平纳入政绩考核体系，构建重视数字工作和人才建设的制度保障与环境氛围。

（六）加强"政校"多维合作，构建非遗"云"享系统

一是推进非遗教育数字化发展，跨界打造国民教育传承传播体系。积极构建非遗课程体系和教材体系、中小学开设非遗特色课程，鼓励中小学、高校依托非遗代表性项目设立特色传承基地，支持非遗传承人参与学校授课与科研。通过数字展示体验，打造产学研平台，线上线下立体化、多维度、跨界性传播。二是充分发挥互联网平台的优势，跨部门、跨层级协同提供云导航、云旅游、云体验、云购物等功能，打造公众一站式体验浙江非遗的数字化共享传播平台，通过"线上＋线下""文化＋旅游"，体验＋消费"等跨界营销的方式，充分发挥数字效能，实现非遗共享共富共赢。

数字技术的发展为非遗传承保护提供了前所未有的技术性机遇，党和政府对数字赋能非遗的重视创造了强大的政策支持，我们一定要抓住这一历史机遇期，让古老的非遗焕发出新的活力，真正做到让中华优秀传统文化"活起来""火起来"。

互利共赢：非遗专题博物馆建设非遗工坊的可行性研究

——以自贡中国彩灯博物馆为例

张　钰①

（金华市浦江县杭坪镇人民政府，浙江金华，321000）

摘　要：非遗专题博物馆在博物馆定级评估中的长期低迷表现，根源在于其缺乏自己的物与人再生产活态文化空间，而"非遗扶贫就业工坊"政策可作为非遗专题博物馆自建文化空间的高性价比选择。本文在简要介绍政策情况后，通过契合条件和现有实践与基础两部分讨论了博物馆建设非遗扶贫就业工坊的可行性，然后以中国彩灯博物馆为例进行了工坊设计，并据此分析了建设工坊对博物馆质量与非遗保护能力的提升作用；最后就非遗专题博物馆对工坊的能动反作用进行了讨论。

关键词：非遗专题博物馆；非遗扶贫就业工坊；博物馆运营；非遗保护

一、前　言

在涉及非遗保护与展示的博物馆中，非遗专题博物馆因其数量多、非遗展示集中、能满足非遗多层次传播需求且能实现进一

---

① 作者简介：张钰，现就职于金华市浦江县杭坪镇人民政府，历史学硕士。

步传习，成为博物馆行业中的非遗保护主力。过去的20年是我国非物质文化遗产保护运动和博物馆行业发展的黄金时期①，非遗专题博物馆理应在非遗与博物馆双行业的高速发展托举下做出好成绩，承担起自身非遗保护与传播的重任。然而历次博物馆评估数据结果显示，非遗专题博物馆始终未能在评估中占据应有地位，整体建设质量较低，且与非遗保护和行业发展脱节。

非遗专题博物馆在定级评估中暴露的问题源自藏品与人力资源的不充分与不可持续，而在非遗项目现实活态发展过程中的缺席，不仅使非遗博物馆保护工作的整体性受损，更进一步影响博物馆所呈现的非遗原真性。为扭转这一局面，有学者认为"非遗博物馆应当建立在非遗项目产生和发展的原始空间里（如工厂作坊、表演空间、传说发祥地等）"②，如此才能实现对既有内容和人员的不断再生产，并在与社会发展并行的再生产中，根据现实的变化与需求通过传承人进行创新，由此让博物馆真正完成非物质文化遗产的社会化传播和内部传习双重任务。博物馆也能在这个过程中，获得其发展必需且有生命力的博物馆"物"、不断更新的阐释内容和身处非遗业内的工作人员，使非遗专题博物馆办馆质量得以彻底提升。

非遗专题博物馆虽多是全额拨款的公益事业单位，但能获得的各种资源支持相对较少，所以当下没有文化空间依托的博物馆，

① 截至2022年12月，中国列入联合国教科文组织非物质文化遗产名录（名册）项目共计43项，总数位居世界第一；急需保护的非物质文化遗产名录7项，优秀实践名册1项。（转引自中国非物质文化遗产网：《中国入选联合国教科文组织非物质文化遗产名录（名册）项目》，http://www.ihchina.cn/chinadirectory.html#target1，访问日期：2022年12月4日。），同时，截至2021年5月，全国备案的博物馆总数达6183家，是1978年的近20倍；据2019年数据，我国博物馆保持着每年180家左右的增速，实际上2021年新增备案博物馆395家。

② 齐峰：《"活态"的博物馆保护——兼谈北京地区非物质文化遗产博物馆》，《首都博物馆论丛》2019年。

想单凭自身能力新建一个文化再生产空间，从资金上就难以实现，后续人力雇佣与运营更难以为继。这种情况下，由国家主要出资，建设单位提供场地及培训，以建档立卡贫困户为雇佣培训人力来源，进行非遗产品与服务生产的"非遗扶贫就业工坊"（以下简称"非遗工坊"）就正好契合了非遗专题博物馆的条件与需求。

二、非遗工坊基本情况介绍

"非遗工坊"，关键词为"非遗+扶贫"，是国家自2018年起开展的乡村振兴政策的一部分。其建设过程是由符合建设条件的主体依托一项或几项能够带动就业、市场前景广的非遗项目，通过项目传承人对本地区贫困人口开展培训，在被培训人掌握非遗生产技艺后雇佣其成为工坊工作人员，运用所学技艺为工坊稳定生产相关非遗产品。工坊需要负责为产品设计与质量把关，并积极配合国家各类展销政策拓展工坊产品的销路，从而稳定贫困人口的就业，巩固脱贫攻坚成果。

首批"非遗+扶贫"重点支持建设地区共10个，在试运营一年后，试点地区的非遗扶贫就业工坊收效良好，带动46.38万人参与就业，带动20万建档立卡贫困户脱贫。[①] 国务院扶贫办及文旅部肯定了非遗工坊的稳定性与发展前景，据此扩大非遗扶贫就业工坊建设范围，并完善了非遗工坊的工作流程。

（一）非遗工坊工作流程

据文化和旅游部办公厅、国务院扶贫办综合司《关于推进非遗扶贫就业工坊建设的通知》[②]（以下简称《通知》）要求，建设工坊的工作流程分为8步：摸清资源情况，明确项目抓手；广泛吸纳

[①]《非遗，扶贫富民的"金钥匙"》，http://www.gov.cn/zhengce/2020–01/13/content_5468565.htm，访问日期：2020年1月13日。

[②] 文化和旅游部办公厅、国务院扶贫办综合司：《关于推进非遗扶贫就业工坊建设的通知》，http：//www.scio.gov.cn/xwfbh/xwbfbh/wqfbh/42311/44591/xgzc44598/Document/1695396/1695396.htm，访问日期：2019年12月27日。

就业；开展传统工艺技能培训；培育扶持非遗扶贫带头人；发展提升传统工艺产品；扩大传统工艺产品销售渠道；开展媒体传播，扩大社会影响；加强成效跟踪和动态管理。这样的步骤使工坊真正成为可持续技艺培训、产品生产的非遗活态空间。同时对扶持非遗扶贫带头人、扩大社会影响力和成效跟踪的强调，使非遗扶贫就业工坊与非遗专题博物馆紧密结合、稳定运营有了更多可能。

（二）非遗工坊工作目标

《通知》对非遗工坊工作定位的表述为："发挥文化在脱贫攻坚工作中'扶志''扶智'作用，帮助深度贫困地区建档立卡贫困人口参与学习传统工艺……有效促进就业。"而工作目标则可分为两个部分："带动贫困劳动力稳定就业"和"总结提炼一批可复制、可推广、可持续的非遗扶贫就业工坊工作经验与模式"。笔者认为，事实上工坊的定位目标可以被概括为"经济基础与上层建筑"：非遗工坊不再是单纯的生产车间，参与者也不再是流水线上只负责生产操作的车间工人。创建工坊仍然要解决贫困人口的温饱与工作难题，但在此基础上更要让他们拥有更高层面的自我认同与文化认同。该层目标单靠传统经济模式中以营利为重的工坊无法完全实现，但在与博物馆的合作中，通过成为博物馆社会教育人员，在向观众传授自己所学技艺的过程中可以逐步达成。

此外，非遗工坊还存在一隐形工作目标，即"非遗保护"。事实上，维持非物质文化遗产的生产过程，实现非物质文化遗产技艺有效传承，借助生产、流通、销售等手段将非物质文化遗产及其资源转化为文化产品的过程，就是非物质文化遗产生产性保护的过程。因此，非遗工坊不仅对贫困人口经济生活和思想进行扶持，客观上还可实现非遗的生产性保护。然而文化和旅游部办公厅、国务院扶贫办综合司对工坊的监督、指导更多朝向其现有的经济目标，"生产性保护"中"过度开发"导致非物质文化遗产真实性、整体性破坏①等弊病，在非遗工坊现有运行逻辑中则无人负责、无章可循。非遗专题博物馆恰可凭借自身非遗保护、宣传、研究的公共文化服务机构身份补入此空白之处。

三、博物馆与非遗工坊建设条件相契合

（一）博物馆符合《通知》要求

《通知》要求建设工坊应符合以下条件。

依托一项或几项覆盖面广、从业人员多、适于带动就业、具有较好市场潜力的非遗代表性项目，优先支持依托列入国家传统工艺振兴目录的项目建设非遗工坊；有建设、运营非遗工坊的牵头企业、合作社或带头人；有建设非遗工坊的必要场地和水电等基础条件；能够有效吸纳建档立卡贫困户和低收入家庭参与就业，吸纳建档立卡贫困人口就业的数量标准，按当地扶贫车间相关规定执行。

这四个条件可以总结成："需要带头人在能满足基本生活的建筑空间里教授贫困人口非遗技艺，好让他们能稳定生产，把日子过起来。"其中对建设工坊的硬件要求尤其简单，体现了政府对符合条件的主体积极申请工坊、加入"非遗＋扶贫"事业的真诚鼓励，也为自身资源条件贫乏但至少头顶有片瓦遮雨的非遗专题馆申请建设提供了可能。作为对外开放的公共文化服务机构，博物馆一般都拥有固定的场地空间和运行完备的水电设施，且博物馆，尤其是非物质文化遗产博物馆有长期开展社教活动的经验，其场地空间及设计与工坊极其相似，能大大节约工坊建设的基建成本。

在基本设施条件完备的基础上，博物馆作为带头人能履行同企业、村集体一样的责任，且由于非物质文化遗产彼此之间存在交叉线，如自贡灯会与彩灯扎制技艺、各类戏曲与其道具服饰等的制作技艺等，以保护、研究、展示宣传非遗项目为主业的非遗

---

① 王巨山:《"物"与"非物"之辩》,《文化艺术研究》2008 年第 3 期。

专题馆，对某非遗项目和与其相关联的其他非遗项目有很高的熟悉度，不仅了解备选项目的市场潜力和覆盖面，还存在几项彼此有关的非遗项目建设工坊的可能性或可形成规模效应。除"吸纳建档立卡贫困户与低收入家庭参与就业"与地方扶贫情况相关，外力基本不可影响，常规定义中有一定运营年限的非遗专题博物馆应基本符合非遗扶贫就业工坊建设的要求条件。

（二）设立单位主体的多样化趋势

作为会被纳入全国脱贫攻坚数据库、须向政府报备的特殊工作坊，非遗工坊并不是申请人单方面符合相关条件、有建设愿望就可以随意创建的。《通知》强调，"鼓励各地因地制宜推进非遗工坊建设……利用非遗保护设施、传统工艺习所、文化设施、闲置场所及企业厂房等改建或扩建一批非遗工坊。鼓励各地将已建成的、并符合设立条件的各类场所、设施纳入非遗工坊范围"。理论上，至少作为文化设施，博物馆可以被用作非遗工坊建设场所。

第一批非遗扶贫就业工坊重点支持地区[①]公布的相关资料中，与建设单位有关的内容较少，通过查阅具体地市零星的报道可知，现有非遗工坊多以业内的有限公司为依托。与多在体制内运营的博物馆相比，公司运营非遗工坊在产业化与市场营销方面有自己的便利之处。

然而，随着时代发展，我国非国有博物馆大幅增加。第四批全国博物馆定级评估中，便有153家非国有博物馆参评。在非遗专题博物馆领域，非国有主体数量也不断上升。这部分博物馆可

---

① 第一批"非遗＋扶贫"重点支持地区为：四川凉山彝族自治州（以昭觉县、布拖县为重点）、甘肃临夏回族自治州（以临夏县、积石山县为重点）、云南怒江傈僳族自治州（以福贡县、贡山县为重点）、西藏自治区拉萨尼木县、新疆维吾尔自治区和田地区墨玉县、青海黄南藏族自治州同仁县、河北承德丰宁满族自治县、广西壮族自治区崇左市龙州县、湖南湘西土家族苗族自治州花垣县、贵州黔东南苗族侗族自治州雷山县。

同有限公司一样直接申请工坊建设。此外，在最新公布的陕西省首批52家非遗工坊名单[①]中，建设单位除有限公司、专业合作社外，新出现了西安市长安区文化馆、澄城县文化馆、宜川县文化馆等共计9家文化馆，以及渭南市华州区优秀民间艺术与非遗研究保护中心和黄陵县农业农村局。可以看出非遗工坊的建设重点在于是否有合适的非遗项目与当地扶贫建设情况，主体本身的性质并不那么重要。多样化的建设主体能为还在摸索阶段的非遗工坊提供更多发展的可能性，因此与文化馆、非遗研究保护中心同为事业单位的各博物馆不仅可以，也应该勇于尝试申请建设非遗扶贫就业工坊。

四、博物馆开设工坊的实践与基础

（一）博物馆业内已有"工坊"类设置

在行业实际发展中，博物馆建设"工坊"、依托公司/工坊设立甚至以"工坊"为名的实践已遍布全国。这些实践以及其积累的经验构成了本文以非遗专题博物馆建设非遗工坊的现实基础，同时博物馆现有的"工坊"又与本文研究的非遗工坊相区别，依托非遗专题博物馆建设非遗工坊可以实现互利共赢。

（二）博物馆内建设的工坊

作为区别于学校正式教育的第二课堂，博物馆的教育能让观众将自己的闲暇时光应用于文化发展，让观众在休闲中满足文化需要[②]，即所谓的寓教于乐。为实现这个目的，博物馆有责任为观众创建属于博物馆的特殊学习空间——它不能是学校的教室，而

---

① 《陕西公布首批省级非遗扶贫就业工坊　共52家单位入选》，http：//www.shaanxi.gov.cn/xw/sxyw/202010/t20201013_1659628_wap，访问日期：2020年10月13日。

② 《关于博物馆向公众开放最有效方法的建议（1960年）》，http：//www.ncha.gov.cn/art/2007/10/28/art-2303-42821.html，访问日期：2022年12月4日。

是某个可以让学生觉得不同并激发其想象力的地方。^① 大部分博物馆中的"工坊"便是这样的学习空间。不同类型的博物馆都在馆内建有工坊，如非遗专题博物馆、遗址博物馆、综合类博物馆等；工坊的设置时限也根据其教育需要各有不同，有配套展览临时开设的，有在特定节假日开设的，也有成为博物馆固定学习项目与场所而长期对外开放的。

临时、短期开设的博物馆工坊，如 2014 年上海玻璃博物馆设立的"DIY 创意工坊"。该工坊从当年的 6 月 1 日持续到 8 月 31 日，其间围绕玻璃主题设置 6 项学习体验活动^②（表 1 ），观众还可从工坊购置 DIY 手工玩具和玻璃彩绘等。

表 1　上海玻璃博物馆"DIY 创意工坊"日程表

活动周期 / 时间	报名方式	活动主题
06/07—06/22 周六 / 日	可现场报名	寻找古老的袖珍艺术 ——鼻烟壶
06/28 17:30—20:45	需提前报名	玻璃的创意拼贴: 星空
07/01—08/31 除周一	可现场报名	博物馆的玻璃艺术
07/01—08/31 每周二	需提前报名	玻璃艺术夏令营（一）
07/01—08/31 每周三	需提前报名	玻璃艺术夏令营（二）
08/01—08/31 除周一	需提前报名	玻璃的创意组合

（表格来源：作者根据博物馆官方微博宣传资料自制）

博物馆与非遗手工艺者在馆内合办工坊也是博物馆短期工坊

---

① ［英］蒂莫西·阿姆布罗斯、克里斯平·佩恩:《博物馆基础》，郭卉译，译林出版社，2016，第 62 页。
② 上海玻璃博物馆 DIY 创意工坊，https://weibo.com/shmogdiy?sudaref=cn.bing.com，访问日期: 2021 年 6 月 18 日。

的常见形式。如广东省博物馆在 2016 年春节期间，与佛山南海藤编手工艺人合作举办"藤跃指尖——南海藤编工作坊"春节特别活动①，活动提供了让观众接触到省级非物质文化遗产南海藤编技艺的机会，辅以精美藤编工艺品展出（图 1），既丰富了博物馆的教育活动形式，又扩大了该非遗项目的传播面。

图 1　广东省博物馆"藤跃指尖——南海藤编工作坊"现场

（图片来源：广东省博物馆官网）

（三）依托公司 / 工坊设立的博物馆

水井坊博物馆自述为"水井坊酒国家原产地域保护的地标中心和主要生产场所之一，是将实际生产过程和展示陈列完美融为一体的'活'的博物馆"②。其展示核心之一的水井坊酒传统酿造技艺，被列为国家级非物质文化遗产。负责该项非遗项目展示、传承的水井坊博物馆依托四川水井坊有限公司而设立。水井坊有限公司为现代公司企业，其本质是生产产品的白酒酿造工厂。因

① 《广东省博物馆·藤跃指尖——南海藤编工作坊》，http：//www.gdmuseum.com/gdmuseum/_301014/_301022/455454/index.html，访问日期：2021 年 6 月 18 日。
② 水井坊博物馆官网，http：//www.sjfmuseum.com/，访问日期：2021 年 6 月 18 日。

此也可以说，水井坊博物馆的存在依托于传承 600 年的白酒工坊——馆内展示的水井街酒坊遗址被国家文物局定为我国发现的古代酿酒和酒肆的唯一实例，"技艺厅"现场展示非遗白酒酿造技艺，是将该厅转变为展示性白酒酿造工坊，而整个博物馆依附于现代社会的白酒酿造公司生存。

（四）以工坊为名的博物馆

另外，也有本身就以工坊为名的非遗专题博物馆。如北京百工坊，其自述为"为落实国务院《传统工艺美术保护条例》和北京市政府《传统工艺美术保护办法》的精神而建立的展示中国传统手工艺文化的活的博物馆"。[①]

"百工坊"博物馆内陈列北京各类民间工艺品，且有近 30 个手工艺人的技艺表演，观众可以近距离了解各种手工艺品的文化背景和制作过程。博物馆本身就是一个各类工坊的集群，内设十余个手工艺作坊。这些工坊直接从事展示 — 生产 — 销售，这种博物馆运营方式在实质上已与以博物馆为主体建设的非遗扶贫就业工坊十分接近。同时，所谓的"百工坊"也很好地履行着博物馆教育的功能，同时是"中国非物质文化遗产保护传承基地"以及"传统手工技艺的体验、交流和培训的中心"[②]，在手工艺展示、传承、培训及手工艺品售卖等方面效果颇丰。（如表 2 所示）

表 2　北京百工坊博物馆名师工坊一览

名师工坊介绍			
真丝手工坊	牙雕坊	珍珠坊	钧瓷坊
骨雕坊	木雕坊	泥人张	玛瑙坊
琉璃坊	景泰蓝坊	玉雕坊	内画坊

（表格来源：作者根据博物馆官方网站宣传资料自制）

[①] 京城百工坊·关于我们，http://www.jcbgf.com/about/，访问日期：2021 年 6 月 18 日。

[②] 同上。

（五）现有博物馆"工坊"与"非遗工坊"的区别

1. 工作目标不同

为丰富游客体验设立的 DIY 工坊、活态工艺展示体验中心等，展示、体验是其最主要功能，其实质是展示馆与体验馆的结合。当观众没有购买行为时，工坊的各项目点就类同展览中的行为叙事及活态展示。而当观众购买体验项目时，工坊的工作人员就可提供非遗技艺体验服务，供观众感受。创建 DIY 工坊、体验中心的最终任务是配合博物馆展览，实现博物馆教育目标。即便是依托公司设立的水井坊博物馆，馆内设置的"技艺厅"即为一现场酿酒作坊，其开设也是为了使"传统酿造技艺的精彩展演"[①] 完全服务于博物馆展览展示。

虽然非遗扶贫就业工坊首先是"工坊"，其最直接与最初的目的是向贫困人口传授谋生技艺、扩大并稳定贫困人口就业，但是促进非遗生产性保护为其隐性间接工作目标。工坊在没有博物馆配合的情况下与观众体验或展示没有直接关联，提升博物馆运营质量等种种效果均需以博物馆为主体申请建设、由博物馆方对其加以利用后方可产生。

2. 资金来源与管理要求不同

正规的、具有一定规模的活态工艺体验中心需由对应的博物馆主体提供建设资金，场地越大涉及种类越多，资金需求越大。非遗工坊作为扶贫政策的组成部分，需由文化和旅游行政部门会同扶贫部门认定和管理，并报省级文化和旅游行政部门备案，会被纳入脱贫攻坚项目库，并录入全国扶贫开发信息系统。因此，它的建设会得到国家财政支持，相应的条件就是坊内工作人员应来自建档立卡贫困户和低收入家庭。同时工作流程、生产绩效等也会受到以上相关部门与系统的监督。相比自设的体验工坊，非

---

① 水井坊博物馆·技艺厅，http://www.sjfmuseum.com/onlypage/id/14，访问日期：2021 年 6 月 18 日。

遗工坊在运营、产销方面更具有强制力、保障性和绩效要求。

（六）博物馆在非遗工坊流程中的特殊优势

博物馆广泛的工坊建设、合作实践，不仅极大地增加了博物馆社教活动的趣味性，丰富了观众参观体验，更为非遗专题博物馆建设非遗工坊打下了坚实的物质基础——相应的场地空间与学习设施，师资经验、高校合作，以及销售宣传渠道等软性条件积淀。

1. 技艺传授的师资与经验

非遗专题博物馆作为相关项目的研究、保护、展示与传播的专门机构，展馆建设必须在非遗项目传承人的指导与帮助下进行，馆内研究展示工作的正常运行也少不了传承人坐镇。因此，与其他需通过政府机构邀请项目传承人前来开展培训的建设主体相比，非遗专题博物馆在教师资源上可谓近水楼台。除了优秀、便利的教师资源，在现有工坊设置与博物馆教育项目的基础上，为了向观众提供更丰富的参观体验、完成自己非遗保护与传播的工作职责，大多数非遗专题博物馆都有向观众提供技能体验或培训的经验。虽然其规模与培训开展程度都不能与要实现完全市场竞争的正式非遗工坊相提并论，但至少这些经验能让博物馆在工坊建设的培训阶段更快上手，少走弯路。

2. 与高校等科研机构的合作

不管等级如何，博物馆总和学校有着千丝万缕的联系：博物馆在展览策划、藏品研究以及教育活动设计等方面都需要高校智库的支持；馆体本身多样化的工作内容也为高校学生提供了丰富的实践、志愿活动机会；高校教师常成为博物馆活动的座上宾，尤其是知识讲座活动。因此，对于工作流程中"发展提升传统工艺产品"一项，即"联合高校等利用学术研究成果帮助对传统工艺产品进行再设计和改造提升，解决工艺难题，提升产品品质，提高产品附加值"，博物馆在实践操作中也完全有门路可循。

3. 既有产品销售渠道与宣传平台

作为必须长期稳定对外开放的公共文化服务机构，博物馆自身就是一个公开的宣传平台。在博物馆效应的加持下，馆方的目标观众对非物质文化遗产的认知和了解程度必然会加深，进而带动非物质文化遗产在社会中的宣传与推广[1]。

具体而言，文化创意产品、服务的销售、宣传与曝光是博物馆固定工作的一部分，也是博物馆评估不可缺少的内容。因此与其他需再开拓销售宣传渠道或完全依靠政府帮助宣传的新兴建设单位相比，博物馆可以在参与政府组织展销的同时，利用现有的文创销售、宣传渠道，从而丰富非遗产品的销售、宣传途径。同时博物馆因持续性新展建设，其宣传是连贯而稳定的，为非遗工坊及其产品带来的则为更具文化底蕴的连续性宣传曝光，可稳步提升非遗工坊品牌形象。而如水井坊博物馆一类原以公司为依托、本就进行产品销售的博物馆，在非遗扶贫就业工坊的产品宣传与销售上就更为便利。

五、中国彩灯博物馆非遗工坊设计

（一）中国彩灯博物馆案例背景介绍与分析

1. 自贡城市的建设需要

中国彩灯博物馆所在的自贡市，其未来文旅发展将配合全省"一核五带"格局进行策划，以"建设长江文化、民俗文化等为主要特征的川南文化旅游经济带"为定位，文化遗产、非遗、民俗、红色文化等均为自贡市推进文旅融合发展的重要抓手。尤其将对非遗项目进行生产性保护传承，推动非遗产品化、生活化、时尚化，2019 年 5 个项目列入四川省第一批传统工艺振兴目录。全市将积极探索"非遗+"发展模式，让非遗融入现代生活、助力乡村

---

[1] 阮成洲：《博物馆在非物质文化遗产传承与保护工作中的作用》，《遗产与保护研究》2017 年第 5 期。

振兴和脱贫攻坚。

中国彩灯博物馆所在的自流井区是一个典型的"插花式"扶贫地区，虽无贫困村且贫困人口相对较少，但因其分布不集中，成因较复杂，消除贫困难度不小。针对扶贫项目难以成片推进，上级投入有限，也无成功经验可借鉴的现状，政府采取小微产业、小微基建及开发农村过渡性公益性岗位的政策以解决贫困劳动力就近就业问题。① 截至 2018 年，该区登记建档立卡贫困户的 1308 户 4016 人已完成脱贫。但在"后扶贫时代"，如何防止返贫致贫、推动乡村振兴仍是需要进一步解决的问题。

此外四川自贡"小三绝"——龚扇、剪纸、扎染是我国民间工艺的标志性产品。同时龚扇、扎染工艺、灯会 3 项已为国家级非遗保护项目，自贡剪纸、富顺豆花制作技艺等 13 项则是省级非遗保护项目。然而由于地理、环境、人才、场地诸多因素限制，在生产、营销、推广等方面无法跟上时代，自贡种类繁多、内容丰富的非物质文化遗产，除灯会和与之配套的彩灯制作技艺外，在信息爆炸的现代社会多处于明珠蒙尘的失语境地，迫切需要有"领头羊"出列，整合分散无序的非遗资源，进行发展总体规划，助力非遗及其产品在现代社会生活中找到自己的新定位。

2. 中国彩灯博物馆发展需求

对照《博物馆评估办法》的要求一一评估时，中国彩灯博物馆存在馆藏量极少，高级别藏品稀缺，藏品价值以观赏性为主，无法反映时代发展，馆内工作人员缺口大，长期一人多用，无法开展高质量、更专业的展览策划与社会教育工作等问题。中国彩灯博物馆曾参与承办首届中国彩灯文化峰会，并长期主办自贡灯会，为自贡彩灯产业发展提供了一定的技术支持及学术引导。但囿于中国彩灯博物馆近年境况艰难，在学术研究、科技发展上的创新突破并不明显，展览更新缓慢，为彩灯产业发展提供的助推力也

---

① 《自贡自流井：脱贫一诺铿锵行 攻坚克难同奔康》，http://sc.people.com.cn/n2/2020/1121/c379469-34429749.html，访问日期：2020 年 11 月 21 日。

有所减弱。

同时，中国彩灯博物馆承办灯会长达二十余年，从观众流量到运营收入全面依赖每年一度的自贡灯会。2021年起，灯会举办权转移，客观上会导致公园和博物馆失去过去最主要的观众群、资金来源、业务内容及媒体曝光度，但也倒逼博物馆转型。彩灯公园自此可以实现全年不闭园而更好地服务观众，利于后续文旅开发；原预留于组织举办灯会的时间、空间、人力等均可转而用于博物馆、公园提升发展水平。

自贡彩灯是中国民间彩灯扎制技艺现代传承的代表。中国彩灯博物馆建馆以来，一直致力于传统彩灯工艺在现代社会的保护与发展。可迫于人手不足等原因，全市的灯文化历史遗存尚未进行全面整理，田野文化遗存整理缺失，自贡灯会系统化研究严重缺乏，以致其起源不明、特色不清。特别是自贡彩灯大发展以来的第一批老艺人多已年过70，鉴于其人群总数与身体情况，口述史整理、视频资料记录和手艺传承迫在眉睫。

3. 中国彩灯博物馆满足工坊建设条件

灯会举办权移交后，自贡彩灯公园的广阔场地可供工坊建设使用。博物馆所在自流井区虽已完成脱贫攻坚任务，但仍需维持建档立卡贫困户持续发展不返贫。在彩灯公园建设"非遗工坊"或受雇于中国彩灯博物馆的工作形式，和"小微基建"、过渡性公益性岗位等同属于"以工代赈"，可形成互补效果。博物馆培养的彩灯研究带头人及彩灯大发展时期的老艺人群体可作为工坊授课教师人选，同时开展其口述史、视频资料记录工作。

（二）中国彩灯博物馆非遗工坊建设流程设计

1. 准备工作：建设工艺活态展示中心

以中国彩灯博物馆社教团队的现有体验项目、运营经验和人员班底为基础，组织建设工艺活态展示中心——集互动教学、非遗手工体验、民间技艺表演、文创展销为一体的非遗展示馆。该中心将分区布置博物馆非遗项目传承人展演区域、现场体验区域及手作文创商品购买区域，向游客提供工艺品现场制作过程欣赏、互动制作体验及成品、工艺品购买体验，由此建立从博物馆到活态中心的展、演、学、购体验链。

但社教团队的人员本身还有本馆工作在身，身兼数职很难维持工艺活态中心的高质量稳定运营，因此在设计中只负责前期建设与后期工坊学员的指导。

2. 建设流程与其特殊性分析

建设场地：工坊将以自贡彩灯公园区域范围为建设区域。彩灯公园承办自贡灯会多年，园内水电等基础设施可满足大型游园活动的高峰客流量需求，加上后灯会时代的公园正在进行全面整改提升，可以满足非遗扶贫就业工坊的培训与生产所需。彩灯公园位于自流井区老城，周边有 5 个公交站，交通相对便利，可满足就近就业人员便利往返。

依托项目：在自贡现有非遗项目中，彩灯行业已经在走产业化发展之路，市场化情况较好。而非遗工坊优先支持依托列入国家传统工艺振兴目录的项目，自贡扎染被列入第一批名录。所以依托的资源项目以彩灯制作技艺为主，辅以自贡扎染。

传统工艺技能培训：中国彩灯博物馆建馆以来，培养了宋良曦、张方来等全国、省知名的学术带头人，且所掌握的资料中还有自贡彩灯大发展以来的第一批老艺人的口述史整理和视频资料待记录。因此，彩灯工艺技能培训可以由这些带头人、老艺人根据各自所长的理论与实践技艺，分部分展开。培训中不单培训制作技术，还可开展彩灯发展史、发展趋势、民俗故事等讲座教育，使被培训人学习技艺的同时了解乡土文化，建立起对彩灯制作技艺的认识与文化认同，从而达到"扶贫且扶志"的目的；也为被培训人后续进入博物馆展厅或工艺活态展示中心展演、为观众提供服务打好文化背景基础，提升展演的记忆完整性与原真性。扎染技术的培训也同此过程。

培训过程中要全程采集录音、录像资料，顺势完成老艺人的文化记忆记录整理工作；同时定期对授课教师、学员进行总结性访谈，为博物馆展览策划、记忆保存充实素材；对学习培训的作品逐一标注、编号并收藏，作为博物馆履行社会责任、参与脱贫攻坚乡村振兴时代任务的物证，也是非遗工坊建设、学员成长的见证。

培训基本走上正轨后，理论上第一批培训学员应基本掌握相关技艺并可稳定生产相关产品。以此为契机，将非遗工坊与工艺活态中心衔接。

提升传统工艺产品品质：对传统工艺产品，以博物馆为主体建设的工坊，在提升步骤上，除政策建议的组织专家团队进行专业设计和改造提升外，还将交由工艺活态中心上架试售，根据活态中心已有从业人员的经验建议、试售过程中观众的反馈及畅销产品特点进行专项修改或调整。（图2）

图2　工艺活态展示中心随制随售的石雕文创
（摄于杭州工艺美术博物馆工艺活态展示中心）

同时，因为博物馆会不断推出新展，配套不同展览销售不同文创产品可为观众提供更好的服务，因此工坊的工艺产品还可根据不同的展览主题进行针对性修改、生产，也可提升博物馆评估定级水平。

　　培育扶持非遗扶贫带头人：在现有受训学员中挑选具有创新意识、服务意识的优秀者，先进入工艺活态展示中心"实习"，跟随原社教团队的工作人员为观众教授体验学习课程，学习观众服务与纯产品制作的不同。实习结束后，根据学员个人意愿选择是成为工艺活态展示中心社教人员，还是回归工坊从事生产工作。

　　所以，以博物馆为主体建设的工坊存在两种就业选择：政策本身的工坊从业与博物馆社教工作，多一种选择更有利于学员发挥自己的主观能动性、因才择业。且体验活动可直接创收，与以公司为主体单纯进行产品销售的工坊相比，在就业上岗位更多、更有保证，同时能缓解博物馆非遗专业社教人员数量不足、真实性不够的问题。

　　优秀者在经过工坊——活态中心轮转后成为非遗扶贫带头人，可反哺工坊培训新进学员，从而使工坊"人"的再生产得以持续，减轻传承人与老艺人的负担。

　　扩大传统工艺产品销售渠道：工坊将全程参与国家、地方政府组织的线上线下非遗产品博览会、展销会，并积极在各电商平台开设店铺，或联系电商企业等通过订单生产、以销定产等方式，帮助销售工坊产品。另外，彩灯公园国家法定假期开展的游园会、花会、盆景展销会中也将穿插工坊产品展销摊位与技艺体验区，充分利用公园、博物馆的一切活动促进工坊产品销售，稳住工坊效益与就业岗位。同时，中国彩灯博物馆已与美团共建网店，售卖本馆文创产品和自贡特色灯品，还有其他重点景区互销和市内灯艺企业代销等渠道，加上工艺活态展示中心，销售渠道多样而稳定；且博物馆是固定文创与随展更新文创组合销售，文创产品种类中效益好、观众热度高的，还可与博物馆藏品相转化。

　　开展媒体传播，扩大社会影响：相对于需要特地联系渠道开展宣传的公司主体非遗工坊，中国彩灯博物馆建设的非遗工坊不仅可以利用政府提供的宣传渠道，更可以配合博物馆现有的合作宣传平台，并借助源源不断的新展配套宣传，将自己的社会影响力扩展进博物馆行业与博物馆观众群。

至此，以中国彩灯博物馆为主体建设、具有博物馆优势的非遗工坊形成了其较完整的建设流程。同时"博物馆＋工艺活态展示中心＋非遗工坊"的组合，有助于搭建"教育推广＋前店后厂＋互动体验"的非遗文化旅游模式，能帮助实现促进传统延续、推崇手艺钻研的正向教育目的。

（三）非遗工坊对中国彩灯博物馆的积极作用

1. 稳定博物馆"物"的质量与来源

（1）为中国彩灯博物馆提供丰富而稳定的藏品来源

非遗专题博物馆普遍存在"物"的总量少、同质化程度高及来源有限等问题，中国彩灯博物馆更是其中典型。截至2019年，开馆25年，藏品仅千余件，除一件三级文物石碑及少量文物复制品外，基本为各式彩灯，藏品扩充主要靠征集各灯会灯组。

而若按案例设计参与建设非遗扶贫就业工坊，因为非遗工坊本属于"非遗＋扶贫"助力乡村振兴政策的一部分，博物馆也就由此得以参与地区扶贫、振兴的发展进程。这个过程中的物证，包括培训用具、学员习作、学员笔记、失败品、第一件产品、宣传横幅等等，均可成为中国彩灯博物馆新藏品的备选，且具有与普通灯组不一样的意义内涵和种类区分，也为后续专题展览奠定基础。

而随着工坊稳定运营，对博物馆而言有收藏意义、对工坊发展有纪念意义、与社会发展需求契合且体现时代特色的产品，可根据馆内藏品部、展陈部工作人员观察、判断，开展持续的收藏工作，从而形成博物馆可全程记录、信息完备且与生产者紧密结合的藏品来源。

（2）建设货源稳定、质量可控的文创产品生产链

中国彩灯博物馆已与美团共建网店售卖本馆文创产品和自贡特色灯品，还有其他重点景区互销和市内灯艺企业代销等渠道，但不论是笔者调研观察还是其官网展示，都显示该馆现在的文创种类较单一、数量质量均不稳定。而博物馆群与非遗工坊是相互

促进的，配合中国彩灯博物馆设立非遗工坊，能为博物馆群的文创商店、工艺活态展示中心等部门提供质量稳定、符合博物馆特色的文创商品。

工坊作为博物馆主体建设的生产空间，还可根据博物馆的需求配合特定展览或纪念活动进行限定生产，从而丰富博物馆文创种类；作为"扶贫就业工坊"，销售火爆的产品自身的代表性与助力扶贫意义等都使其可向藏品转化。

（3）为博物馆储备稳定的非遗专业社教人员

中国彩灯博物馆因人手不足而常年在准备灯会时闭馆三个月，严重影响博物馆本职工作。更严重的问题在于缺乏专业社教团队，所以馆员"一人多用"，让会计参与博物馆规划编写的同时还要协助社教活动教导彩灯制作是其用人常态。这种方式不仅有损社教活动的可持续性，彩灯制作技艺传播原真性也无法保证。

"非遗扶贫就业工坊"的最基本的目标是帮助建档立卡贫困户稳定就业，工坊学员即便不从事工坊生产，为博物馆工作也算曲线完成了扶贫就业任务，同时能为工艺活态展示中心储备一定量技术娴熟的一线工人随时上岗展演、教学。且工坊培训是连续的，能根据政府扶贫振兴规划不断招募新学员，即便出现人员流动，其稳定性也比仅社会招聘要高。

学历更高、职业期待也更高的社招人员很难在中国彩灯博物馆这样待遇不高、城市基础不算很好的单位长期工作，而自主选择成为社教人员的学员因为家在本地且以谋生为主，更易认可并稳定从事中国彩灯博物馆的社教工作。加上非遗的社会教育与服务工作对从业人员的非遗了解度有基本要求，非遗工坊学员的加入更好地保证了彩灯博物馆包括展演、体验、讲座等在内社会教育活动的传播真实性。

2. 提升博物馆彩灯非遗文化保护效果

（1）扩大彩灯文化的公众参与面

传播是非遗保护的重要环节，在此基础上要进一步使传播和传习相结合，充分扩展公众在非遗保护中的参与面。[①] 非遗工坊对中国彩灯博物馆扩大公众参与面的帮助体现在以下两个方面。

一是扩大了彩灯文化、彩灯制作技术的本地民众参与面。有学者认为，与民众日常生活形成互动，维持一定规模的传承群体，满足民众当代生活需求，是非物质文化遗产活态保护的最终目的。[②] 这种文化要在社会中真正拥有足以自我传承发展的生命力，就必须拥有传承人及其文化代表群体的认同与尊重，且文化认可对象的体量越大，某种程度上对文化的延续越有利。中国彩灯博物馆原展览模式下对传承群体规模的维护可以说无从谈起，但引入非遗工坊后，博物馆就用自己的资源与能力创造了新的本地彩灯文化传承群体，且为他们提供就业岗位与非正式教育机会，充分满足其经济、文化生活需求。

在自上而下的非遗保护运动过程中，民众只是被动接受所有保护行为的最终结果，并不了解是什么、为什么和我该怎么做的过程。虽然非遗工坊也是自上而下的，但在博物馆的配合下，其工作过程中渗透着教育与文化宣传，因此工坊培训出的学员对彩灯文化的发展、彩灯制作技艺传承的意义就可能比普通彩灯生产公司工作人员有更深刻的感受，且这种感受是当地民众生发的。随着培训的进展，有同样文化认同和感受的当地人群体还会不断扩大，从而便提升了中国彩灯博物馆的彩灯文化保护与传播效果。

二是扩大了彩灯博物馆社会教育活动的公众参与面。在由政府主导的非物质文化遗产保护传承行动中，传习所、庙会、展销会、数字档案等确实面向公众开放，能够增进公众对非物质文化遗产保护工作的了解；但其中最有责任、能力与资格的，还属以社会教育、公众服务为己任，必须对外开放且可接近性极高的非遗专题博物馆。

---

① 杨红：《目的·方式·方向：中国非遗保护的当代传播实践》，《文化遗产》2019 年第 6 期。

② 孙发成：《非遗"活态保护"理念的产生与发展》，《文化遗产》2020 年第 3 期。

曾经的中国彩灯博物馆人手不足无法稳定开放，作为博物馆来说，观众群体少且不稳定，在传播彩灯文化时公众参与度较低。但非遗工坊为博物馆提供了稳定的物与人力来源，给予博物馆展览、社教活动正常运转的必要支撑。观众来访不仅不会吃闭门羹，还可以进行博物馆参观与工艺活态中心的结合体验，且这种参观体验随着博物馆展览更新是可以反复的。

（2）提升中国彩灯博物馆非遗保护原则性

在非遗保护标准制定的讨论中，有学者忧心"标准会让民间文化表现形式被凝固为一种固化的产品，丧失其自由创作的个性；抑或会造成文化与原生环境的剥离，从而违背了非遗保护最为根本的整体性和活态性原则，最终改变遗产的原真性"①。实际上非遗的博物馆保护也存在这种危险，而非遗专题博物馆在"物"与"人"等方面的缺乏更加重了其非遗的博物馆保护的原则性不足问题。传统意义上的博物馆主要通过向观众传递藏品的历史、艺术及科学等多方面价值来实现博物馆的社会效益，而非遗专题博物馆因为非遗"活态性"特点和有限的藏品量，多会采用数字技术或活态展示来让观众了解博物馆所代表的"非物质"的文化；同时以中国彩灯博物馆为代表的大批非遗专题博物馆陈列仅仅采用了传统博物馆的静态展示，因此无法完整、真实地体现仍活跃在社会中的彩灯文化与彩灯制作技艺。

虽然不是直接带来高新展示技术，非遗扶贫就业工坊的引入使整个博物馆的保护从源头上"活"了起来。工坊增添了博物馆保护内容的完整性，工坊建成使得中国彩灯博物馆拥有了彩灯制作技艺产生和发展的文化空间，使博物馆能参与彩灯制作技艺的社会化、市场化生产过程，并以此为资源展开观察、收藏与研究，从而一定程度上弥补了非遗博物馆保护的"活态性"迟滞问题。工坊还为博物馆与工艺活态展示中心的传播内容与社教服务，从内

---

① 王霄冰、胡玉福：《论非物质文化遗产保护工作的规范化与标准体系的建立》，《文化遗产》2017年第5期。

容、过程到人力提供了原真性保障与支持，让观众通过真正的非遗从业者欣赏、体验到真实的灯制作、演示与学习。

六、非遗专题博物馆对非遗工坊的能动反作用

（一）增加可依托非遗项目

为便于建设，非遗工坊目前均为专项专建，一个建设主体根据单一市场前景好的项目申请建设工坊、开展流程。这种方式能使建设主体在建设之初集中力量办好手头这一项事物，在短期内实现更高效的工坊建设。但从非遗保护和工坊发展的长线来看，同仅展示单一项目内容的非遗专题馆一样，专项专建从非遗保护上割裂了项目与原文化生态的联系，削减了项目的文化功能，使其单纯变成文化商品；而从市场角度来说，所有商品都会经历初上市占领市场到覆盖面逐步平稳，后被其他新产品替代市场萎缩走向淘汰的过程。非遗产品与市面上其他文化商品相比，在价格和现代性吸引力上本就没有更多竞争优势，若工坊只会重复生产单一种同质化产品不断投放市场，其市场热度减退进程就会大大缩短，从而影响工坊经济效益，无法实现工坊为人民群众"巩固脱贫不返贫"的目标。因此现有的工坊研究成果已提出要"注重非遗扶贫依托资源的多样性"[1]。

非遗专题博物馆相对公司等建设主体，有较深厚的项目研究基础，对项目原文化生态建设与文化功能详情有充分的了解，且博物馆通常与在文化功能上互补或同处一条产业链内的高校、传习所及其他博物馆存在长期合作或互动，可以更快且保证质量地为工坊联系引入合适的可依托资源。

（二）对接需求拓宽渠道

非遗工坊能直接以博物馆文创商店为销售渠道，博物馆参观

---

[1] 王伟杰、王燕妮：《乡村振兴背景下贵阳市"非遗"助力精准扶贫建设路径研究》，《歌海》2020 年第 6 期。

能提升观众对配套产品的认知、认可度，由此拓宽市场；同时能借助博物馆展览及其他配套宣传活动进一步扩大非遗项目及产品的知名度，提升非遗的品牌形象；还可零距离对接观众市场，及时对接市场需求。

已取得不俗成绩的非遗扶贫就业工坊面临着的现实问题以工坊产品与市场需求脱节最为要紧[①]，一是做出的产品卖不动，二是不清楚市场的需求热点，产销对接难。"扶贫产品消费难"其实是我国脱贫攻坚工作长久以来存在的问题，为解决这个难题，尤其在农产品领域，帮扶单位常带头参与消费扶贫以助力产销对接；然而，这种消费式扶贫易导致"扶贫农产品过于依赖帮扶单位'包销'，自身缺乏市场竞争能力，还可能被无良商家'薅羊毛'"。[②]现有的以有限公司为主体的非遗工坊中，虽有依托现有公司基础的，也不乏为建设非遗工坊而临时筹建的，相关工作经验并不充足；加之工坊以扶贫为工作目标，要求尽可能覆盖更多的建档立卡贫困户，这决定了大部分工坊都建设在远离大城市客源聚集地的偏远地区，远离终端市场即意味着与市场需求动向出现"时差"。但博物馆因其较稳定的观众群和既有文创商店，可以直接接触观众的产品需求与反馈，从而拓宽非遗产品展销渠道。

（三）提升目标实现完成度

非遗工坊自身创造就业岗位的同时，博物馆展演、教习人员需求还能吸纳一部分参与培训的贫困人口，不仅能进一步帮助巩固所在地已实现的脱贫成果，还能通过博物馆的公共服务机构身份切实提升被培训者的技艺认同与身份自豪感，这份认同与自豪会在工作者与观众不断接触、技艺传授中得到巩固，从而真正实

---

① 王伟杰、王燕妮：《乡村振兴背景下贵阳市"非遗"助力精准扶贫建设路径研究》，《歌海》2020年第6期。
②《扶贫农产品陷入"包销"怪圈，消费扶贫依赖症待治！》，http://www.xinhuanet.com/politics/2020–08/13/c_1126361859.htm，访问日期：2020年8月13日。

现"扶贫"又"扶志"。

此外，作为建设主体，博物馆不仅能为非遗工坊提供基本师资与场地，还能以非正式教育机构、专业研究机构的身份对非遗扶贫就业工坊的发展方向进行把控。工坊本身是以营利为主要目的的机构，这种利益导向可能会给工坊的非遗生产性保护带来威胁，使非遗的文化内容在生产过程中扭曲或被忽视。而博物馆的公益性、科学性使它可以给予工坊普通公司主体没有的文化指导，使非遗工坊与流水线生产车间相区分；更能详细记录收藏工坊发展的全过程及结果，以供全社会共同观察、分析和反思，延伸工坊带来的社会价值。

网络态、职业态、年轻态

——大运河诗路带（杭嘉湖段）非物质文化遗产的传承思考

祝登峰 ①

（浙江交通职业技术学院，浙江杭州，311112）

摘　要：大运河诗路带（杭嘉湖段）沿岸的非物质文化遗产呈现出融入旅游、融入百姓生活、融入网络化的特征。通过实地采访、座谈交流发现，本地传承以猎奇、兴趣为主，传播浮于表面，未触及非遗核心精神，导致传—受链条生态脆弱。在新生态中，应站在网络态的基点，与职业院校对接，促成传承职业态，与以消费为特征的青年文化对接，促成传播链年轻态，从而打造开放、多元、共生的非遗传承链条。

关键词：大运河诗路带；非物质文化遗产；网络时代；职业教育；青年文化

引　言

　　大运河诗路带杭嘉湖段（以下简称"大运河文化带"）处于杭嘉湖平原，沿岸地区有丰富的非物质文化遗产（以下简称"非遗"）代代传承，这些非遗携带了江南文化基因和浙江地域记忆，对研

---

① 作者简介：祝登峰，浙江交通职业技术学院国学助教。

究非遗与古典诗歌的双向互动，以及建设浙江文化重要窗口具有重要意义。

近年来，随着政策对非遗的关注，大运河文化带沿岸的非遗传播、传承及保护方式逐渐增多。2017年上半年，习近平总书记先后两次对大运河文化带作出指示：保护运河是运河沿线所有地区的共同责任，要认真"保护好、传承好、利用好"大运河文化和历史文化资源。2018年年初，浙江省政府工作报告又提出要"积极打造浙东唐诗之路和大运河唐诗之路"。为深入贯彻大运河文化带建设，更好了解各地的非遗业态和传承，浙江交通职业技术学院国学实践团队梳理了杭嘉湖三地非遗名录，前往三地具有代表性的博物馆、非遗街区等地实地调研、登门拜访传承人，详细了解了非遗项目传承的当前生态，为日后建立创新、高效、与时俱进的非遗传承链条寻找灵感。

文献回顾

根据《中华人民共和国非物质文化遗产法》第二条规定："本法所称非物质文化遗产，是指各族人民世代相传并视为其文化遗产组成部分的各种传统文化表现形式，以及与传统文化表现形式相关的实物和场所。"

关于从大运河角度切入非遗，探索其保护、传承、利用、开发对策的研究成果比较丰富。多数学者都认同以线性文化遗产理论分析大运河，从而创新文化遗产的活化保护与利用。[1] 以学者白硕为代表，多认为沿岸非遗项目形式多样、保护效果显著，但也发现了其因不符合现代人生活的审美需求导致发展上难以为继。[2]在创新传播方式上，有学者提出了从器具的数字复原和虚拟展示、

---

[1] 李麦产、王凌宇：《论线性文化遗产的价值及活化保护与利用——以中国大运河为例》，《中华文化论坛》2016年第7期。
[2] 白硕：《大运河沿岸非物质文化遗产现状、问题、对策》，《人口与社会》2018年第6期。

非遗影像的"微传播"、传统文化的现代重构三个方面，对数字时代的非遗进行保护。[①] 然而，关于杭嘉湖段运河文化遗产生态的数据较少，但实际上，大运河沿岸地区文化生态差异显著，整体性的研究较缺乏具体针对性。如，浙江段的国家级非物质文化遗产代表性项目远超其他省份（见表1）。然而关于大运河浙江段的专门论述很少。

表1　大运河沿岸6省市国家级非物质文化遗产代表性项目汇总

单位：个

省市	第一批	第二批		第三批		第四批		四批合计		共计
		新入选项目	扩展项目	新入选项目	扩展项目	新入选项目	扩展项目	新入选项目	扩展项目	
北京	13	35	13	4	8	8	8	60	29	89
河北	31	29	20	4	11	6	8	70	39	109
天津	7	4	4	1	4	1	7	13	15	28
山东	24	43	17	14	13	8	11	89	41	130
江苏	37	27	17	5	19	2	12	71	48	119
浙江	39	59	14	25	24	2	18	125	56	181

注：数据来源于中国非物质文化遗产网。

此外，在各类研究成果中，关于非遗项目的理论概括和数据多，关于实际走访案例的生动叙述少，本文从高职院校实践团队走访的实践情况出发，结合学生实践团队的反馈，深入探析其相关的青年文化背景，力图丰满理论骨骼的血肉，对打造开放、多元、共生的非遗传承链条提出有益思考。

一、大运河文化带沿岸非遗的生态特征

（一）融入旅游的非遗

从大运河文化带建设角度看，各地能积极将非遗项目置于旅游线路中，并积极纳入运河以凸显本地文化特色。以杭州段为例，

---

① 李剑：《无锡运河文化遗产资源的数字化保护与传播研究》，《装饰》2016年第8期。

这里对大运河文化带的建设起点高、举措实，运河保护与发展的基本模式已经完备，并取得了一定成效。在杭州拱墅段的运河附近，非遗文化博物馆林立，刀剪剑博物馆，扇、伞博物馆所在的桥西历史文化街区人来人往、熙熙攘攘。其中大运河博物馆从成立至今累计接待游客 800 余万人次。而非遗项目及传承人就分布其中：张小泉剪刀技艺传承人驻扎在刀剪剑博物馆；古琴技艺传承人驻在桥西历史文化街区主干道，一些传承蜡染技艺的年轻匠人也在博物馆的文创体验区。湖州南浔古镇同样如此，在别具特色的明清古建筑中各类湖笔制作体验馆、茶馆星罗棋布。嘉兴的粽子文化博物馆也包含了粽子制作课程。因此，大运河诗路带能积极将人文、自然景观等本地旅游文化资源，与具有一定的精神内核、文化内涵的非遗文化相融合，开发出了更具深度的体验游、研学游、素质拓展游等。此外，与旅游结合的非遗，能较为集中地在非遗传承人的指导下学习刻剪剑、画扇面、抚古琴、制湖笔、裹粽子、品茶叶等，这种非遗传承形式无疑比宣传页的二维形式更生动、更活泼，这种交互模式也更具文化体验感，提高了非遗传受、推广的效度。

此外，政府还积极开展了大运河文化资源普查，深度挖掘大运河沿线的历史文化和民俗资源，将其与旅游资源结合。在端午节前的"文化和自然遗产日"杭州系列活动的启动仪式上，杭州首批 10 条非遗旅游线路，就是来自群众中征集的 160 余个非遗项目。[①] 可见，杭嘉湖地区以其较强的旅游号召力串联起了非遗保护，通过与旅游这一时兴的经济形态融合共生，加固了非遗的传承链条。

（二）融入百姓生活的非遗

非遗与百姓生活混融。大运河"申遗"成功后，从中央到地

---

① 《杭州非遗项目，串成了闪闪发光的文化旅游线路》，https://hznews. hangzhou.com.cn/wenti/content/2021-06/16/content_7986411.htm，访问日期：2021 年 6 月 16 日。

方都更加重视并加强了大运河文化的保护、发展、利用。京杭运河（杭州段）综合保护委员会（以下简称"杭州运河综保会"）认为保护、利用、传承大运河文化主要靠百姓自己，"我们单位一共就一二十个人，不可能一直盯着两百多公里的河岸线"。大运河杭州段，对非遗的保护和利用已融入社区生活中。位于杭州段大运河上的拱宸桥，联通东岸的运河文化广场和西岸的历史文化街区。拱宸桥的"拱"通"共"，"宸"通"辰"，源自《论语·为政》中"为政以德，譬如北辰，居其所而众星共之"，拱宸桥的建立也寓意着百姓拥戴实施德政的统治者。张小泉的老剪刀、古法蜡染的围裙、油纸伞是当地百姓案头的常见物品，拱宸桥东西两处是夜幕降临时走出家门休憩的场所，当地居民每天从桥东到桥西坐地铁，从桥西到桥东逛菜市场。同时"拱辰新苑""拱辰中学"等暗含文化符号的地理标志，也一同淌进社区生活的流脉里。

从历史上看，桥西历史文化街区原本是口岸码头，连接着居民区和仓库区，如今运河沿岸仍保留大量传统民居、库房等建筑，包括合院式的传统民居、民国的里弄、20世纪五六十年代的简易"公房"、80年代的"筒子楼"等，已然浓缩了近现代中国的建筑史。因此，作为依托大运河的百姓生活之一，这里又是一个集中体现清末至新中国成立初期百姓住房的文化街区。历史文化与当地百姓生活息息相关。应运而生的，是杭州运河综保会实行的"河长制度"，每一段河都有一个当地居民做"河长"，负责该段河流的保护、利用等。

在央视播出的纪录片《我与大运河》中，导演运用了小人物见证大历史，小故事阐述大战略的手法，讲述了个体的小"我"和大"运河"连为一体的故事，纪录片中的小人物与运河命运并行向上，荣辱与共。导演张海龙说他还有一个设想，"用摄影机跟拍一个大运河上的舟子，那些舟子的一家人常年吃喝拉撒都在运河上，他们与大运河息息相关、休戚与共，运河就是他们的生活"。

可见，非遗携带的运河文化基因已悄然流入当地人血脉，成为当地人民生活不可或缺的一部分，正如杭州运河综保会工作人员所说，"大运河就是沿岸百姓身边的一条河，他们生活里的一条河"。这一定程度上传"受"了非遗，但也影响了民众对司空见惯的非遗进行深入拓展与思考的传"承"。

（三）融入互联网的非遗

万物互联的时代中，非遗也无法独善其身。杭嘉湖地区自古位置优越，水陆交通发达带来了经济上的发达。如今也是国内互联网经济发展的桥头堡之一，是展示中国互联网样貌的重要窗口。近年来，随着互联网经济、旅游产业、高新技术的进一步发展，非遗正通过融入当代形式、借助网络平台走出去，并不断迎来新的发展高潮。原本走不出的非遗包括湖笔、昆曲、张小泉剪刀等，都随着网络文化蓬勃发展。

网络帮助世界认识非遗。湖州湖笔行业协会会长、非遗代表传承人王小卫表示，去年通过网络销售的湖笔交易额达到8000万元。而在20世纪90年代，像王小卫这样的湖笔技艺传承人只能背着蛇皮袋，乘公共汽车去上门推销，且销量有限，关于湖笔文化的传播严重受限。如今，他的淘宝店铺承担大部分销量，也使他能在笔斋安心拓展非遗技艺。非遗进入网络，能切实引发流量，还能引导关注、认同。由杭州市委宣传部指导，杭州市拱墅区委、拱墅区人民政府和杭州日报报业集团联合出品的纪录片《我与大运河》，在2021年6月21日在CCTV-17农业农村频道黄金时段首播，并借助互联网制造多个热点话题，点燃了运河文化热。

网络文化也在一定程度上更新、改变着曾经的非遗面貌，使得尘封的非遗以新的、更适合网络传播形式的接受样态重新出现在大众视野。比如，将传统曲牌与现代电子音乐混杂创作的昆曲3D幻影秀《白蛇传》，将昆曲真人秀与3D幻影成像的方式结合，用60分钟的声、色、光、影谱写了一曲旷世挽歌。得到了青年票友的广泛接受，以多元形式续写了传统非遗的荣光。

网络文化助推非遗的接受。在西溪湿地中，明清古建筑博物馆正在建设，而在古建筑群落中潜藏了一条匠人街，这条仿古建筑的街道用来结集各类非遗传承人，并依据各自优势打造各类有质量、有文化的网红打卡地。这里不起眼的路边小店里，放置着各类精致的正品古玩。如正宗的日本明治时期花瓶。设计人王保进认为，非遗的互联网效应倒逼了产业聚集，也会给非遗的保护、开发带来强劲动能。

综上，大运河文化带上的非遗主要以融入旅游、融入百姓生活、融入网络化的形态存在。并且，从非遗结合博物馆、文化基地、商场模式等微观层面保证了其可持续性。

二、大运河文化带沿岸非遗传承的问题

（一）从猎奇到兴趣——非遗项目的传授

在高新技术发展和经济效益至上的时代中，部分非遗项目因击中"怀旧""体验"等市场特质而融进旅游、互联网和百姓生活，成为多元消费文化的一环，但这仅能获得短暂关注。从长远看，大运河文化带的非遗项目总体呈后继乏力状态。经团队实地调查发现，多数项目传承人长期处于边缘状态，其中年纪大的手工艺传承者因别无选择而维持当前身份，年轻传承人则多因飘忽不定的兴趣被非遗"外表"暂时吸引。

多数老非遗传承人对传承信心不足。他们面临子女不愿入行，招来的学徒素养差、未能获得师父的传授信心等问题。湖州善琏镇湖笔代表传承人王小卫说，自己的孩子早早表示对此不感兴趣，"制笔工坊都不要进"，慕名而来的学徒往往吃不得苦，"学不了几个月就走了"。年逾六旬的张小泉手工制剪技艺第二代传承人丁纪灿也面临同样的困难。他继承父亲衣钵，16岁入行制剪，左手手腕处有常年因火烤出的厚茧。随着机械化技术的引入，纯手工锻造的技艺迅速成了夕阳行业。再加上这些非遗手工业工序复杂，学习困难度高（甚至有一定危险性），就业面窄，经济效益低，正在或已经被机器取代。尽管每年也有手艺人上门讨教，但"并没有几个沉下心来学整套制剪技艺的"。经济收入也影响了传承信

心，丁纪灿表示张小泉公司给自己的月薪与自己的劳动成果严重不符，收入只能"勉强购买制剪工具"，促使他也不愿儿女继承祖业。明清古建筑博物馆的王保进馆长妻女早移居英国，他只身在西溪湿地做明清古建筑的收藏与展出，当被问为什么散尽家财如此？他答："全凭兴趣。"这倒与年轻的非物质文化遗产传承者通过兴趣入行颇相似，但兴趣并不能成为非遗健康传承的机制。

团队走访的扎染、昆曲表演者同为90后年轻人。杭州九剧院的昆曲青年演员张娜娜、甄留锋本是河南豫剧表演者，因兴趣来杭州学昆曲。同时团队也发现，多数年轻人感兴趣入行的项目并非原始"非遗"。如九剧院上演的昆曲，注重以现代技术呈现舞台效果的改编版"3D昆曲"；而所谓"古法扎染"项目是以电代替传统手摇的扎染机器。从非遗传承来看，项目创新应以让人认识和领略祖先的智慧为本，即能保留非遗精神。部分项目在传承中只沦为穿着非遗外壳的娱乐形式。在关于非遗文化价值的传承中，创新与保留之间取舍的度，是亟待研究的领域。

综上，不难发现非遗技艺传承后继乏力的原因复杂。传靠师父，承靠徒弟，但由于20世纪90年代的社会转型，现代社会中年纪大的师父和年轻的徒弟处在不同的价值认知层面，传统的师徒制与现代教育制形成抵牾。传承问题出现的根本原因，在于非遗项目与现代社会背景、生产生活、价值观念天然扞格。在上一代的传承人价值观念中，"吃得苦中苦，方为人上人"，但现代年轻人无法接受以早年花眼为代价的湖笔"择笔"技艺，或以"火燎手腕"为代价的手工制剪技艺。

可见，传承需要传统技艺在手段、观念、材料等保留原来精神的前提下，进行一定程度的创新，促使其重获传授动力，才能打造成熟稳定的传授模式。

（二）从"不懂"到"感动"——非遗项目的传播

在非遗传授过程中，传授的两端承接非遗和大众，富含历史文化价值符号的非遗，必须通过各类传播，才能抵达大众内心，并建构大众对民族优秀文化的认知、认同。可以说，非遗经传播才能永葆生机。但长期以来，关于非遗的传播、普及、接受的重视度不足。

大运河文化带的非遗传播效度不足。博物馆及各类非遗展馆建成以后，传播的链条就已中止，泛着古色古香的非遗并没有抵达新时代民众内心。坐落在西溪湿地里的明清古建筑博物馆显得非常低调，王馆长说："游客前往网红书店鲍贝书屋打卡时，偶然发现隔壁有一个不起眼的博物馆。"再如杭州桥西历史文化街区的各类博物馆虽然免费开放，但普通群众无法约到专业讲解，展品又缺乏文字解释，大众只能走马观花，场馆甚至沦为避暑的"纳凉圣地"。2021 年 7 月 9 日，团队抵达运河广场，那里正举行一场关于运河文化的推广活动，传播形式是志愿者分发宣传页，而烈日炎炎下，驻足的群众甚少，活动在不到中午时草草收场，运河广场上的群众手中多了一把宣传纸扇。其活动效度可见一斑。尤其标榜"网红打卡地"的一些场馆，仅仅是作为某种猎奇形式触及大众视野，远未能抵达心灵造成感动，非遗只能停留在"不懂"阶段，其力量也就无从施展。诚然，场馆的讲解资源、受众自身素养以及经费使用的不可调和，都成为非遗完成"感动"目的的阻力，可见传播的形式也亟待更新。

传播在广度之外，还需因地制宜地考虑"受"的问题。2021年 8 月，中共中央办公厅、国务院办公厅印发的《关于进一步加强非物质文化遗产保护工作的意见》中第十四条明确提出："促进广泛传播，适应媒体深度融合趋势，丰富传播手段，拓展传播渠道，鼓励新闻媒体设立非物质文化遗产专题、专栏等，支持加强相关题材纪录片创作，办好有关优秀节目，鼓励各类新媒体平台做好相关传播工作。"可见，为传播与接受提供支持，提升传播的质量，探讨如何使大众从"不懂"到为非遗所"感动"，才是非遗的传播之道。

河南卫视的"奇妙游"系列节目即是对非遗的创造型转化、创新性发展的传播活动。河南卫视从《端午奇妙游》开始，制作团队以"网剧＋网综"的节目形式，用剧情方式触发节目呈现，以文化传承为脉络，抵达家国情怀的核心。在《七夕奇妙游·牡丹亭》中，戏曲表演就已配上非遗元素。据节目组表示，在《中秋奇妙游》中，剪纸、皮影、刺绣等非遗技艺，将成为节目中一大亮点，甚至是串联起整个节目的一条线索。[①]河南卫视的文化类节目出圈经历，是具有启发意义的非遗传播模式，值得坐拥丰富非遗资源的浙江学习。在非遗传承面临新生态的环境中，借助新媒体，打造面向年轻态、网络态的传播模式，是拓展传播效度、广度的必由之路。

可见，传与受并非天然割裂，在非遗的传播过程中，重要的是把握对非遗文化本身的解读，做到对非遗文化内涵的深度挖掘，才能把非遗与现实生活相融相通，促使观众从"不懂"非遗，到了解非遗，再到被其"感动"，甚至回头认真打量、研究非遗。当然，这些离不开互联网思维积极推动的科技赋能、跨界合作、创新表达。可以说，互联网是非遗这位"传统美人"在新时代里的"嫁衣"。

三、大运河文化带非遗的保护策略

（一）非遗传承与职业教育的深度对接

关于非遗的保护，有学者认为"非物质文化遗产的整体性保护理念应涵盖非物质文化遗产本体、相关环境和人三项要素，从历时性和共时性（实践向度和空间维度）对非物质文化遗产进行的综合、立体、系统性保护，目的是最大限度地保持非物质文化遗产的本真性和完整性，实现非物质文化遗产的良性、健康和可持续发展"[②]。可见非遗传承与保护离不开大学教育，这是因为非遗

---

① 《〈中秋奇妙游〉时长扩容：如何延续好口碑？》，https：//baijiahao.baidu.com/s?id=1710292929284580825&wfr=spider&for=pc，访问日期：2021 年 9 月 8 日。

② 赵艳喜：《论非遗的整体性保护理念》，《贵州民族研究》2009 年第 6 期。

是一门关乎理论、实践的复杂学问。自从 2002 年中央美术学院成立"非物质文化遗产研究中心"之后，各类非遗研究中心、保护中心、文化产业研究院等机构遍地开花，一时间高校成了保护、传承非遗的核心力量。然而，这些高校多属于综合实力强的双一流学校，重点也多放在理论层面。对此，文化和旅游部、教育部等组织实施了"中国非遗传承人群研修研习培训计划"，面向非遗项目的持有者和从业者开展多种类型的针对性教育活动。进一步看，面对结构复杂的非遗项目，高职院校能在多大程度上与其形成互补，是亟待思考的问题。孙丰蕊认为"高职院校是非遗手工技艺传承的天然场所，可以实现技艺传承、学生创业、传承人受益、彰显学校特色等多维度的统一"①。将非遗（尤其手工业类）与注重技术、动手能力的高职院校结合，固然是"技术""艺术"的融合，但实际落地未必理想。普通职业教育强调以社会、市场导向为人才培养目标，可以说是从功利的角度培养"有用"的人才。非遗在某种程度上恰恰是"反市场"的，是庄子所谓"无用"的，足见职业教育与非遗传承之间的扞格。

以身处浙江的大运河文化带为例，全面实现非遗传承与高职教育的对接就不现实，浙江仅国家级非遗项目就有 181 例，省、地市级项目更是不计其数，这数目远远超过浙江高职院校数（49 所），足见非遗传承与职业教育的对接只能体现在深度上。而如何实现可落地的深度对接，需要对政府、企业、学校、非遗传承人各方因素进行综合考量。笔者仅在此提供以下两个思路。

其一，细分非遗种类，与专业职业院校对接。非遗分类方法是仍在不断研究的课题，为与职业院校分类对接，本文谨以 2006 年国务院公布的第一批国家级非遗名录为准，非遗种类分为：民间文学、民间音乐、民间舞蹈、传统戏剧、曲艺、杂技与竞技、民间美术、传统手工技艺、传统医药、民俗等十大类。其中音乐、

① 孙丰蕊：《"非遗进校园"与"现代学徒制"——高职在非遗保护和传承中的角色与功能再思考》，《中国职业技术教育》2019 年第 3 期。

舞蹈、戏剧、曲艺、美术等可融入艺术职业学院。同时，积极寻找结合点，促进艺术与技术的对接。由于传统手工技艺分类繁复，需具体问题具体分析。例如张小泉制剪技艺传人丁纪灿说，剪纸艺术家往往需要用特殊的订制剪刀，而这类剪刀只能通过手工打制。制剪这门手艺也就与美术打通关节。再如传统明清古建筑博物馆，即可与浙江建设职业技术学院、浙江建设技师学院等建筑类职业院校进行深入合作。作为文化的非遗不仅能提供丰富的文化符号，还能创新多维课堂素材，适应职业教育模式，较好地将非遗文化与"工匠精神"融合。即使未做到"传承"，也做到了"传播"。

其二，将部分可供操作的非遗项目纳入职业技能大赛，以赛促学。许多复杂的非遗技艺需要花大量工夫琢磨、研究，职业技能大赛体系及其奖励机制能充分为非遗的传承赋能，起到以赛促学、学中做、学中传承的作用。非遗元素不仅为比赛作品提供智力支持、创意元素，同时也利于传统文化"走出去"。

（二）非遗与青年文化的对接

非遗在时间维度上意味着"古老"，"古老"唯有在与新生力量的续接中传承、留存。在当今社会中，消费主义成为主导的、标识性力量，而文化（尤其流行文化、青年文化）与其形成合流，成为当前消费社会的重要特征。就如广告符号学家朱迪斯·威廉姆森那句名言："人们通过他们所消费的东西而被辨认。"因此，在青年文化中，时尚而独特的设计理念、个性且张扬的设计风格不仅彰显了这一特定群体的文化，还代表了这一群体与众不同的生活态度和生活方式。诚然，譬如2018年崛起的"国潮"，就是相对小众的、借助传统文化灵感的创意，与消费时代一拍即合，一跃成为青年文化的宠儿。如故宫彩妆系列，将中国传统元素与现代时尚结合，迅速流入无数爱美的年轻女性包里。这是值得非遗传承借鉴的。

当然，并非所有非遗都天然地适合与消费主义、青年文化对接。消费时代概念的发明人鲍德里亚早就提醒我们："受消费逻辑控制的流行文化，缺乏创造物的象征价值和内在象征关系，它完全是外在的。"[①] 当我们重新梳理"国潮"的类别时，发现其主要集中于游戏、动漫、服饰、装饰等，以其中"外在的"国风视觉元素为身份标识。因此，非遗与青年文化的对接，要警惕流于形式，应主要挖掘传统美术、技艺、服饰、美食等较受欢迎的传统文化之内涵，找到"面子""里子"连接点。

比如今年火爆的非遗文创商品，仅是"碰瓷"了非遗外壳。在杭州京杭大运河博物馆出售的大运河 logo（标志）的冰激凌，外形似是而非、口感普通、售价不菲、销量惨淡，其与非遗的关联限于命名。从生产上说，非遗文化商品可以是渗透了非遗创作思维的商品，是能让青年体验到现代工业之外的、富含人文价值内涵的一种物质选择。在销售模式上，非遗文化商品应是渗透青年文化的消费逻辑的选择。譬如在销售上考虑如何将附着的非遗文化符号转换为彰显青年品位、标榜青年身份的商品，从而使非遗产品的消费获得不同文化圈层的认同，以促使青年自发地去传播、发掘非遗符号背后的文化价值。

游戏是非遗与青年文化的重要连接点。保护非物质文化遗产云冈石窟、敦煌莫高窟、受灾的河南文物等的公益活动，都在试图以游戏的方式与年轻人互动[②]，并取得了良好效果。二者互动的层次也从简单的表面复原，逐渐突破到对传统文化精神内涵的守护。比如在青年文化中有重要影响力的手机游戏《王者荣耀》，玩家可以通过搜集长城保护的拼图，了解长城知识，帮助长城的保护和修缮。而其中英雄的"飞天"系列皮肤无疑也让年轻人更多地了解了敦煌壁画。纵观中国游戏行业，《三国演义》《西游记》《山

---

① ［法］让·鲍德里亚：《消费社会》，刘成富、全志钢译，南京大学出版社，2001，第 120 页。

② 《游戏与文物的相遇相知，一次穿越千年的对话》，https：//mp.weixin.qq.com/s/cjpp4kmzU_H0tapYvvxgyQ，访问日期：2021 年 9 月 9 日。

海经》等 IP（知识产权）历来是游戏重要的创意来源。对于看不见、摸不着的非物质文化遗产而言，游戏同样能充分利用先进的数据处理、地图测绘、三维建模等技术进行现实仿生设计，以运河文化带的非遗为例，张小泉制剪、传统刀剑、伞面等制作技艺，都可以有机融入游戏进程（甚至影视），丰富游戏环节，给玩家以逼真的游戏体验。由此，游戏公司可以用技术手段实现玩家与非遗、游戏与公益事业的连接，拓展非遗与青年文化的传播链。

综上可见，非遗的存在生态，面临的传播问题，需要的传承力量均离不开网络态、职业态、年轻态。网络态的生活方式某种程度上瓦解了属于农耕文明的非遗，但今天的非遗生态已深深扎根进网络中。为促成非遗在网络态里的续接，要有效沟通青年力量，通过与职业院校深层合作促成职业态传承，与青年文化深度对接实现传播链条年轻化。在快节奏、商业化的社会中，守护我们的民族之魂。

刺绣工艺与西方写实主义的成功结合

——以沈寿的仿真绣为例

韩雅迅 ①

（山东工艺美术学院人文艺术学院，山东济南，250300）

摘 要：近代出现的仿真绣是我国传统刺绣工艺与西方写实艺术技巧成功结合的产物，是古老的本土女红技艺在面对表现光影、质感和立体感等新的视觉观感要求时的技艺创新和成功变通。沈寿所开创的"仿真绣"，为中国传统刺绣工艺探索了一条新路，刺绣工艺的发展空间也因此得到了更好的拓展。从创新的角度而言，仿真绣的出现体现了 20 世纪初传统工艺传承者对时代精神的呼应。"仿真绣"艺术成就的取得与其个人天赋、创新精神息息相关，展现出近代中国女性的家国情怀和文化使命担当。

关键词：沈寿；仿真绣；写实主义；《雪宧绣谱》

当下我国非物质文化遗产的保护、传承和发展进入了一个新时期，在实施具体的作品收集、收藏、档案化，以及技能的教育和传承工作的基础上，学理性研究也开始走向深入。《民俗艺术学》一书作为民俗艺术学理论研究的首部学科建设性著作，构建起较完善的理论框架，提出包括民俗艺术志、民俗艺术论、民俗艺术史、民俗艺术批评、民俗艺术应用研究、民俗艺术专题研究

---

① 作者简介：韩雅迅，山东工艺美术学院人文艺术学院艺术史论专业学生。

等基本范畴的研究体系，同时在实践的层面上着眼于民俗艺术的创作、传承和应用，涉及文化遗产保护、文化产业发展等现实问题的研讨。在这一理论框架中，民俗艺术史被作为民俗艺术学学术研究的重要组成部分之一。从历史的角度，考察一种艺术的发生、发展和流变的过程，是艺术史研究的常规范式。但事实上，艺术史的言说长期以绘画、雕塑、建筑等人们眼中的所谓"纯艺术"类型为重心，对那些与日常生活紧密联系的民间艺术样态关注不足。民俗艺术在非物质文化遗产类别中占有相当高的比例，因此，伴随着一些民俗艺术类型的式微，民俗艺术发展史的研究不仅必要而且十分紧迫。"民俗艺术发展史"主要着眼于时间坐标下的民俗艺术及其自身的传承、演化，从而让人们对某地或某类民俗艺术有纵向的、全局的把握。①

近代出现的仿真绣是我国传统刺绣工艺与西方写实艺术技巧的成功结合的产物，是古老的本土女红技艺在面对表现光影、质感和立体感等新的视觉观感要求时的技艺创新和成功变通，体现出民俗艺术形式对时代要求的呼应。仿真绣艺术尽管出现在20世纪初，但其所具有的革新意识和应对社会新发展的努力，却对当下非物质文化遗产的传承和发展具有很好的启示价值。本文尝试从民俗艺术发展史的视角，从时代背景和文化碰撞的维度来审视仿真绣的产生及其影响。

一、20世纪初传统刺绣面临的时代语境

刺绣是与女性生活和文化紧密联系的非物质文化遗产类型，历史十分悠久。《尚书·益稷》中就有记载，帝舜对禹说："予欲观古人之象，日、月、星辰、山、龙、华虫，作会，宗彝，藻、火、粉、米、黼、黻、絺、绣，以五采彰施于五色，作服，汝明……"可见，早在舜之前，绘绣的服饰就已经出现了。刺绣技艺和形式在农耕社会的各个历史时期不断发展、积累、成熟。在漫长的发

① 陶思炎等：《民俗艺术学》，南京出版社，2013，第38页。

展过程中，各地逐渐形成了颇具地域文化特色的刺绣艺术种类，如苏绣、湘绣、蜀绣和粤绣等。明清之际，传统刺绣工艺的发展业已成熟，但在针法和表现内容、形式等方面也形成了固化的传统。各地绣品在绣工的精致程度和画面形态的构思设计上有所差异，但题材内容和绣品的类型大同小异。这种状态，直到清末民初才得以改变。

出生于江苏吴县（今江苏苏州）的一个古董商家庭的女子沈寿（1874—1921），初名云芝，字雪君，号雪宧。她七岁弄针，八岁学绣，为刺绣工艺付出了一生的努力。最初，她同其他绣女一样，主要绣制实用性绣品，题材只是花草之类。后来便开始尝试以家藏名画为蓝本，开始绣制绘画题材的作品。在十六七岁时，她的刺绣手艺已经十分娴熟，在当地颇有绣名。她所开创的"仿真绣"，为中国传统刺绣工艺探索了一条新路，刺绣工艺的发展空间也因此得到了更好的拓展。

"仿真绣"不同于中国传统刺绣工艺，主要体现在刺绣题材新颖、针法大胆创新以及与西洋画理贯通的刺绣规则等方面。中国传统刺绣工艺所长期传承、固化的题材和针法被突破，因而绣品的面貌也为之一新。沈寿的刺绣技艺吸纳了西方写实主义绘画表现语言，绣成的作品高度模拟写实绘画效果，大大提升了针线的艺术表现力。在当时绣品面貌千篇一律的状态下，这毫无疑问是一个创举。

沈寿的刺绣技艺与西方写实主义绘画语言相结合并非偶然，是对所在时代文化语境的一种回应。当时中国半殖民地半封建社会的特征已然形成，在西方列强坚船利炮的逼迫下被迫开埠，原有自给自足的生产关系被打破。外来工业品的倾销，大大挤压了本土产品的市场空间。一些社会精英深刻认识到，中国若要独立富强，所要革新的不仅是国家体制和社会结构，还包括要形成适应新的生产关系的社会文化，因此西学东渐一时成为时代主潮。从最初之洋务运动，再到戊戌变法，倡导变革的先驱们意识到器物、制度上的改变均不能拯救中国，只有从思想上进行彻底的变革，才能为中国找到一个新出路。与西方工业文明相适应的先进的价值观和文化观念开始影响中国社会各个阶层。只有从文化方面入手，改革旧文化，倡导新文化，才能唤起人们的爱国精神，促进民族觉醒，促使人们集中力量投入到救亡图存的事业中去。孙中山先生曾在《中山全书》中提到自己于1878年留洋后的感受："始见轮舟之奇，沧海之阔，自是有慕西学之心，穷天地之想"。西方社会的发达使中国人不得不重新审视中国社会的状况，同时期望从与西方社会的对比和参照中找寻到解决中国现实问题与文化革新的方法。文化改革思想先是在文学领域初见成效，而后便波及美术界。

在美术领域，美术改良论、唯科学论的理念在中国广泛传播，绘画领域中的写实主义作为文艺复兴以来的符合科学原理（光学、透视学和色彩学）的艺术表现风格传入中国，并受到人们的欢迎。从而使得当时的人们认为西方绘画是符合"科学"的，而中国绘画则是"不科学"的。康有为早在1904年的《意大利游记》中，写出了他游历欧洲对西方绘画的观感，指出："吾国画疏浅，远不如之。此事亦当变法。"他对拉斐尔赞赏有加，认为他是意大利第一画家，有开创写生之功。评价拉斐尔的人物描绘技艺时，他说："其画幼弟，肉袒披发，肉色、发丝，皆迫生人，秀采可照，真妙笔也。"[①] 在1917年的《万木草堂所藏中国画目》中，康有为认为中国画写实风气在宋朝达到顶峰，至明清写意画大兴后开始衰败。这一转折期与拉斐尔处于同一时期。他对比中西并说道："基多利腻、拉飞尔，与明之文徵明、董其昌同时，皆为变画大家。但基、拉则变为油画，加以精深华妙；文、董则变为意笔，以清微淡远胜，而宋、元写真之画反失。彼则求真，我求不真；与此相反，而我遂退化。"[②] 同时他对文人画给予批判，大力提倡"宜取西画写实之精，以补吾之短"。继康有为之后，

① 康有为：《康有为全集（第七集）》，中国人民大学出版社，2007，第377页。
② 同上。

吕澂于 1918 年在《新青年》上发表《美术革命》一文，批评当时社会上流行的"艳俗"绘画，认为这种绘画是不合理的，并倡导"美术革命"。中国共产主义运动的早期领导人陈独秀也曾对此进行回应，提出："因为要改良中国画，断不能不采用西洋画的写实精神"①。除此之外，还有鲁迅等思想家、革命家大力倡导西方写实主义，强调写实主义的正确性，这对当时美术界的思想与潮流走向是具有指导性意义的。

五四运动时期，社会上开始流行"科学万能"的思想潮流，西方写实主义也因此在中国获得热烈的反响。现在看来，陈独秀所提出的"科学万能"是科学主义的"泛科学观"，但这一思潮却对中国社会产生了极大的影响。此时的美术界将采用焦点透视、追求明暗光影变化的充满科学特征的写实主义视若珍宝，并对此大加宣扬。蔡元培曾主张"用科学方法以入美术"。他认为："希腊哲学家，皆托于自然科学，西人之重视自然科学如此。故美术亦从描写实物入手。今世为东西文化融合时代，西洋之所长，吾国当采用。"② 可见，蔡元培对西方写实主义也给予了充分肯定，且清楚地认识到时代艺术发展的趋势。西方写实主义艺术的传入对中国传统艺术产生了巨大的冲击，通过焦点透视、明暗对比、色彩运用等手法来表现所绘对象的神韵，与中国传统文人画的写意手法全然不同，这种新颖奇特、效果精妙的艺术形式在中国广泛传播，加之"美术改良论"与"唯科学论"在社会上产生的影响，西方写实主义艺术在这一时期备受推崇。

正是美术界产生的巨大变革为刺绣艺术家沈寿提供了新的、开阔的视野，中国传统刺绣工艺才有了创新的时代机遇。就艺术表现原理而言，刺绣的道理与绘画之画理是相通的。年轻时期的

① 陈独秀：《美术革命——答吕澂》，《新青年》第六卷第 1 号，1918 年 1 月 15 日。
② 蔡元培：《在北大画法研究会的演说》，《北京大学月刊》及《绘学》第 1 期，1918 年 12 月 22 日。

沈寿受到西方艺术思潮的影响，开始对刺绣工艺进行创新，顺应艺术发展的社会潮流。1914年，沈寿开办了南通女红传习所。她常带领学生写生，观察实物，讲述仿真绣色的理论。哪怕有时身体抱恙，她也让学生围榻听讲仿真绣的赋色用线的道理。1915年，沈寿绣的《耶稣像》参加了美国旧金山巴拿马太平洋万国博览会，获得了一等奖。沈寿的最后一幅刺绣作品《美国女优倍克像》于1919年问世，更是将仿真绣技艺发挥得淋漓尽致。在崇尚写实主义的时代潮流中，"仿真绣"工艺的传承与发展由沈寿之后的刺绣人才继续发扬，对刺绣工艺，尤其是苏绣的发展起到了重要作用。

沈寿对刺绣工艺的创新，是中国刺绣工艺在特定时代语境下发展的必然结果。作为刺绣方面创新的第一人，她将中国传统刺绣工艺与西方写实主义相结合的创举，不管是对时代发展还是刺绣工艺本身来说，都是功不可没的。

二、写实画理融入刺绣技艺

西方写实主义最初传入中国的时间要追溯到1579年，意大利传教士罗明坚将油画引入广东。清中叶时期，意大利传教士郎世宁被清廷收为宫廷画师。他在灵活运用西方写实主义技法的同时，融合了中国传统绘画的工笔技艺，画中物象比例恰当、灵动逼真。他为清朝皇帝及妃嫔绘制的肖像均真实还原人物形态，刻画精细且颇具神采。郎世宁的"立体丹青"是中西审美趣味的折中与中西技法的融合，是中国工笔画与西方写实主义的探索性结合。[1] 随着西方写实主义的进一步传播与扩散，开始有更多的中国画家审视西方写实绘画与中国写意文人画之间的差异。

宗白华先生在《论中西画法的渊源与基础》中说道："西洋画因脱胎于希腊雕刻，重视立体的描摹；而雕刻形体的凹凸之显露实又凭光线与阴影。画家用油色烘染出立体的凹凸，同时一种光影的明暗闪动跳跃于全幅画面，使画境空灵生动，自生气韵。故

---

① 阴耀耀：《郎世宁中西合璧画法探析》，《美术观察》2019年第1期。

西洋油画表现气韵生动，实较中国色彩为易。"① 可见，西画注重科学，讲究空间比例、明暗光影以及色彩的运用，而中国画则更加强调表现性与抽象性。西洋绘画具有中国画所没有的科学性优势与模拟真实手法，对当时的中国画家而言，无疑是十分新颖的事物。尽管写实主义在 20 世纪初叶的西方社会，相比其他新兴潮流已有些"过时"，但它却在中国得到了广泛的发扬与传播，究其原因是西方写实艺术风格与中国部分有识之士对艺术发展方向的期待产生了契合。

沈寿于 1904 年曾受清政府农工商部的委派，与丈夫余觉一同赴日本考察。她参观过日本刺绣与西洋绘画后深受启发，回国后便着手研究新的针法，并将西洋绘画的理论与中国传统刺绣工艺相结合，对刺绣工艺进行了创新，"仿真绣"由此诞生。仿真绣讲求"循画理，师真形"，绣时更注重仿真肖神、阴阳向背、色彩运用等表现手法，目的是在视觉上给人真实的感受。它使如中国画般、不太讲究立体感的刺绣，有了明暗阴影的表现。② 沈寿所挑选的绣稿，都具有鲜明的西方写实主义色彩，极力还原所绣对象最真实的样貌。对于"仿真绣"创制，沈寿在她的著作《雪宧绣谱》序言中说道："我针法非有所受也。少而学焉，长而习焉，旧法而已。既悟绣以象物，物自有真，当仿真。既见欧人铅油之画，本于摄影。影生于光，光有阴阳，当辨阴阳。潜神凝虑，以新意运旧法，渐有得……久而久之，遂觉天壤之间，千形万态，但入吾目，无不可入吾针，即无不可入吾绣。"③ 这段话很明白地道出了她对西方绘画与摄影关系的认识，以及如何以针法表现写实效果的亲身体悟。可见此时她已深入领会和接纳了写实

---

① 宗白华：《宗白华全集》（第 2 卷），安徽教育出版社，1994，第 107 页。

② 王逸君：《传统女红艺术现代化的先行者——沈寿与她的〈雪宧绣谱〉》，《东南文化》2003 年第 12 期。

③ （清）沈寿口述、张謇整理、耿纪朋译注：《雪宧绣谱》，重庆出版社，2010，第 2 页。

主义表现手法。

　　除了西洋绘画的技巧被借鉴入绣之外，写实主义摄影也为沈寿"仿真绣"的创作提供了很好的参照。写实主义摄影所具有的纪实特性恰巧与沈寿对"仿真"的理解相合，写实主义摄影对沈寿的影响，可以从她的几幅著名仿真绣作品看出。前文所述《美国女优倍克像》是沈寿的最后一幅绣作，于1919年在病中完成。此绣品参照的绣稿是一幅黑白摄影作品，主人公倍克面部光影变化自然，胸前的项链和配饰都极尽细致真实。绣制摄影作品更加彰显出沈寿高超的"仿真"技艺，《美国女优倍克像》这一刺绣作品可以说惟妙惟肖、活灵活现，既是刺绣工艺与写实主义摄影相结合的典范，也是写实主义在中国的影响进一步加深的体现。

三、沈寿"仿真绣"的成就及影响

　　沈寿所绣的第一幅仿真绣作品是以铅笔画为稿本的《意大利皇后爱丽娜像》。在创作时，她一改中国传统刺绣中常用的文人画底稿，转而选择西方人物肖像进行绣制，一反中国几千年来形成的传统刺绣手法，汲取了日本刺绣工艺与西洋绘画用色的技法。1910—1911年，此幅绣作先后参加了南洋劝业会和都朗国际赛会，分别获得一等奖和"世界至大荣誉最高级之卓越优等奖"的荣誉。这一绣作不仅标志着沈寿高超的刺绣技艺得到了全世界的认可，也标志着仿真绣的诞生。继《意大利皇后爱丽娜像》之后，沈寿又进行了许多仿真绣的创作，如1914年所创作的《耶稣像》。该绣作的绣稿采用的是著名油画家颜文梁所绘的《耶稣像》，在绣制时，沈寿运用旋针技巧，进一步探索如西洋绘画一般真实表现人物面部肌理。在色彩方面，沈寿也有了新的领悟，即一针之孔内同时穿上多种颜色的绣线，使绣出的作品色彩过渡更加真实自然，光影明暗变化更加接近西方写实主义绘画的手法，以求达到"仿真"的效果。再如1919年沈寿在病中完成的最后一幅绣作《美国女优倍克像》，该绣作细节处理十分完美，不管是对人物本身还是服装饰品的绣制，都达到了极高的境界。

沈寿的"仿真绣"作品不仅在当时社会引起轰动效应，起到了传播中国刺绣工艺、带动实业发展、促进国家外交发展等作用，还为后人研究、传承与发展刺绣工艺提供了优秀的范例。1919年，由沈寿口述，张謇整理的《雪宧绣谱》问世，书中不仅详细记载了中国传统刺绣工艺的针法，还加入了沈寿自创的针法。在"仿真绣"方面，该书也进行了详细的阐释，其思想精髓主要集中在"绣要"一章中。沈寿提出"仿真绣"要达到"仿真"的境界，应着重关注"配色""求光""肖神""妙用"几方面，通过书中的总结，可以看出西方写实主义对沈寿产生的巨大影响。另外，沈寿在"绣通"一章中阐明了绘绣同宗，"绣理"同"画理"的观点。这正是沈寿诸多"仿真绣"作品技艺真谛的体现，从最初选择绣稿上，便可看出沈寿对西方写实主义的认可。不管是写实主义绘画还是写实主义摄影，都以真实性与纪实性为基本原则进行创作，这正是沈寿所追寻的。时代的潮流决定了具有科学内涵的西方写实主义在中国将得到广泛的接受和认可，也推动了沈寿对刺绣工艺的创新与变革，赋予其写实的可能性，进而顺应时代的潮流。《雪宧绣谱》也是中国历史上难得一见的刺绣典籍，对中国刺绣工艺尤其是苏绣的传承与发展起到了不可或缺的作用。

四、结　语

综上所述，"仿真绣"是沈寿在刺绣工艺方面探索实践的杰出成果，是中国传统女红艺术与西方写实主义艺术的文化结合体。从创新的角度而言，仿真绣的出现体现了20世纪初传统工艺传承者对时代精神的呼应。就作品所达到的高超技艺、艺术效果和影响而言，沈寿堪为刺绣工艺革新的一代宗师。"仿真绣"艺术成就的取得与其个人天赋、创新精神息息相关，展现出近代中国女性的家国情怀和文化使命担当。如今国家危亡的时代已逐渐远去，但前辈艺术家感应时代精神的呼唤，立足个体之所能，力求为民族文化之进步做出贡献的境界和传播、传承优秀工艺文化的责任感，仍然值得人们缅怀和发扬。在当今中华民族走向伟大复兴的进程中，刺绣艺术的发展如果能够不断涌现出像沈寿一样的创新者，这一在中华大地上传承数千年的非物质文化遗产将会在民众的物质和文化消费生活中葆有永恒的生命力。

非遗保护视角下歙砚技艺发展的
问题及对策[①]

郭延龙 耿新蕾 罗 迪[②]

（安徽大学艺术学院，安徽合肥，230601）

摘 要：歙砚技艺作为国家级非物质文化遗产，其传承与保护的重要性不言而喻。本文从歙砚的传承与保护角度出发，探索其活态发展路径，通过研究歙砚的工艺要素、人文要素和功能要素，结合现阶段歙砚技艺存在的问题展开探讨；提出了静态保护与活化传承相结合，与当代生活相结合和与新兴科技相结合的"三结合"发展策略；促进歙砚技艺融入当代生活，焕发新的生命活力。

关键词：歙砚；非遗保护；问题；对策

砚作为中国文房四宝之一，属于功能性和审美性结合的产物，是承载着中国工匠的造物精神和文人雅士的人文寄托的文房器物，

① 基金项目：安徽省哲学社会科学规划项目"徽州传统手工艺的挖掘、整理与数据库建设研究"（AHSKY2021D102）；安徽省大学生创新创业训练计划项目"文旅融合视角下歙砚文创产品设计研究"（S20210357305）；安徽大学中华优秀传统文化教育教学研究项目"徽州文房四宝工艺文化协同美育教学研究"（Y010512026/063）。
② 作者简介：郭延龙，安徽大学艺术学院副教授，硕士生导师。耿新蕾，安徽大学艺术学院学生。罗迪，安徽大学艺术学院学生。

在历史的发展进程中既是对传统文化的传承，也承载着浓厚的人文内涵。其中，歙砚与端砚、洮河砚、澄泥砚被称为四大名砚。歙砚又被称为"歙州砚"，产自古徽州管辖的婺源龙尾山下溪涧中的歙石①，砚石种类繁多，好的砚石色彩丰富，温韧细密，加之独特的徽州工艺及实用性，受到历代文人墨客的喜爱。歙砚的起源可追溯到汉代，由于受到历朝历代的环境因素、政治因素和文化因素的影响，风格样式和规格形态有所不同，发展出纷繁艳丽的歙砚文化体系。②至唐五代已有较大发展，歙砚的形制和风格整体呈现朴实敦厚、文化融合的阶段。③宋代初期因"重文抑武"的政策推行，促使歙砚发展达到鼎盛。但由于宋末社会动荡、经济萧条以及对龙尾石的过度采挖等多方因素影响，歙砚的发展也面临着严重的危机。至元、明、清时期渐趋衰落。新中国成立后，逐步进入了恢复发展期。歙砚历经千余年，虽几经沉浮，却传承不息，为中华优秀传统文化的传承发展做出了贡献，具有不可替代的文化价值。

歙砚制作技艺属于徽州地区重要的代表性非遗项目，2006 年被列入国家级首批非物质文化遗产名录。政府和传承人群体为歙砚制作技艺的传承与发展作出了很多努力，包括非遗立法、传承人培训、歙砚原产地资源的保护等，不断提升歙砚制作技艺的保护水平。歙砚文化的影响不只局限于国内，还远播日本、韩国及东南亚。另外，歙砚常被选为国礼赠予外国领导人，成为对外交流、传递友谊的佳品。

2002 年我国出台了第一部以保护非遗为主要目的的《中华人民共和国民族民间传统文化保护法》（建议稿），为歙砚技艺研究

---

① 韩露、阳珊、朱江等：《歙砚石"金星、金晕"纹饰特点及其成因分析》，《石材》2017 年第 10 期。

② 张曼：《浅析歙砚的工艺之美及其对文化的传承》，《汉字文化》2020 年第 2 期。

③ 宗华婷：《歙砚的艺术价值》，《美术大观》2007 年第 12 期。

奠定基础。2009 年至 2013 年，多部门相继出台了有关非遗保护的政策法规。例如，2009 年 8 月，文化部、国家旅游局发布《关于促进文化与旅游结合发展的指导意见》，明确提出了关于文旅融合的十项重要举措。这标志着自 2009 年以来，国家从政策层面开始大力推进文化和旅游之间的产业融合。另外，《中国非物质文化遗产保护发展报告（2014）》的发布，标志着非遗保护逐渐从文化保护上升至立法保护的层面，在其推动下研究成果迅速增多，说明进入全面发展期。

随着《中华人民共和国国民经济和社会发展第十四个五年规划和 2035 年远景目标纲要》（以下简称"'十四五'规划纲要"）的发布，将以推动文化和旅游融合发展为重点，逐步实现文化和旅游业的深度融合，文旅融合的旅游事业呈现繁荣景象，形式越来越受到重视。通过对非遗文化内涵的挖掘，根据市场化的发展规律，结合市场化的运作，逐渐以文创产品设计的形式，实现旅游的内涵式发展，不断优化消费体验，扩大文化消费内容主体，提升文化消费内涵。[①]

除了法律上对非遗的保护，我国也对非遗传承人给予经济上的支持，防止传承人的断代。此外，我国也致力于通过多种渠道，积极展示优秀的非遗文化。不仅在国内让民众了解非遗、爱上非遗，也将影响力扩大至海外，让全世界了解我国丰富的非物质文化遗产。

一、歙砚技艺发展的属性要素

（一）歙砚技艺的工艺要素

歙砚的制作从开采石材开始，共要经历选料、制坯、设计、雕刻、磨光、刻铭、配盒等大大小小十几道工序。每一道工序都

---

① 王琳：《对优化发展规划编制的研究探讨——基于"十四五"规划的几点思考》，《特区经济》2022 年第 6 期。

离不开制砚师精益求精的匠心和匠技。其中最能体现制砚师匠心的便是选料、设计和雕刻这几个工序。从选料开始，制砚师便需要在心中勾勒出最终的成品。每一块料都有其独特的纹理、质感、形状，根据每一块料的特点对其进行设计，认真考虑题材、立意、构图以及雕刻手法。设计的过程正是体现制砚师"因材施艺"的功底，也只有理解了砚石自身的独到之美，才能加以合理运用，最终取得自然与人工的和谐统一。而雕刻更是为一方砚台注入灵魂的工序，徽派雕刻细腻灵动、层次分明，凸显歙砚的艺术价值。

歙砚的雕刻工艺受到徽派雕刻的影响，吸取了徽州技艺中"三雕"手法，有着浓厚的徽州地方特色。歙砚的雕刻正如用笔墨于纸上绘出的中国画，但刀与笔仍旧不同，歙砚的雕刻并不能像绘画一样，进行一次次皴擦点染的反复描绘。歙砚雕刻的基本手法有敲、靠、扎、冲、破、剔、磨、过、渡、带等几种，刀法应在轻重、徐疾、刚柔之间时刻切换。另外，歙砚的雕刻手法并不单一，例如用线雕表现纹饰，用浮雕雕琢动物花草造型，用透雕将饰样镂空等。

歙砚千年来的造型变化，也反映着各朝各代的审美与文化的变革。如早期的歙砚多为圆、方的几何形，造型古朴端正。而随着雕工的精进，仿物形、随形的歙砚也逐渐走入大众眼帘。精美的雕工与优美的外形共同形成了歙砚造型无与伦比的魅力。歙砚的构图在很大程度上取决于原砚石的特点，歙砚石料本身的金星、罗纹、眉纹等特殊纹路，给了制砚师无限的创作灵感。通过将砚台当作一幅画，一个合理的构图能够带来更高的审美体验。整体与局部、虚与实的对比、动与静的意象，都是歙砚设计中需要考虑的构图细节。

（二）歙砚技艺的人文要素

砚作为古代书画的必备之物，对于不同的人群也有不同的装饰题材。歙砚雕刻的纹样以中国传统的装饰图样为主，蕴含着各式各样的祝福、盼望、祈愿等。以这些传统纹样装饰的器物，也是古人们表达他们思想抱负、人文情怀、审美意趣的寄托之处。例如学子的砚台多以"蟾宫折桂""一甲传胪""惟砚作田""鱼跃龙门"等题材为饰，以表达他们对于科举中第的期许。而文人雅士，则更为偏好荷花、古琴、玉兰等象征高洁的纹样。

歙砚的意境之美中既有砚石本身自带的自然之美，又有经过制砚师精心设计、雕琢后产生的人工之美。歙砚作为古代文人案头的必备之物，它端正雅静的姿态，也正是古代文人精神世界的反映。可以说歙砚的意境正是体现在制砚师以刀为笔，以砚石为材创作出的文人的寄托之思上。在歙砚的器型与纹样中，使用者既能体会到天工造物的奇巧，又能感受到匠人手工技艺赋予砚石以人世间的文化、思想、品格。

歙砚既具有实用性，也拥有艺术性。这两者的结合使得我们不仅可以在歙砚上看到徽州地域的特性，更能在其上看到古代文人的思想内涵。2006 年 5 月 20 日，歙砚制作技艺经国务院批准列入第一批国家级非物质文化遗产名录。歙砚制作技艺作为安徽省歙县的地方传统手工制砚技艺，有其独特的经济价值。早期提出并实施的"生产性保护"策略在经过时间的考验后逐渐变了味。《关于进一步加强非物质文化遗产保护工作的意见》中明确提出非遗保护必须是"合理利用"[①]，过度生产导致的资源开发不合理，使歙石资源大幅减少，已经成为一种不合理利用。在我们的理念中，歙砚制作技艺作为一种技艺，是否可以改变其物质载体，用一种低碳环保的方式发挥其经济价值？

（三）歙砚技艺的功能要素

歙砚是安徽省重要非遗技艺的组成部分，其文化价值和旅游价值有待进一步开发。可以以文化为内容消费主体，运用歙砚的制作技艺赋予其文化内涵，让游客进行文化体验。

---

① 姜清英:《加强文化建设，重视非物质文化遗产保护工作》,《剧影月报》2014 年第 2 期。

现阶段，各地旅游业的兴盛发展带来极大的人流量，在市场刺激下各种纪念品层出不穷，但真正能让消费者满意的纪念品还存在着大量空缺。如何让各大景区中的游客在充实的行程中匆匆一瞥，便能引起其购买兴趣？首先，如果能将古老的非遗物品结合现代造型设计，使其具有融汇古今、穿越时代的特性与气质，就能吸引更多消费者的目光。其次，吸引到消费者的注意力后，还需要纪念品有着技艺与内涵兼备的创新精神，使其可以在保护传承非遗文化内核的基础上，运用新的现代的形式让非物质文化遗产本身跟上时代步伐，在新世界中绽放出别样的光彩。按照这种思路设计出的新型纪念品即文创产品，投放市场后又能产生经济效益与社会效益，从而反哺到支持非遗保护的事业中去，使这项文创产业保持可持续发展。

二、歙砚技艺发展的问题

（一）砚石资源的缺乏及开发利用不合理

歙砚属于材料为主型的器物，材料属性之间的不同，而产生不同名称类型的歙砚种类。制作歙砚的原材料产自江西婺源砚山村的龙尾山。对于砚石的开采，以往人们通过看、摸、敲、洗、磨、刻等手段来寻找合适的开采地点，其过程艰难，将消耗巨大的人力、物力、财力、精力。宋代诗人陈瓘有描写歙砚采集原材料的诗句："歙溪澄湛千寻碧，中有崎嵚万年石。腰粗入水始能凿，一砚价直千金璧。"[1] 可见其原材料的珍贵及开采时的艰难。歙砚技艺与其他非遗形式不同，歙砚砚石的数量是极为有限的。找到开采点后需要利用凿子、锤子等工具通过人工手段开采出来，确保歙砚的"材美"属性。匠人根据原材料的形状和大小，设计出不同造型的砚台，完成"工巧"的环节，依托原材料的"天时，地

---

① 陈克义、郭兵要：《文脉传承视域下的歙砚制作技艺保护与反思》，《创意与设计》2019 年第 3 期。

气"，结合四者才可以为良。

歙砚自身的价值主要是由两方面决定的，一是砚石本身的材质档次，二是雕刻与打磨的核心工序。在进行雕刻前需针对砚石的形态、色泽、纹理等自然属性酝酿合适的雕刻方法。歙砚的品质高低受到多种因素影响，包括歙砚表面的机理、质感、色彩等，反映出不同的审美情趣和文人气质。[①] 因砚石自身卓越的品质，其成为文人雅士的文房器物，逐渐形成了文房器物的文化体系。

另外，近些年随着政府的支持、市场经济的发展以及互联网的推广，歙砚与市场之间的供需关系存在出入。歙砚的原材料属于不可再生资源，前期过度的开采，导致歙砚原材料的存储量较少。目前，婺源县砚山村的歙砚原材料基地被保护起来，政府进行限制性开采。每逢雨季时节，龙尾山上会被雨水冲刷下来很多歙砚的原材料，本地村民在龙尾山脚下的河流中采集原石，甚至全村动员，携带工具挖掘河床，形成热闹的采石场景。但总的来说，自宋代以来，砚石矿山经过长期开采已经逐步枯竭，现存资源更是十分有限。因此，必须加强对歙石资源的保护，通过立法和管制来规范开采量及开采方式就显得十分重要。

（二）歙砚制作技艺面临新技术的冲击

1. 歙砚制作技艺面临技术快速发展带来的部分工艺替代的现象

传统的歙砚制作技艺工序烦琐，大部分依靠手工来完成，包括砚石的鉴别、取料、制作粗坯、雕刻、研磨、上油等系列工序。先进行取料，再根据原有板材打磨成砚台的粗坯，然后针对石料的纹理、形态等自然属性对其做出整体的设计构思，再根据砚台的形制及石材的强度使用不同的刀路、刀法进行雕刻，其雕刻形式包括浮雕、圆雕、线刻、镂空雕，有的刚劲奔放，有的含

---

① 祖晓敏、周致元：《歙砚的文化内涵和传承保护》，《安徽冶金科技职业学院学报》2019 年第 4 期。

蓄温婉。根据造型需要匠人选择不同的工具，恰当使用不同的刀法、刀速，这些都与砚工的手法功底息息相关；雕刻完成后还需要用不同型号的细砂纸研磨砚台，使其呈现均匀、细腻、光滑的质感；研磨完成后整个工序基本结束，最后需施以养护油使表面光泽。歙砚制作过程中的难度不是三言两语可以涵盖的，高超的制砚技艺都是匠人经过长年累月的尝试所得来的结果。

随着机械设备的使用以及新兴工具的出现，例如雕刻机、3D扫描仪、打磨机、砂带机等现代工具的使用，使得现代制砚更加便捷，也大大提高了工作效率。但机器生产也导致了砚台的量产化，照葫芦画瓢制作出许多类似的产品，破坏了传统匠人的生产模式。部分企业片面追求经济效益，不研究制作技法，不考虑设计构图，不思考人文内涵，不考虑细节，减少了手工投入，降低了歙砚内含的艺术价值，将具有文化内涵的传统图案替换，将原本需要扎实功底的雕刻技艺用标准型号的机器取代，淡化了对传统技艺的保护，同时也破坏了歙砚制作技艺的完整传承。

2. 影像传播的负面影响及现代技术的冲击

媒体对非遗的传承有着多方面的影响。各种原因导致媒体在进行传播时，存在信息传递不准确的问题。第一，媒介需要根据歙砚制作技艺的发展规律进行传播，依托歙砚制作技艺本身的文化属性、匠人精神和经济价值展开。在这个过程中，并不能保证歙砚制作技艺的全貌，但应尽可能地避免丢失非遗技艺的完整性。第二，媒介为了吸引观众的兴趣点，常会将非遗技艺项目与当下社会热点话题结合，通过热点营销达到非遗技艺宣传的目的。在宣传过程中难免存在夸大的成分，影响歙砚制作技艺的文化形象。因此，需要把握好歙砚制作技艺在影像传播过程中的尺度，避免为了宣传而宣传。[1] 第三，为营造商业价值，迎合文化复兴的政策导向，使其成为没有文化内涵的商业娱乐噱头。第四，对于公众

---

① 胡群：《消费与传承——基于国家级"非遗"项目歙砚制作技艺影像的传播学研究》，《声屏世界》2019 年第 9 期。

来说，高语境的歙砚制作技艺与受众的认知水平有差异，尽管部分传播者尽力把高语境的信息向低语境转化，来适应观众的接受程度，但其过程中也部分丧失了非遗技艺的完整性。

随着现代机械化的发展，部分从业者过分追求经济效益，将基础的刀法、雕刻技艺抛弃，过度依赖现代工具，使砚台量产化。一方面使原有的传承人得不到应有的经济回报，另一方面在机械化制作中减少了人的手工投入，降低了歙砚的艺术价值，但仍以次充好，欺骗消费者。艺术品作为一种精神产品的创造，离不开艺人的精湛技艺和情感浸透，因此现代与传统之间需要取得平衡。

三、歙砚技艺发展的对策

（一）静态保护与活化传承相结合

在文旅融合的大背景下，可以通过旅游开发提高非遗的自我生存能力，使其从静态保护转为活化传承，这是保护与利用非物质文化遗产的重要方式。首先，通过旅游区的博物馆展示、艺术展览等静态展示方法提高大众的保护意识。其次，通过举办文化旅游活动、技艺展示、游客体验活动等动态方式，将歙砚技艺展示给大众，提高其知名度。另外，建设文化生态保护区、保护传承基地等已成为非遗保护的新思路，结合旅游开发使其成为主题文化旅游、学生修学旅游等目的地。[①] 最后，开发旅游纪念品、工艺品促进经济消费并进行再宣传。将匠人文化、工匠精神和文人文化融入旅游体验中，扩大其影响力，提高大众对歙砚技艺的认知度与保护意识。以歙县已有的旅游项目为例，其设立了"非遗馆""徽州艺术品市场""徽墨歙砚一条街"等，形成规模效应和叠加效应，提升文化体验。[②] 游客既可以参观歙砚的生产过程，也

---

① 闫琪、侯晓斌：《山西文化生态保护实验区建设研究》，《经济师》2018 年第 12 期。

② 许敏娟、左金刚、晋文婧：《安徽非物质文化遗产生产性保护问题研究》，《中共合肥市委党校学报》2015 年第 3 期。

可以在现场体验歙砚制作技艺的操作过程，将非遗的宣传与旅游的销售结合起来。

针对非物质文化遗产的旅游开发，其意义包括两个方面：对内，可以使传承人和当地居民通过参与文化旅游活动或技艺展示获得可观的经济盈利，调动参与者的积极性，吸引更多年轻人学习歙砚制作技艺，从而推动非遗传承人的培养，提升歙砚制作技艺的社会影响力。对外，可以将歙砚技艺作为异地文化向游客推广。随着经济社会的发展，文化体验式旅游方式成为旅游新形式，将非物质文化遗产相关文化属性和技艺属性融入文旅体验中，使其成为异地文化体验内容，为游客提供一个文化体验平台，既能对非遗技艺进行宣传与展示，又能给非物质文化遗产带来市场需求，加深其融入现代社会生活的程度，使其具有审美价值、精神价值和经济价值等多重价值。

（二）传统技艺与当代生活相结合

非遗保护应该体现时代属性，保持活态传承，并非一成不变、故步自封。部分手工制作很少面向市场营销，其制作工艺虽得以代代相传，但封闭式传承必然导致其工艺的社会认可度不高，只有部分传承人知晓。现代化进程的影响需要传承人首先保障自身技艺传承，不以牺牲技艺完整性与原有的文化内涵为代价，再进行商业化的保护性利用，使其走上保护促利用、利用促保护的良性发展道路。文化部在2012年颁布的《关于加强非物质文化遗产生产性保护的指导意见》（以下简称《指导意见》）中明确提出传统技艺可通过"生产性保护"进行发展，有利于技艺传承与非遗保护。因此需要对歙砚技艺价值有深刻的认识，积极规划非遗产业化项目开发，在尊重原有歙砚制作技艺的基础上，积极拓展歙砚新工艺，促进歙砚新产品的开发，将非遗资源优势转化为产品优势，使之走进大众的日常生活，在经济发展、劳动力就业、文化繁荣中实现应有的价值。

另外，在推动非物质文化遗产相关产品市场化、产品化的同时，避免因过度追求经济利益而丧失歙砚制作技艺的文化价值，产生本末倒置的行为。尤其是歙砚发展到今天，实用功能逐渐减弱，需要体现人们所需的精神价值与文化价值。以歙县老胡开文墨业有限公司为例，在徽墨制作上培养出国家级及省级传承人各1人，市级传承人5人。他们恪守传统制作工艺，保护核心技艺与传统工艺的完整性，坚持保护传承高于经济效益，连续多次荣获"中国文房四宝金质奖"。也因为他们生产的徽墨，使更多的人在市场上找到适合自己的货真价实的徽墨。

（三）新兴科技与传统技艺相结合

影音传媒作为现代生活中最普遍的视听方式，是信息传播的主要渠道。以短视频为代表的影音手段，吸纳了最大的用户群体，可以帮助对非遗传承人群进行相关技艺和精神的传播，为信息传播者与受众群体提供互动的机会，扩大社会影响力，创造经济价值。在整个环节中，媒体主要扮演的是连接两者的桥梁角色，拉近用户与非遗技艺之间的关系。媒体作为歙砚技艺的影音传播方式，需要对歙砚技艺相关知识有所了解，信息传播过程中需要对非遗的内核和特殊内蕴进行提炼，以确保信息收集与传播的准确有效。技艺类非遗主要以工艺流程与制作技艺为传播导向，是重点保护内容。要避免以人为主导或偏故事化的叙事影像，以制作技艺为标准，既要保护匠人的专业性，也要保证作品的艺术审美性，以确保大众对歙砚制作技艺本身的准确认知。以歙县老胡开文墨业有限公司为例，公司向各类外界人士开设了展示徽墨制作技艺的窗口，多次接受各界媒体的采访，接待团队现场参观，中央电视台、日本 NHK 电视台等众多国内外媒体纷纷前来采访、拍摄，宣传徽墨传统制作流程。

随着科学技术的发展，还应与时俱进掌握各类先进的工具、技术，如3D打印机、三维数字技术、数码雕刻技术及交互触屏展示等。特别是数字摄影测量技术、3D打印机和扫描仪，能全方位、高精度地保存每个面的立体数据，将雕刻的深度、刻刀转折的角度还原出来，方便大众对歙砚雕刻技艺近距离的观察探究。也可通过三维绘图软件对其进行基础造型设计，进行大致构想。还可以通过多媒体技术建立非遗数字平台，以保存歙砚制作技艺重要的信息和资料，更方便后学者参照学习。除了使用已有技术工具，也可对已有工具进行改进，丰富制砚工艺。

四、结　语

作为非物质文化遗产的歙砚制作技艺，是历代砚工经过不懈努力后的匠心积淀，是传统文化多元性、时代性的物化展示，在中华优秀传统文化中具有举足轻重的地位。对于歙砚技艺的传承，我们需要用辩证的眼光看待，深入挖掘文化遗产的同时满足当代意趣，使歙砚在继承传统文化的道路上走得更加久远。

非物质文化遗产影像与传统文化研究

现代生活与中国非遗

——当下视域下中国非遗题材电视纪录片研究 [①]

潘路路 [②]

（浙江师范大学艺术学院，浙江金华，321004）

摘　要：当下视域下的中国非遗题材电视纪录片聚焦现实时空，侧重呈现中国非遗与当下大众日常生活的联系，以中国非遗的生活图示凸显其在日常生活中的意义，强调中国非遗的时代价值。这类电视纪录片的选题以与当下日常生活紧密相关的中国非遗为主，叙事上热衷采用个体化、故事化的叙述方式，讲述平凡人与非遗的故事。注重日常生活的实景呈现，展示人物的中区行为，是这类电视纪录片影像表达的特点。同时，在纪实与造型两大元素的运用方面，当下视域下的中国非遗题材电视纪录片也是可圈可点。

关键词：中国非遗；电视纪录片；日常生活

工业化、城镇化、信息化的发展加速着社会结构的变革，也改变着现代人的生活方式。"人们在创造新的文化的同时，也在消

---

① 基金项目：国家社会科学基金项目"新时代中国非虚构文艺创作研究"（20BZW042）阶段性成果。
② 作者简介：潘路路，浙江师范大学艺术学院讲师。

解着珍贵的传统文化遗产。"① 大量中国非遗赖以生存的文化空间正在消失，"在人类社会由生产型社会向消费型社会转型的过程中，作为日常生活一部分，通过耳濡目染就可以自然传承下去的大量非物质文化遗产，失去了其自然传承的社会环境和基础"②，越来越多的中国非遗开始逐步退出现代生活的主流结构。与实际生活的远离一定程度上扩大了中国非遗与当下受众之间的认知距离，不给予特别的引导与关注，容易使观众对中国非遗的时代价值产生怀疑或忽视，进而导致相关中国非遗的失传与消亡。面对此类问题，电视纪录片有责任也有义务作出主动回应。

当下视域下的中国非遗题材电视纪录片，指站在现代生活的立场，从当下生活的视角出发，围绕中国非遗与日常生活创作的电视纪录片。此类作品讲述现实生活中与中国非遗相关的故事，展示中国非遗与日常生活的互动关系，阐释中国非遗对现实生活的作用，探讨中国非遗在当下的现实意义。整体而言，此类电视纪录片有助于引导观众重新审视日常生活中相关中国非遗的价值。这种审视彰显了中国非遗与现代生活之间的紧密联系，也有益于再次拉近当下观众与中国非遗的距离，促进中国非遗的保护与传承。

一、日常生活中的中国非物质文化遗产

当下视域下的此类非遗题材电视纪录片侧重呈现中国非遗与当下日常生活的联系。就现有作品的题材特征而言，主要可以分为以下两类。

其一，这类电视纪录片的题材大都为传统饮食、传统技艺等日常生活中常见的非遗样式。这部分中国非遗通常在一般大众的日常生活中出现，受众范围广，与一般大众的日常生活联系紧密，历经千百年的传承至今依旧保留着较强的生命力。例如系列

① 王文章：《非物质文化遗产概论》，教育科学出版社，2013，第 3 页。
② 同上书，第 99 页。

电视纪录片《舌尖上的中国》以传统饮食为题材。虽然这部分传统饮食已经成为中国非物质文化遗产，但其依旧在大众的日常生活中出现，与大众的日常生活紧密相连。在该系列电视纪录片中出现的柳州螺蛳粉、诺邓火腿、岐山臊子面、陕西肉夹馍、兰州牛肉拉面、嘉兴粽子、金华火腿、云南汽锅鸡、徽州木榨油等大都是各地百姓日常多见的特色饮食，虽然这部分饮食已经进入中国非物质文化遗产的序列，但它们并没有丧失活力，或被搬入博物馆，反而依旧活跃在寻常百姓的日常生活中。《舌尖上的中国》中的非遗食物大都是普通大众生活所需的主要食物，涉及人群广泛，部分甚至是地方大众日常生存所需食物的主要来源，例如兰州牛肉拉面、陕西肉夹馍、徽州木榨油等。电视纪录片《嘿，小面》也是将传统饮食作为题材。重庆小面作为充满地域特色的非遗美食，至今依旧保留着鲜活的生命力。小面是重庆地区民众日常食用的常见食品，与当地百姓的日常生活紧密相关。电视纪录片《围棋》的同名选题是中国传统技艺的典型代表，至今依旧在中国人的日常生活中以休闲娱乐的方式出现，深受大众的喜爱。上述电视纪录片的影像内容主要以日常生活中的非遗展示为主，即记录生活中的非遗饮食，讲述与该项中国非遗相关的生活故事。在这部分电视纪录片中，日常生活是中国非遗展示的基础，中国非遗在日常生活中得以体现。

其二，这部分非遗题材电视纪录片的选题主要为传统节日、传统习俗等。此类电视纪录片中的中国非遗经过岁月的洗礼，已然深入大众的日常行为逻辑，影响并指导着大众日常的生活习惯与生活范式。对大众来说，这不仅是简单的非物质文化遗产，更是民众日常行为准则的来源。例如电视纪录片《春节》《过年》《我的记忆我的年》《村晚》《回家过年》《我要上村晚》《楹联里的中国》等作品均是以中国传统节日春节为题材。春节是中华民族最重要的传统节日之一。对中国人而言，春节并不是一个只留存于历史文本中的非物质文化遗产，而是阖家团圆、共叙亲情的重要时刻。春节对中华民族而言，是一个承载了丰厚历史文化底蕴的传统节日，它体现着中国人在一定时间的日常生活范式，影响着中国人的行为逻辑。在这类电视纪录片中，中国非遗与日常生活是一种背景与前景的关系，即影片将某项中国非遗作为故事的背景，展示该项中国非遗影响下大众的日常生活行为。中国非遗影响着大众的日常生活习惯，民众的生活受到该项中国非遗的指引，通过民众的日常生活可以洞见该项中国非遗的身影。影片也由此强调了该项中国非遗与大众日常生活联系之紧密。

总体来说，当下视域下的中国非遗题材电视纪录片注重描绘非遗与日常生活的联系。这类作品不再强调相关非遗的形态样式，也不深究该项中国非遗的起源归属与历史渊源，而是将相关非遗同现代生活相关联，讲述当下日常生活中的非遗故事。其目的意在展示时代背景下的中国非遗与现代生活的互动关系，挖掘中国非遗的时代价值，从而为相关中国非遗的保护与传承做出贡献。

二、缀合、悬念与个体：中国非物质文化遗产的生活叙事

当下视域下中国非遗题材电视纪录片的叙事大都采用缀合式团块结构，其中各个故事的叙述主要以故事化的讲述与个体化的聚焦为主。

（一）缀合式团块结构

叙事结构是电视纪录片存在的基础与意义体现的方式。结构最初源于建筑学，意为建筑物的间架构造。"电视纪录片的叙事结构是在特定的主题环境下，灵活恰当地把拍摄到的素材内容整理串联在一起，形成富有逻辑关联的内容表达，它主要起到表现主题的积极作用。"[1] 正如麦基所言，"结构是对人物生活故事中一系列事件进行选择，使事件组合成一个具有战略意义的序列，借此表达创作者详细且独特的人生观，从而激发观众特定而具体的情

---

① 蔡之国：《论电视纪录片的叙事结构》，《浙江传媒学院学报》2008 年第 6 期。

感。"① 叙事结构的优良决定着电视纪录片恰当地传递主题思想，也一定程度上影响着观众的观看欲望。

当下视域下的中国非遗题材电视纪录片的叙事主要以缀合式团块结构为主。缀合式团块结构是指电视纪录片通过连缀多个相互之间没有明显因果联系的故事片段构成影片叙事的整体内容。此类电视纪录片整体上没有一个贯穿中心的连贯情节，"它着眼于故事文本结构在横向组合度上的非连续性和片段性，即纪录片的各个组成部分相互间本来没有紧密的有机联系，需要某种缀合才能使它们整合成为一个整体"②。在此类电视纪录片中，这种缀合通常表现为在相似的主题下，从不同时空的日常生活里找寻有关中国非遗的故事，并将各个生活中的非遗故事片段进行并置。每个故事的发展也因相似的主题而相互映衬，并最终指向一个统一的价值观念或精神指归。缀合式团块结构强化了每个叙事段落的向心力，也丰富了电视纪录片的叙事内容，在完成电视纪录片整体叙事的同时也将影片的情感抒发推向极致。对观众而言，这种叙事结构拓宽了其对于日常生活中的中国非遗的认知范围，观众因此可以了解到更为多元的非遗故事。同时，缀合式的结构也令观众的审美体验更为多元，从而感受到不同生活情境下中国非遗的时代魅力。例如电视纪录片《舌尖上的中国》第一季第二集《主食的故事》，围绕主食对当下中国人的意义，将多个不同的非遗故事缀合，讲述日常生活中作为中国非遗的各类主食与当下中国人的互动关系。该集电视纪录片讲述的非遗故事主要可以分为以下几段：山西丁村的大妈们依照传承千百年的传统制作方式，为一场寿宴精心制作花馍；陕西绥德县的黄国盛用糜子面发酵制作传统非遗美食黄馍馍并到县城售卖；贵州黎平的杨秀霞与丈夫在秋收之后将大米蒸熟制作米粉，这是他们多年的生活日常；兰州的马

① [美]罗伯特·麦基：《故事——材质、结构、风格和银幕剧作的原理》，周铁东译，中国电影出版社，2001，第39页。
② 李显杰：《电影叙事学理论与实例》，中国电影出版社，2005，第363页。

文斌四十年如一日地在面馆里拉面，做出不同粗细的面条对他而言已经是得心应手的事情；浙江的顾圣在祖祖辈辈生活于井头村，每年晚稻收割后他都会同老伴一起用传统的方式手工制作年糕；北京的白波一家在新年之际一起包饺子，饺子对他们而言不仅是一道晚餐的主食，更是生活幸福、团圆的象征。上述这些故事相互之间并无直接或间接的因果联系，但它们的缀合都指向作为非遗的主食如何参与并影响中国人的日常生活，看似零散，实则是经由主题编织的有序组合。电视纪录片《舌尖上的中国》通过缀合式团块结构集合中华大地上的各类非遗美食，丰富、传统的各类食物不仅展示了非遗本身的多样性，也充分彰显了各地纷繁多样的风土人情，每一项非遗美食的展示都连带着生活图景的呈现，中国非遗与日常生活的联系因此被强化凸显。在此过程中，观众通过电视纪录片获得的不只是关于非遗美食的了解，更是对非遗之于当下生活联系的认知。

电视纪录片《春节》的结构也是如此。该片围绕春节与中国人的关系，将不同地区的中国人在春节期间发生的各种故事集中聚合，强调春节与中国人日常生活联系之紧密，彰显春节对于中国人的重要性。例如在分集《团圆》中，电视纪录片以春节与家人团圆为主题，讲述了翟国峰带着媳妇孟雪从牡丹江赶回鸡西老家过年，参加翟家整个家族的新年联欢会并评选全家最孝顺儿媳妇；冯国成装修天池岭村的房子，盼着出门打工六年的冯永超带着妻儿回老家团圆等故事。分集《祭祀》以中国人对长辈、对祖先的敬孝为主题，讲述了阿英和丈夫郭辉登一家被选为代表家庭参与筹办今年的铜盂郭氏祭祖；郑海山带领安溪三元村村民举行十年一次的伏羲祭祀活动。电视纪录片《春节》将不同地域的春节故事相缀和，丰富的节庆活动能让观众从多方面深入了解春节这个中国非遗在当下的发展情况，也能满足观众多元的审美需求。

电视纪录片《过年》围绕春节与中国人日常生活的联系，讲述了傅老太太在新年到来之际，把折叠好的红纸剪成精巧的窗花连同福字和春联贴在自家的门窗上；谢凯在进入冬天后打开尘封一年的作坊开始制作灶糖；崔秀琴在自家饭馆进入冬闲后把满族火锅搬上餐桌迎接新年；张桂兰老人每到腊八开始制作腊八饭等待子女回家一起"忙年"；赵佰年传承着新年贴挂笺的古老习俗，也坚持用自家种的蔬菜制作素饺子祭祀。上述故事之间不存在明显的因果联系，每个故事都相互独立，但它们又因相似的主题而缀合成团。电视纪录片《回家过年》《楹联里的中国》《我的记忆我的年》《村晚》等作品也都是采用缀合式团块结构，将不同时空内的春节故事并置聚合，丰富观众对中国春节这一非遗的了解。每个独立的故事在同一主题下相互映衬、交织，观众也在此过程中感受到相关中国非遗与大众日常生活的联系。

缀合式团块结构"旨在构筑某种意味深长的意象，或抒发某种诗意情怀与人生境界"①此类电视纪录片通过缀合式团块结构将不同日常中的非遗故事相并置，每一段生活故事之间虽然没有明显的因果联系，但它们都有着相似的主题，即通过中国非遗实现某种平凡的人生愿景，获得世俗但又美好的生命体验。正因如此，此类电视纪录片强化了中国非遗与现代人日常生活的联系，影片也因此得以进一步挖掘中国非遗的时代价值。

（二）故事悬念化

"现实事件在变为可传播的事件之前，必须变成一个故事。"②电视纪录片的创作也是如此。记录真实、表现真实是电视纪录片的基本内涵，但以真实为基础对事实进行捕捉并不意味着电视纪录片仅需要成为一个复制客观世界的镜像。电视纪录片同时也是一种叙事的艺术。而如何让事实得到恰当的述说是电视纪录片创作的关键，故事化便是其中重要的方式。电视纪录片的故事化，"就是在拍摄和制作时突出故事性，借鉴故事片的手法，注重选取包含矛盾冲突和丰富情节的事件，在故事中刻画人物、展示事件、

① 李显杰：《电影叙事学理论与实例》，中国电影出版社，2005，第331页。
② 雷建军、钟大年：《纪录片：影像意义系统》，清华大学出版社，2015，第346页。

传播思想、揭示情感"①，从而使电视纪录片在叙述的过程中更具吸引力。

电视纪录片故事化叙述的方式有很多种，悬念设置是其中重要的手段之一。"悬念的设置使得在观看过程中，观众产生了一种十分期待以及紧张的情绪，有了悬念的故事才能使观众迫不及待地看下去。"② 巧妙运用悬念不仅能使相关非遗故事显得更为生动、更富趣味，也有助于带动观众的情感投入，不断引起观众的兴趣，从而在叙述的过程中持续把握观众的注意力。

当下视域下中国非遗题材电视纪录片的悬念设置分为两种：一种是基于故事本身产生的悬念。这种悬念的生成往往是由故事的叙述者提出疑问并保留短暂的解释空间而不作答，但在随后的叙事过程中便会直接做出解释。这种悬念的产生与释疑均处于同一个故事的叙述时空，不依靠其他事件的交叉叙述来实现叙事的延宕。例如电视纪录片《舌尖上的中国》分集《香》在叙述郭红依靠煎饼馃子赚钱养家的故事时，讲述了郭红的丈夫、亲人对她的质疑。这种质疑同时也在观众的心中留下了悬念——郭红的煎饼摊真的能成功吗？随后，该片开始讲述郭红煎饼摊的位置、顾客的来源构成，回忆郭红第一次出摊的情况，通过郭红讲述煎饼馃子的主要原料、制作方式及制作的要点，展示郭红为煎饼事业所做的努力，并通过街坊四邻的反馈彰显郭红的煎饼摊在顾客心中的重要地位。该片将悬念留到最后进行解答，以此消除这段故事开头留下的也是观众心中存在的疑问，在此过程中并没有其他人物事件插入叙述。电视纪录片《围棋》在讲述王学华的围棋故事时也设置了不少悬念。例如该片在开始先介绍了王学华南开大学高才生身份、入狱的原因以及他个人入狱早期的心路历程，随后一句"一次偶然的机会，王学华跟狱友学会了下围棋，他自己也没

---

① 孙景丽：《浅析电视纪录片叙述手法故事化倾向与表达》，《电影评介》2012年第4期。

② 景秀明：《纪录的魔方》，文化艺术出版社，2005，第49页。

有想到，从此自己的人生这盘棋又迎来了新的转机"，将王学华与围棋的渊源暂时设计成悬念，以此吸引观众继续观看。又如在讲述王学华劝说狱友学围棋时，该片先讲述了狱友秦镇的性格，并将秦镇毛躁的性格与围棋冷静的风格形成对比，以此营造悬念，即王学华如何说服他学围棋？随后该片还通过秦镇的口述表达了他在学棋之前对自己的质疑，进一步增强了有关他如何学棋的悬念深度。上述悬念的设置巧妙有序，大大丰富了故事的趣味性，提升了该片的可看性，也因此抓住了观众的审美兴趣。电视纪录片《春节》第一集在讲述冯永超一家回家过年时也有不少基于故事本身产生的悬念。例如冯永超带着妻儿能否平安到家？冯永超的子女能否适应村里的居住环境？冯国成一家吃除夕早饭时，谁会先吃到汤圆里的幸运币？冯家深夜谈话时，冯国成能否与儿子冰释前嫌？冯永超能否接受他人建议，多给父亲打电话？这些都是该片留给观众的悬念。这种悬念的设置简洁灵活，释疑也相对直接迅速。从其产生到消去，始终处于同一故事的叙述过程中，保证了观众审美的连贯性，也较快填补了悬念产生的审美裂隙，在较短的时间内牢牢抓住了观众的注意力。

另一种是配合交叉叙事的方式设置悬念。交叉叙事是采用多事件、多人物、多时空交集的方式，将多个不同内容的故事交互叙述。这种悬念的生成依靠不同故事之间的叙述安排，灵活把控情节叙述的时空顺序，从而巧妙安排悬念的诞生以及对悬念的释疑。相比较上一种悬念的生成方式，交叉叙事产生的悬念更为持久。电视纪录片《春节》第五集在讲述火龙队演出与前童行会时，便采用了这种交叉叙述的方式营造悬念。该集电视纪录片先从李诗敏的火龙队开始叙述。由于李诗敏带领的火龙队要在昆明持续演出一个月，而远在重庆的老家也需要火龙队演出庆祝元宵。为了满足家乡人民的愿望，分身乏术的李诗敏决定让朱五回乡组建新的队伍。朱五曾是进过监狱的闲散社会人员，虽然他舞龙的技术目前是全队最优秀的，但一向自由散漫的他能否完成这个领导任务，成了李诗敏最担心的问题。随后，影片没有继续讲述朱五的故事，转而将目光聚焦到浙江前童镇举行的前童行会上。至于朱五是否能圆满完成回乡舞龙的任务，已然成为该片在交叉叙事下留给观众的最大悬念。电视纪录片《回家过年》第一集讲述蒙俊源回家，通过交叉叙事串联起蒙俊源星夜赶路回家、蒙老父亲在家焦急等待、蒙俊源长子在等待父母过程中出现情绪等情节，并从中设置了蒙俊源能否按时回家赶上团圆饭、蒙俊源长子能否排遣自己对父母的思念、蒙老父亲几点能等来外出打工的儿子等悬念，从而牢牢抓住观众的兴趣。影片也借此展示春节与中国人的紧密联系。又如电视纪录片《过年》第一季第一集在讲述中国人为春节准备"忙年"时，也运用了这种交叉叙事的方式制造悬念。该片先讲述了乌拉街的傅老太太在子女回家后开始准备"忙年"，在讲述到她拿出传统模具准备制作糕点时，该片便将镜头转向汪经宏训练猎鹰为"忙年"准备捕猎。而当汪经宏的猎鹰准备大显身手时，该集电视纪录片又开始叙述起谢凯家的灶糖作坊开业。在此过程中，傅老太太的糕点是否制作，汪经宏的猎鹰有没有捕到猎物都成了交叉叙事暂时留给观众的悬念。电视纪录片《村晚》在讲述西尚庄村村民举行"村晚"庆祝春节时，也采用了这种交叉叙事结构营造悬念，强化该片故事化叙述的程度，提升影片的可看性。上述悬念都是凭借交叉叙事的方式而产生，随着相关情节的进一步叙述，这些悬念又被一一解答，观众的兴趣因此被时刻吸引在电视纪录片的叙事过程中。交叉叙事的运用令此类电视纪录片的悬念生成变得更为灵活自然，在形式上也更具错落之美，赋予影片更为多元的艺术张力。同时，这种悬念设置也"有利于观众迅速产生共情和代入感，更容易使他们意识到故事背后的主题揭示，品味出新的意味。这种意味或是一种原来如此的唏嘘反思，或是发人深省的哲学思考等等，起到升华主题的作用"①。

现实生活是平淡的，存在其中的非遗故事亦是如此，而悬念

---

① 夏源:《电视剧交叉式叙事时空研究——以 2016 年热播美剧、韩剧为例》，《当代电视》2008 年第 1 期。

的设置将原本流于平凡的这部分故事变得更趋生动，更富趣味。悬念从产生到被解答，这一过程实际是一种延宕的表现。"在这个过程中，矛盾冲突迟迟得不到解决，人物关系迟迟不能确定，欲望客体的目的迟迟不能到达，使观众的愿望迟迟不能得到满足，叙事的平衡也迟迟不能恢复。"①事件的叙述被阻断，一切都悬而未决。观众正是在这种过程中代入了个人的情感体验，从而产生紧张、兴奋、满怀期待之感。也正是如此，观众才能不断投入个人的审美兴趣，在这悬念升起之后的叙事空间内感知相关非遗与中国人日常生活的互动关系。

总体来说，此类电视纪录片通过悬念的设置实现影片的故事化表达。悬念将原本平凡生活中有关中国非遗的日常故事变得曲折、复杂。在欣赏过程中，观众既关注故事的情节发展，又为故事中的人物命运而担心，从而极大地勾起观众试图一探究竟的审美心理。也正是如此，中国非遗再一次进入观众的视野，并随着跌宕起伏的情节，在悬念的引导下，进一步引起观众对其的审美兴趣。这不只是电视纪录片的叙事手段，更有益于相关中国非遗的保护与传承。

（三）聚焦平凡个体

当下视域下中国非遗题材电视纪录片的叙事也注重运用个体化的方式。个体化叙事是指通过聚焦个体对象讲述具体人物的故事。此类题材电视纪录片的个体化叙事较显平民化的意味。具体而言，即此类电视纪录片大都以一般大众为主要叙事对象，讲述平凡人日常生活中的非遗故事。

"故事对于人类个体和人类社会具有不可缺失的重要性。通过一个故事，人们讲述信什么和不信什么；讲述什么是善，什么是恶；讲述什么是爱，什么是恨。"②人类讲述故事的同时也在传递内

---

① 郝朴宁、李丽芳：《影像叙事论》，云南大学出版社，2007，第 335 页。
② 李希光等：《人类不仅需要瞬间的丑闻，更需要永恒的故事》，《青年记者》2012 年第 11 期。

含的观念价值。这类中国非遗题材电视纪录片正是通过个体化的叙事，展示日常生活与中国非遗的互动关系，探究其中仍有益于当下的精神内涵，彰显中国非遗对当下中国人的现实意义，从而弘扬中国非遗的时代价值。

例如电视纪录片《舌尖上的中国》的叙事便是围绕个体人物而展开。在该系列电视纪录片中看不到名声大噪的专业厨师，也没有对美食颇有研究的专家。影像记录的都是平凡世界中的普通人，讲述的也都是他们生活中与中国非遗美食相关的日常故事。58岁的黄国盛是陕西绥德地地道道的普通农民，用糜子面发酵制作的黄馍馍是他日常生活的主要食物，也是其赖以生存的主要经济来源。黄馍馍作为陕西非遗美食深受当地民众的喜爱。从农历十一月开始一直到冬天结束，黄国盛每隔三天就要做一批黄馍馍并骑一个半小时的三轮车运去县城售卖。得益于黄国盛淳朴的性格与其严格的质量把关，他的黄馍馍往往拿到集市上不消一会儿便基本卖完。一整个冬天的时间里，黄国盛要做15000个黄馍馍，多次往返农村老家与县城集市进行售卖。在黄国盛看来，自己坚持传统的手法制作非遗美食黄馍馍并不辛苦，吃着自己种的粮食，住着自己盖的窑洞，他觉得自足且踏实，因为只有辛勤劳作才能换得生活的美好与富足。46岁的郭红原先在公司上班。企业关门后她为了扛起生活的重担开始经营煎饼馃子摊。从早晨5点开始，郭红就要忙着配菜，准备出摊，十几年来风雨无阻。68岁的陕北老农张世新是制作空心挂面的好手。一到合适的天气，张世新便和老伴开始配料、做面。白面和盐水混合做出的面块要醒面，在半夜等到醒面结束后开始揉面搓条，二次醒面结束后又要起床开始挂面。往往一个晚上张世新和老伴只能休息几个小时。从15岁学习挂面开始张世新年年如此。依靠这门手艺，张世新养大了5个儿女，勤劳和坚守是他一辈子的生存信念。

上述故事中出现的个体人物均是当下社会中的普通老百姓，讲述的内容也都是普通人平凡的日常生活。至于故事中的中国非遗，其原先的文化遗产属性在此类电视纪录片中被剥离，转而被重新赋予了鲜活的时代气息。对于故事中的主人公而言，这些所谓的中国非遗是其个体生活中寻常可见的事物，是他们为了生计而做的努力，也是他们追求美好生活的寄托。

该系列电视纪录片通过讲述中国非遗美食在日常生活中的故事，强调其对于当下中国人的现实意义——凭借中国非遗实现个人生活的美好与富足。从物质的存在趋向意义的展现，意义的生成与人类社会实践不可分割，同时也与人类精神活动紧密相连。在此过程中，勤奋、踏实、坚守、自足等蕴含在中国人身上的优秀精神品质也因此重新得到询唤，中国非遗的时代价值就此得以体现。

对个体化叙事的追求"反映了人们对捕捉人生模式的深层需求，这不仅仅是一种纯粹的知识实践，而且是一种非常个人化的、非常感情化的体验"[1]。此类电视纪录片也正是通过这种个体化的情感体验，探究中国非遗对平凡大众日常生活的影响，并以此挖掘中国非遗的时代价值。《过年》《春节》《我要上村晚》《回家过年》等以春节为题材的中国非遗题材电视纪录片同样如此。

电视纪录片《春节》中出现的翟国峰、冯永超、宋喜娥、阿英、叶根明等人都是当下社会中的普通人，讲述的也都是以他们为代表的平凡人如何过春节的故事。该电视纪录片通过聚焦平凡人的春节日常，意在彰显春节对中国人的现实意义，挖掘春节在当下的时代价值。翟国峰带着孟雪回老家参加翟家自办的春节联欢会并评选最孝顺儿媳。对翟家来说，春节是整个家族团聚的时候，每年的家族联欢会恰好拉近了原本身处全国各地的家族成员之间的距离，也强调了春节团圆在翟家人心中的重要意义。至于评选最孝顺儿媳，则是翟家借此向所有家族成员宣扬尊老敬孝的好品质。冯永超离家打工多年后，终于愿意在这个春节回家过年。老家的父亲为此特意装修房子，母亲提前置备衣物，全家人围坐在一起吃团圆饭、谈心，多年的父子心结因此打开。春节对冯家

---

① 杨贻军：《浅谈电视纪录片的故事化倾向》，《中国电视》2015 年第 8 期。

而言，不仅是团圆的时刻，更意味着家庭矛盾的调和化解。来自湖南的潮汕媳妇阿英被选为今年春节郭家祭祖的家庭代表。一场新年祭祖让阿英系统了解了潮汕当地的新年习俗，也再次体会到郭家对祖先的敬奉，对家庭和睦、四时平安的追求。

电视纪录片《回家过年》所聚焦的叙述对象同样是平凡的普通人。带着妻子骑摩托车穿越广东回老家广西过年的蒙俊源是在佛山打工的工人，将远在河南老家的孩子接到身边一起过年的魏建立是杭州某快递公司的员工，赶在春运前抢票回福建过年的胡开烨是高校食堂的沙县档口经营者，从山里搬到山下新房的周丽荣是海坪扶贫安置点的售货员……每一个故事都诉说着平凡的中国人在春节期间的生活日常，每一个故事中的普通人都渴望在春节与亲人团聚，他们或是千里驱车赶在除夕前回家，或是将家人接到身边把他乡变作故乡，或是在春节到来前与家人一同忙碌着准备过年。春节对于这些平凡的中国人来说，不仅是一个仪式性的节日，更是与家人团聚的象征。电视纪录片《我要上村晚》《过年》也是如此。这类电视纪录片通过展示春节与普通中国人之间的互动关系，彰显春节对当下中国人的现实意义。对平凡的中国人而言，春节是融入血脉的对家的追寻，是对祖先、长辈的敬奉，也是为追求美好生活而祈福求安的重要时刻。作为中国非遗，春节能在当下依旧保持鲜活的生命力，恰恰是因为它至今影响着大众的生活日常，指导着大众的生活范式，呼唤着大众践行家庭和睦、敬奉宗祖、尊老爱幼等中国传统美德，这也正是它在当下的时代价值。

此外，电视纪录片《围棋》《我在故宫修文物》等作品也通过个体化叙事呈现相关非遗在当下社会的现实意义，挖掘其内在的时代价值。《围棋》中的王学华、秦镇都是现实社会中的普通人。在接触围棋之前，前者觉得人生无望，后者性格急躁轻浮。通过围棋，他们都获得了"新生"。王学华因为下围棋，从颓唐中走出，再次找到自己的人生目标；秦镇通过学下围棋改变了自己浮躁的性格，也开始对自己曾经的行为表示忏悔，对父母表示歉意。

围棋对这些平凡的中国人而言，不仅是一项闲暇娱乐的技艺，同时也成为引导他们人生发展的指示标。《我在故宫修文物》围绕个体的文物修复者，讲述他们工作、生活的日常故事。该片撕去了王津、屈峰等人"文物专家"的标签，而是强调他们同大众一样的普通工作者的身份。在修复工作之余，他们也会喂猫、逗鸟、弹吉他、打杏子、提开水、在故宫骑自行车甚至是吐槽。该片通过个体化叙事，将叙述的焦点着眼于平凡的"我"，呈现平凡的"我"如何在日常工作中秉承伟大的工匠精神。正因如此，文物修复这项中国非遗的时代价值不只限于对文物本身的保护，也体现在工匠精神的传递。对观众而言，快节奏的社会生活不免扰乱当下大众的心境，而坚守、专注、精益求精的工匠精神则能为现代观众带去一份安抚与鼓励。当然，这并不意味着影片呼吁大众都成为工匠，而是借工匠精神示意社会群体不必担心外界的纷扰，要始终坚守自己的初心，戒骄戒躁，踏实平和。

三、中区、纪实与造型：中国非物质文化遗产的生活化图景

当下视域下的中国非遗题材电视纪录片在影像表现上强调生活化的图景展示。这类电视纪录片通过呈现平凡人的中区行为，彰显相关中国非遗的生活气息。在坚守纪实性的同时，此类电视纪录片也注重造型审美，通过日常生活的审美化表达，进一步吸引观众对中国非遗的关注与支持。

（一）中区行为强化生活感

对中区行为的探讨离不开戈夫曼的拟剧理论。按照戈夫曼的观点，"人类的社会行为类似于戏剧的舞台表演，每个人都在不同的社会舞台扮演不同的社会角色，而在特定情境中的任何个人行为，都可以纳入两种范畴，一为后台区域或后台行为，一为前台

区域或舞台表演行为"①。"前区是外界交往的区域，后区是为了前区顺利'表演'而演练的地带。"②"在前台区域，表演者作为某一特定的角色出现在观众面前，他们扮演相对理想化的社会角色，而在后台区域，角色扮演者放松自己，进行排练。"③在戈夫曼眼中，情境作为场景的泛指，在社会学领域中是和行为规范相辅相成的存在，"不同的行为需要有性质完全不同的场景与之相配"④。戈夫曼的理论是在传统媒介时代所提出的，适用的情况也以面对面交流为主。

伴随着以影像为代表的新型传播媒介的出现，旧有的行为与场景的匹配模式开始出现松动。每种媒介都有各自的传播方式，媒介的发展导致了场景的更迭，也因此产生了不同的场景和行为方式。影像媒介打破了时间和空间的界限，将任意场景融合、分割，并把不同时空内的人放置在一起。两个一般情况下无法在同一场景内交流的个体连接到一起，形成的不只是新的交流方式，同时也更新了交流的场景，即"人们开始接触到与身体所在的文化环境完全不同的场景，各种数量和类型的信息叠加组合，产生了越来越多不依附于物理地点存在的场景"⑤。

由此，美国学者梅罗维茨进一步提出了中区的概念。梅罗维茨认为，"当一个场景内既展现了前区，又展现了后区，这种新的场景就可称之为中区"⑥。从戏剧表演的角度来看，中区又称侧台。

① 黎小锋：《直接电影的伦理研究》，《新闻大学》2012年第2期。
② 麻小影：《互联网时代地域的"存在"与"消失"——从梅罗维茨的媒介情境理论出发》，《新媒体研究》2018年第14期。
③ 黎小锋：《直接电影的伦理研究》，《新闻大学》2012年第2期。
④ ［美］约书亚·梅罗维茨：《消失的地域：电子媒介对社会行为的影响》，肖志军译，清华大学出版社，2002，第41页。
⑤ 麻小影：《互联网时代地域的"存在"与"消失"——从梅罗维茨的媒介情境理论出发》，《新媒体研究》2018年第14期。
⑥ ［美］约书亚·梅罗维茨：《消失的地域：电子媒介对社会行为的影响》，肖志军译，清华大学出版社，2002，第44页。

"当观众有了侧台观念时，就出现了中区行为。也就是说，观众同时看到了部分传统上的后台和前台区域。他们看到演员从后台到台上，然后再回到后台"①，在这种场景内，演员既没有前区的正式，也没有后区的随意，而是出现了两者的混合。生长于该混合场景的新行为就被称为中区行为。中区行为包含了原先前区与后区行为的基本要素，但又很好地中和了两者存在的极端情况，即表演过度造成的失真，以及后台的过分隐秘带来的信息不足。

就当下视域下的中国非遗题材电视纪录片来说，个体人物的生活日常是后区行为，呈现在电视纪录片镜头内的非遗故事是前区行为。此类电视纪录片把中国人日常生活中与中国非遗相关的故事搬上荧幕，将普通生活场景与镜头前的表演场景两相重合，这就产生了新的中区行为。"一个群体后区持续增加的暴露以及对它的关注导致了一种新的'中区'替代行为。在新混合场景中的行为既不是原有的台上行为，也不是过去的后台行为。"②中区行为更像是存在后区意味的前区行为，它将舞台和后台有机结合，从而使相关中国非遗的故事叙述更趋生活化、日常化，人物的行为亦更显自如。

电视纪录片《舌尖上的中国》的分集《主食的故事》讲述了黄国盛与黄馍馍的故事。黄馍馍是黄国盛维持生计的主要来源。生活中，黄国盛在集市上的叫卖是他的前区行为，有关黄馍馍的制作以及他的生活日常则是黄国盛的后区行为。但当电视纪录片对其进行记录传播时，原先的前区与后区产生了混合，关于他与黄馍馍的生活日常成为新的中区行为。在呈现集市叫卖之外，该片记录了黄国盛大量的日常化场景。例如骑三轮车赶往集市、用传统驴车拉磨、手工炒制糜子并揉面、在窑洞中做面吃晚饭、凌晨

---

① ［美］约书亚·梅罗维茨：《消失的地域：电子媒介对社会行为的影响》，肖志军译，清华大学出版社，2002，第41页。
② 段小凡：《明星真人秀节目的"中区行为"初探——以〈爸爸去哪儿〉为例》，《视听》2018年第6期。

三点开始制作黄馍馍、牵驴唱民歌等等。电视纪录片《春节》在呈现阿英代表家族参加春节祭祖时，也呈现了她同丈夫四处采买材料、向商家询价还价、蒸煮过年吃的萝卜丸、制作祭祀用的红丸子、准备斋菜等场景。这些行为原先都属于后区，但因电视纪录片的呈现，作为前区的祭祖活动与上述行为产生了交融，形成了全新的中区行为。这些中区行为大都是阿英个人的生活日常以及筹备过程。此外，该片在讲述叶根明筹办石邮村春节跳傩舞时，也展示了他教导小学生跳傩、为家里的蜜橘生意忙碌、接待朋友、检修道具、商量演出事宜、筹备吃用等中区行为。

再如电视纪录片《回家过年》的分集《沙县人家》在讲述胡开烨回家过年时，也呈现了大量表现其生活日常的中区行为。例如胡开烨平时在沙县门店的工作情况、上下班骑电瓶车的影像、回到家与小女儿玩耍的情景、购买返乡火车票的过程、一家人商量搬家的事宜等。

此类电视纪录片除了展示人物外在的中区行为，也真实表露其内在心理的中区行为。黄国盛的子女已经全部进城，当他们希望老父亲也同行时，影片通过呈现黄国盛劳作的画面，表达了他坚守农村，坚持劳动的内心想法。阿英是外来的潮汕媳妇，电视纪录片通过展示她筹备祭祖的影像，回忆了她和丈夫相识的过程，表达了她对婆婆的感激之情。胡开烨的大女儿在离开北京返乡念书时，因为一时的情绪难耐而略显悲伤。电视纪录片将上述人物的内在心理完全展示在观众眼前。心理情绪原本属于人物的后区内容，电视纪录片使原本只能在私下看到的场景变得公开，实际是一种心理行为的中区化体现。这类电视纪录片通过呈现不同人物的中区行为，展示中国人在日常生活中与中国非遗的交织与连接，从而使影片中相关非遗的表现更具烟火气、更显日常化。

（二）纪实性旁观再现生活日常

为了更好地呈现相关中国非遗的日常景观，强调中国非遗在现实生活中实际意义，当下视域下中国非遗题材电视纪录片的影像呈现较为注重纪实性。纪实是电视纪录片创作的基本要义。这类电视纪录片通常采用旁观视角，默默记录相关中国非遗与当下中国人之间发生的故事，不避讳生活的琐碎与偶发的意外。冷静、客观、如实，不做过分的主观介入，是这类电视纪录片纪实性的一大特征。

电视纪录片《舌尖上的中国》的分集《心传》记录了张世新老人日常生活中与挂面的联系。挂面的制作涉及两次起夜：第一次是在半夜时分，需要对完成醒面的面团进行盘面；第二次是在破晓时分，需要将盘好的面缠绕在木杆上以便挂面。《心传》依照时间的客观发展顺序，以旁观的视角如实记录了张世新老人两次起夜做面的过程，并未因时间的特殊而避之不拍。此外，该片也通过景深长镜头记录了张世新老人与挂面的生活环境。景深长镜头是指用深焦距拍摄的长镜头。这类镜头包含丰富的画面信息，能在一定景深范围内清晰呈现被摄物体的各种状态，展示被摄物体之间的多层次关系并实现现场的场面调度。景深长镜头在视觉效果上更为丰满厚重，也更彰显层次感。该集电视纪录片在呈现张世新老人喊儿子张建伟去挂面时，运用景深长镜头跟随张建伟一同从屋里走出。在这过程中，张建伟处于运动状态，镜头从他身上开始不断升高，并依次拉到门墙、院落、村子，最后到整个山村成为一片山脉中的一个点。整个长镜头从张建伟帮助父亲晾晒挂面开始，通过镜头内部切换过渡到张世新所居住生活环境，呈现了张世新父子晾晒挂面的生活日常，其客观、如实的风格颇具纪实性。

电视纪录片《回家过年》以旁观性的视角如实记录了春节与中国人日常生活之间的互动关系。例如分集《回家的路有多长》通过旁观的视角客观冷静地再现了蒙俊源返乡过年过程中的真实经历。从广东返回广西老家的路途十分遥远，摩托车并不适合长途骑行。蒙俊源骑到半路，轮胎突然出现漏气，他只能返程沿途寻找修理站。对于这一突发事件，该片不仅没有规避，还持续跟随并记录了修车的过程。对此，影片也没有表示出关心或提供帮助，在不做介入的情况下仍旧保持客观冷静的态度对其进行记录，彰显了该片的纪实性。又如分集《全年包邮》在记录魏建立春节返乡前运送快递的过程中，直接呈现了医院护工请他代写地址并与他还价、配送员临时失踪老板自己顶上、电瓶车半路没电找充电站救急，以及处理客户投诉等日常过程。一系列偶发事件对魏建立而言，都是他每年春节前派件的日常过程。该集电视纪录片通过旁观视角如实记录了这些琐碎的生活情景，并没有对魏建立的日常做出介入性的行为，显示的也正是创作者对纪实的坚守。

电视纪录片《春节》也通过旁观视角呈现了朱五返乡组织舞龙队参与元宵节活动的过程。朱五的姐夫李诗敏因为要在昆明演出而无法返乡，所以委托自己的小舅子帮忙回家组织。但当朱五向县文化馆申请借取舞龙的道具时，文化馆并没有给他。他只好再向姐夫李诗敏求助。随后，朱五在现场准备打铁花的材料时，却又发现焦炭太大无法燃烧。这些偶发的事件在该片的影像中得到了完整的记录，影片对此并没有规避或介入，而是冷静地旁观并如实地呈现，以此彰显这类影片的纪实性。再如分集《沙县人家》讲述胡雨钐打包回家的行李时，因为带多少东西而跟父母发生了争吵。因为户籍的原因，胡雨钐要在今年春节离开北京回老家准备升学考试。在面对是否带演出服和古筝回老家时，胡雨钐开始出现情绪并逐渐哭泣起来。面对这一过程，该片并没有做出主观介入，也没有停止记录，反而持续跟进并完整记录了父亲胡开烨与她商量并安慰她情绪的全过程。通过这一影像的展示，该片的纪实性得到了极大的提升，观众也更易体会到其中的真情实感。

（三）造型助力日常生活审美化

纵观目前的电视纪录片创作，部分作品难以吸引观众的兴趣，不能引发观众内心共鸣的主要原因在于真实的乏味以及修辞的虚假。这两种各自极端的创作倾向既造成了电视纪录片与真实的背离，也导致了影像的乏味。溯其缘由，主要在于创作者不能把控电视纪录片时空的双重性，即客观世界不可逆的线性时空与影像世界可供自由处理的时空。简单来说，就是对纪实与造型这两种电视纪录片创作元素的把握。前者主要体现为素材本身的真实特质，后者则表现在对素材的创造性使用，例如画面如何拍得更美，视觉效果如何更深入人心等等。作为一个影像媒介，电视纪录片的传情达意主要依靠画面，如何通过画面表现物理事实并传递价值内涵，这一定程度上需要借助造型。当下视域下中国非遗题材电视纪录片的影像在注重纪实之余也强调造型审美。就现有的这类电视纪录片来说，即通过景别设计和镜头运动以及蒙太奇等技巧强化影像的造型美感，以此实现日常生活的审美化表达。

日常生活审美化源于社会对艺术的理解泛化以及审美观念的扩散。随着经济的发展，物质生活的丰盈促使人们逐渐对满足精神生活的"美"产生追求。人们通过对衣食住行进行审美化的包装实现自身及周围环境具备艺术品的特质。这种情况蔓延到社会生活的方方面面，由此形成一种独特的日常生活审美化的现象。费瑟斯通认为日常生活审美化主要有三种内涵。首先"我们指的是那些艺术的亚文化，即在第一次世界大战和二十世纪二十年代出现的达达主义、历史先锋派及超现实主义运动。在这些流派的作品、著作及其活生生的生活事件中，他们追求的就是消解艺术与日常生活之间的界限"。其次，是"将生活转化为艺术作品的谋划"。再者，是指"充斥于现代社会日常生活之经纬的迅捷的符号影像之流"。① 简单来说，即现代艺术的生活化、生活的艺术化以及现代社会的审美符号和影像。前两种目的在于消解艺术与生活的界限，后者将艺术与生活相结合，实现生活的艺术品转化。在此基础上，韦尔斯更将日常生活审美化分为表层与深层，"首先，锦上添花的日常生活表层的审美化；其次，更深一层的技术和传媒对我们物质和社会现实的审美化；再次，同样深入的我们生活实践态度和道德方向的审美化；最后，彼此相关联的认识论的审

---

① ［英］迈克·费瑟斯通：《后现代主义与消费文化》，刘精明译，译林出版社，2000，第 95 页。

美化"①。但无论哪一种都是审美进入生活，逐渐与日常生活一体化的表现。

就当下视域下的中国非遗题材电视纪录片而言，日常生活的审美化表达实际是将原本融入生活的中国非遗进行再一次审美化包装。日常生活是反复的、流于平凡的。审美化再现与中国非遗相关的生活日常，不仅有助于观众重新发现原本没入寻常生活的中国非遗的独特之美，再次拾起对其的关注兴趣，同时这也是从审美的角度对相关中国非遗的时代价值的一次强调。尽管平凡的日常生活是习以为常的，但我们依旧可以从中发现来自相关中国非遗的不一样的美。这种美是对生活的一种装饰，也是对观众审美欲求的满足。

首先，此类电视纪录片的日常生活审美化体现在器物上，包括日常生活中的工具、吃食、花草虫兽等。电视纪录片《舌尖上的中国》在记录平凡人与相关中国非遗的生活故事时，采用了不少特写镜头来表现生活中的器物之美。例如分集《主食的故事》在讲述丁村的大妈们做花馍时，通过特写近距离展示了花馍被捏出来的每一个灵动的尖角、木梳在花馍上刻画装饰的精巧形态和花馍做成后圆润敦实的形状。在讲述顾阿婆制作年糕时，用特写呈现了稻米在水中浸泡的吸满水分的饱满模样、年糕铺平点红且排列整齐的形态、蟹炒年糕装盘后红润晶莹的色泽等。分集《心传》在展示菜籽脱粒时，用特写从下往上记录了菜籽飘落的影像。不计其数的黑色菜籽径直落向镜头，形成扑面而来的观感，流动且密布的视觉效果令人难忘。

这些非遗食物在中国人的日常生活中颇为寻常，大多数身在其中的普通民众平时难以发现这些食物的美。电视纪录片《舌尖上的中国》通过特写重新对其进行视觉效果上的审美包装，赋予这些普通吃食艺术品的特质。

---

① ［德］沃尔夫冈·韦尔施:《重构美学》，陆扬、张岩冰译，译文出版社，2006，第33页。

其次，此类电视纪录片也将不同人物的日常生活、工作环境予以审美化呈现。电视纪录片《舌尖上的中国》分集《心传》用广角镜头记录了歙县村民收割油菜花的场景。参差有序的油菜花田里零星散布着几个正在劳作的村民，低饱和度的色彩和高亮度、高曝光的影像风格令整个收割油菜的画面充满了油画的意味，显得颇具艺术气息。当该片讲述程亚忠与村民相会聊天时，影像采用了大面积的油菜花田为前景，广袤的油菜花田绵延不绝，营造出人在画中游的艺术效果。电视纪录片《我在故宫修文物》用特写镜头记录了故宫修复匠人工作环境中的猫咪、杏子、鹦鹉等，以此展示工匠工作环境的闲适之美。电视纪录片《过年》的分集《团圆的味道》用广角镜头记录了黑龙江伊春雾气弥漫的山脉、广袤开阔的山林、连绵高耸的林木、雨水落在河面上泛起的涟漪，也用特写呈现了野菜抽芽、浆果成熟、梨花盛开等景象。该片通过影像技术将李维辰日常生活的自然环境予以审美化表现，彰显其环境的自然之美。电视纪录片《回家过年》的分集在讲述魏建立往西溪送快递时，用航拍及全景等镜头呈现了他在河道上划船派件的过程。从上到下的航拍镜头内，魏建立划着船由左下角向上荡去，船后的涟漪依次漾开，魏建立的日常工作情境在镜头内变成了一幅富含艺术气息的画作，给人别样的审美感受。

最后，日常生活的审美化也体现在此类电视纪录片的人物身上。这类影片通过镜头语言的运用，赋予平凡世界的普通人美的造型。电视纪录片《舌尖上的中国》分集《心传》通过慢镜头、特写和蒙太奇的运用，全方位记录了榨油工劳作的画面。该片从榨油工拿起榨油锤开始，先用特写加慢镜头记录了拉起石锤的左手臂，缓慢的镜头清晰记录了手臂肌肉随着石锤的摆动而紧绷的过程。然后，该片将特写镜头对准榨油工的脚，慢镜头效果下腿部肌肉的变形使得画面充满力量感。随后，该片的慢镜头特写记录了榨油工双手抬起石锤过程中手臂及背部肌肉的变化。昏黄的灯光下，缓慢上升的手臂配合着人体背部肌肉的依次耸动，使榨油工整个人更显孔武有力。紧接着，该片用特写慢镜头记录了榨油工随着力量释放而吼叫的面孔。坚毅的眼神和被特写放大的面部肌肉群生动展示了榨油工的力量之大。再配上汗水密布的胸膛特写，挥动石锤的近景，以及石锤撞击榨油杆的主观特写等镜头，完整记录了徽州木榨油工人原始、传统的姿态。这其中，慢镜头加特写清晰呈现了榨油工健硕的身姿与浑厚的力量，多镜头之间的蒙太奇组接则进一步实现了影片对人物形象的视觉刻画，从而生动彰显了与中国非遗相关的人物之美。这种美是阳刚的、健壮的、充满力量的，极具视觉冲击力。电视纪录片《春节》里呈现朱五舞龙时也通过特写慢镜头记录了他举着龙头在人群中奔跑的姿态。在漫天打铁花的映衬下，朱五的自信、阳刚，充满了一种原始的力量美。电视纪录片《我在故宫修文物》运用特写镜头记录了王津、王五胜、王有亮等工匠修复文物时的神态。这类镜头中的修复工匠们时而眉头紧锁，时而淡然自若，时而又面带微笑，特写镜头呈现了工匠们修复过程中的专注与坚持，彰显的正是匠人之美。

此外，此类电视纪录片也通过全景或特写等镜头呈现平凡的中国人喜笑颜开的影像。这些笑容的造型传递的是一种和谐、自足、幸福的人物之美。例如电视纪录片《舌尖上的中国》用特写记录了黄老汉卖黄馍馍过程中面对镜头自信的微笑，顾阿婆等人吃艾草年糕时满足的笑容，徽州榨油工在休息间隙面对镜头淡然的微笑，程苟仍提取菜籽油时幸福的笑容……电视纪录片《春节》记录了翟家人欢聚一堂一起过春节的画面，该故事的结尾处影片用全景展示了翟家一大家族面对镜头微笑合影的画面。在讲述石邮村新年跳傩舞时，该片也通过全景记录了傩班成员面对镜头微笑合影的影像。电视纪录片《过年》通过特写呈现了傅家老小在团聚时刻喜笑颜开的模样、乌拉满族秧歌队跳舞时欢快的神情。电视纪录片《回家过年》也通过特写呈现了蒙俊源、胡开烨、魏建立等人返回家乡后同家人欢聚一堂吃团圆饭时的欢笑与幸福。这些笑容都来自每一个平凡人日常生活中与中国非遗相关的故事，每一个故事都传递出中国非遗带给中国人的幸福与满足。影片记录这种发自内心的笑容，传递的正是平凡中国人身上洋溢的和谐之美。

四、结　语

当下视域下的中国非遗题材电视纪录片从选题到叙事再到影像表现，始终强调着相关中国非遗与现代生活的紧密联系。影像在记录、传播中国非遗的同时，也在探析着相关非遗的时代内涵。这对于中国非遗的保护与传承有着重要的助力。但我们也不能忽视其中存在的不足，例如选题内容的过分重合。随着政府政策的不断完善以及相关专家学者的持续挖掘，关于中国非物质文化遗产的内容始终是处于活态且有待新增的。电视纪录片对中国非遗时代价值的挖掘也应当不断地扩大其目标范围，避免囿于题材的局限。这对于影片本身而言，无疑能促进其内容的表现更显多元。进一步来说，题材的扩充在防止观众产生审美疲劳的同时，也能增进观众对非遗时代价值的认知与了解，从而对中国非遗产生更广泛的兴趣。当然，作为一种观照现实的影像媒介，电视纪录片将中国非遗纳入其创作范畴不能只是为了艺术性的表现，更要承担起呼吁社会保护、传承中国非遗的责任与使命，从而为中国非遗的发展与延续做出贡献。

传统戏曲类非遗电影的声音叙事

吴丽琼　张凯滨 ①

（浙江师范大学文化创意与传播学院，浙江金华，321004）

摘　要：随着时代的发展，作为非物质文化遗产类的传统戏曲受到各种因素的冲击，许多优秀的地方戏种几近消失殆尽。当戏曲遇到视听艺术后呈现出了不同景观，"非遗"戏曲类电影就是将传统戏曲与影视艺术有效结合后的产物，从而使古老的非遗戏曲焕发新的生机与活力。本文将声音作为研究对象，从"聆听"曲乐声、"倾听"叙述声，以及"谛听"在场声三个角度展开论述，对传统戏曲类非遗电影中的声音如何叙事以及对传统文化的保护进行研究与思考。

关键词：非遗电影；戏曲电影；声音；叙事；传统文化

引　言

作为中华文化瑰宝的非物质文化遗产之一的传统戏曲，以其悠扬婉转的唱腔与博大精深的内涵，承载着中国悠久的历史和传统文化，潜移默化地影响着中国人的精神世界。而就当下来看，传统戏曲一直处在式微状态，受众群体小、节奏慢以及语言地域局限等因素合力造成它的全面式微。

---

① 作者简介：吴丽琼，浙江师范大学文化创意与传播学院戏剧与影视学研究生。张凯滨，浙江师范大学文化创意与传播学院硕士生导师，传播学博士。

随着时代的发展，国家对非物质文化遗产的作用愈发重视，"非遗"也逐渐成为影视作品的创作富矿与宝贵来源。因此在新时代，传统戏曲与影像之间需要不断互动创新，对二者所包含的种种元素进行必要的考察探究，从而走上一条新的发展道路，"燃"出新特色。作为非遗影像中的重要元素之一的戏曲声音，在推进情节发展、空间构架以及人物塑造上发挥了无可替代的作用。因此，本文试图从声音角度出发，结合 21 世纪以来的若干部非遗戏曲电影，并结合当下的文化背景，来探讨传统戏曲类非遗电影中的声音是如何展开叙事的，以引发对传统戏曲以及非物质文化遗产的保护与思考。

一、"聆听"：曲乐声的时代书写与吟唱

美国电影理论家大卫·波德维尔曾经在《电影艺术——形式与风格》一书中认为："为了更好地研究声音，人们必须学会去仔细倾听声音。"[①] 听觉是人类有意识的感知活动，人们往往主动去倾听自己想要了解的声音对象。而在高度"综合性"的戏曲电影中涵盖了各种各样的声音：有余音绕梁的戏曲声和音乐声（简称曲乐声）；有人叙述的声音，包括对白、独白和旁白；还有在场的环境声、电子设备声等声音，弹性丰富且变化多端的声音元素为戏曲架构起通往古今的桥梁。因此，影片会有意识地选择一些声音元素来完成空间的建立、推动情节发展以及人物刻画，吸引观众倾听在场的特殊声音元素。

自 1905 年中国第一部电影《定军山》诞生起，电影就和戏曲结下了不解之缘。戏曲乃"歌舞叙事"者也，在传统戏曲类电影中，戏曲声音与画面是构成影像不可或缺的重要因素。张艺谋导演的电影《千里走单骑》中，主要描写《千里走单骑》这种传统戏曲。电影中的戏曲是连接主要人物之间关系和影像时空过渡的

---

① ［美］大卫·波德维尔、克莉丝汀·汤普森：《电影艺术——形式与风格》，彭吉象等译，北京大学出版社，2003，第 305 页。

关键纽带。表演者李加民在狱中为高田刚一唱了一段《千里走单骑》，鲜红的面具遮挡住了他的面部表情（见图1），因此观众的注意点只能聚焦在声音上。铿锵有力的唱腔道出了三国时期关云长的豪迈义气与忠勇品质，加上狱友们的吹唢呐声、拉二胡声，以及击鼓声等，齐心协力的伴奏让监狱不再是一个囚禁人的封闭空间，而是转化为一个精彩戏曲表演的"公共场"。高田刚一以及看台下的狱友们瞬间沉浸于《三国演义》"美髯公千里走单骑，汉寿侯过五关斩六将"的悠久典故中。

图1　吟唱之声：李加民表演《千里走单骑》

"以音乐开头，然后随着表演的开始加入更多现实的音响，这种方法就是先表达抽象的概念，然后再把观众和听众吸引到故事中来。"[1] 戏曲唱段具有一定的思想情感，而且它的背后也有一个表达特定含义的戏曲故事，因此把戏曲唱腔或唱段运用在电影中，会极大地拓展影片的表述空间，将那些只可意会不可言传的韵味意念等渗透到观众心田。

同样，影片《一个人的皮影戏》呈现了传统戏曲皮影戏《石敢当》的唱戏。生活在泰城平静小山村的老人马千里唱了一辈子皮影戏，作为皮影戏传人的他，本来已经忘却皮影戏的功力，只作

---

① ［美］汤姆林森·霍尔曼：《电影电视声音》（第三版），王珏、彭碧萍译，人民邮电出版社，2015，第142页。

为闲来无事自娱自乐的玩意，但在经历了大学教授帮他申遗、请他讲课，法国记者给他拍专题片后，他深藏的名利心渐渐被唤醒，沉浸于纸醉金迷的想象世界当中。面对突如其来的申遗失败噩耗，他承受不住打击精神崩溃，似癫似疯，慷慨激昂地唱道："山上的狼精来作乱，石敢当今日，要除妖！泰山脚下，我寻了三日，天烛峰上我把你钉牢！大胆的狼精你往哪里走？狼精是你看打，打得狼精跪讨饶！哈哈哈……"一阵锣鼓声响起，配上地道的琴书唱腔，极强的旋律、跌宕的节奏和悲哀的陈述，突出表现了主人公昂扬、悲愤的内心情绪。手中的皮影不停跃动，在白炽灯的投射下，皮影人物在马千里的手中变成了光影间穿梭的精灵，带着他去寻找那份丢失的初心。

第十五届中国电影华表奖优秀电影音乐奖的获奖影片《百鸟朝凤》堪称音乐运用的经典之作。在一曲轻盈的钢琴声中，创作者将观众渐渐引入电影画面，紧接着利用悠扬的笛声，于无形中牢牢抓住吸引观众的听觉，产生联想。优美的音乐与沟壑纵横的黄土高原景观相结合，不仅交代了故事发生的地点，还描绘出一幅大自然的"浮世绘"。影片中的焦三爷是一位远近闻名的唢呐匠人，两个徒弟天明、蓝玉跟着他学艺。天明模仿的鸟叫活灵活现，在曲声中仿佛可以听到黄雀、画眉、布谷鸟和小燕子等鸟类的叫声，似乎还能听到公鸡啼鸣，如同在描绘一幅黑夜消逝和朝阳初升的生动图画。成年后的天明带着游家班在发小的红事上吹唢呐，中途来了西洋乐队，长号架子鼓声盖过了唢呐声，"一个声音随时随地可能被另一个声音淹没"[1]。天明咽不下这口气，铆足了劲用力吹（见图2），两支队伍竞争激烈最后打了起来，被踩坏的唢呐满地都是，传统文化与现代文明在此刻起了冲突。唢呐曲属于古老的乐声，印有时代年轮的痕迹。影片高潮应该是窦村长的葬礼上焦三爷顶着病垮的身体吹《百鸟朝凤》，高亢的曲声表达对逝者的最高敬意，流血的唢呐象征了用自己全部的生命去谱写凄婉动人的乐曲，让人无比悲伤。

---

[1] ［法］米歇尔·希翁：《声音》，张艾弓译，北京大学出版社，2013，第178页。

图 2　较量之声：游家班铆足劲吹唢呐

在影片里，"歌声可以召唤记忆，唤醒沉睡着的记忆，歌声也是一种准确无误的见证，一种最原始的证据"①。作为古老的歌声，戏曲婉转动人地唤起了听众沉睡多年的尘封记忆。影像化的时代，各类戏曲都以不同形式渐渐走进了银幕，走入了观众的视线，慢时代的声音在现代也可以迸发朝气蓬勃的生命力，实现完美转型。例如2021年初的B站跨年晚会上，绝美舞台剧《惊·鸿》实现了六种传统戏曲的串烧，精彩绝伦的浅吟低唱吸引了大量的二次元群体观看。传统国家美学与现代社群美学进行了一次华丽对话，弹幕上好评一片，引发了不少前辈与后浪们的情感共鸣。

2021年5月，国内首部4K全景声粤剧电影《白蛇传·情》终于上映。预告一经放出便冲上热搜引发讨论热潮，惊艳、绝美等赞美之词溢于言表。影片通过对传统戏剧《白蛇传》原版故事进行改编、对表演形式进行革新以及大胆使用视觉特效技术，成功地将"戏"和"影"的美学风格融汇于一体。在保留了中国戏曲的艺术精髓基础上，又创新了戏曲传播新的途径及展现方式，彰显出戏曲电影新的审美价值，让业界与观众拍案叫绝。猫眼电影数据显示，在对该片感兴趣的观众中，20~24岁年龄段的观众多达32%，为所有年龄段中占比最高，在已经看过的电影观众中，打分最高的也是20~24岁的观众群体。这充分说明，年轻人成为

---

① 王艺涵：《影像叙述与社会记忆》，社会科学文献出版社，2016，第75页。

这部电影的主力观众，且对影片评价颇高。《白蛇传·情》的成功经验促进了粤剧的传播和发展，也为中国其他地区戏曲、戏剧电影的未来发展提供了完善的借鉴。比起旧版，这部电影更重情感内核，在故事内核上突出重点，提炼出"情"这个关键意象，以"情"作为叙事线索重新架构起故事情节。影片以五段"折子戏"形式呈现"钟情、惊情、求情、伤情、续情"五部分，对应了传统《白蛇传》中游湖、端阳、盗草、水斗和断桥，经由五"折"婉转动人的"粤剧"表演外化为戏剧演员唱腔的仪式准备与仪式进程，将许仙和白素贞之间历劫千年的矢志不渝而又有悲情色彩的浪漫爱情故事缓缓道出……全片台词都是"唱"出来的，戏曲演员功底深厚，唱腔韵美悠长，喜怒哀乐尽在开口之间。在第一折"钟情"戏中，全景镜头下云雾萦绕的断桥边，伴随着"蓝蓝天，水涟涟，一叶莲舟划过水里天。水宽鱼沉何需觅，水宽鱼沉何需觅？觅觅觅，觅得情痴戏中演……"的歌声，戏曲演员们"一颦一笑一回眸，一悲一喜一抖袖"，灵动的身体仿佛一朵朵绽放的莲花。作为唱念做打的完整体系，在舞台上展现出来便是视觉和听觉兼备的美学奇观，戏曲演员们的每一丝嗓音、每一个气息、每一个回眸都与剧情发展走向息息相关，角色的举手投足与唱腔融为一体，给戏曲电影的观众以全新体验，可以说将粤剧博大精深的文化魅力淋漓尽致地展现出来。总之，这部电影在人物对白、画面构图、动作设计上既保留了粤剧的舞台特色，又进一步贴合电影的现实美学要求，在视听语言方面做出超越了旧版各电影的程式化、虚拟化的范式。冷门戏曲的华丽"破圈"让观众感觉余音绕梁，从各个方面去思考戏曲电影的创作路径。戏曲由舞台转向银幕，不仅是一次传播介质的变化，更是对其本身的重塑，引发受众对未来非物质文化遗产保护与发展的进一步思考。

传统戏曲类非遗电影中戏曲的唱腔、唱段是极具特色的声音元素，作为中国传统文化的"发声者"，它们用不同的唱腔吟唱出戏曲人物前世的繁华与今生的浮沉，在历史长河中激荡出"念念不忘"的回响。聆听古老时代的声音，书写流金岁月的繁华。

二、"倾听"：叙述声的叙事建立与延伸

"在任何一个特定的声音环境中，你总是去听人声，较之其他声音，人声能够更快地吸引并集中你的注意力。"[①] 影像中人声似乎在最开始的时候就存在了，而且总是位于中心位置的，从其他声音中区别开来，交代人物图谱、故事线索以及刻画人物性格，建立整个叙事序列。

在电影《千里走单骑》中，作为父亲的高田刚一沉默寡言，不善于与儿子沟通交流，为了突出他的性格特点，影片巧妙地采用了内心独白的声音呈现其心路历程并贯穿始终，以第一人称"我"的叙事视角，由主人公现身说法，或以内心独白的方式为我们展现了一个温情脉脉的亲情故事。在得知儿子住院的消息后，高田一言不发地站在海边（见图3），汹涌的海浪拍击着海岸的声音，混合着海鸥尖细的叫声，凝重缓慢的内心独白叙述出了自己与儿子之间多年的隔阂，向观众交代了父子之间积累多年的矛盾关系，为后面父亲拍摄《千里走单骑》埋下了伏笔。内心独白揭秘了人物内心深处细腻的感情，深入浅出地把影片的语言表现力推向新的高度。

图3　叙说：高田低沉的内心独白

---

① ［法］米歇尔·希翁：《视听：幻觉的构建》，黄英侠译，北京联合出版公司，2014，第6页。

电影《百鸟朝凤》中，焦三爷作为当地德艺双馨的唢呐匠人，他的"声音"可谓有重量。第一次收天明做徒弟时，焦三爷的语气很沉稳，语速较平缓，不怒自威。在一场大火中，天明无意丢失了师傅传给他的唢呐时，焦三爷爆发了："唢呐离口不离手，你怎么做的？"颤抖、咆哮、愤怒的声音爆发出巨大威力，"持有的力量同样能起到对抗、破坏和摧毁这些墙壁的作用"[①]天明感到事情的严重性，陷入深深的恐惧与自责中。事后，焦三爷还是默默地给他准备了新的唢呐并继续带他出庄跟学。成年的天明第一次出班回来探望年迈的焦三爷，老人的声音变得比较低沉沙哑，多了几分慈祥与虚弱，展现了他已年老、病危的身体状态；另外也隐喻了唢呐在现代人们心中话语的"让渡"，逐渐与人们日常生活割裂开来。

影片的叙述声音中最具特色的是方言，"就电影创作而言，在其中适当运用方言的功效是相当显著的，它既在强化地域质感、再现物质现实等方面发挥举重若轻的作用，也能在塑造人物个性、增添喜剧意味、表达特殊含义等方面收到事半功倍的效果"[②]。对于银幕前的观众来说，方言带给他们一种亲身体验的"在场感"，仿佛置身其中，拉近观众与故乡之间的距离。影片《百鸟朝凤》表现了陕北的一种传统文化——唢呐，所以方言的运用体现了陕北地域特色。焦三爷带着天明去找师门其他弟子并问道："咋？这游家班班主是你还是我？"角色之间的交流，都体现浓浓的地域特色。

《千里走单骑》中，高田作为一位日本人，身在异地语言沟通是个问题，因此高田此趟旅程离不开当地人邱林和导游蒋雯的帮助。在邱林的带领下，二人找到石头村李主任，邱林说起方言："我（wō）们是（sì）来找（zao）李加民娃娃的（dī）。"独具特色的"地方普通话"（云南方言）使得地域真实感油然而生。镜头中石头村散发着沉寂的乡土气息：清一色的灰土墙、歪歪扭扭的干枯老树，以及低矮破败的砖土房，营造了一种粗粝的空间场景，

---

① ［法］米歇尔·希翁：《声音》，张艾弓译，北京大学出版社，2013，第 178 页。

② 史博公：《中国电影民俗学导论》，中国传媒大学出版社，2011，第 274 页。

渲染了悲凉的氛围，在此声音形象与生存空间得到了有效"缝合"。由乡村观望到的视觉符号延伸出了强烈的古朴气息和山地意识，强化写实空间的粗粝真切，对应着老城落后闭塞的俚俗世态，体现缓慢的叙事节奏中人和环境的笨拙沉缓。学者耿占春曾提到："地方性叙事的消失，其实是地方性消失的一部分。地方感和地方知识已经迅速地被大众传播无限复制的经验取代了。"[①] 在媒介技术发达的时代，在网络媒介和青年亚文化快速湮灭传统媒介的时代，在电影越来越讲究类型化、模式化创作的当下，淳朴的地方记忆被渐渐挤压、遮蔽，地方性的叙述变得越来越稀少。而这些边远地区则陷入沉默，没有话语的主动权，面临着"无言的压力"。失语是失权的最明显表征，由此导致的离轨语境会给人们一种失衡状态。因此将人们的整个精神状态和空间联系起来，就会赋予空间一种整体性的意义生产功能。

方言的运用不仅强化了地域特色，还为影片增添了喜剧效果，突出人物个性。影片中高田因与石头村主任、邱林沟通不畅，打电话给导游蒋雯，蒋雯因职业所需会说普通话和日语，每当高田先生遇到沟通障碍时都会打电话请她帮忙翻译。无奈没信号，一行人转而爬上信号较好的狭小屋顶上，邱林与村主任轮番交流，再翻译给高田，方言、普通话到日语的转接显得格外滑稽，"邱林（līn）你就是不会日（rī）语，你日语不行，还说（suō）你会（huī）""那你会，你来说……"两人的争执引得众人发笑，凸显了邱林倔强较真但又热情助人的性格。

同样在影片《一个人的皮影戏》中，来自法国的女记者索菲亚会说法语、普通话，国际化的语言和马千里等一行人的"土言土语"形成了鲜明对比（见图4）。方言、普通话和外语三者之间的较量，也反映出了不同地域、时代以及文化语境的差异，给观众留下深刻印象。

---

① 耿占春：《地方与叙述》，《天涯》2007 年第 4 期。

（法语）在文化中心里的一个小剧场

图 4　交流：索菲亚的异域语言引发好奇

置身于一个多元文化相互倾听、彼此交流的时代，叙述声无论以什么形式出现，都是影像声音中最活跃、最直接的表达因素。一系列对白、独白、旁白和各种表达人物情感心声的声音，是刻画人物形象、铺陈故事情节、表达思想情感最主要的听觉"写作"方式。传统戏曲电影中的叙述声将过去与现在镶嵌于一起，构建了更完整的叙事时空，延伸出特定的文化内涵，具有深刻意义。

三、"谛听"：在场声的空间建构与平衡

作为戏曲电影，除了戏曲声和人声之外，还需要谛听丰富的"在场声"，正是由三者共同串联的声音系统，才将叙述文本整体流畅地展开，观众才能潜移默化地进入故事的脉络之中。"声音能够帮助形成一部影片中空间、音量以及结构的感觉，使得我们能够沉浸在更加完整的虚拟世界当中。"① 大量在场声，进一步还原了影视的真实现场感。

电影是一种声画结合的艺术，声音可以使电影画面更丰富。电影在场声所营造的空间感不可忽视。《一个人的皮影戏》中，开头的牛羊叫声交代了故事的发生地点是广大的农村。傻根挨家挨户喊着村民去看师傅表演皮影戏，却只赶来了一群牛做观众。空

---

① ［美］大卫·索南夏因：《声音设计：电影中语言、音乐和音响的表现力》，王旭锋译，浙江大学出版社，2007，第 134 页。

旷的户外场域飘荡着抑扬顿挫的咿咿呀呀声与牛群哞哞的叫声，无人问津的场景与悲怆回声暗示了皮影戏的日薄西山，突出了皮影戏发展面临的尴尬窘境。声音既是都市化的寓言，也是现代性的转喻。村里的广播喇叭声也是极具内涵的隐喻，它代表旧时代、农村的集体话语声；另一边是马千里进城的汽车声，它象征了新时代、都市的快进声，二者强烈对比突出所处时代、地域空间的反差。在全球经济一体化加速导致的跨区域、跨文化语境下，乡村认同正经历着无声的痛苦，面临着解构或重构的双重转型，由此电影的现代性叙事也会得到前所未有的多元化呈现。

片中有一幕是马千里回忆到"文化大革命"时皮影被烧的场景，镜头中哭喊声、砸东西声、锣鼓声四起（见图 5），这些声音汇聚在一起，形成多个声音空间，展示了人物的内心状态和意识流程，给人一种无形压迫感，由此慢慢揭开了马千里心中搁置许久的创伤记忆。影片通过对创伤的症候进行选取，有意识地利用梦魇和闪回来"制造"创伤，使之将病例症状影视化。正是因为"另一个时代的声音能够唤起人物和观众对失去事物或过去快乐时光的回忆"[1]，导演立足创伤视角，通过插叙式的影像回忆拼贴与他人的叙述，对马千里在"文革"时遭受的创伤记忆进行了视听化的直观表达。马千里一家作为创伤群体，试图通过逃避来对过去事件、创伤性记忆进行情感控制的方法是失效的，他们无论置身何处都无法改变过去事件给日常生活不断注入的"创伤性"体验，延宕但又具有反复与持久性。同时影片通过影像真实再现了当时动荡不安的社会现实，成为个体记忆与时代就此解体与破碎的高潮。

---

①［美］大卫·索南夏因:《声音设计:电影中语言、音乐和音响的表现力》，王旭锋译，浙江大学出版社，2007，第 172 页。

烧掉了爷爷的宝贝皮影

图5　有声的记忆：皮影被烧

　　声音设计师大卫·索南夏因认为："如果某个旋律、语言声或是循环的声音在结束前就被停掉了，我们就会觉得紧张、冲突和戏剧性。"① 在电影《百鸟朝凤》中，游家班第一次遇到西洋乐队时，异域新潮的声音让天明下意识地往前走探个究竟，突然出现一声突兀的鞭炮爆炸声（见图6），顿时其他声音都静默了，夸张的音响效果结合特写镜头中天明迷茫困惑的神情，人物复杂的心理活动和精神状态一览无遗，超现实的音响暗示了某种寓意，隐喻了唢呐作为古老传统文化受到来自外域文化的冲击。

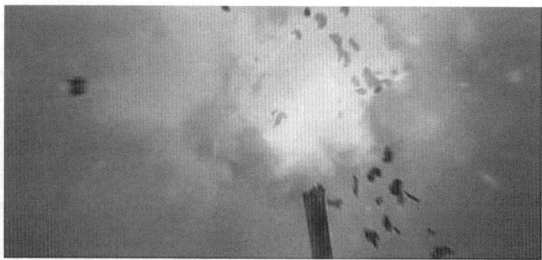

图6　突兀的响声：超现实的鞭炮爆炸声

　　片中以柳三为首的一群社会青年和游家班起了冲突，热情澎湃的乐队演奏曲混杂着慌乱、激烈的斗殴场面，影片用如此反差的节

①［美］大卫·索南夏因：《声音设计：电影中语言、音乐和音响的表现力》，王旭锋译，浙江大学出版社，2007，第72页。

奏来衬托激烈的斗争场面无疑是具有强大戏剧性的，音画对立生发出新的含义。一支支唢呐被踩碎，踢来踢去，打斗声中夹杂着唢呐踩碎声，这些声音激怒了焦师傅，他掀翻桌子，怒吼的声音震撼了所有人。通常情况下，人在激动和愤怒时，说话音量就会变大，语调就会变高，整体起伏较大。"声音可以引起观众对人物行动的关注，强化一种特定的气氛。"① 一切声音在此刻戛然而止，观众由此窥见焦师傅内心不可言喻的无力与绝望，以及游家班未来可预见的悲惨命运。

爱因汉姆在20世纪30年代就认识到，声音可以产生一个实际空间的幻觉，而画面实际上没有这个深度，因此声音也可以是协调一致、力量间取得平衡的象征。② 同样，影像声音的价值和功能取决于它被赋予的用途。一些具有象征意义的在场声音，在电影片段和结构中发挥着不可替代的作用。而这种在现实中不太被重视的特殊声音，只有与电影技术相结合时才能发挥巨大作用，成为有价值的存在。影像与声音的交流赋予了影片中的人和物生命意义，从而统一作品的叙述结构，并创造出真正的电影魅力。电影可以利用无声画面进行叙事，也可以用声音来写作，二者相辅相成实现影片"双重叙事"，完成影像空间的深度构建与平衡。

四、结　语

作为一种认识世界、了解世界的重要途径，听觉方式一直是我们在大众传播领域里获取信息、表达情感以及传播文化的重要工具。戏曲声音是慢时代的表征，影像则将它用现代的视听方式具象化呈现出来。在非遗戏曲电影中，通过"聆听"曲乐声、"倾听"叙述声，以及"谛听"在场声三部分的叙事内容呈现，完成了传统戏曲在空间建构、叙事建立和人物塑造等方面的轴心作用。在对时代意义的书写中，影射出了戏曲悠久浪漫的历史"凝视"。

① 陆绍阳：《视听语言》，北京大学出版社，2014，第169页。
②［法］米歇尔·希翁：《声音》，张艾弓译，北京大学出版社，2013，第181页。

伴随科学技术的进步，人们的社会性质、生活方式不断发生变化，马歇尔·麦克卢汉曾预言的"地球村"一步步成为现实，时空分离—时空凝缩使得本地事物越来越受到远处事件的"远距作用"[①]。在全球化的背景下，戏曲等非物质文化遗产日益受到外界因素的冲击，生存处境日渐衰微，因此我们有必要去思考在新时期传统文化该如何在内容与形式上继承创新；同时又要思考面对不同媒介形态的非物质文化遗产应该如何进行差异化的"文本再造"，如何"破圈"，从而激活它在新时代的艺术表达，构建新的解码空间。

---

① [加] 马歇尔·麦克卢汉：《理解媒介——论人的延伸》，何道宽译，商务印书馆，2000，第2页。

试论国产剪纸动画的造型美学及文化内涵

强晓宇　刘　凯 [①]

（南京信息工程大学艺术学院，江苏南京，210044）

摘　要：国产剪纸动画在"中国学派"体系中具有浓郁的民间文化特色。本文尝试从国产剪纸动画质朴简洁的造型美、鲜喜纯丽的色彩美、美好生活的寓意追求三个方面来建构起国产剪纸动画的造型美学特征。并且通过对国产剪纸动画造型美学文化内涵深入挖掘，来解释国产剪纸动画美学特征的文化来源，以对国产剪纸动画的美学特征做更为深入和全面的分析和解释。

关键词：剪纸动画；造型美学；色彩美学；文化内涵

　　国产剪纸动画因其独特的美学风格成为"中国学派"动画的重要组成部分。1958年创作完成的《猪八戒吃西瓜》是国产剪纸动画的起点，之后《金色的海螺》《渔童》《人参娃娃》等剪纸动画相继问世。国产剪纸动画渐成规模，并逐渐构建起独特的艺术体系，塑造了独特美学风格。塑造剪纸动画美学风格的核心元素是具有浓郁民间文化特色的剪纸和皮影艺术。剪纸动画的角色及场景塑造大多取材于中国民间剪纸和皮影造型，在此基础上进行一定的创意设计使其进入动画创作流程，在作品中呈现出体系化、民族化、生活化的动画美术风格。因此，对国产剪纸动画造型的美学

① 作者简介：强晓宇，南京信息工程大学艺术学院硕士研究生。刘凯，南京信息工程大学艺术学院硕士研究生导师，泰国格乐大学博士研究生导师。

特征进行分析并挖掘其内在的文化内涵，是对国产剪纸动画造型塑造规律的理论化总结。

一、质朴简洁的造型美

造型艺术中的"质朴简洁"之美，主要指形象的造型不拘泥于细致勾勒，不对形象做过多的修饰，亦不以造型的逼真再现为首要追求，而是通过"粗轮廓"的手法表现形象的精神气质或特点，不注重细节，注重大块面、大轮廓、整体形象的塑造，以粗犷有力的手法，使得形象更加准确、鲜明和生动，呈现出较为明确的情感特征。国产剪纸动画的形象造型主要以民间剪纸艺术为蓝本，又结合了皮影、年画、戏曲艺术的造型特点，通过剪刻式的角色与场景塑造出民间艺术的质朴韵味，展现出通俗明晓、质朴简洁的动画美术风格。剪纸动画质朴简洁的造型美主要体现在以下两个方面。

第一，剪纸动画角色造型具有质朴与简洁之美。剪纸动画的角色往往取材于民间故事传说，因此创作者在角色造型来源的选取上，首先向相近或相关的民间人物造型借鉴取材，民间剪纸人物、年画人物以及皮影人物造型首先进入创作者的视野。动画创作者对这些创作素材进行再设计之后将这些造型元素或风格纳入动画艺术表现的过程，但同时会保留民间剪纸、年画、皮影人物的原始造型特征。因为剪纸动画早期的受众基本是广大的人民群众，要符合他们的审美喜好。于是，民间造型艺术所特有的质朴、简洁的审美特征随之进入剪纸动画造型体系之内，塑造了剪纸动画的基本美学特征。[1] 例如剪纸动画《猪八戒吃西瓜》中主要角色猪八戒的形象设计，创作者在继承民间剪纸块面化、整体化的造型手法基础上，结合猪八戒在剧中的性格及身份设定，将猪八戒设计成肥头大耳、大腹便便的主要形体特征。同时大胆借鉴戏曲人物的造型特点，为猪八戒设计穿戴与其形象相符的衣物服饰，

————————

[1] 靳之林:《中国民间艺术的哲学基础》,《美术研究》1988 年第 4 期。

尤其是宽大衣袖的设计，是以整块红色纸片剪出，在细节上去除剪纸锐利的剪裁痕迹，而以相对圆润线条剪裁而出，既贴合了剧中猪八戒的人物身份设定，也以大片的红色暗示了猪八戒急躁、鲁莽的性格特征。更重要的是，这大片的红色衣袖几乎成为猪八戒性格的符号象征，而成为其造型塑造重要象征所在。

第二，剪纸动画场景造型的质朴简洁之美。剪纸动画的场景造型极具剪纸艺术概括性、简约性的特点，其场景构成并不通过细致、写实的空间刻画，而是用概念性的元素表达组成画面，并且借鉴了皮影、戏曲艺术的舞台布景模式，追求简约、写意的画面表现，即删去冗余的细节刻画，着重表现重要物件，形成主次分明、疏松灵动的画面。同时注重构图的结构和形式感，虚实结合，用对称、均衡、节奏等形式美丰富画面意境。[①] 如《人参娃娃》开头的那段经典场景：首先，以抽象概括的手法，用不规则且棱角分明的青色剪纸组成画面的主要元素，体现出自然的野性活力与山石的厚重感，并且以层层叠叠的层次叠加，象征山体的体积和深远之感。其次，借鉴山水画的构图形式，以高低错落的画面布局引导视线，营造出纵深感，同时注意虚实结合，将背景虚化以凸显前中景的整体感，使画面更疏松生动，更渲染出深山老林之中、故事神秘奇幻的神话色彩，在场景的造型上进一步突破，造型完美地结合了民间的质朴韵味和动画自由开放的手法特点。

二、鲜喜纯丽的色彩美

国产剪纸动画在造型色彩上表现出民族化的风格，在创作中借鉴了剪纸、皮影、年画、戏曲等民间美术的色彩特点，使造型色彩形成鲜艳喜庆与纯朴秾丽的特征，构筑起"鲜喜纯丽"的色彩美学特征。一方面，色彩的"鲜艳喜庆"：由于动画需要贴近大众的审美，因此剪纸动画在色彩上贴近民间审美与趣味，追求节日

---

① 向思楼：《民间木版年画的造型美与色彩美》，《重庆大学学报》（社会科学版）2002 年第 4 期。

热闹、喜庆的氛围，用大红大绿、大胆夸张的色彩搭配等，使色彩带来积极的心理感受。因此，剪纸动画的色彩美具有装饰性的特点，表现力强，打破了以自然色为主的动画造型模式，突破了明暗和固有色的限制，而以纯正鲜艳的色块表现物象，在色彩上以少胜多、以质胜量，以原色为基础，通过对比、互补、组合或黑白的调节等方式，使色彩具有高度的节律美。另一方面，色彩的"纯朴秾丽"：剪纸动画造型的经典色彩来源于民间美术与原始文化，具有深厚的文化内涵，体现出民俗文化质朴、坦率的心境，使造型更亲切、更有感召力。此外，稚拙、纯朴的经典色彩的运用，使剪纸动画造型具有丰富的象征意味，为形象注入了丰富的情感意念，使其更加立体、饱满，充满辨识力。

首先，"鲜艳喜庆"的色彩美学体现在造型上。在角色造型上，角色的色彩设计具有装饰美，打破了以自然色为主的动画造型模式，在色彩上以鲜艳明快、对比强烈的颜色，组合出丰富的变化，形成"交响曲"式的视觉效果，使造型色彩具有高度的节律美，并且表现出中华民族追求喜庆吉祥、和美如意的审美理念。[①]具体来看，剪纸动画中的色彩看似令人眼花缭乱，实际上却有成熟的用色逻辑，即以红、黄、蓝三原色为基础，再加上黑、白、金用以过渡，在此基础上相互对比交替使用，从而组成丰富艳丽的色彩世界。如《除夕的故事》中，灶王爷浑身由紫、红、黑、白、黄、蓝多种色彩组成，但明显以紫色为主调，以红、黄色为辅，其间垫以白色与黑色的调节，最后用少量的蓝、绿装饰，使色彩形成丰富的节奏感，并且做到了"杂而不乱"，以红、黄、紫为主的角色同时也应和了影片节日喜气洋洋的背景。在场景造型上，也常使用三原色或"正五色"为基础塑造；或是以红色为主色，并用对比、互补色作为点缀。如《人参娃娃》中的山峰镜头，用经典的"正五色"构成画面，前景大块青、红色剪纸为主色调，黑、白两色作为过渡，丰富画面层次，局部以黄色点缀，使画面

---

① 姚桂萍：《动画创作与民间美术》，清华大学出版社，2017，第7—8页。

活泼生动，充分体现色彩的"交响效果"。

其次，"纯朴秾丽"的色彩美学体现在造型上。角色造型体现出丰富的象征性，如黄色象征尊贵、英勇，红色象征喜庆、吉祥，紫色象征祥瑞、神秘等。色彩的象征意味使造型具有丰富的主体情绪，使其具有强烈的自我表现力。如《渔童》中以经典的红绿撞色的造型设计，用象征性的手法表现出角色代表的喜庆、美好寓意。其中尤其以红色最具有民族代表性。《猪八戒吃西瓜》中猪八戒的色彩设计就运用了大片的红色，使角色造型具有喜庆、欢快的视觉感染力，同时又衬托了人物诙谐搞笑的身份特点，加上孙悟空的红、黄色彩，整部影片的色彩契合民间"红红火火"的审美趣味，用色简洁而接地气。场景方面，《金色的海螺》中珊瑚仙岛的场景以大片红珊瑚构成，红珊瑚寓意祥瑞幸福，代表高贵与权势，象征了幸福与永恒，既符合海神宫殿的氛围设定，同时又含蓄地暗示了打鱼青年和海螺姑娘的爱情永远幸福美满的美好寓意，体现出民间剪纸"言必有意，意必吉祥"的审美趣味。

三、美好生活的寓意追求

剪纸动画的造型来源于贴近生活的民间剪纸艺术，其造型"母体"在内容表现和形式塑造上皆带有民间艺术表现中常见的对美好生活向往的审美特征。[1]国产剪纸动画的题材主要来源于民间故事、神话传说、寓言等，故事情节本身带有民间文化对有情人终成眷属、勤劳必能过上幸福生活、惩恶扬善等美好生活的直接向往。这种对美好生活的寓意追求反映到剪纸动画创作中，主要通过剧情的设定、动画造型充分借鉴民间美术形象及场景造型特征而表现出来。民间美术形象造型的寓意通常是明显且直接的。如鱼的图案象征年年有余，桃子的图案象征长寿。剪纸动画的造型充分借鉴了民间美术造型寓意表现的直接性，尤其继承了民间剪纸艺术"言必有意，意必吉祥"的特点，使造型具有浓郁的主体

---

① 聂欣如：《什么是动画》，复旦大学出版社，2016，第50—51页。

情感色彩，通过动画创作中对带有寓意形象造型，以及寓意吉祥、喜庆场景造型的借鉴，来表现和烘托鲜明的主题和寓意，以表现出热爱生命、吉祥美好等寓意内容。具体来看，剪纸动画造型所体现出的美好寓意，可以分为以下几种方式。

第一，借鉴民间美术中寓意吉祥、喜庆、美好的形象来与故事主题相呼应，进一步明确故事的主题和寓意。为符合大众的审美趣味，已有的代表性剪纸动画的主题皆是表现生活美好，寓意团圆美满的。剪纸与皮影同样属于通俗艺术，是大众审美的集中体现。审美趋向的一致性使得剪纸动画可以充分借鉴民间美术中寓意吉祥、喜庆、美好的形象，只要稍做设计，便可以与故事主题相呼应，使得造型的寓意特征同样得到彰显。如《人参娃娃》中人参娃娃的造型，借鉴民间年画中"胖娃"一类的形象，以滚圆的大脑袋、藕节般饱满的四肢，着重突出了角色健康活泼的气质，人参娃娃"饱满"的造型象征了丰裕、圆满等美好含义，使形象更"接地气"，具有浓郁的生活气息。还有以"刚劲、方正"的角色造型表现惩恶扬善、刚正不阿等的美好寓意。这类造型多以片中正面角色为主，与曲线和圆形轮廓的造型给人委婉、舒缓、流畅、优雅的感觉相比，直线的、方形的轮廓可以带来明确、有力、勇敢、阳刚、粗放的视觉效果，体现出角色铮铮铁骨、抗争不屈、公平正义、勇敢无畏等美好的品质。如《渔童》中的老渔夫、《红军桥》中的红军们、《葫芦兄弟》中老爷爷的形象。

第二，场景之中穿插民间文化中寓意美好、吉祥、喜庆的形象以呼应主题。剪纸动画的场景造型继承了民间剪纸"言必有意，意必吉祥"的特征，其形象并非只是对物象的再现，而是融情于景，情景交融，在场景中融入一系列的象征意义，多选取具有浓郁生活气息的景物，或是民间文化中具有美好、吉祥、喜庆寓意的事物，以谐音寓意、道具组合产生寓意等方式呼应主题，衬托人物表演。[①] 如《渔童》中渔童初次登场的场景，就是利用道具的

---

① 殷俊：《民族化与中国动画的角色造型》，《文艺研究》2006 年第 2 期。

谐音，将多重寓意进行打破、重组融入画面，体现了对美好生活的向往。影片中在鱼盆中苏醒的渔童生于莲花之中，与水中鱼儿相戏，洒下的粒粒水珠变为珍珠的画面，融入了民间剪纸"连年有余"与"金玉满堂"的美好寓意。在民间文化中，莲花生子是对生命的赞美，寓意着生命的绵绵不断和美好吉祥的希望。此外，角色造型蓝本来自民间庙宇的"金童玉女"形象，金童玉女有"善财童子"的身份，本身就有为百姓带来财富的吉祥含义。鱼、莲花、童子都是民间常见的经典意象，蕴含深刻的文化寓意。

第三，场景整体造型设计上借鉴民间美术平、满的空间构成特征，以渲染和烘托美好的主题氛围。剪纸动画的场景造型以"满"的造型思维表现出对圆满、幸福的寓意追求。场景以散点透视的方式自由布局。将道具填"满"画面，用饱满、充实的画面营造出热闹的气氛；同时，利用背景的留白获取"满"与"空"的对立统一，从而使得画面既饱满又轻松自然，产生满而不挤的效果。如《除夕的故事》中的场景道具布置，以平面构图为主，运用了对称、散落、中心等构图形式，各类具有吉祥象征的道具将画面撑得满满的，充满了除夕热闹与丰裕的气氛，以"满"的布局显示了一种富于韵律的节奏美感。

四、国产剪纸动画造型美学的文化内涵

国产剪纸动画的造型美学源于中国动画人对于动画民族化道路的积极创新，同时剪纸动画根植于中国民间的剪纸和皮影艺术，亦是质朴、纯真民间文化的一种体现。

首先，中国学派中剪纸动画的形成、发展和中国动画民族化道路的探索有着密不可分的联系。"民族化"这一概念意味着通过借鉴国外动画的经验来更好地突出自身的民族品格，为表现本民族的内容题材服务。从历史角度看，具有民族品格的"剪纸片"的出现，是社会、时代因素与艺术家自觉的艺术追求共同影响下的结果。1955年，特伟"探民族风格之路，敲喜剧动画之门"方针的提出，标志着中国动画踏上了民族化探索的道路。1958年，首

部剪纸动画《猪八戒吃西瓜》的诞生正是在这条道路上迈出的一大步，是在"民族化"大主题下与民间美术结合的结果，其造型借鉴了民间玩具与豫北剪纸，色彩鲜艳喜庆，表现出浓郁的民俗意味。万古蟾、胡进庆等创作者们在艺术上的自觉追求固然促进了剪纸动画造型美学的发展，但"民族化"的动因及造型形态的形成却更多受社会、时代因素的影响。因为此时"民族化"已成为全国性的文艺工作方针：美术界同时提出"目前也正面临这项伟大而艰巨的任务：要努力为创造新型的社会主义的民族的美术而奋斗"[①]。可以看出"民族化"的号召是跨界的、全国性的普遍追求。基于此，时代对"民族化"的追求促进了剪纸动画在造型风格上的形成，也影响着创作者的审美喜好和选择，最终促成了"剪纸片"这样一个具有民族化意义的片种的诞生，其"土味"浓郁的造型，正体现了当时工农文化主导下的大众审美取向，片中一个个英武、健康、美善的形象，不仅是民族传统文化所倡导的，也是新中国成立后人们内心充满希望、乐观浪漫、积极向上的写照。

其次，国产剪纸动画的造型充分吸收了传统民间艺术的文化基因，继承、发展了民间的剪纸、皮影、年画等艺术样式，形成了独特的造型美学。其造型粗犷、质朴，不拘泥于细节，以意变形，以形写神，色彩鲜艳、喜庆，具有装饰美感，同时又注重象征性的表达，将美好寓意融入造型，使造型形象充满情感意味，表现出了民间文化质朴、纯真之美。造型美学取决于哲学观念。追根溯源，剪纸动画独特的艺术形态，源于民间艺术观念与古代哲学观念，深藏在有形之象背后那充满意味的世界——"心象"之中。"心象"的造型哲学，实际上反映着传统中国美学所共有的艺术精神，即不求精确地再现物象，不以逼真形似为高超，色彩趋于装饰性和表现型，而非自然的固有色，以抒发审美主体对物象的主观感受和寄托审美主体的意绪为美学原则，既写实，又写

---

① 王琦：《创造社会主义的民族性美术的榜样——"苏联美术作品展览会"观后感》，《美术研究》1958 年第 3 期。

意，以形写神，情景交融，"心像"的艺术精神为剪纸动画注入了既不脱离原型的形态情趣，又蕴含浓烈的主体意绪，愈显其韵致的造型美学。[①] 剪纸动画继承了剪纸造型"言必有意，意必吉祥"的内涵美，使画面无论造型或动作皆诉诸意象、充满情感，让装饰美不只留于美观花哨，而富有人情韵味、民俗气息。如《渔童》中将动画的造型、叙事和剪纸的象征纹样、哲学观念有机结合，"运用大量传统象征纹样来凸显渔童的聪明，表达向往与歌颂美好生活的理想和愿望，通过自然界的物象与故事反映了人们质朴坦率的心理"，画面中荷叶、莲花、金鱼、珍珠的组合，借鉴了民间剪纸中谐音象征的造型思维，表达"连年有余""金玉满堂"的美好寓意。这种观念式的艺术思维同样源自民间剪纸，使渔童的形象充满了丰富的情感表达和戏剧效果，使角色摆脱对文学戏剧的依赖，以空间思维的造型完成了时间层面的叙事，并且成为其造型之浓郁乡土气息的来源所在。

最后，民间艺术丰富的种类、完善的体系也为剪纸动画的造型美学提供了取之不尽的库藏。万古蟾曾在文章中表示，"剪纸片这种样式不是从国外移植而来，而是吸取中国民间的皮影戏和窗花、剪纸等传统艺术的精华，结合电影的特殊技术，经过多次实验而成"[②]。民间的皮影戏本身就与动画的形式十分相似，更有"动画界活化石"之称，因此，剪纸动画也可以说是对传统艺术形式的现代化实践。在借鉴皮影戏的工艺、制作流程的基础上，初期剪纸动画，如《猪八戒吃西瓜》《济公斗蟋蟀》中的造型仍倾向于卡通化，造型以画为主，而在随后的《渔童》《人参娃娃》中，造型大量融入剪纸的象征纹样、谐音寓意等特点，色彩更突出民俗意味、装饰性更强、更有感召力，逐渐形成了独特的造型美学。《金色的海螺》则更进一步地在造型中完美展现了剪纸、皮影的镂

---

① 刘海舒：《论中外动画经典造型样式的文化内涵》，《北京电影学院学报》2009 年第 3 期。

② 万古蟾：《谈美术电影的新品种——剪纸片》，《光明日报》1960 年 2 月 17 日。

雕、剪刻工艺，造型精美、瑰丽，在工艺性和整体艺术性上取得了美妙的平衡，标志着剪纸动画风格趋于完善成熟。

五、结　语

　　总的来说，国产剪纸动画是在中国动画寻找民族化道路，中国社会辞旧迎新、充满热情的时代背景下诞生的，体现出自觉的民族化意识。其历史虽然起步于1958年，但却继承了皮影、剪纸等民间艺术数千年的文化历史，具有深刻、丰富的文化内涵，以借鉴民间美术外部形式的方式，弘扬了民族的传统审美理念与传统哲学观。其诞生让舶来品身份的动画真正具有了文化归属感，成为大众喜闻乐见的艺术形式。此外，由于剪纸动画均为集体创作，创作群隶属于国家组织，因而也代表了社会情感的集中表达，是民族文化的一部分。

传统文化类电视综艺节目的年轻化实践

应思瑶　景秀明 [①]

（浙江师范大学艺术学院，浙江金华，321004）

摘　要：在国家大力推进优秀传统文化传承的背景之下，以中央电视台的《国家宝藏》《经典咏流传》《中国诗词大会》为代表的传统文化类电视综艺节目一改昔日文化节目严肃的面貌，不约而同地采用年轻化路径，引导年轻人树立正确的价值观，传承中华优秀传统文化。虽然此类节目在年轻化实践中取得了一定的成效，但依然存在着不足，值得反思与改进。

关键词：传统文化类电视综艺节目；年轻化路径；年轻化反思

2017 年，中共中央办公厅、国务院办公厅发布《关于实施中华优秀传统文化传承发展工程的意见》，从国家层面强调和重视中华优秀传统文化的传承与发展。电视媒体作为我国主流媒体之一，传承文化是其重要使命，但是随着网络的日益发达以及新媒体的不断涌现，电视面临着受众尤其是年轻群体流失的巨大压力。为了解决现实困境，近几年，以中央电视台为代表的主流媒体推出众多聚焦年轻群体的传统文化类电视综艺节目。比如《国家宝藏》的导演于蕾指出，其节目的目标是让更多的年轻人爱上中国的历史和文化，爱上博物馆。《经典咏流传》节目的初衷是让年轻一代

---

① 作者简介：应思瑶，浙江师范大学艺术学院讲师。景秀明，浙江师范大学艺术学院教授。

喜爱诗词文化并将其继续传承下去。"年轻化"逐渐成为传统文化类电视综艺节目的主要特征和传播常态，使其放下"高冷"的架子，打破与年轻人之间的藩篱，实现正确价值观引导与优秀传统文化传承。

一、"年轻化"的缘由

年轻化是一个营销概念，随后被引入电视领域，近几年又盛行于传统文化类电视综艺节目中。

（一）品牌年轻化

品牌年轻化主要是指企业为了让品牌资产再生，运用"寻根"的方式重新使得品牌保持活力，获得失去的品牌资产和新的市场地位。[①] 为了实现品牌年轻化和使品牌恢复活力，一是树立独特而又鲜明的品牌个性，以此获得更高的品牌知名度和联想，从而最终获得新的或重新得到失去的品牌资产；二是通过向年轻人市场进行品牌延伸，以便获得更高的品牌知名度和联想，这也可以获得新的品牌资产。[②]

毫无疑问，无论是消费观念还是购买能力，年轻人是主力人群，但是很多品牌喊着"年轻化"口号，却不被年轻人买单，无法实现与年轻人的有效沟通。对此，有文章指出有效的品牌年轻化需要注意以下几方面：首先，年轻化不等于年轻人化。所谓的"年轻化"并非指某个特定的年轻区间，而是一种充满活力的思维方式和处事态度。其次，年轻化并非用年轻人喜欢的流行元素来表达品牌。最后，年轻化并非就是要迎合当下年轻人的喜好。因为一方面年轻人的喜好多元，一千个消费者可能会有一千种需求或喜好。另一方面，年轻人要的不是一味"迎合"他们的外人，而是

---

① 王方：《传统企业品牌年轻化策略研究》，硕士学位论文，河南科技大学，2011，第4页。

② 陈振东：《基于 CBBE 视角的品牌年轻化研究：以品牌个性和品牌忠诚为视角》，《管理学报》2009 年第 7 期。

能够产生"共鸣"的伙伴。① 因此，品牌年轻化要从品牌的核心精神和态度入手，形成年轻的品牌价值观，发现年轻消费群的价值需求，找到一个能在年轻人与品牌之间产生共鸣的态度，让他们对品牌产生认同。

（二）电视年轻化

在电视领域，湖南卫视早在 2002 年就提出了"锁定全国，锁定年轻"的战略定位，通过一系列年轻化的内容产品牢牢抓住年轻观众，发挥价值引领作用，展示了电视媒体的社会责任感。2013 年，尹鸿教授指出，电视正在变年轻，湖南卫视独家的"青春"面孔，成为浙江、江苏、东方等多家卫视的共同追求。② 近几年，全国卫视围绕着"80 后""90 后""00 后"年轻观众展开激烈竞争，得年轻人者得天下，逐渐成为电视圈的共识。

在学界，研究者们围绕着电视年轻化做了诸多研究。有研究认为，年轻化对于电视频道来说，不是一种选择而是一种必需。年轻人是未来，节目的主创人员要分析年轻人的所思所想、所爱所好，打造吸引年轻观众的电视节目，并且在这个过程中传播价值观。③ 在电视剧年轻化研究中，何天平、王晓培指出，《人民的名义》等"正剧"在年轻观众群体中的喜爱和接受程度不断提高，探究其背后的原因，一方面源于电视剧创作者生产观念上的转型，比如"正剧"在视觉和审美样式上融入更多时尚化、青春化的元素等。另一方面在于传播观念的转型，例如年轻受众依托剧中人物形象或人物关系制作微信表情包，在新媒体环境下观看剧集时发

---

① 《可能你对品牌年轻化有些误解 | 不年轻专科》，https://www.sohu.com/a/234289077_199560，访问日期：2020 年 7 月 7 日。
② 尹鸿：《电视正在变年轻》，《中国广播电视学刊》2013 年第 1 期。
③ 北方、牟燕红：《立足研发原创 年轻化不是选择而是必须——专访江苏卫视频道总监李响》，《电视指南》2016 年第 5 期。

起弹幕讨论，等等。① 此外，有的电视剧更是将年轻人的价值观融入电视剧中，比如《激情的岁月》用现代年轻人的价值观来诠释"两弹一星"精神，并感召吸引了大量年轻的观众。② 不仅仅是电视剧，电视纪录片《如果国宝会说话》也进行了年轻化探索，节目通过别出心裁的宣传海报、年轻化的语言、短小精悍的微纪录片模式、故事性十足的内容、碎片化的传播方式等成功打动了年轻受众。③

（三）传统文化类电视综艺节目年轻化

近几年，以《国家宝藏》《经典咏流传》《中国诗词大会》为代表的传统文化类电视综艺节目一改昔日文化节目严肃的面貌，主动向年轻人靠拢。比如《国家宝藏》在年轻化探索中，通过邀请当红明星，设计年轻人喜爱的视听元素，注重在网络平台与年轻人互动，运用流行性网络语言等主动向年轻人靠拢，调动年轻观众的兴趣。④

综上所述，年轻化的核心与本质是使用与满足理论，即受众个体为了相关的目的，比如获取个人指南、休闲、调整，获知信息、形成认同而使用媒介。⑤ 对于电视媒介来说，为了吸引目标受众，就需要从受众的角度出发，提供能够满足他们需求、产生情感共鸣与心理认同的节目。所谓传统文化类电视综艺节目年轻化，

———————

① 何天平、王晓培：《"正剧"的年轻化传播：一种考察受众解码电视剧的新视角》，《中国电视》2018 年第 7 期。

② 梁仁红：《年轻化表达：主旋律电视剧〈激情的岁月〉创作谈》，《电视研究》2019 年第 11 期。

③ 郭嘉良：《微纪录片"年轻化"传播途径的创新与探索——以〈如果国宝会说话〉为例》，《青年记者》2019 年第 29 期。

④ 关峥、蔡眯：《传统文化元素年轻化在社会化综艺节目中的表征——以〈国家宝藏〉为例》，《传媒论坛》2019 年第 22 期。

⑤ [英]丹尼斯·麦奎尔：《受众分析》，刘燕南、李颖、杨振荣译，中国人民大学出版社，2006，第 88 页。

一方面，指的是从当下年轻人的视角出发，提供贴合年轻群体特征，满足其需求的内容，引导年轻群体树立正确的价值观，实现文化传承；另一方面，指的是一种年轻的思想和价值观。因为"年轻化"并非指某个特定的年龄区间，而是一种年轻的态度和精神，这种态度和精神不仅能在年轻群体中产生共鸣，还能辐射至其他年龄段。年轻化是传统文化类电视综艺节目的手段，其目的是引导国民树立正确的价值观，传承中华优秀传统文化，这里需要强调的是文化传承不等同于文化的传播与继承，而是在当下语境中观照现实，对传统文化进行继承、创新与发展。对此，传统文化类电视综艺节目要树立责任意识，强化文化担当，避免过度娱乐化和盲目追求经济效益。

二、传统文化类电视综艺节目的年轻化探索与不足

（一）传统文化类电视综艺节目的年轻化路径

纵观以《国家宝藏》《经典咏流传》《中国诗词大会》为代表的传统文化类电视综艺节目，不难发现，此类节目在节目内容、节目形式与节目传播方面进行了年轻化探索。

首先，传统文化类电视综艺节目的内容采用故事化的编创手法，以《国家宝藏》与《经典咏流传》为例，不难发现，节目中个别故事的情境与当下年轻人的处境相似，容易引起年轻群体的共鸣（见表1）。个别故事在讲述的同时，也完成了价值观的传达。比如梁俊与山里孩子的故事告诉年轻人不要因为环境恶劣而丧失勇气和积极的生活态度，即使平凡，也能发光，要正视自己的价值。基于使用与满足理论，受众的观看结果会影响他们对媒介的印象及之后的行为选择，因此当年轻人的需求得到满足，问题得以解决之后，他们会持续关注节目，并且主动接受节目传递的价值观。

表1　文化类电视综艺节目故事化编创手法分析

故事主题	故事情境	现实处境
成长	支教老师梁俊带领山里的孩子演唱《苔》，帮助他们找回自信和勇气。	当下的年轻人敏感脆弱，在激烈的竞争中，常常会气馁和没信心。
家庭	司马金龙和钦文姬辰夫妇对于孩子食肉还是吃素产生分歧，之后又对木板漆画中的故事提出了不同的看法。在男尊女卑的传统社会，妻子敢于质疑丈夫所讲故事中女性应该遵循的道义。	现代社会，越来越多的年轻夫妻打破封建思想，以平等的方式相处。
性格	廖俊涛和毛不易讲述自己在生活中比较"宅"，容易感到孤独。	当下的年轻人独立，喜欢独处，但也时常感到孤独。
梦想	年过七旬的陈彼得，时尚且热血，尽管已到古稀之年，但依然怀揣梦想，致力于将中国的诗词文化传承下去。	当下的年轻人同样会为了自己的梦想和目标而执着奋斗，一往无前。
友情	凤凰传奇讲述当年追梦的艰辛以及朋友之间的互相支持和帮助。	在当下社会，不少年轻人也会遇到梦想不被看好的时候，但是志同道合的朋友之间的鼓励与认可，给了自己勇气，支撑着自己勇敢地走下去。

其次，节目用年轻人喜闻乐见的方式呈现内容。在参与者方面，传统文化类电视综艺节目邀请当红明星加盟。以《国家宝藏》第一季为例，参加节目的部分明星正值人气巅峰，其个人号召力与影响力给节目带来一定关注度和话题量的同时，也为节目输送了一大批年轻观众。在话语表达方面，节目用网络化的语言主动向年轻人靠拢，比如《国家宝藏》第一季的《阙楼仪仗图》前世传奇演绎中，"朋友圈""漂流瓶"等网络词汇层出不穷。在视听方面，节目力求呈现年轻化的视听盛宴。一方面，节目打造出极具科技感和网感化的舞台空间，使年轻人由爱上这个空间而爱上节目内容。另一方面，节目选择符合时代潮流与年轻人审美品位的音乐作为背景音乐，助力节目打开年轻观众圈层。

最后，节目在传播方面，注重媒介融合，采用多元的方式实现与年轻受众之间的有机交互。其中包括三种主要的交互类型：一是对话型交互。比如《国家宝藏》在官微与用户进行互动，转发网友自制的各种"萌萌哒"的表情包，让年轻用户的心声被传统媒体听到并得到反馈，实现了传受之间平等的交流。二是参与型交互。在交互纪录片中，观众通过编辑已有影片或上传新影片等方式来改变作品呈现界面与内容，强调观众直接参与到作品制作与传播过程中的干涉能力。① 将其引用到传统文化类电视综艺节目中，即年轻群体在微博、B站、微信朋友圈等网络平台中对节目进行点评、讨论，甚至对节目内容加以补充发布，这些由用户自发创作的次生文本，不仅成为比原媒介文本更丰富和有趣的存在，而且更容易引起年轻圈层的共鸣与认同。三是活动型交互，即节目基于新媒体发起线上活动，带给用户全新体验。比如《经典咏流传》第二季开展"读诗成曲传唱经典"全民参与活动，让更多的人成为经典传唱人。此类交互模式更多地强调传播者的作用，节目组作为把关人，发起活动，控制活动的进程与走向。以上三种交互模式，不仅契合了年轻人的特征，而且拓展了节目的生存空间，形成积极的社会反响。

传统文化类电视综艺节目的年轻化实践取得了可喜的成绩。截至2018年4月，《国家宝藏》第一季节目在B站的播放量为1459.1万次，弹幕数量103.3万条②，并且节目在微博、朋友圈等网络平台被众多年轻观众点赞与分享。在豆瓣中，《国家宝藏》三季节目的参评人数均破万人，其中《国家宝藏》第一季的参评人数高达90000多人。

（二）传统文化类电视综艺节目年轻化的问题

虽然传统文化类电视综艺节目的年轻化探索有成功之处，但仔细探究，却发现仍然存在着一些问题与不足，值得反思。

---

① 李坤：《交互纪录片：一种纪录片的新范式》，《文艺研究》2016年第12期。
② 苏裴：《从B站弹幕看〈国家宝藏〉对青少年的吸引力》，《电视研究》2019年第4期。

首先，明星元素运用不当。具体有以下几种表现：一是重名气，轻演技。在《国家宝藏》中，明星需要在前世传奇环节扮演重要角色，完成舞台剧表演。但是个别明星演技不够，影响故事内涵传达，导致观众出戏。二是重明星风采，轻文物。比如《国家宝藏》第二季节目中"宋金项饰"的前世传奇部分，9分多钟的故事，大部分内容与文物无关，岳云鹏的表演及其经典语录"我的天哪"给观众留下的印象反而更深。三是明星与节目内容匹配度不高。比如《经典咏流传》第三季节目邀请董宝石演唱柳宗元的《江雪》，但是明星与诗词之间的内在联系不够，尤其是最后的家人介绍环节，这些内容导致节目重点由诗词向演唱者（明星）偏移，使传统文化被明星喧宾夺主。

其次，议题设置存在缺陷。一是与当下年轻群体相关的议题数量不多，传统文化类电视综艺节目虽然讲述了诸多不同时期年轻人的故事，但是大多数故事在当下年轻群体中缺乏普遍性和代表性，年轻人难以在"他人"的故事中产生情绪共鸣与心理认同，并且即使是有关联的故事，其类型也集中且单一。二是节目对相关议题的观照性不强。虽然一些故事的情境与当下年轻人的处境相似，在年轻群体中引发了共鸣，但是没有从年轻化的视角出发进行讲述，导致价值观引导力不足，传统文化传承效果不佳。除此之外，节目中体现年轻态度和精神的议题不多，因此节目难以打破年龄圈层，实现广泛的辐射效果。

再次，缺乏对传统文化进行深入的挖掘与探讨。传统文化包含三个层面的空间形态，由表层到内核分别是传统文化的具体符号，文化的表现形式与表现逻辑以及传统价值观。[①] 因此，传统文化类电视综艺节目要想真正地实现文化传承，就必须抵达文化价值观层面，但是电视荧屏播出的此类节目在这一层面做得不够深入和透彻，大多仅仅停留在文化符号展示和历史讲解阶段。比如

① 田凡、何圆：《浅析中国传统文化的电视传播》，《西安文理学院学报》（社会科学版）2014年第4期。

《中国诗词大会》虽然以竞技＋打擂的模式营造了年轻人喜欢的氛围，激发了人们心中对诗与远方的向往，燃起了观众对诗词的热情，但是节目整体而言缺乏反思精神，未能进一步探讨如何将古人的历史经验转化运用于现代社会，因此文化传承还停留在纸上谈兵，无法真正促进人类与社会长远的发展与进步。

最后，互联网思维与社交创新不足。虽然传统文化类电视综艺节目在生产、制作、传播等方面基于互联网进行了多方位的探索与创新，但存在着力度小、范围窄、互动方式简单等问题，社交创新不足，无法与年轻群体产生强有力的黏性。比如《国家宝藏》虽然在多个网络平台进行传播，并根据平台特征将原始节目进行剪辑，制作成不同长度的视频，但是这种简单的切段式的剪辑并没有充分体现与运用互联网的表达与传播方式，难以在互联网平台和年轻群体中产生话题，增加节目与年轻受众之间的黏合度。除此之外，虽然传统文化类电视综艺节目在微博、微信、B站等网络平台与年轻用户进行多方位互动，但是仍然局限于点评、讨论、表情包制作等浅层互动层面，节目没能充分利用好互联网优势来扩大自身的传播范围，提升节目的影响力。

三、传统文化类电视综艺节目年轻化的建议

针对上述问题与不足，传统文化类电视综艺节目未来的年轻化发展策略可以从以下几方面入手。

（一）明确目的与手段的关系

年轻化是传统文化类电视综艺节目的手段，目的是引导国民树立正确的价值观，传承优秀传统文化。大众传媒不仅传播文化，也是文化的选择者和创造者。因此，传统文化类电视综艺节目首先需要有选择性地突出符合社会主义核心价值观的优秀传统文化，通过年轻化的方式，将优秀传统文化的精髓和正确的价值观深入每一位国民尤其是年轻人的思想和行为中，而并非仅仅停留在传统文化学习和爱国情绪渲染层面。其次，节目应当有科学的反思

精神，从现实角度审视历史，由今溯古，以古鉴今，取其精华，舍弃糟粕，对传统文化进行继承与创新。再次，在故事化的编创过程中，节目不仅要在故事内容上能引发受众的共鸣和认同，而且也要从年轻化的视角出发进行讲述，观照现实，使受众从中获得启发和教育。比如现代社会中，如何选择工作以及成功就业等问题一直以来困扰着年轻人，节目可以以此为切入点，基于行动元理论，设置符合现实情境的主体、客体、辅助体、对立体等，并设计既有现实依据又有戏剧张力的剧情，使年轻群体产生共鸣的同时，也能从他人的经历中审视自己，获得启发。

当然，电视有其商业性的一面，电视媒体采取年轻化策略也是为了帮助自身回流主力消费群体——年轻观众，提高收视率，获得广告收益，但是节目年轻化的目的应该以价值观引导和传统文化传承为主，收视率为辅，若没有把握好两者之间的主次关系和尺度问题，就会导致节目出现过度明星化、娱乐化以及庸俗化的问题，而大众传媒的涵化功能会影响受众对现实社会的客观认知以及正确价值观念的塑造。事实上，上述两者并不冲突，成功的价值观引导和文化传承不仅能帮助个体进行思想和行为的修正，以个体的完善带动和促进社会的发展与进步，而且还能拉动收视率，使传统文化类电视综艺节目获得口碑与收视双丰收。

（二）合理利用明星资源

传统文化类电视综艺节目要合理利用明星资源，避免明星效应大于文化属性，使传统文化被喧宾夺主。近几年，传统文化类电视综艺节目实现井喷的增长态势，一些当红明星成为节目的座上宾。明星本身具有眼球效应，其 IP 背后蕴藏着数字庞大的粉丝经济，但是如何将明星 IP 融入传统文化类电视综艺节目之中是关键所在。首先，在设置有表演环节的节目中，需要根据剧情为明星安排合理的角色。而且故事创作要以传统文化为主，明星应服务于主题表达。其次，明星与传统文化的关联性要强。以《经典咏流传》为例，节目采用故事化的思维方式，用演唱者的故事带领观众走进古人的生活，因此传唱嘉宾、诗词与音乐三者需要相互成就、相得益彰。比如第一季节目中，汪明荃和罗家英夫妇与秦观的《鹊桥仙·纤云弄巧》就是比较好的诠释。汪明荃与罗家英二十多年的爱情长跑刻骨铭心，一起走过生死关的两人合唱《鹊桥仙·纤云弄巧》，让人感慨万分。两位经典传唱人的爱情故事赋予了这首词情感和温度，使之跨越历史长河，被当下的年轻人读懂，并且引发了同龄人的情感共鸣。

明星的加入为传统文化类电视综艺节目增添了不少看点。但是此类节目的核心是传统文化，明星在节目中应当服务主题表达，起到串联内容、牵线搭桥的作用。若喧宾夺主，就会导致立意深远的传统文化类节目成为安利明星的工具，传统文化成为附属品，节目的性质和宗旨发生根本性的变化。

（三）树立互联网思维，积极推进社交创新

在网络化时代，传统文化类电视综艺节目需要不断转变媒介融合思维，积极探索和创新与年轻用户之间的社交模式，重视小众传播，发挥长尾功效，提升节目的影响力和知名度。

首先，节目要积极与社交媒体合作，充分发挥其平台优势，因为在当今社会，社交平台已成为年轻用户们获得信息的主要入口和渠道，并且小众传播的影响力有时反而胜过大众传播。在具体操作中，一方面，占据各种可接触信息渠道，进行全方位传播，并且根据不同社交平台的特点，有针对性地制定传播策略。比如在微博中，除了努力增加关注数量，借助微博裂变式的传播途径，扩大信息的传播范围和节目的影响力之外，还要搭建良好的互动沟通平台，打造新话题与新热点，激发年轻用户的参与心理，吸引受众深度卷入。总而言之，通过丰富信息种类、拓宽传播渠道，提高节目受关注度，变冷门为热门，使边缘信息中心化。另一方面，充分借助意见领袖的作用来提升节目自身的影响力，并将年轻用户引流到电视节目中。在社交平台中，用户更倾向于被动地获得由朋友分享、转发、点赞的信息，而不是主动地去搜索信息，

如此形成的马太效应在集体性行为的影响下使互联网当中的一些文章和信息被逐渐边缘化或淹没。因此节目需要借力于意见领袖，使相关信息能够聚合群体力量，在社交平台中产生并维持传播热度。

其次，根据移动互联网时代用户的特点和需求，从语言、内容、表达方式等方面进行创新，颠覆以前线性、系统化制作拍摄传播的理念。[①] 比如，节目可以采用当下热门的短视频和直播的方式增加自身热度，并且不断进行内容的迭代更新，设计与粉丝的互动方式，制造看点和爆点。

最后，在互动模式方面，传统文化类电视综艺节目可以尝试打破传统屏幕间隔，与观众进行体验型交互。比如采用沉浸式戏剧的方式，让观众进入历史情境中，与演员进行互动，在故事中了解历史。又或是在某个城市，观众拿着平板电脑和GPS设备等，在特定的地点就可以收听到在某一时期发生的故事，并在移动设备上收看当时的影像片段，将现实与虚拟相结合，使传统"过去式"观看向"现在进行时"转变。[②]

四、结　语

传统文化类电视综艺节目是当今社会一种重要的文化传播载体，它一改昔日严肃的面貌，以一种年轻化的态势展现在观众面前，引导国民树立正确的价值观，传承优秀传统文化。此类节目在内容、形式以及传播方式等方面进行了年轻化探索与实践，并在年轻人群体中收获了关注与好评，也燃起了国民的民族自豪感和文化骄傲感。但是节目在年轻化传播过程中仍然存在缺陷，比如明星元素运用不当，议题设置存在缺陷，互联网思维与社交创新不足，缺乏对传统文化内核的深入挖掘与探讨等问题。对于未

---

① 冶进海：《消解·颠覆·创新——电视媒体社交化传播的关键词》，《青年记者》2020 年第 6 期。
② 李坤：《交互纪录片：一种纪录片的新范式》，《文艺研究》2016 年第 12 期。

来传统文化类电视综艺节目的年轻化发展，可以从明确目的与手段的关系，合理利用明星资源，树立互联网思维，积极推进社交创新等方面入手。总而言之，传统文化类电视综艺节目要树立媒介责任意识，做一位有情怀、有思想、有社会责任感的传播者，而不是以文化传承为噱头，以收视率为根本目的，追逐收益率的市场传播者。

宋代"五男二女"图像中的生育观与社会根源 [①]

程波涛　董丹青 [②]

（安徽大学艺术学院，安徽合肥，230601）

摘　要：中国古代有一些寄寓国人美好愿望的词语，如多子多福、早生贵子、四世同堂等吉祥语。在宋代话本、小说等各种文献资料中，"五男二女"是经常被广泛提及的吉祥语之一。五男二女即有子五人、有女二人，代表着传统社会的家庭中一种较为普遍和理想化的生殖愿望。根据相关文献记载，在宋代婚嫁生子等礼仪习俗中，有"五男二女图"的出现，自有其产生的历史背景与社会文化诱因，同时也折射出农耕文化下人们较为普遍的生殖心理，而这种带有理想色彩的生育观念，在较长的历史时期内对人们的生育观产生过一定的影响。

关键词：宋代；五男二女；图像；生殖观念；农耕社会；社会心理；民俗

自古以来，生殖繁衍、人丁兴旺一直是深受社会不同阶层重

① 基金项目：安徽大学博士科研启动经费项目（JO1003248）；国家社科基金艺术学重大项目"中华传统艺术的当代传承研究"（19ZD01）。
② 作者简介：程波涛，安徽大学艺术学院教授。董丹青，安徽大学艺术学院美术学民俗艺术专业硕士研究生。

视的大事。从家庭、家族到国家，要想强大、富足和持久发展，人口问题必然是一个不容忽视的重要前提。因为在农耕社会中，人口无疑是重要的"资源"，也是人力的来源和社会财富的创造者。在两宋时期，由于受到社会、经济、战争等方面因素的影响，出于战略和社会的考虑，国家极其重视人口的增长，此时的人口数量在中国历史上达到一个空前的高度。宋人重视人口的繁殖，"五男二女"是祈福求子的主要祝福内容之一，不仅体现在话本小说中，也体现在团扇内容构成与铜镜等生活物品的装饰中。仅仅就社会构成的基本要素，即"具体家庭"来说，宋人对儿女成行、血脉绵延的期望，反映着当时国家人口生育政策的走向，同时也包含着传统社会的生殖观念和风俗内涵。

一、"五男二女"生殖观形成的根由

自上古以来，中国社会对人口生殖就极为重视。如《诗经·大雅·生民》记载："载震载夙。载生载育，时维后稷。"《淮南子·原道训》也有："是故春风至则甘雨降，生育万物。"[1] 这类文字可视为古人对生育文化的比附与认知。《礼记》中明确指出婚姻的存在意义主要是生殖、养育后代，即"昏礼者，将合二姓之好，上以事宗庙，而下以继后世也"，从中无疑能够见出传统社会中国人对于婚育观念的概括与理解。中国传统社会，人口的多寡通常与国家能否良性发展息息相关。其实，人口是一种资源，也是综合国力的重要构成内容之一，而"五男二女"则是一个家庭子女构成的理想状态。"五男二女"一词可见于唐代敦煌写本 S3284 卷的《婚事程式》[2]。婚事活动中，有新人入洞房后"撒帐"的民俗。撒帐是一种婚礼的仪式，被人们赋予了祈子得孕的俗信功能。在撒帐时，不少地方通常还会有诸如"千秋万岁，保守吉昌，五男二女，奴

---

① 《辞源》（第三册），商务印书馆，1982，第 2096 页。
② 《婚事程式》藏巴黎图书馆，编号 P.3284。

婢成行……"①之类的祝词。唐代社会认为"五男二女"是很好的男女比例分配，所谓："生五男二女，岂唯善育，故亦能训。"②"五男二女"观念还出现在各类传记传说中，有一讲述书生淳于棼的"南柯一梦"的故事中写道："生有五男二女，男以门荫授官，女亦聘于王族。"③此外从敦煌莫高窟 112 号的《群童采花图》（图1）中可以看到，中间有一棵大树，树上有三名儿童，树下有四名儿童，皆手拿花束嬉戏游玩。根据当时的装扮推测，中间层梳着双髻的是女孩，其余单髻发式的则为男孩，所以此图应是中唐时期的"五男二女图"。

图1　敦煌莫高窟 112 号 西壁佛龛内西壁南侧屏风画《群童采花图》

到了宋代，五男二女的含义以及观念的发展得到了明确和进

① 刘复：《敦煌掇琐》，《档案学通讯》1998 年第 1 期。

② 周绍良主编《唐代墓志汇编》，《唐京兆王氏妻清河崔夫人墓志》，上海古籍出版社，1992，第 1452 页。

③（宋）李昉：《太平广记》卷四七五·昆虫三《淳于棼》，中华书局，1961，第 3913 页。

一步认同。朱鉴在其《诗传遗说》一书中指出："今人言五男二女，亦有所本。《诗疏》所谓武王有五男二女，盖出于此。五男者，如《左传》邢、晋、应、韩为武之穆，与成王则五矣。二女者，太姬下嫁陈胡公，其一也；《诗》'何彼秾矣'，王姬下嫁齐侯之子，则二矣。"① 周武王（姬发）即西周王朝的开国君主。其生有五男二女：五子为周成王姬诵、邢叔、唐叔虞、应侯、韩侯；二女为长女大姬（大音太），陈国君主陈胡公之妻，次女王姬，下嫁齐侯之子。而古人这种理想的生殖观念，除了后人对于圣君的效仿、尊崇之外，也有向往、羡慕的成分。由此可见，宋人继承了唐代的"五男二女"思想观念，话本《花灯轿莲女成佛记》中提及："喜得过门后，夫荣妇贵，永效于飞。生五男二女，七子永相随。"② 婚礼时会唱吉祥词："山盟海誓，地久天长。愿五男二女，七子成行。"③ 并且受到较高的社会经济发展水平和较为宽松的政策背景影响，宋代市民文化兴起，符合民众审美需要的民俗文化主题作品大量创作，"五男二女"的生殖观念也通过图式得到广泛传播。宋代"五男二女"图样多见于婚礼仪式，以及乞孕生子场景。例如"五男二女绿盏盛礼书"④，这是订婚时男方在聘礼中递交的礼书。在结婚吉日前几天，男方会送五男二女花扇，"亲迎日分。先三日，男家送催妆：花髻、销金盖头、五男二女花扇、花粉盏、洗项、画彩钱果之类"⑤。怀孕分娩时也会在家中张贴五男二女纹样，"凡孕妇入月，于初一日，父母家以银盆，或镂或彩画盆，盛粟秆一束，上

① （宋）朱鉴：《诗传遗说》卷四，《影印文渊阁四库全书》，第75册，台湾商务印书馆，1986，第549页。

② （明）洪楩：《清平山堂话本校注·雨窗集上·花灯轿莲女成佛记》，中华书局，2012，第316页。

③ （宋）佚名编《草堂诗余》卷三，胡浩然《吉席》，《影印文渊阁四库全书》，第1489册，台湾商务印书馆，1986，第578页。

④ （宋）吴自牧：《梦粱录》卷二十《嫁娶》，《全宋笔记》第8编第5册，黄纯艳整理，大象出版社，2017，第298页。

⑤ 同上书，第299页。

以锦绣或生色帕覆盖之，上插花朵及通草，帖罗五男二女花花样，用盘合装送馒头，谓之'分痛'"①。由此可见，婚俗寄寓着人们的生育企盼。

可惜的是，由于风俗画不像主流绘画一样被大家重视，再加之漫长历史中不断有战火侵扰，使得很多风俗画因此而流失。除一幅宋代佚名画家绘制的《荷亭婴戏图》扇面（图2）被学者郑才旺认为是五男二女图外，目前，较少有在美术史界得到公认的五男二女绘画作品。《荷亭婴戏图》所表现的是一幅夏日里温馨的家庭生活场面，作品以中间的柳树为切分点，左面凉亭内有一卧榻，榻上睡有一个小婴儿，妇女用手轻拍哄婴孩入睡，右面的庭院中有七名儿童拿着器具在嬉戏玩闹。郑才旺指出，图的右半部分符合五男二女的文献记载。

图2　宋《荷亭婴戏图》扇面

虽然纸本和绢本绘画中对五男二女内容的表现极少，但这一主题却大量出现在器物图案当中。如国家博物馆馆藏的南宋"傀儡戏青铜镜"（图3）。该铜镜的形状为正方形，边长10.9厘米。

①（宋）孟元老：《东京梦华录》卷五《育子》，王永宽注，中州古籍出版社，2017，第99页。

镜子背面图案所表现的是一幅儿童模仿傀儡戏表演的场景。画面正中有一帷帐，帐后一女童在表演傀儡戏，左边有一女童在击鼓，帐前有四名男童坐观表演，画面右侧有一男童靠着栏杆观看着，形象鲜明生动。整幅画面是典型的五男二女图式。

图 3　南宋"傀儡戏青铜镜"拓片

此外，"五男二女"样式也多出现在花钱中。五男二女花钱在宋代有寄托多生的期望，是婚礼嫁娶的吉祥钱。宋人洪遵记载一品"五男二女"合背钱。"此钱径七分，厚一分半，重十铢，背面有字，皆曰'五男二女'。"[①] 由此不难看出，在宋代不同载体上的五男二女图所反映的不仅是一种风俗，更是一种值得重视的生殖观念。

二、宋代"五男二女"生殖观的流行

（一）社会劳动生产力的需要

在以农业为主要生产方式的传统社会，长期以来，国家人口的繁衍与土地资源能否被充分开发、利用，直接关系到国民生计和政府财政是否充盈；同时，当战事发生时，从军人数的多寡更

①（宋）洪遵:《泉志》卷十五《厌胜品》，科学技术出版社，2019，第 278 页。

与国家存亡直接相关。《文献通考》卷十一《户口考二》直言："为国之要，在于得民，民多则田垦而税增，役众而兵强……然则因民之众寡为国之强弱，自古而然矣。"[1] 北宋自建立初期就受到来自辽、西夏等少数民族政权的战争威胁，直到南宋灭亡时仍然内忧外患不断。而边患给宋代带来的威胁几乎是贯穿始终的。因此，史学家们经常以"积贫积弱"来形容宋代社会的窘迫和危机。由此也就不难想象，宋代政府需要人口快速生殖，以达到富国强兵的目的。因为只有吸收和征集更多民众参军，组建庞大军队，才会有筑起一种坚固"长城"的可能。正如管仲所说："地大国富，人众兵强，此霸王之本也。"但是，由于宋代战争频发，加上水灾和其他自然灾害，以及医学技术不发达等，新生儿的存活率较低，不仅儿童早夭是常事，成年人的健康和寿命也缺乏理想的保障。王曾瑜先生曾在《宋代人口浅谈》中做过调查：宋代从赵匡胤开始，其皇室子女的死亡人数占皇室总子女人口数目的百分之四十五以上。[2] 皇室都是如此，更何况生活条件低下的一般群众。所以人口数量的骤减问题所带来的危机感，使得宋人对于人口增长的愿望更为强烈和迫切。

费孝通先生指出："任何社区都得预备下一个新陈代谢的机构，以维持人口的安定。这机构并不是自然的，而是人为的，因为生物的机能并不能完全保证人类种族的绵续。人类要用社会的制裁力使婴孩不断出生，并且使出生的婴孩有机会长大成人，以备继替衰老和死亡的人物。"[3] 因此，宋代政府为使人口增长速度加快，颁布了婚育年龄的相关法令，强行规定男子成长至十五岁、女子十三岁以上就可以婚嫁。据统计，宋代人口数首先突破一亿大关，比汉唐时期人口最高额增加约一倍。正如叶适所言："为国之要在于得民。民多，则田垦而税增，役众而兵强。田垦税增，

① （元）马端临：《文献通考》卷十一《户口考二》，中华书局，2011，第310页。
② 王曾瑜：《宋代人口浅谈》，《天津社会科学》1984年第6期。
③ 费孝通：《生育制度》，商务印书馆，2008，第61页。

役众兵强，则所为而必从，所欲而必遂。"① 可见，宋代这类婚育政策与国家的命运是紧密关联的。

此外，由于宋代庞大的官僚队伍和战争失败所导致的财政赤字，政府更需要大量赋税来充盈国家财政。因此需要大量人口繁殖，人口越多劳动力越充足，对土地的利用率也会越充分，粮食生产才会越富足，与农业（包括茶叶、丝织品等）相关的赋税的增加，就可以更好地促进国家财政收入的提高。而在生产力低下和生产工具不发达的农耕社会，很多繁重的劳动等大多是通过男性的体力来完成的，这样，五男二女的生育观也就成为家庭中人口繁衍的合理期望。兵役需要大量的男丁，徭役和其他农业生产也需要男性劳动力。从史书上我们可以看到，宋代在对辽、西夏、金和蒙古的很多征战中，将士的死亡率是极高的，男子战死沙场，也需要新的兵源来补充。所以在朝廷需要男丁应征时，若是五男二女的人口比例，那么家中女儿还可以服侍双亲，正如杜甫的《兵车行》诗中所言："信知生男恶，反是生女好。生女犹得嫁比邻，生男埋没随百草。"② 在家中缺乏男性劳动力时，女性也会通过纺织贴补家用，或自觉承担男性耕种任务。李觏在《田舍女》一诗中描述了田家女的劳作情况："日午担禾上场晒，也喜年丰欲还债。佣工出力当一男，长大过笄不会拜。有者四十犹无家，东村定昏来送茶。翁妪吃茶不肯嫁，今年种稻留踏车。"③ 由此可见，由于社会原因，宋代时期男女皆是重要劳动力。

（二）传统社会中家族壮大门庭的需要

中国古代传统社会强调孝道，在儒家学说中最能体现"孝"的是生育子嗣，延续香火。《孟子·离娄上》中记载："不孝有三，无

① （宋）马端临：《文献通考》，浙江古籍出版社，1988，第 118 页。

② （唐）杜甫：《兵车行》，《全唐诗》（卷二一六），中华书局，1960，第2255 页。

③ （宋）李觏：《田舍女》，《全宋诗》（卷一二〇三），北京大学出版社，1998，第 13599 页。

后为大。"是否有"后"，代表着能否传宗接代。在中国人心中，宗族观念占据着重要位置，祀宗庙、继后世是非常重要的大事，有后、传嗣是家族兴旺的重要途径，把传宗接代作为恪守孝道的根本准则。在理学观念盛行的宋代社会，人们更加重视孝道及其教化作用，也正是当时特殊国情的影响，社会上下层对家族子嗣的繁衍也都极为重视，人们普遍将生子添丁作为壮大门庭的直接方式。尤其是子孙满堂、家大业大代表了家族的荣耀，家族人口的兴旺与否影响着家族的兴衰成败，为了更好地促进宗族血脉的沿传和保证香火不断，宋人对子嗣的期许有着非同寻常的意义。

学者程民生研究认为，宋代家庭大约是以五口之家组成，并且有男有女，而且一个小家族若是三代同堂则有 9 人左右，通过统计算出，加上独居人士或是寡妇、鳏夫等之类，平均下来，则宋代的家庭人口组成平均是 7 人。[1] 宋人认为家庭成员构成的理想比例是五男二女，在各种话本、小说和宋人笔记等文献中都有记述。例如，《无双谱》中的唐代汾阳王郭子仪，七子八婿，富贵寿考冠绝古今。在话本《快嘴李翠莲记》中写道："五男二女，七子团圆……孙男孙女，代代相传。"[2] 类似的记载还有不少。"五男二女"是人生美满的标准之一，七子团圆，幸福无边，象征着子嗣的繁衍众多从而给家庭带来的美满，因此宋代士大夫大多对子嗣繁衍表达了较为充分的关注。李觏强调："寿考人之愿，而夫妇偕老，有嗣家之幸，而其子知道，四者得之，固已足矣。"[3]

北宋文学家孙觉也指出，孝子贤孙用婚姻之礼，来传承万世子嗣。宋代毕氏家族的毕从周的墓志铭上刻有："毕从周生三子二女，三子复有十一子。""每岁时起居为寿，公（毕从周）坐堂上，

① 程民生:《宋代家庭人口数量初探》,《浙江学刊》2000 年第 3 期。
② （明）洪楩:《清平山堂话本》卷二《快嘴李翠莲记》, 石昌渝校点, 江苏古籍出版社, 1990, 第 67 页。
③ （宋）李觏:《李觏集》卷三《宋故将仕郎太子中舍致仕宋公及夫人寿昌县君江氏墓碣铭》, 王国轩点校, 中华书局, 2011, 第 35—39 页。

三子十一孙，成列再拜于前，公笑而颔之。晚年之慰，可胜道哉！"① 就连苏东坡在遭遇罢黜流放后，虽然生活悲惨且颠沛流离，也还是说道："无官一身轻，有子万事足。" 如果有人子嗣较少，就可能会导致家族的凋敝，而倘若家无子嗣，就是在断绝香火，这样，即使拥有荣华富贵，也会认为人生是悲哀的，极为不幸。因为"无后"，就不能传宗接代，如此一来，家族的存续是可想而知的。宋人希望家族能够兴旺发展，如此才能在面临天灾人祸之时，也能稳定发展，不会撼动家大业大的根基，所以对家族子嗣的繁衍极其重视。南宋理宗时期权臣乔行简，年过八旬，官至相位。尽管他集长寿、富贵与权势于一身，却依旧被世人怜悯，因为其"祖、子、孙三世仅存一身"。由于乔家人丁稀少，香火不旺，以至于暮年的乔行简为此发出悲哀而苍凉的感叹："有园有沼，聊为卒岁之游；无子无孙，尽是他人之物。"② 其实，宋代帝王无子嗣的也有好几位，何况寻常百姓？

儒家一直强调，"天地之性，人为贵；人之行，莫大于孝"③，所以许多家庭为了繁衍后代，会在风俗中注入一些俗信内容，以期望通过交感巫术等方式来促使育龄妇女感孕生子，生殖繁衍。据《东京梦华录》卷八《秋社》载："人家妇女皆归外家，晚归，即外公、姨、舅皆以新葫芦儿、枣儿为遗，俗云宜良外甥。" 葫芦、枣都是象征着多生子、早生子的食物。在婚姻礼俗中，枣子称"生枣"，被放在新妇的床上，并且在日常饮食中还会加有花生、莲子、桂圆等，以期早生贵子。例如《长春百子图》（图4）中，就有儿童在荷塘戏莲的场景。童子戏莲意味着连生贵子，是美好的祝愿。在佛教经论中，莲花有母胎之意，《杂宝藏经》中写道：

---

① （宋）毕仲游：《西台集》（外三种），卷十四《奉直大夫千乘毕公师圣墓志铭》，傅惠成点校，上海古籍出版社，2016，第156—169页。
② （宋）周密：《齐东野语》，中华书局，1983，第87页。
③ 《孝经·圣治章第九》，新疆青少年出版社，1996年，第86—90页。

"鹿女夫人孕育'千叶莲花','一叶有一小儿'。"① 据说现在的山西祁县，还会把青萝卜刨去表皮，用油彩画成娃娃脸，共做七个，被称为"七子萝卜"，放在妇女的床上，祈祷有孕产子。② 这类生育习俗的存续，无疑都是古代婚育习俗的文化遗留。

图4　宋　苏汉臣《长春百子图》 台北故宫博物院藏

（三）养儿防老的家庭需要

我国传统社会中有孝老、敬老的人伦传统，而且养儿防老是儒家思想中极为重要的内容，《孝经·纪孝行章》曰："孝子之事亲也，居则致其敬，养则致其乐，病则致其忧，丧则致其哀，祭则致其严。"古代中国是小农经济的农耕社会，除了追求多子多孙以延续香火外，还需要在年老体弱之时，有子女照料和赡养，多一个子女就多一份保障，父母生育子女，培养其长大成人，子女也应该回馈父母，承担赡养的责任。正如谚语所说：养儿防老，积谷防饥。而对于底层社会和寻常百姓来说，倘若儿孙之中一旦有人加官晋爵，则会光耀门楣，这种愿望也是现实而殷切的。虽然在男权时代的宗法制影响下，男子是家庭的顶梁柱，具有赡养老人的义务，赋予了男子继承人的身份。按照财产法，家产一般都是属于男性的，但是士大夫们也认为财产是可以分给女儿一些的，

---

① 魏亚丽：《从"莲花化生"到"连生贵子"——论西夏"婴戏莲印花绢"童子纹样的文化内涵》，《装饰》2019 年第 8 期。

② 陶思炎：《产育趣俗三题：送瓜祝子话旧俗》，《民俗研究》1996 年第 1 期。

因为在发现儿子不中用时，能够投靠女儿，让女儿为自己送葬、祭祖。①

宋朝时期虽然社会经济较为发达，但是受到时代思想的局限，科学技术发展较弱，社会的医疗卫生条件也很薄弱，加上宋代战争不断，各种自然灾害频发，在技术水平低下和各类保障体系不健全的情况下，子女的存活率很低，所以在缺乏社会安全保障和医疗保障的传统社会，宋人尽最大限度追求生殖数量，以求得多子多孙，少一点后顾之忧，达到养老送终的目的。不仅如此，若是儿孙中有加官晋爵或者是加入王公贵族的，更会光宗耀祖。由此在宋代社会普遍存在多生子女的愿望和心理作用下，"五男二女"观念便顺理成章地成为一种具有代表性和普遍性的社会心理。这种心理在志怪小说中也多有体现，例如《夷坚志》云："狐有女，择婿，得虎焉，成礼之夕，傧者祝之曰：'愿早生五男二女。'"②并且宋代是中国古代孝道发展到鼎盛的时代，养儿防老的观念也因此更加强烈，正如《孟子·离娄上》讲："仁之实，事亲是也。"

虽然宋代社会经济较为发达，但是受到时代与周边政权的影响，大部分民众生活水平并不高，他们依旧是男耕女织、自给自足，所以对劳动群众来说，养儿防老是他们生育的主要目的，当时人们普遍存在多生子的愿望，希望在失去劳动能力或是患病之时，有子孙照料赡养，即"生有以养，死有以葬"③。宋人为了求多子多福，常常会拜观音，在《百子嬉春图》中就有童子拜观音的场面。在礼佛之人看来，菩萨是主管生子的神灵，有记载哲宗时期皇家未有嗣时，"宗室土圬，宣和间以未有子，每岁生朝，为千道斋，以祈嗣续"④，以此求得子嗣。此外，宋人为求得子嗣聪明有大

① （宋）袁采：《袁氏世范》，李勤璞校注，上海人民出版社，2017，第20页。

② （宋）洪迈：《夷坚志》乙集卷七《西内骨灰狱》，何卓校点，中华书局，1981，第239—240页。

③ （宋）苏轼：《苏轼诗集》，中华书局，1982，第348页。

④ （宋）郭彖：《稽神录·睽车志》，《睽车志》（卷一），李梦生点校，上海古籍出版社，2012，第65—66页。

志，也会参与许多求子活动，以得到佛祖庇佑。例如宋嘉祐年间的程节，他还未出生时，母亲就常去寺庙祈福，结果梦到佛授以珠。程节出生后，果然仁敏警悟，有大志。宋人通过一定宗教仪式等来表达渴求庇佑的意愿，并通过行善积德行为、方式，祈求能够子嗣兴旺。

三、宋代社会男女不平等的现实

（一）重男轻女的普遍观念

早在春秋战国时期，男尊女卑的意识就已经明显，男子为"璋"，女子为"瓦"。《诗经·小雅·斯干》记载："乃生男子，载寝之床。载衣之裳，载弄之璋。……乃生女子，载寝之地。载衣之裼，载弄之瓦。"[①] 中国古代家庭以男性为中心，在小农经济的传统下，男性的生命价值更大，社会需要更强烈和迫切，男子的劳动能力比女子更强，女性由于体力原因只能做些家务活，由此生育的男丁越多意味着家庭收入越多，生活出路也越多。儒家的孝道观强调"不孝有三，无后为大"，这里的"后"更多是指男童。并且根据古代继承法，生育男婴才能继承家业，继承社会财产，并且男子才能延续家族香火，完成传宗接代的任务。男子成亲以后，家庭劳动力还会增加，而女子出嫁则是其他家族的成员了，所以人们在生育时通常更表现对男婴的期待，这样的期待也由此产生重男轻女的观念。如敦煌文书记载的《唐天宝六载敦煌郡敦煌县龙勒乡都乡里籍》[②] 中登记了许多女孩的名字，但是这些名字却是例如"王王""客子"等充满男性色彩的名字，丝毫没有女性名字特有的温婉、清丽与芬芳，这也反映出父母对生育男婴的渴望。而且从宋代以来为数众多的《百子图》《婴戏图》等中，即可见这

---

① 缪天绶选注：《诗经》，商务印书馆，2018，第 170 页。
② 巨虹：《敦煌文书和壁画反映唐宋生育观》，《中国社会科学报》2018 年第 5 期。

种社会心理和生殖愿望。

宋代社会也延续了这一观念，为了传宗接代，不仅追求繁衍的数量，对所降生婴孩为男婴的期许更是巨大，"生男则喜"深深刻在民众心里。"生男众所喜，生女众所丑。生男走四邻，生女各张口。男大守诗书，女大逐鸡狗。"① 男子可以金榜题名，稳固宗族关系，而女子只能出嫁，就成了别人家的人。宋人对男婴的渴望，往往也使得不少家庭会在生育女婴时或弃或溺，"生男不下堂，生女弃中野"②。而且传统的重视男丁并且轻视女童的观念，以及长久以来儒家社会根深蒂固的封建宗法观念，使得宋代社会经常出现女婴被遗弃和溺杀的现象，大部分家庭若是遗弃婴儿，都会是先弃女婴后弃男婴，使女童成为主要受害者。苏轼曾因"不举子"的行为提出过"准律，故杀子孙，徒二年"③ 的主张，从而减少杀婴行为。"五男二女"中男童数量多于女婴，更能反映出宋代社会在儒家文化和社会风气的多重影响下，重男轻女思想深入人心，宋人为了求得男婴，往往会组织或参与一些求子的民俗活动，例如，若一家新生儿出生举办"洗儿礼"，其他怀孕或已婚妇女会将洗浴用的枣吃掉，"盆中枣子直立者，妇人争取食之"④。此外民间还会通过一些缺乏科学依据的手段获得男婴。例如妇女在清晨时，穿着丈夫的衣服绕井三匝，并且锁井三日不使用，就可以获得男婴。虽然这种方式存在某种巧合，但宋代依旧有许多家庭会相信并使用。此外若是有的家庭因妻子无法生子，通常会纳妾求子，或者借用他人的妻妾生子，并且这种行为在当时士大夫眼中似乎是正常的事情，很多人并不会觉得不光彩。宋人普遍以生男为荣，生

① （宋）葛立方：《韵语阳秋》（卷十），上海古籍出版社，1979，第 125 页。
② （明）徐祯卿：《徐祯卿全集编年校注》卷三《陇头流水歌三叠（代内作）·一》，范志新编年校注，人民文学出版社，2009，第 608 页。
③ （宋）苏轼：《苏轼文集》卷四十九《与朱鄂州书》，中华书局，1986，第 1417 页。
④ （宋）孟元老：《东京梦华录》卷五《育子》，王永宽注，中州古籍出版社，2017，第 100 页。

女为耻。如黄庭坚有妻孙氏、谢氏，二夫人育有一女，但是墓志铭记载："二夫人平生常恨无男。"① 并且若是一个家庭只能生出女孩，就更可能受到宗族亲戚还有乡里乡亲的指指点点。例如宋人游必举，他的妻子连生三女，结果受到父老乡亲的白眼，因此他感到羞愧难当，不敢为女儿设宴款待乡邻。而他的乡邻王生还因此作诗一首讽刺他："数年生女必相邀，今度如何不见招？但愿君家常弄瓦，弄来弄去弄成窑。"② 由此也能窥见宋人生殖观和重男轻女生育心理的影响。

（二）婚嫁制度的观念影响

婚姻是古代人际关系的核心之一，《中庸》说"君子之道，造端乎夫妇"，男女结合是维持宗族发展稳定的手段，"昏礼者，将合二姓之好，上以事宗庙，下以继后世"③，而一个家族稳定有序才能促进国家的稳定。因此中国古代社会根据生产力和人口发展的需要，会规定结婚的年龄。《周礼·地官·媒氏》中提倡"令男子三十而娶，女二十而嫁"④。这种记载今天看来可能有夸张的成分。事实上，唐代以前大多法令规定"男十六可以娶，女十四可以嫁"，因为社会普遍存在的观点是"男子十六而精通，女子十四而化育"，这是从男女的身体结构和生育能力考虑的。但唐代法律则规定"男年十五、女年十三以上，听婚嫁"⑤。北宋时期沿袭了这一规定，要求"男年十五，女年十三以上，并听婚嫁"⑥。但是这一法令也遭到许多士大夫的反对，认为"盖以世俗早婚之弊，不可猝

---

① （宋）黄庭坚：《黄氏二室墓志铭》，《全宋文》（卷二三三七），第108册，商务印书馆，1998，第113页。
② （宋）庞元英：《谈薮》附录，《全宋笔记》，大象出版社，2006，第213页。
③ （清）阮元校刻：《十三经注疏》，北京中华书局，1980，第1465页。
④ 同上书，第733页。
⑤ （宋）王溥：《唐会要》，上海古籍出版社，2006，第1811页。
⑥ （明）张四维：《名公书判清明集》，中华书局，1987，第217页。

革，又或孤弱，无人可依，故顺人情立此制，使不丽于刑耳"①。司马光还认为："男不过三十，女不过二十耳，过此则为失时矣。"②但是宋代政府依旧沿袭了唐代开元律，将女子结婚的最低年龄定为13岁。从这一法律规定可以看出，宋代政府对人口数量的需要是急迫的，希望男女早日完婚，鼓励生育行为，提高出生率，增加人口劳动力；并且若是到了结婚的年龄却不完婚，法律还会加以惩罚。在汉代初年汉惠帝时，就有具体规定"女子年十五至三十不嫁，五算"，也就是说要是女子在15岁到30岁之间不结婚，那么家庭的赋税就要增加五倍。由此可见这种苛刻的律令实际上是针对婚育而设定的。唐贞观令也指出："男年二十，女年十五已上，及妻丧达制之后，孀居服纪已除，并须申以婚媾，令其好合。"③宋代婚姻方面的法律很多基本上也遵循唐律，通过法律对适龄未婚男女进行干预，除特殊情况外才不用在规定的年龄结婚，即"男女被逼，谓主婚以威若力，男女理不自由，虽是长男及寡女，亦不合得罪。若男年十八以下及在室之女，亦主婚独坐，男女勿论"④。除此以外，法律都会对未能完婚的男女行使强迫其婚嫁的权力，实际上是为了敦促适龄男女尽早完成生儿育女的任务。

即使宋代法律对婚嫁年龄有如此严格的规定，由于宋代社会商品经济大繁荣，社会观念的转变，也影响了整个社会的婚姻观，产生厚嫁的婚姻风俗，从宋代早期的门第婚转变为财婚。《古文观止》中记载，"嫁女者五十千，再嫁者钱三十千；娶妇者三十千，再娶者十五千"⑤，男女两人结婚，出嫁的女方需要的花销比男方

① （宋）司马光：《司马氏书仪》卷三《婚仪上》，商务印书馆，1986，第98页。
② 同上书，第113页。
③（唐）杜佑：《通典》（三册）第一册，卷五十九《男女婚嫁年几议》，岳麓书社，1995，第38页。
④（宋）窦仪等：《宋刑统》卷十四《户婚律》，薛梅卿点校，法律出版社，1999，第16页。
⑤（宋）钱公辅：《义田记》，（清）吴楚材：《古文观止》（卷九），（清）吴调侯选编，海南国际新闻出版中心，1995，第516页。

更大一些，甚至嫁女儿的家庭准备的嫁妆更比他们娶儿媳的彩礼多数倍，由此出现了"十里红妆"这种令人咋舌的场面。宋代将嫁妆称为"奁产"。女方一家在订婚的时候需要给男方"定帖式"，这个帖子上列举了出嫁时会随身带来夫家的嫁妆种类以及数目金额，如南宋婚帖会列举"房奁、首饰、金银、珠翠、宝器、动用、帐幔等物及随嫁田土、屋业、山园等"①。嫁妆十分豪奢。而出嫁的女子倘若带进夫家的财产太少，还会被婆家打骂虐待。就连宋神宗的次弟扬王赵颢，也因为嫁女儿的时候，准备的嫁妆不够当时社会的标准而焦虑不安，转而向神宗预借俸钱："有女数人，婚嫁及期，私用不足。"皇家贵族都会因为嫁妆而烦恼，那平民和底层家庭更是无法准备丰厚的嫁妆，生女反倒成为家庭的负担。这种婚嫁中因彩礼而引发的社会陋俗给人们带来的压力与负担是可想而知的。例如，不少家庭在女婴出生后，直接将其遗弃或溺杀，以此来逃避高额的嫁妆问题，"世俗生男则喜，生女则戚，至有不举其女者"②，或是"资财遣嫁，力所不及，故生女者例不举"③的现象频频出现。由此可见，当时婚嫁豪奢或攀比之类的社会陋俗、恶俗，也在一定程度上影响到宋人的生育观念。

虽然嫁女需要耗费大量的财力，但是一些普通人家还是希望有女出生。因为随着宋代经济的发展，出现了勾栏瓦肆之类的娱乐场所，女性也可以成为艺人，参与到这些社会经济活动中。这种情况下，普通人家需要女儿这一赚钱工具，培养她们，长大后取悦于富贵人家，获取一定的回报，正所谓："京人薄生男，生女即不贫。东家从王侯，西家事公卿。"④ 当然，这种现象的存在就

---

① （宋）吴自牧：《梦粱录》卷二十《嫁娶》，《全宋笔记》第 8 编第 5 册，黄纯艳整理，大象出版社，2017，第 299 页。

② （宋）祝穆：《古今事文类聚·后集》卷十三《人伦部·婚姻》，《四库全书》，第 32 页。

③ （宋）李心传：《建炎以来系年要录》卷一百一十七《绍兴七年十一月至十二月》，中华书局，2013，第 2180 页。

④ （宋）文天祥：《文天祥全集》卷十五《名姝吟》，中国书店，1985，第 255 页。

是另外一回事了，并不能代表或移易宋代主流社会的生殖观和生育观。

四、结　语

人口作为资源是一个社会性问题，关系到国家和民族的发展。在农业社会和儒家思想的影响下，古代中国长期存在性别文化差异以及生育中的重男轻女观念。"五男二女"观念隐含着古人对多子嗣的期望，同时也传达出人们对生男生女数量与比例的理想意愿。宋代话本、传记中多出现关于五男二女的记载。而五男二女图在宋代的倡导和流行，与当时婴戏图的繁荣和社会环境有内在关联。宋人遵奉儒家思想，在延续香火和人丁兴旺等观念的影响下，诸如五男二女这样的生育观，无疑就贴合了宋人农耕劳作的劳动力需求、为求多子多福的美好愿望。宋朝与辽、西夏等周边少数民族政权的多年战争，导致人口数量大量减少，宋朝政府为稳定社会、扩充兵源和发展社会经济等，颁布各项促进生育的政策法令，由上至下提倡多生子女。由此可见，"五男二女"思想观念是宋人在儒家思想影响下生育观念、宗法观念、重男轻女观念交互作用，呈现出的对生殖数量的追求和男丁偏好的心理，以及与此相关的生育习俗。例如：传统三大蒙学丛书之一的《三字经》中就有："窦燕山，有义方，教五子，名俱扬"之类的文字，而像"五子登科"这样的吉祥语，还有"五子夺魁""五子登科""五子夺莲"等吉祥图案，不断出现在年画、织绣、瓷画等不同形式的作品中。这些图像应该是"五男二女"中的五男观念的流变，反映了多子的传统思想，无疑与唐宋以来"五男二女"的生育观有一定的内在关联。因此可以说，宋代"五男二女"生育观念不仅在文学和美术方面产生一定影响，而且对研究当时以及之后的社会学、人口学、人类学等方面也有积极意义。

农耕文明视域下传统耕织图的传播及其影响

冉巧玉 [①]

（安徽大学艺术学院，安徽合肥，230601）

摘 要：耕织是农业耕作时期的主要劳作内容之一，耕织图则是图像的载体，形象地再现了其劳作场面，具有记录和传播的文化功能，因此成为中国传统农耕社会劳动生活的常见创作母题，而且在诗歌、音乐、绘画等领域都有着相应的作品出现。该图像在南宋以来受到高度重视并得到良好的发展，随后作为文化资本传播至东亚地区，尤其对日本这样的国家产生了深远影响。本文期望通过其传播发展这一视角认识该图像的更多价值所在，对认识农耕文明下的生产生活方式等无疑具有积极的意义。

关键词：农耕文明；耕织图；传播；流变；文化资本

作为农耕文明的大国，耕织问题直接关乎人民的生存问题，不管是社会动荡的时代还是太平年间，上至王权政治，下及黎民百姓，无不心系农耕。距今四千多年的新石器时代就有表现原始农业生活情景的岩画出现。先秦器物，两汉画像石、画像砖，魏晋的墓室壁画，唐朝的石窟艺术中均有着大量表现蚕织和农耕内容的图像。有关耕织的图诗最早产生于北宋时期，如黄庭坚的《题石恪画机织图》和秦观的《拟题织锦图》，南宋楼璹的一组《耕

---

① 作者简介：冉巧玉，安徽大学艺术学院美术学 2020 级美术史论专业硕士研究生。

织图》每幅配以五言律诗，元代虞集等多位诗人创作的单首耕织图诗，赵孟頫的《题耕织图二十四首奉懿旨撰》也曾以组诗的形式描述耕织活动的过程。耕织图的发展不仅在我国产生影响，从最初传播集中在东南亚国家，随后还远渡重洋，甚至在欧美地区也发现了一些以耕织为题材的图像，如建筑装饰的壁画、餐具和各类瓷器等工艺品。影响最深的当属日本和朝鲜半岛。宋代以后，不同版本的耕织图以山水画题材传入日本，最早被狩野派接受并成为它们的经典题材之一。日本镰仓时期，武家文化的室町幕府甚至将中国的耕织图作为与公家文化的权力博弈工具之一。故而，笔者认为，以楼璹的《耕织图》为例，对其传播及影响进行简单的再认识是有必要的，对认识本民族传统文化同样也多一新视角。

一、农耕文明中的耕织图

在封建社会里，人口的增减密切联系和反映着社会生产与生活，而与人口增减关系最直接的便是农业的发展。故而，我国古代社会对于农业的重视早已提高到国家层面。汉代贾谊在《过秦论》中有这样一段记载："秦孝公据崤函之固，拥雍州之地，君臣固守以窥周室，有席卷天下，包举宇内，囊括四海之意，并吞八荒之心。当是时也，商君佐之，内立法度，务耕织，修守战之具，外连衡而斗诸侯。于是秦人拱手而取西河之外。"[1] 秦孝公占据崤山与函谷关的险固关隘，拥有雍州的土地，君臣牢固地守卫着这些地盘，以便伺机夺取衰弱的东周王朝，有席卷天下、征服列国、控制四海的意愿，有并吞八方、统一中国的雄心。此时，商鞅辅佐秦孝公，支持秦孝公在国内建立法律制度，通过致力于农业——耕种纺织，修造防守进攻的武器，对外实行连横政策，来使诸侯各国相斗。于是秦国人毫不费力地取得了黄河以西的大片土地。唐开元天宝年间，出现了"耕者益力，四海之内，高山绝

---

① 《新书校注》，阎振益、钟夏校注，中华书局，2000，第1—2页。

鋆，耒耜亦满"①的喜人景象。所谓"民以食为天"，杜甫也曾在《忆昔》中追忆开元盛世："忆昔开元全盛日，小邑犹藏万家室。稻米流脂粟米白，公私仓廪俱丰实……齐纨鲁缟车班班，男耕女桑不相失。"②《西夏书》说，西夏有六十八条大小渠道，灌溉着九万顷土地。在宋夏交界地区，开垦大量荒地，扩大了耕地面积，③并且广泛采用牛耕。榆林窟壁画有"二牛抬杠"犁地图，形象地反映了西夏牛耕的情景。

现实生活中，耕织图像得到提倡和广泛运用，其根本源自中国历代对于农业的重视。纸本绘画《耕织图》的诞生同样也是得益于政治力量对这种绘画样式的催化作用。宋代统治阶级对农业的重视，其重农、劝农、恤农的思想和意志在各种政策上得以体现，例如将农业绩效纳入地方官员政绩考察的重要部分。契丹是游牧民族，农业发展较晚，辽太宗时才开始有开垦农田的明确记载。占领燕云十六州后，契丹社会经济向半牧半农转化。从太宗起，辽朝不断颁布保护农田的诏令。太宗时期，更加重视借助汉族士大夫的经验，推行汉法，治理国家。会同九年（947年）诏："敢伤禾稼者，以军法论。"④圣宗时，保护农田，奖励垦荒，促进了农业发展。在辽海地区"编户数十万，耕垦千余里"，"辽之农谷，至是为盛"⑤。

1913年，鲁迅先生曾在《拟播布美术意见书》中写下："凡有美术，皆足以征表一时及一族之思维，故亦即国魂之现象。若精

———————————

① 《全唐文》卷380《问进士第三》，中华书局，1983年影印本，第2286页。

② 陈祖美主编，宋红编著《中华经典好诗词·杜甫集》，河南文艺出版社，2018，第67页。

③ 王劲、段金生：《宋、西夏以及大理诸政权开发西部的政策评述》，《宁夏大学学报》2004年第6期。

④ 脱脱等：《辽史·太宗纪》，中华书局，2016，第63页。

⑤ 脱脱等：《辽史》，《卷六十·志第二十九·食货志下》，中华书局，2016，第1034页。

神递变，美术辄从之以转移。"① 根据耕织图可以透视出的不仅是某一时期的农业生产状况，同样可以视为人民生活气象和精神面貌的重要写照，通过二维的平面图像直观映射出当时的生产和生活景象，是研究古代历史的重要图像资料。西晋文学家陆机在谈及文学与绘画关系时便直接肯定了绘画独有的记录功能，故有"宣物莫大于言，存形莫善于画"② 一说。与耕织图同样流行且相呼应的耕织诗是对农民耕作、蚕桑纺织等更多劳动细节的具体描绘，图文互补，互生异彩，表现出最好的耕织景象。其中以宋元时期的耕织诗体现最为明显，记载着劳动人民的艰辛。南宋绍兴初年於潜县令楼璹任内所绘的《耕织图》是我国现已知最早的系统耕织题材的作品。为更生动地达到劝课农桑的目的，楼璹首次将农耕和蚕织等农业生产活动系统地进行编理并绘制成 45 幅耕织图像，每幅图都配以一首五言诗加以阐释。楼璹之孙楼洪在为《耕织图诗》撰写的跋中谈及："诗亦如阙（图）绘以尽其状，诗歌以尽其情，一时朝野传诵几遍。"③ 楼洪为该诗题写了跋，虞集为其题了序，附诗成为士大夫阶层关注《耕织图》的焦点。由此，楼璹所撰的这些诗歌虽然在南宋时传诵于朝野，但是它的读者群体还是局限在士大夫阶层的内部，社会上普通大众对其鲜有接触。

楼璹作为於潜县令，一方地方官，治下的劝课农桑是其主要职责所在。其《耕织图》不久便被宋高宗"宣示后宫"，成为教导皇子皇孙知晓稼穑艰辛与百姓疾苦的教材。至于楼璹自己希望《耕织图》所发挥的作用，在其侄子楼钥为《耕织图》所写的跋及进献给皇太子的札子中可窥见一二，他也希望该图与诗能劝导以

---

① 周树人：《拟播布美术意见书》，《教育部编纂处月刊》1913年第一卷第一期，附录第3页。

② 张彦远：《历史名画记·叙画之源流》，沈子丞编《历代论画名著汇编》，文物出版社，1982，第35页。

③ 楼洪：《〈耕织图诗〉跋》，楼璹：《耕织图诗》附录，《丛书集成初编》，中华书局，1985，第7页。

皇帝为代表的统治阶级"知稼穑之艰难"与"蚕桑之始末"①，体恤民间疾苦，善用民力，不要以兵役、暴政等劳于民。②元人赵孟頫在程棨《耕织图》后题字，也认为它的功用是"使享膏粱衣纨绮者，知农夫蚕妇之工力也"。③

"图绘以尽其状，诗歌以尽其情，一时朝野传诵几遍。"据楼璹的侄子楼钥《攻媿集》记载，"此图此诗诚为有补于世。夫沾体涂足，农之劳至矣，而粟不饱其腹。蚕缫织丝，女之劳至矣，而衣不蔽其身，使尽如二图之详劳"④。官方将这些图像张贴于官府四壁之上以表现田间耕作活动的经典范式，向普通百姓展示直观的二维图像，供他们参考和学习，这有点类似于今天街道上张贴的海报宣传画。南宋郡县治所大门口的墙壁上所展示的仅有《耕织图》中的图像部分，并没有配以相应的耕织诗文。⑤兴许是因为这些图像所需发挥的社会功能以认识功能和教育功能为多，普通百姓中的很多人并不具备识字能力，仅能通过其中饶有趣味的图像部分加以了解和吸收。除此之外，楼璹绘制这种系统的耕织图像的目的不单只为普通百姓，从其编配的耕织诗中可以看出，其亦给上层社会的文人阶层观看和讨论，最重要的是上呈给皇帝审阅，让统治阶级通过这些图像了解农业的境况。

明清时期相继出现了大量由统治阶级组织绘制和编写的耕织图册，如康熙、雍正、乾隆年间都有《御制耕织图》流传。木版印刷的发展也推动了耕织图样式在民间的广泛流行。耕织题材在清代的重要地位还可从乾隆年间修建的耕织图景区中窥见，耕织图

① 楼钥:《攻媿集》第 263 册，楼钥:《进东宫耕织图札子》，第 330 页。

② 楼钥:《攻媿集》第 7 册，楼钥:《跋扬州伯父〈耕织图〉》，第 4573 页。

③ 杜新豪:《"农务女红图"中的左图右史——兼论其对中国传统耕织图体系的影响》，《农业考古》2020 年第 6 期。

④ 楼钥:《攻媿集》，转引自王潮生主编《中国古代耕织图》，中国农业出版社，1995 年，第 34 页。

⑤ 根据虞集的叙述，卷十五《考史》，虞集:《题楼攻媿耕织图诗序》，第 459 页。

景区位于颐和园的昆明湖西岸，在一定程度上，它是当时流行的纸本绘画《耕织图》形式载体的一个变化。从"耕织图"到"耕织图景区"，从二维的平面绘画到立体实物空间呈现的转换，虽形式不同，却皆为历代统治者对耕织题材重视的体现，"耕织图"这一母题表现形式的变化动机由简单的国家治理方针政策向审美过渡。清代朱彝尊的《日下旧闻考》中记载："延赏斋在玉带桥之西，前为玉河斋，左右廊壁嵌耕织图石刻，河北立石勒耕织图三字。"[①] 昔日这一带还建有蚕神庙、蚕户房、织染局、络丝局，周围环植桑树，意指帝王不忘"衣食之道必始于耕织"[②] 之事。此外，能够侧面反映明清时期社会生活面貌的还有诸如《棉花图》一类的图像资料，生动细致的平面刻画使得明清百姓的生活气息跃然纸上。

二、日本对耕织图的接受与影响

随着中国历朝政权的更迭，政治内涵不仅蕴藏在耕织图的诞生中，耕织图的继承和发展也萦绕着十足的政治意味。历代统治者皆重视农桑，视农桑为国本。自南宋时期耕织图像的明确展示开始，彰显了统治阶级对于民生之本——农业的重视、关心和了解。一方面借耕织图的形式促进本朝农业的发展，另一方面则是将其视为一种文化工具，作为王朝正统的重要体现，耕织图成为某种特定的象征符号，与步步紧逼的北方政权——金朝，展开政治上的博弈，以强调作为正统的汉族农业文化与北方"逐水草而居"的游牧民族不同，南宋以农桑为本，其稳定的农业生产环境给予百姓安稳的衣食条件。"国以民为本，民以衣食为本，衣食以农桑为本。"[③] 灵敏的元世祖在即位之初便强调农为国本的思想，颁《农桑辑要》，意在通过借鉴其他民族的文化来宣扬其政权的合法性。

---

① （清）于敏中：《日下旧闻考》卷一六〇，北京古籍出版社，1981，第2575页。
② 周昕：《〈耕织图〉的拓展与升华》，《农业考古》2008年第1期。
③ 《元史》卷九三《食货志一·农桑门》，中华书局，1976，第2354页。

耕织图作为特定文化的象征符号，成为政治博弈的工具，在朝代的变迁历史背景中无疑可以成为我们窥视历史关系的重要视角。相似的情况也出现在东亚其他国家之中，康熙皇帝主持绘制的《御制耕织图》即《佩文斋耕织图》一经燕行使传入朝鲜，便拥有极高的地位，国王高度重视对《佩文斋耕织图》的摹写，动用了大量的人力和物力以便教授其年幼的世子。此图绘成后，还被不断地摹写复制，《肃宗御制蚕织图》、国博本《耕织图》、幽玄斋本《耕织图》和建国大本《耕织图》等便是属于同一序列的作品。①

相较于耕织图在宫廷上层社会和百姓阶层的盛行，明代文人山水画中亦出现了带有些许文人隐居情怀的耕田图像。耕织样式与一定的文学思想和笔墨语言结合，生成文人绘画的新样式——耕隐题材。②

英国文化传播学派的代表人物佩里认为，任何文化发展不是靠自身的独立的发展，而是靠高级文化的传播。"传播"是指定居群体之间文化特性的相互借鉴，或指一个确定的群体及其文化特性向一个新区域进行的物理迁移。宋代文人绘制的耕织图在日本镰仓时期通过武士阶层这一特殊环节在日本传播并得到了有效吸收和利用。"岛居者安鱼盐之利，山居者任耕织之劳。"③ 与中国农耕文明不同的是，作为东亚邻国的日本四面环海，以渔耕文明为艺术的背景和根基。因而在传播过程中，日本对中国耕织图系列作品的引入乃至接受，起初并非以农业领域的交流借鉴为桥梁。由楼璹的《耕织图》开始，耕织图是首先作为风景人物画传播至日本并对其绘画艺术产生影响的。南宋迁都杭州，经济中心南移，杭州临近东海，经由海上丝绸之路，推动了中日两国之间来往，尤其在艺术上的交流颇多，耕织图便是在这一时期传入日本。宋

---

① 李梅：《〈佩文斋耕织图〉的朝鲜传入与再创作》，《世界美术》2021 年第 1 期。
② 王墉：《明代文人山水画中的耕田形象解读》，《美术学报》2019 年第 2 期。
③ 胡朴安：《中国风俗·上》，吉林出版社，2017，第 153 页。

代以后，不同版本的耕织图以山水画、人物画的形式被视为中国画题材之一传入日本，最早流行于狩野派的绘画作品中。

然而，耕织图所代表的文化内涵被日本统治阶级重视要晚于绘画领域，对这种象征性文化符号的理解乃至接受是基于政治上的考量。这种考量与两国之间的政治斗争无关，而是日本国家内部不同政权争斗的结果。20世纪的法国思想家皮埃尔·布迪厄曾拓展了马克思在经济学中资本的概念，将"资本"分为三种——"经济资本"、"文化资本"和"社会资本"，就"文化资本"来说，其拥有三种形态（状态），分别为体制形态、身体形态（也称为具体化文化形态）和客观形态。[①] 体制形态的文化资本是经过某种制度确认的文化资本，它常见的或典型的表现形式为毕业证书、单位证书和职称证明等确定的学术资格或文化程度。身体形态的文化资本指与个人的身体直接联系的文化资本，是通过家庭教育和学校教育而储存于个人身体中的文化知识、文化技能和文化修养。客观形态的文化资本是以文化商品形式存在的，它是文化观念和文化能力的物化。它具有两种基本特征：物质性和象征性。其中身体形态也称为具体化形态，具体化形态的文化资本是指书画一类珍贵的文物，无须耗费大量时间而通过钱财获得。

相较于日本当时的皇室，更占优势的是作为身体形态的文化资本。身体形态的文化能力由大量的前期文化继承和后期文化学习创造获得，故而需要漫长的时间积累和金钱的投入，同时也仅能体现在特定的个体身上。皇室贵族有大把的时间和资源去接受良好的系统教育，武士阶级便只好将注意力放在具体化形态的文化资本上，视那些从中国获得的大量绘画、瓷器以及古董器具等物品为重要的外显文化资本，企图以另一种方式弥补其身体形态的文化资本和文化能力方面的弱势。因此，以足利义教（武家文化）所代表的室町幕府将中国的耕织图作为与（以后花园天皇为

---

① ［法］皮埃尔·布迪厄、［美］华康德：《实践与反思：反思社会学导引》，李猛、李康译，中央编译出版社，1998，第23页。

代表的）日本皇室（公家文化）的权力博弈工具之一。两种政治势力之间存在着复杂的竞争关系，与他们所相干的美术活动是密切联系其社会身份及权力的外在显现。

耕织图代表的稻作文化与政治权力之间有着密切的联系。在以天皇贵族为代表的公家文化中，体现为带有强烈宗教意味的天皇祭祀形式，以求百姓稻田丰收。在身体形态的文化能力上欠缺的武家文化在此时引进以耕作为主题的画作，其为展示自己文化优势和政治优势的目的十分明显，为的是利用完全不同于公家文化的中国文化来配饰出独具特色的新式武家文化，借以抬高自身文化的价值和进步性。耕织图看似在两种不同的历史语境中拥有了两种截然不同的"命运"，日本武士政权选择对耕织图进行有意识的借用和转换，实则也是源自耕织图在中国所承载的来自统治阶级权威的深层含义，旨在通过对耕织图的重视来体现平民阶层出身的武士阶级能体谅普通农作者的艰辛，故此也可以有效地暗示出幕府能治理好其所统治的地区的起始能力。因而，我们不难看出，不管耕织图最终以何种形式进行传播，其根植于农耕文明背景下的文化内涵始终发挥着它的特殊作用。

三、结　语

日本奈良时代有着频繁多样的东西方文化艺术交流，被认为是日本通过与外界大量接触，进而逐步形成和建立自己国家文化基础的重要交融点。从郭沫若曾用来纪念东渡日本的高僧鉴真的诗句中，我们不难看出中国唐朝文化艺术对日本的影响，"舍己为人传道艺，唐风洋溢奈良城"[①]，诗中提及奈良时代的京城——"平城京"与中国有着深厚的渊源，其依照日本使者所夸赞的那样模仿了当时长安城的建造风格，被誉为日本"唐风时代"的见证。同样是对中国文化的吸收借鉴，镰仓时期由于政治环境的变化，在外来民族文化艺术本土化的过程中，所呈现出来的"为我所用"特

---

① 龚书铎、刘德麟编《图说中国史·宋》，四川人民出版社，2019，第105页。

征愈发明显。

二战后期，美国政府为更科学地制定对日本的相应政策，特邀一批专家研究日本国民的性格。《菊与刀》一书便是其中一位受邀的文化人类学家鲁思·本尼迪克特的研究成果，该书认为日本民族有"各得其所，各安其分"的性格特征。^①笔者认为，日本民族在接受中国耕织图系列文化中同样呈现出了类似的特征，我们姑且叫作"为我所用"。耕织图在中国社会的诞生拥有丰富的社会学意义，经过一系列发展后通过强大的绘画本体所兼具的魅力而传播至日本。自阶级社会诞生以来，政治对艺术的影响从未消失过，或大或小，如前文谈及的耕织图的传播一样，它终究转换成为日本"在野"政权进行文化"武装"的重要工具之一。这从侧面进一步说明了绘画艺术有着本体以外的社会功能，这种社会学意义重要且不可忽视。

至此，在信息交流平台高速发展的今天，我们对耕织图的理解不该仅局限于其所产生的特定的社会和文化背景。放眼其在他国的传播迹象，同样也为农耕文明下诞生的耕织图注入了新的文化内涵和图像功能。耕织图被东亚地区尤其是日本接受，民族之间的沟通和文化的融合是人类进步的动力，但是文化因素是传播的现存状态，同时文化发展也有内在进化机制。每个民族都有着自己独特的历史，这种历史一部分取决于该民族内部的发展逻辑，一部分则取决于它所受到的外部影响。采取历史主义的视角看待文化的传播和发展，有助于我们客观全面地认识本民族传统文化，由此才能看到更多民族之间文化相互影响的具体形式和文化传播的实际问题。

---

① [美]鲁思·本尼迪克特:《菊与刀》(增订版)，吕万和、熊达云、王智新译，商务印书馆，1990，第40页。

非物质文化遗产与人才培养研究

体验·展示·实践·师资·专业

——非遗进校园范式研究的五重分析

李 林 谭 雪[①]

（中国艺术研究院研究生院，北京，100029）

摘 要：非遗进校园实践工作如火如荼地进行，国家相关政策的颁布进一步推进该项工作的深入，一系列优秀案例所积累的实践经验为非遗进校园理论研究提供支撑。在非遗进校园的过程中，应当认识到其在校园美育建设、非遗项目传承方式的创新探索以及非遗人才培养方面具有重要的现实意义。本文从体验、展示、实践、师资以及非遗专业建设等五个维度深入探索分析，形成非遗进校园的发展范式研究，为非遗进校园建设提供理论参考。

关键词：非物质文化遗产；非遗进校园；范式研究；五重分析

一、问题的提出

"非物质文化遗产"一词自 2003 年联合国教科文组织通过《保护非物质文化遗产公约》（以下简称《公约》）提出，2004 年中国加入《公约》之后在国内逐渐兴起。但是事实上，在《公约》公布之前，我国已经开始了一系列的民族民间文化保护工作，例如

---

① 作者简介：李林，中国艺术研究院研究生院硕士研究生。谭雪，中国艺术研究院研究生院硕士研究生。

"中华民族民间文艺十大集成志书"以及"民族民间文化保护工程"等等。而"非遗进校园"也伴随着"非物质文化遗产"概念的提出而逐渐得到重视。特别是《公约》对非遗保护方式进行了具体阐释，提出"保护"是指"确保非物质文化遗产生命力的各种措施，包括这种遗产各个方面的确认、立档、研究、保存、保护、宣传、弘扬、传承（特别是通过正规和非正规教育）和振兴"。联合国教科文组织提出的"传承（特别是通过正规和非正规教育）"这一理念得到中国学术界的认可。顾明远主编的《教育大辞典》中对于非正规教育与正规教育作出阐释，所谓的"非正规教育"，"亦称为'非正式教育'，与'正规教育'相对。指在生产劳动、日常生活过程之中，个体从家庭、邻里、工作娱乐场所、图书馆、大众宣传媒介等方面获取知识、技能、思想、信仰和道德观念的过程。非正规教育为失去学校教育的人提供学习机会，参与直接同劳动、工作相联系而内容广泛的学习活动。教育目的具有实用性和直接性，并与个人的学习需要和国家发展要求相一致。它是有组织的，但不是充分制度化的；是系统的，但不是完全常规化的，基本上是在校外进行，其内容、方法、形式比正规教育具有较少的规范性，较多的灵活性。它由各种经济的、社会的和政治的机构负责实施"[1]。而"正规教育"，"亦称'正式教育'，与'非正规教育'相区别。指有目的、有组织、有计划、有固定机构与场所、有专职教学人员，对学生进行系统的文化科学知识和思想品德的训练和培养的教育。一般指纳入学制系统的学校教育。1968年，菲利普·库姆斯发表《世界教育危机：系统分析》一文，根据教育目的、职能和形式的不同，把教育划分为正规教育、非正规教育和不正规教育。正规教育的年限随着社会发展的需要而逐渐延长。一个国家只有正规教育发达，并与实际生活相结合，才能更好地推动社会经济的发展。现代社会既普遍重视正规的学校教育，又辅之

---

① 顾明远:《教育大辞典》（增订合编本），上海教育出版社，1998，第354页。

以工作和生活中的实际教育"①。本文所讨论的非遗进校园，即联合国教科文组织所强调的正规教育。

对于中国非遗保护工作而言，其重要的节点是 2011 年《中华人民共和国非物质文化遗产法》的颁布，这是中国在非遗领域的第一部法律，使我国非遗保护工作进入有法可依的时代。对于非遗进校园而言，其重要的节点是 2017 年中宣部、教育部等四部委颁布的《关于戏曲进校园的实施意见》，这是首次针对非遗进校园颁布的规范性文件，不仅对于戏曲进校园有重要的指导意义，也为其他非遗项目进校园起到重要的示范作用。2017 年 1 月，中共中央办公厅、国务院办公厅颁布并实施《关于实施中华优秀传统文化传承发展工程的意见》；同年 3 月，文化部、工业和信息化部、财政部联合发布的《中国传统工艺振兴计划》，都涉及推进非遗进校园工作。2021 年 5 月，文化和旅游部针对非遗保护工作出台《"十四五"非物质文化遗产保护规划》，其中"主要任务"的第五点指出加大非遗传播普及力度，并着重强调非遗普及教育："推动将非遗融入国民教育体系。鼓励地方根据实际情况组织编写非遗教材。鼓励中小学开设非遗特色课程，支持传承人参与教学，加强非遗师资培养。鼓励建设国家级非遗代表性项目特色中小学传承基地，推动职业院校设立民族传统技艺等相关专业。加强高等院校非遗学科体系和专业建设，支持有条件的高校自主增设硕士点和博士点。引导社会力量参与非遗教育培训，广泛开展社会实践和研学活动，建设一批国家非遗传承教育实践基地。推动非遗进校园，支持学校开展非遗展示、展演、竞赛及互动体验活动。"

以上一系列的政策支持极大地推动着非遗进校园工作的深入，但是这种深入主要集中在实践探索层面。笔者在调研的过程中发现，非遗进校园的实际情况参差不齐，部分工作仍然处于探索之中，相关优秀的实践经验没有得到有效传播。同时，针对非遗进

---

① 顾明远：《教育大辞典》（增订合编本），上海教育出版社，1998，第 2006 页。

校园的理论研究尚属薄弱，学术研究往往聚焦于某一个非遗项目进校园或者某一个学校开展非遗进校园的相关活动。虽然这样的研究为非遗进校园理论研究提供了一个良好的思路，但是笔者认为，相关理论研究不应当仅仅局限于某一项目或者某一学校，而是应当具有人类学范式研究的思考，积极探索非遗进校园的发展范式，为后续非遗进校工作提供理论指导。

二、非遗进校园的现实意义

云南民族大学普丽春教授指出："教育传承是非物质文化遗产保护的重要形式，教育尤其是学校教育应肩负起少数民族非物质文化遗产在现代社会中保存、传承和创新的历史使命。"[①] 在国家政策的引导下，非遗进校园已成为大势所趋，无论是中小学还是高校，抑或是职业院校，纷纷结合当地非遗项目开展教学活动，并取得丰硕成果，对促进校园美育建设、非遗传承、人才培养等方面具有重要意义。

（一）非遗进校园推进校园美育建设

非遗进校园活动，一方面有利于非遗项目的保护、传承与创新，在非遗传承人的亲身引导下，近距离接触非遗项目，有助于激发学生的热情与兴趣，进一步传播非遗知识，扩大非遗项目影响力；另一方面，也对学校的美育建设发挥着不可替代的作用。"美育"是审美教育的简称，席勒在《美育书简》中首次提出该概念，"有促进健康的教育，有促进认识的教育，有促进道德的教育，还有促进鉴赏力和美的教育，这最后一种教育的目的在于，培养我们感性和精神力量的整体达到尽可能和谐"[②]。席勒将德智体美并列，肯定四种教育对人的发展的积极意义，并指出美育对培

---

① 普丽春：《少数民族非物质文化遗产的教育传承研究——以云南省为例》，民族出版社，2010，第4页。
② ［德］席勒：《美育书简》，徐恒醇译，中国文联出版社，1984，第116页。

养和谐人格的关键作用。1901年，蔡元培在《哲学总论》中提及"美育"，并在1917年的演讲中提出"以美育代宗教"这一命题，振聋发聩，影响深远，"美育"一词也随之沿用至今。美育的价值一直被学术界和教育界重视，2019年3月，教育部印发了《关于切实加强新时代高等学校美育工作的意见》，对新时代高校美育改革发展提出明确要求："普通高校要强化面向全体学生的普及艺术教育……构建以中华优秀传统文化传承发展和艺术经典教育为主要内容的公共艺术课程体系。"而非遗作为中华优秀传统文化的重要代表，是取之不尽、用之不竭的美育资源。

1. 提高学生个体的审美能力

生活中绝大部分学生对艺术并不敏感，需要大量的经验和学习才能够提高审美能力。审美能力是审美主体与审美客体进行互动时，审美主体所需要的认知能力和行为能力。从表面看，审美能力是对艺术品的"直觉"式感知，但实际上，审美主体对客体的"直觉"感知背后隐藏着严密的逻辑链条。一个人的审美能力不仅包括成熟的理智（认知事物内部的规律与秩序），而且包括丰富的情感（将个人情感注入审美对象），还有活跃的想象力（调动想象，形成意象）。因此，审美能力纵然具备一定的先天基础，但绝不是先验的，而是需要后天的培养与锻炼。非遗一般是艺术或者文化的表达，换句话说，部分非遗项目本身便是艺术品，其中蕴含着普遍的美的规律，是提升个体审美能力的重要素材和途径。比如京剧，它的人物造型，包括服装、妆容和脸谱，还有布景造型，都具有独特的形式美。尤其是京剧服装，用料考究，多使用绸缎制作，极具质感；图案纹饰源自历代服饰的经典花样，如丹凤朝阳、鱼鳞纹、海水江崖、龙纹等等，符合中国传统美学的设计原则，繁复精致，具有独特的艺术风格和鲜明的民族特色。对这些深厚的文化内涵的理解，可以通过校园学习得以实现。因此非遗进校园这一方式能有效促进非遗传承、传播与美育教育的结合。学生在对非遗项目的学习、体验、欣赏过程中，感知其中所蕴含的深刻美学意味，实现提升自身审美能力的目标。

2. 提升学生个体的创造力

中国自古便有重道轻器的传统，在对人的培养方面，更注重文化思想上的教育，技艺方面不免被忽略。在重视可感的物质世界的现代社会，这样的教育方式与现实脱节，使得学生的创造力被削弱。活泼的教学环境是提高学生创造力的前提与基础。非遗进校园活动为单调的教学环境注入生机与活力，传统的思想教育不再是冷冰冰的文字而具备了形象与活力，可以有效地激发学生的创造力。非遗本身便是人类的伟大创造，必然会促进学生创造力的发展；学生创造能力的提升，也会反向作用于非遗项目的传承创新，使其符合当下时代发展需求，更具传承活力。

3. 有利于培养学生健全的人格

子曰"兴于诗，立于礼，成于乐"，孔子认为人格培育最终是在"乐"中实现的，强调感性体验的重要作用，正所谓"潜移默化""陶冶性情"，以感性方式使得教化深入人心，内化于心。健全人格乃至善美人格的培育，绝不能依靠生硬灌输。感性体验尤为重要，它为人格培育创造了良好的温床。非遗本身便是感性体验，传承人将非遗项目带进课堂，使得学生身临其境，参与到项目之中，不再是被动地接受，而是主动地吸收。学生角色的转化，使得非遗项目中蕴含的审美价值、文化价值乃至民族精神更好地发挥，并被学生接受，成为学生健全人格的养料和催化剂。

美育最重要的便是感性的教育，这是大多数人忽略的过程。丰富多彩的感性世界不是抽象世界的跳板，它是审美教育的着眼点和立足点。非遗作为丰厚的感性教育资源，它的价值不可估量，目前在校园美育建设中发挥的作用不过是冰山一角，尚待进一步开发与利用。

（二）非遗进校园拓展非遗传承方式

目前我国非遗项目面临的核心问题是后继乏人。传统的传承方式，即师徒之间的口传心授，依然是非遗项目传承的主要方式，但是它已远远不能满足非遗项目在当下的传承发展需求。非遗通过进校园的方式培育传承人，既是非遗传承方式的新探索，也是对传统师徒传承方式的补充。

非遗进校园有着两方面的重要意义：第一，促进非遗项目传播。能够使非遗项目在青少年群体之间进行十分有效的传递，通过知识的讲解以及传承人现场的指导实践，让他们最大限度地了解非遗项目。例如，北京的史家小学每年都会定期开展非遗进校园活动，邀请北京毛猴制作技艺的传承人肖静，以及其他具有北京特色的非遗项目传承人开展活动，以一学期十五节课的形式持续进行。第二，培育传承人。通过持续的实践引起青少年对非遗项目的兴趣，能够主动学习非遗项目。例如，景德镇陶瓷大学以及中国艺术研究院都开设了相关的传承课程，邀请传承人进入学校教学，带徒授艺。寻找传承人是非遗项目有效传承的重要保障，而非遗进校园是寻找有效传承人、解决非遗项目后继乏人问题的有效途径。

（三）非遗进校园推进双重人才培养

行业建设、学科发展以及非遗传承都离不开非遗人才的培养。对于非遗人才的定义，笔者认为应当从两个方面进行：第一，非遗理论人才。我国对于优秀传统文化的保护由来已久，非遗概念的提出为这一保护行动打开了新局面。但是也应当注意到我国非遗保护工作的特点在于实践性，这种实践性主要表现在缺乏理论的指导，是先进行保护实践，在实践的过程中去探索非遗保护的前进方向。所以加强理论建设，对于非遗传承是十分必要的。

非遗理论人才的培养有赖于现有师资的强化。目前高校绝大多数非遗研究的教师都是从相关领域转向，他们或是从民俗学转向民俗类非遗研究，或是从戏剧戏曲学转向传统戏剧类非遗研究，或是从美术学转向传统美术类非遗研究，在深耕于自己原有专业的同时向非遗研究逐渐靠近。在非遗进校园活动开展之后，可以鼓励教师开展相关非遗理论的学习、相关学术课题申报等方式，促进教师接触非遗理论，提升年轻高校教师非遗理论水平。

第二，非遗项目传承人才。人是非遗传承保护的核心。非遗项目若要得以有效传承，关键在于传承人的培养。一个非遗项目能否传承，最重要的在于是否有人愿意传承，是否能形成一定规模的传承人群。京剧、豫剧等戏曲形式能够在当代进行有效传承，能够培养相关的传承人群，重点在于学校的参与。中国戏曲学院、河南南阳戏曲学校等众多戏曲学校，均开设了具有针对性的相关专业，每年固定招收定量的学生，为相关剧种的传承培养了大量人才，保障了相关曲种有效传承。

非遗理论人才以及非遗项目传承人才，对于非遗项目保护、传承、研究以及未来发展而言具有重要意义。非遗理论人才，促进非遗理论研究、非遗保护措施研究，满足非遗发展需要；非遗项目传承人才，直接参与非遗传承实践，通过努力学习成长为非遗传承所需要的实干之才。在非遗进校园的过程之中能够有效解决非遗未来发展对于这两种人才的需求问题，实现非遗项目的有效传承。

三、非遗进校园的范式路径分析

2018 年，由共青团中央网络影视中心指导、中国青年网主办、清华大学附属中学协办的全国第一届"非遗进校园"优秀实践案例征集活动，公布了十项优秀案例：广东省广州市广绣进校园实践案例，江苏省苏州市姑苏区非遗进校园的探索与实践，江西省兴国县兴国山歌进校园实践案例，山东省潍坊市非遗手工艺项目聋校职业教育实践案例，浙江省平阳县"平阳白鹤拳"课程的开发与实施，"二十四节气"、传统手工艺传承发展实践，湖南省张家界非遗项目进校园实践案例，四川省北川县羌族自治羌族草编进校园实践案例，贵州省石阡县石阡木偶戏进校园实践案例，辽宁省海城市海城高跷进校园实践案例。2020 年，又颁布了第二届"非遗进校园"十大优秀实践案例，以及十大创新实践案例。这一系列的优秀实践案例证实了非遗进校园是可行之路，也为相关理论建设提供了有力支撑。

非遗进校园是随着非遗概念的产生以及非遗保护方式的探索而逐渐产生的针对非遗项目保护所采取的一种保护方式。在"非遗进校园"概念提出之前有没有相关的实践探索？那一定是有的。例如1950年成立的中国戏曲学院、1958年成立的北京印刷学院，都是非遗进校园探索的前身。但是非遗概念的提出以及非遗进校园的践行，使得原有的探索进一步深入，具体表现在以下几方面：第一，进入校园开展传承工作的项目不断增多，民间技艺、民间玩意儿也能够进入课堂；学校层次不断拓展，不仅仅在大中小学能够开展实践活动，而且在一些特殊教育机构也有开展相关非遗进校园活动。第二，活动形式更加多样化，不再只是关注体验活动，相关文化背景也受到关注，在校园文化建设以及校园活动之中都能见到非遗项目的影子。第三，相关活动持续性展开，不是走马观花式地进校园，而是能够持续在校园里开展传承、传播活动，使之产生持续的影响。第四，注重专业人才的学校教育，形成本科、硕士、博士三级教育培养模式，为非遗培养专业理论人才以及后继传承者。正是基于这种变化，今天我们对于非遗进校园范式的探究才会更有意义，同时也更有示范作用。

（一）体验：鼓励动手有功，增强参与热情

我国非遗保护工作如火如荼地展开已有十几年，从国家到地方对非遗保护工作给予大量的财力、物力、人力的支持，保护成效明显。但是我们仍然要看到，在这些保护成果之下依然存在一些问题。例如新生代人群对于非遗认知的缺失。新生代人群被称为"网生代"，对于网络文化有着极大的依赖性，让他们正确认识非遗项目、正确理解其文化内涵，这在非遗传承的过程中是重要的一环。因此要大力推进非遗进入校园，增强学生对于非遗项目的体验，通过体验让同学们感知非遗的魅力，吸引他们关注非遗。

在非遗项目进校园的过程中，应当是有区别地进入。第一，

针对中小学，主要是以体验为主。小学和初中是我国的义务教育阶段，每一位适龄儿童都应当在学校接受教育，因此这一教育阶段是最为聚纳年轻群体的阶段。但是他们往往存在着年龄小、认知不清晰的现实问题，因此这一阶段主要是以体验感知为主，通过非遗进校园、进课程，让他们动手、动脑、动嘴，主动参与其中，增加兴趣。例如，北京部分中小学会邀请具有地方特色的非遗项目进入课堂中，开展教学体验；江苏省徐州市铜山区教育局依托本地区的戏曲非遗项目柳琴戏、丁丁腔，结合当地中小学开展课堂教学，一学年开足十节"我爱家乡戏"专题音乐课，通过学习，实现每班学生能够演唱戏曲小段4~6段[①]；杭州西溪小花篮编制技艺，在杭州市竞舟小学、杭州市西溪实验学校、杭州市行知第二小学开展进校园的体验活动。在非遗项目选择上，也主要是以传统技艺类、传统音乐类、传统美术类、民间文学类非遗项目为主。这几类非遗在中小学相对容易展开。第二，针对高等院校以参与传承为主。高等院校的学生具有主动性、参与性、积极性等特点，同时他们拥有较高的文化水平，对于非遗知识更易接受。针对这一阶段学生的特点，不仅要开展体验教育还要推动非遗知识的讲解，鼓励他们参与非遗传承活动，开展相关的非遗节以及社团活动。例如，河北科技大学制定"一院一非遗"传承策略：当地的舞龙灯由机械学院传承，藤县舞狮由理工学院传承，杨氏太极由环境工程学院传承，二贵摔跤由外国语学院传承，抚宁太平鼓由文法学院传承，沧州落子由文法学院以及化工学院传承，而且该校自2005年开始"非遗进校园"活动，持续至今。高等院校学生极具创新精神，他们依托于自己所掌握的专业知识与非遗项目进行有效结合，对于非遗传承、创新进行不断的尝试，努力探索一条适合非遗在当代的传承之路。例如，华南师范大学将岭南舞蹈文化传承实践与高校教育相结合，创作出《校园醒狮》《英雄

---

① 刘洁、刘建：《非遗传承：地方戏曲进校园的区域样本》，《教学与管理》2018年第13期。

花》《喊瑶山》等非遗舞蹈作品，为岭南文化的传承创新做出了有益探索。① 同时非遗进校园也是在维护、构建非遗项目传承环境。学生在学校拥有了解非遗、学习非遗、实践非遗的经验，即使在毕业之后没有走上传承非遗之路，他们对于非遗也已有了独特的感情以及特殊的认识。笔者相信这份独特的非遗情结会促使他们在以后的工作、生活中，对非遗有更为特殊的感情。在调研中了解到，的确有相当一部分学生表示，会在以后的生活中更加留意非遗相关内容。

（二）展示：融合校园文化，促进非遗传播

非遗保护的过程中活态传承是目的，非遗进校园有活态的展演、体验，当然还离不开静态的展示。非遗在校园静态的展示活动分为两种呈现样态：第一，中小学流动以展览为主。中小学由于资金、人力、场地等有限，在进行非遗十大类项目静态展示时，主要是以展板形式为主。这样的形式具有流动性强、操作性强的特点，能够以有限的资源达到最有效的展示效果。第二，高等院校以展示馆为主，流动展览为辅。高等院校由于资金、人力、物力、场地等条件相对宽裕，在进行非遗十大类项目静态展示时，可以采取展板展示与展示馆建设两种方式结合的形式。对于相关的图片以及项目说明，可以采取展板展示的形式；对于相关实物以及讲解体验，则可以采取建设展览馆的形式。展览馆建设，一方面能够有效进行非遗展示宣传，另一方面能够将校园文化建设与非遗宣传相结合。目前已有部分高等院校开始将校园非遗展馆建设付诸实践并且取得良好效果。例如，2020 年河南省文化和旅游厅公布的第二批非物质文化遗产展示馆和示范传习所名单中，信阳师范学院 2015 年建设使用的茶学实训基地名列其中。该基地建筑面积 1400 平方米，收集茶具以及相关展品 1000 多件，共分

---

① 仝妍：《"非遗"舞蹈进校园——舞蹈高等教育的文化传承创新》,《舞蹈》2018 年第 3 期。

为四个区域：西区走廊为"茶事诗词曲"和"茶山景色"，东区走廊为"茶与戏剧歌舞"和"茶与美术绘画"，西部阅览室为"走进茶文化"，东部阅览室为"体验茶文化"。信阳师范学院是全国 25 所开设茶学专业的本科院校之一，当地盛产的信阳毛尖茶叶全国知名，这样专业实践与文化展示在校园的双重互动，使得信阳师范学院为当地国家级代表性非遗项目信阳毛尖茶制作技艺的传承人培育做出重要贡献。信阳学院 2019 年建成的面积为 1500 平方米的信阳优秀传统文化传承馆同样名列其中。自成立以来，该馆开展非遗展示、传习活动近 100 多场，成为信阳优秀传统文化宣传的重要窗口，对于校园学习非遗热情氛围建设以及学生文化自信与文化自觉的建立，都具有重要的促进意义。

（三）实践：推进成果转化，服务社区建设

社区环境是非遗项目良性发展的重要基础，社区对于非遗项目的喜爱氛围、对于非遗传承人的尊重态度、对于非遗活动的热情支持、对于非遗实践的积极参与，都极大地影响着非遗的传承发展。因此在非遗进校园拥有一定学习成果之后，应引导能够展示、表演、操作非遗项目的学生在社区积极开展相关活动。

通过社区活动展示非遗项目具有两方面的意义：其一，有利于社区构建热爱非遗项目的良好氛围。非遗进校园往往是选择本地域的非遗项目与本社区的学校教育相结合，学生学习之后，再通过社会活动反哺社会学习非遗氛围的构建，在社区形成热爱地域非遗项目、尊重非遗项目传承人的良好氛围，保护好非遗项目产生、发展的土壤。其二，促进学习成果的巩固。学生在学习非遗项目后，能够掌握一部分演唱以及制作技巧，如唱上一段戏曲的经典唱段，或者制作简单的基础小物件，这些都是非遗进校园的有效成果。但在学期结束之后，如果长时间不进行巩固学习，学习成果就会大打折扣。而通过校园非遗学习成果进社区的实践方式，将学生学习成果在社区进行展示，邀请非遗项目传承人进行打分评判，可以检验学生的学习成果，同时还可以通过不断的

实践、长期的展示，让学生对已有的学习成果进行巩固，做到熟能生巧。而且，在社区实践的过程中，也能增强学生的荣誉感、获得感以及满足感，增强学生学习非遗、传承非遗的热情。非遗进校园的学习探索与非遗在社区的传承实践有效融合，实现双向互动，对于二者都大有裨益。

（四）师资：培育专职教师，引进民间艺人

非遗进校园需要专业理论人才的引导，而专业理论人才的塑造也需要非遗进校园的促进。因此非遗进校园与非遗专职教师的塑造二者是相辅相成的。对非遗进校园认知的不断提升，促使非遗进校园的实践不断深入。从以前的体验、观赏为主到现在对专职教师的培养，反映出非遗进校园理念的深化。

部分高等院校在推进非遗进校园的过程中，积极推进非遗理论建设以及非遗专职教师培养，通过安排相关专业课程、相关课题申报、相关费用资助、教师职称评估等方式，推进非遗进校园不断深入。例如信阳学院，对于申报非遗相关的校级课题给予优先立项，目前该校师生获得关于非遗保护相关地厅级科研项目 50多项，针对非遗相关课题每项给予校级资助 5000 元，针对在非遗领域有着重要成果的学者给予职称评选，这一系列举措极大地促进了非遗研究在校园的深入。

相关高等院校应当积极采取措施，推进非遗进校园的进一步深入，在非遗与校园教育融合的过程中培育专业的非遗教师，从教师层面重视非遗进校园和非遗成果的传播，从而引导更多的学生进入非遗领域。各级代表性传承人对于其所掌握的非遗项目的源流发展、传承现状、传承特点、传承方式，以及如何开展非遗进校园等问题有着清晰认识，要鼓励院校教师向这些传承人学习，请教相关问题。例如，西安理工大学安排教师体验陕北文化，走访民间艺人和艺术团体，了解学习安塞腰鼓独特的文化、技巧和

艺术规范。[①] 相关院校要鼓励传承人进校园，积极创造良好条件。如为传承人颁发客座讲师、客座教授等荣誉称号，在学校开展相关授课活动，给予学院教师相同的工资待遇，保证传承人的利益，调动其参与的积极性。

（五）专业：鼓励课程建设，培养非遗人才

2015 年 11 月，联合国教科文组织在曼谷召开了"亚太地区非物质文化遗产研究生学位课程发展区域论坛"，把学历教育与非遗理论研究相结合的议题提上日程。在此次论坛上，亚太地区的高校都对本区域社区非遗活态传统的现状及可持续传承给予了高度关注，这也同样引起中国相关高等院校对于开设非遗相关专业的密切关注。

学位制教育是正规教育的一大特点，根据不同的学习阶段给予相应的毕业证书以及学位证书是学位制教育的应有之义。而非遗进校园进一步深入的重要标志是相关专业的申报、制定以及相应学位证书的授予。由于非遗专业及相关课程的特殊性，因此主要集中在高等院校。高等院校设置非遗专业及相关课程，对于非遗进校园进一步深入具有重要意义：其一，非遗相关专业的设置，能够加强公众对于非遗保护的认识，吸引相关优秀人才从事理论学习、理论研究，成为未来非遗理论研究的重要后备资源；其二，非遗相关课程的开设，使高校中对非遗有兴趣的学生能够更加深入系统地学习非遗项目相关的背景知识、理论知识，而不再仅仅停留在体验环节。

高等院校在进行非遗专业及非遗课程的设置时也应当有所考量，要依据学校性质有所侧重地实施非遗进校园方案。

1. 职业院校以培养非遗传承人为主

传承人是非遗保护的核心，积极培养非遗传承人是非遗保护

---

① 李蕾、曾玉华:《陕西高校非遗体育文化进校园的思考与启示——以红拳与安塞腰鼓为例》,《西安体育学院学报》2014 年第 6 期。

的重要责任。高等职业院校以职业教育为主，为社会发展培养大量专业技术人才。在 2021 年教育部公布的《职业教育专业目录》中，高等职业院校专业涉及中医药、表演艺术、民族文化艺术、教育与体育等 19 大类，中医药类下设有中医学、针灸推拿等；表演艺术类下设戏曲表演、曲艺表演等；民族文化艺术类下设民族传统技艺、民族美术等。相关专业涉及传统音乐、传统舞蹈、传统戏剧、传统美术、传统技艺、传统医药等非遗项目。因此职业院校应当将上述非遗项目纳入本校专业设计，积极推进非遗项目传承人的培养。同时学生也应当主动转变观念，在有些专业人才过剩的情况下，敢于选择耗时久、技术性强的非遗项目，为自己的未来发展赢得机遇。例如，南京非物质文化遗产专业学院自 2001 年开设古籍修复专业，近 20 年来培养 700 多名非遗专业人才。该校众多学子传承古籍修复技艺，获得良好的工作岗位，如 2012 届学生王康毕业后进入金陵刻经处工作，现已成为市级非遗传承人；2013 届学生李瑶瑶如今在南京博物院从事纸质文献修复工作。

2. 综合院校以专业理论研究为主

理论研究人才是非遗传承不可或缺的重要力量，在非遗保护实践的过程中，将重要的保护经验转化为理论建设，同时对于未来的保护实践起到重要的指导作用。国内较早从事非遗专业理论人才培养的院校，以中国艺术研究院、中山大学、天津大学等为主要力量。这一时期的人才培养主要是硕士研究生以及博士研究生的培养。例如，中国艺术研究院在艺术学理论下设置非物质文化遗产保护研究方向，主要招收硕、博研究生。中国艺术研究院原院长王文章主编了中国第一本非遗理论读本《非物质文化遗产概论》，该书现已编撰、修订四个版本。中山大学则在中国语言文学下设置了非物质文化遗产学，招收硕、博研究生。2021 年 2 月，教育部对普通高等学校本科专业目录进行更新，37 个新专业被列入普通高等学校本科专业之中，其中非物质文化遗产保护研究专业（专业代码 130212T）被列入艺术学门类艺术学理论类专业名录，学制四年，授予艺术学学士学位。非遗保护研究专业在本科教育阶段的设置是非遗进校园的突破性成就，对于我国非遗保护以及非遗理论人才的培养具有重要意义。相关院校以及研究院所可以形成本科、硕士、博士三个层次的人才培养梯度，形成完整有效的培养方案，促进理论人才的培育。

3. 艺术院校以个别项目具象研究为主

2021 年本科专业目录将非物质文化遗产保护研究列入艺术学门类有着重要考量，因为传统戏曲、传统音乐、传统舞蹈、传统美术等非遗项目本身与艺术有着密切联系。这就为艺术院校介入非遗开展相关研究提供了便利。中国非遗中心主任王福州指出，"知识领域与艺术门类间一定存在着诸多未被认知的玄妙"①，由此可见，艺术是非遗保护中不可忽视的元素，而艺术院校在艺术门类研究方面有着深厚的学术传统以及学术积淀。例如新疆艺术学院，是国内唯一一所开设木卡姆专业的高等艺术院校。学院于1996 年成立木卡姆教学研究室，先后有 22 位学生顺利毕业，80%的毕业生进入新疆木卡姆艺术团工作。该学院 2014 年开始招收木卡姆与麦西热甫方向硕士研究生。②为新疆木卡姆艺术的传承、研究培养了大量人才。再如中央美术学院，设有民间美术系，后发展为中央美术学院非遗研究中心，以民间美术研究为主，在民间美术研究中处于领先地位；中国戏曲学院招收京剧专业学生，为我国京剧艺术的保护做出了重要贡献。此外还有西安音乐学院等优秀的艺术院校，也开始在非遗保护领域进行探索，发挥专业艺术院校的学术优势，对具体类别的非遗项目开展深入研究，积极推进非遗在艺术院校的传承、传播以及研究。

---

① 王福州：《"文化遗产学"的学科定位及未来发展》，《中国非物质文化遗产》2021 年第 2 期。
② 王亚娇：《新疆艺术学院木卡姆专业教学现状调查与研究——以〈木卡姆演唱〉〈木卡姆音乐结构与分析〉课程为例》，硕士学位论文，新疆艺术学院，2014。

当然我们应当认识到，不论是非遗的理论研究、非遗传承人的培育，还是非遗具体类目的研究，三者有着高度的黏合性，它们在综合院校、职业院校、艺术院校的研究中往往是联系密切而不是相对孤立的。在这里，笔者只是着重强调，高等院校在非遗进校园的过程中应当有所选择，要结合本院校学术优势有所侧重地开展相关研究，将本校资源利用最大化，同时使得非遗进校园的成果最大化。

四、结　语

随着对于非遗认知的深入以及非遗保护方式的拓展，非遗进校园作为非遗传承、传播以及保护的新方式而备受关注，对其理论研究不断深入。非遗进校园不是一个简单的口号。学校办学层次的差异性、教育性质的不同，都极大地影响着非遗保护行动在学校落实的实际效果。因此在非遗进校园的过程中，需要对学校的办学层次、学校的教育性质统筹考量。从体验、展示、实践、师资、专业五个方面有差别地开展相关活动，形成非遗进校园研究范式的五个维度，为后续非遗进校园持续深入地展开提供理论指导，推进我国非遗保护工作进一步发展。

现代私塾："教育遗产"的民间复兴与文化传承

陈映婕 ①

（浙江师范大学文化创意与传播学院，浙江金华，321004）

摘　要：在转型社会中复兴的现代私塾不仅是对官办教育的一种补充形式，也是民间社会的文化自觉与教育传承。目前整个私塾行业呈现动态变化、尚不稳定的发展特点。为了弥合历史与现实的文化断层、创造对现代民族—国家的认可以及对自身价值的肯定，现代私塾策略性地吸纳了有意义的各类话语，积极建构自身的合法性，从而获得生存与发展空间。在具体的传承过程中，它们根据时代与国情对古代私塾教育的教学内容和方法进行了整理、选择、揉和与创新，貌似"复古"的传承实践是其对现实社会与教育现状的反思、弥补和调适。

关键词：现代私塾；教育遗产；民间复兴；文化传承

一、现代私塾的民间复兴

私塾，又称教馆、家塾、义塾、义学等，是中国古代"私学"的主要表现形态，作为重要的乡村基层教育机构，具有初等教育

---

① 作者简介：陈映婕，民俗学博士，浙江师范大学文化创意与传播学院副研究员。

的性质。它曾经在广大乡土社会中承担着教化民众识文断字、简单的算术记账，以及宣扬伦理纲常礼仪、维护宗族秩序、满足科举需要等社会功能。通常认为，私塾始自春秋的孔子时代，近代随着民国"新学堂"的大规模兴起继而走向衰落，成为一类"教育遗产"。然而旧的遗产与新的事物常常相伴相生，社会转型和文化自觉催生了大量"传统的发明""再生产的传统""遗产的复兴"，担负着文化传承功能的学校教育也不例外。

伴随着"弘扬传统"的国家话语与"读诵经典"①的教育热潮，以及国际上"在家上学"理念的多重影响，"私塾"这一消失已久的民间遗产悄然复兴，其规模还在不断扩展中。现代私塾迅速发展并引起社会较多讨论是在最近十余年间。目前民间自发兴办的现代私塾遍布诸多省、市和地区，甚至深入一些乡镇，其中山东、广东、浙江、北京、上海等地的私塾数量增长很快。"（2015 年）山东省内的私塾已经超过 60 所，而且不断有实践者在创办新式私塾。"②《中国"在家上学"研究报告（2013）》认为："这可能与东部地区的经济文化水平更高、社会公众教育观念更开放有关。"③2013年官方媒体对现代私塾数量的保守估计是 3000 家。④ 目前尚缺乏全国范围内私塾数量与师生规模的精确数据，但这一新教育现象已经引起大众传媒、学术界与普通民众的较多关注。

"儿童读诵经典"是推动现代私塾复兴的直接动力，其中出现

---

① "读诵经典"（简称"读经"，以儒家经典为重点）的教育理念与实践在海内外不断盛行，一些学者称之为"读经现象""读经教育""儿童读经"，也有学者如薛涌、张远山、刘晓东、吴小龙等用"读经运动"一词来表达对当下大规模读经现象的质疑。

② 周津宇：《当下中国私塾教育研究——以济南市 A 私塾为例》，硕士学位论文，山东师范大学教育学院，2015，第 11 页。

③21 世纪教育研究院：《〈中国"在家上学"研究报告（2013）〉发布》，http：//www.21cedu.org/?ycon/id/261/m/475.html，访问日期：2020 年 9 月 23 日。

④ 梁建伟：《全国私塾超 3000 家，学生万余人》，《钱江晚报》2013 年 12 月 8日，A0007 版。

了一些对公众影响较大的代表性人物，如王财贵、胡晓明、蒋庆、郭齐家、赖国全等。他们的读经教育理念及其讲座，直接促成了国内外诸多读经私塾、读经班的陆续诞生，致使此类教育日益国际化和产业化。在一个较短时间里发展起来的现代私塾，逐渐形成一个兼具经济、教育和文化功能的新兴行业。一些与之相关的新闻事件，如"孟母堂事件"①、"某明星女儿读国学班"、"传授'三从四德'的女德班"等，都使现代私塾及其文化标签"国学"一度成为社会焦点，甚至遭到批判。

现代私塾萌生于"民间"，存活于"民间"，成长于"民间"，游离于官办教育之外，有着与大多数公立学校不同的教育理念和文化传承实践，因此"民间性"是现代私塾的社会特性。它们的成立大多未得到教育部门的认证与批准，日常教学活动也较少受到官方的直接管辖和监督。大多数现代私塾都会强调其教学内容、教育目标与历史传统的文化传承关系，将"国学"或"古代经典"设置为课程重点与教学特色，重视经典作品对于儿童在智力开发、道德伦理、人格修养、文化自信等方面的教化作用，愿意尝试走出公办体制和应试模式的教育实验。

除去一些共性之外，私塾业的内部差异很大：大多数位于城市，较少数偏居乡村；师生规模不一，有的只有不到十人，也有的多达上百人；既有走读的和全日制的，也有周末业余班，形式多样；有的私塾只招收学龄前儿童，有的针对3—13岁的儿童，有的则没有年龄限制；一年的学费一般在数万元，远高过普通公立学校。私塾老师的社会背景复杂各异，有学者、教师、热爱"国学"的家长、企事业员工、退休人员等等。他们不同程度地认可传统私塾和古代经典的当代教育价值，不满意官办体制教育，

---

① "孟母堂"是一家全日制私塾，成立于2005年。2006年，上海松江区教育局以"违规办学"的名义要求其停止办学，后者不服，导致双方冲突，引发了"孟母堂事件"。由此媒体、大众和学者对现代私塾的合法性与"读经"现象多有争议。2008年，"孟母堂"重新开张，办学规模不减反增。

属于富有"教育理想"和"文化情怀"并勇于实践的一个社会群体。私塾学生的家庭背景也不尽相同，一项对北京 10 家私塾进行的调查表明，"私塾学生的家长来自不同的职业，从司机到公司老板；不同的籍贯，从大城市到农村，甚至国外；收入也差别极大；唯一有明显导向的是父母的学历，学历在本科以上的达到了 96%"①。这个调研结果也比较符合大多数私塾学生家庭的实际情况。家长送孩子读私塾的原因各异，有的强调"做人立德第一"，有的看重"扎实的古文基础"，有的偏好"个性化小班教学"，也有的是孩子被视作"问题学生"不能适应体制学校等等。

现代私塾的出现，可以看作社会变迁中人们对于体制教育这一"新传统"进行批判与反思，进而做出的突破与选择。当下多元文化与教育理念共存，彼此形成比较、竞争和冲突，而官办教育无法满足一些受教育群体的多样化需求，使得现代私塾在民间找到了自身萌芽与成形的组织空间。但也由于得不到官方在法律与事实上的支持，它们显得地位尴尬被动，话语权微弱。在主流的公办学校面前，现代私塾的经营心态复杂而微妙：在师生规模、教材选择、教学进度与个性化教育等方面，私塾可以有较大的自主性，具有一定优越性，能够去实践"教育理想"；但是大多数私塾无法提供学历文凭和出路，许多私塾的课程内容依然无法摆脱体制的影响，需要兼顾语、数、外，还要随时面临着学生流失（转至公办学校或私立学校）等各种问题。在理想与现实的生存夹缝中，有的私塾出于各种原因自行停办，有的私塾被强行关闭后又"死灰复燃"，而新的私塾还在不断增加中，因此整个私塾行业呈现动态变化、尚不稳定的发展特点。

二、私塾传承的断代与自我建构

从社会变迁的角度来看，农耕文明下传统私塾的式微是一个

---

① 熊江宁、李勇刚：《北京"现代私塾"的现状与出路》，《北京社会科学》2011 年第 5 期。

现代知识试图征服本土知识、国家力量与乡土社会相互博弈的过程，其最终为适应现代工业社会的规模班级制教学所替代，于20世纪50年代基本消亡。而现代私塾是最近一些年才出现的新现象，其创办者与支持者无一例外接受的都是新中国成立后的新式学校教育，几乎没有人真正体验过传统乡土私塾的教学日常，接触和学习"国学"也大多属于"半路出家"，且程度各异。因此在传统私塾与现代私塾之间，出现一个明显的历史鸿沟与传承断代。

在"弘扬传统"的宏大国家话语下，社会上陆续出现了"国学进学校"的文化风潮、诗词类综艺节目的流行、非物质文化遗产的保护和开发，以及"高考增加古文比例"等教育新动态，都令现代私塾感觉到"自己走了一条正确的道路"，似乎可以增加更多的政治确定性。但只要国家未正式出台认可这类民间教育机构的法令条文，现代私塾依然"妾身未明"，得不到任何实质性保障。

为了试图弥合过去与现在的文化断层，创造对现代民族—国家的认可以及对自身存在价值的肯定，现代私塾需要从现实和历史中寻找有价值的话语，人为地积极建构自身的合法性，以适应种种现实需求。正如英国学者霍布斯鲍姆和兰杰认为的那样，"传统"是因为"现代"的需要而变得有价值，人们会"采取参照旧形势来回应新形势"[①]，使"传统"成为不同时代语境下的灵活文本。在传统私塾这一"消失的遗产"的基础上，现代私塾主动地进行了对自身的历史想象与文化建构，灵活应用国家政治话语，以期获得更多认同。

首先，现代私塾在沿用传统私塾的语言符号的同时，也吸纳了当下官方意识形态话语，使国家以符号的形式成为"想象的共同体"。混合了抽象宏大的古代与现代的双重语言符号，成为现代私塾建构自身的一类策略性表达。私塾的具体命名大多富有传统意味，如"四海孔子学院""大成经典幼儿园""上海孟母堂""小

---

① [英] E.霍布斯鲍姆、T.兰格:《传统的发明》，顾杭、庞冠群译，译林出版社，2004，第2页。

筛子义学私塾"等，其中许多都出自经典文献，尤其是儒家经典，如广州的"明德堂"来源于《大学》中的"在明明德"，温州泰顺的"文礼书院"取自《论语》中的"博我以文，约我以礼"等。他们认为古代教育中的"修身、齐家、治国、平天下"与现代政治中的"弘扬传统文化""传承中华文明""建设和谐社会"等，二者并不矛盾，甚至是高度一致的。如在"山东平原小巨人经典学校"的网络主页上，"学校的宗旨"是"为天地立心，为生民立命，为往圣继绝学，为万世开太平"，而"学校的理念"是"让 21 世纪的中国人，皆能站在中华五千年文明的历史巨人肩上，去面向世界、开创未来"。[①] 有的学者指出，民间社会普遍存在一类"政治艺术"，即民间自身原有的符号结构与政府所持的话语，本来是完全不同的两个事物，但是组织者借助自我建构一套话语体系，去克服政治障碍，达成新的合作，"是一种在差异中左右逢源、获得生存空间的符号结构"[②]。一些私塾也会在对外宣传的文字中引用国家高层官员使用过的儒家经典，如"民惟邦本""天人合一""和而不同"等，认为在传承儒家思想的层面上，现代私塾与国家政策保持一致，并无矛盾之处。由此，"'中国传统文化'价值诉求话语的色彩的中性化甚至褒义化，使民间读经组织的价值诉求在话语上得以合法化，从而减少其活动开展的阻力，甚至给他们带来某种光环"。[③]

其次，通过搜集、整理和编纂与传统私塾有关的小说、散文、传记和访谈，勾勒出传统私塾的历史情境，尤其让文化名人"现身说法"，展示古代私塾教育的优越性，建构"私塾能够培育出优秀人才"的主观话语。鲁迅、丰子恺、胡适、梁实秋、顾颉

① "山东平原小巨人经典学校"，http : //www.jingdianxuexiao.com/。
② 高丙中：《一座博物馆—庙宇建筑的民族志——论成为政治艺术的双名制》，《社会学研究》2006 年第 1 期。
③ 石大建：《"儒经"诵读思潮在民间社会的兴起及其动员机制——以 H 市 D 区的民间读经活动为例》，博士学位论文，上海大学文学院，2010，第 136 页。

刚、郁达夫、沈从文、周作人、南怀瑾等都曾经写过幼年读私塾的"精神成长史"，对旧私塾的日常生活进行了生动的描述，其中不乏个性化的文风和文化观点。比如鲁迅在《怀旧》一文中丑化私塾先生，将之"漫画化"；郁达夫从审美的角度讲述温馨有趣的私塾童年，如淘气学生如何将上厕所娱乐化；蒋梦麟则从文化反思的角度肯定私塾的历史价值。因此，"包含不同声音的私塾故事既是作者心路历程的写照，也是历史文化语境的反映"[1]。但是为了突出与传统私塾的历史联系，强化私塾能够"孕育大师"的主观判断，一些私塾会选取那些充满温情、趣味和感恩意味的文章进行加工、整理和宣传，将私塾教育与培养名人绑定在一起。这对于当下望子成龙的父母有着强烈的吸引力。因此具有"名人效应"的私塾素材，成为现代私塾自我认同、建构教育权威，增加办学信心的另一策略与方法。

再次，有着相对清晰的学术传承脉络的台湾新儒家学者，对于私塾行业的迅猛发展起到了重要的推动作用。其中比较有代表性的是王财贵教授。他自 20 世纪 90 年代开始在大陆推广儿童读经理念，大力提倡儿童读诵经典式的人文教育，鼓励民间兴办私塾。由此，海内外出现了一大批"谦字辈"的"连锁式"私塾，如大陆的"庸谦学堂""是谦学堂""德谦学堂"等私塾有上百家；在海外，如加拿大的"时谦学堂"、美国的"审谦学堂"、德国的"致谦学堂"等，遍及 20 余个国家，近 50 个城市。[2] 由他主持兴办的"文礼书院"，成为海内外读经家庭的"朝圣地"，并被当地官方视作重要文化品牌，得到大力宣传。这一"行业标杆"让许多私塾看到了民间办学的影响力以及国家管理民间社会的灵活机制，从而保持乐观的发展心态。

---

① 张梅：《民国文人记忆中的私塾》，《新文学史料》2016 年第 3 期。

② 陈映婕：《建构西方世界中的"君子"——海外新移民读经教育的兴起及其文化实践》，《华侨华人历史研究》2019 年第 2 期。

三、现代私塾的文化传承实践

从文化的角度看，学校中设置的"课程"与教授的"知识"都是文化选择与传承的结果，"课程是人类文化的精华，是人类文化传承的一个重要组成部分"。[①] 教师在课堂上教授的内容无法囊括人类文化的所有方面，但理论上应当是自身文化中那些最有价值、最值得被传承的部分。"教什么"和"如何教"体现的是教育设计者关于文化传承的理论与实践。事实上"传承"是一个相对抽象的概念，真正"传承"的动态过程既细腻又复杂，因为"教育对文化的选择，包括了对文化的挑选、糅合、加工整理等制作过程，选择文化贯穿于教育的全过程，也是按照社会与国家需要进行取优的过程"[②]。

传统私塾是乡土社会和科举制度的历史产物，而转型社会下的现代私塾既没有必要，也不可能单纯复制前者。在现代私塾的面前，过去的教育经验不能照搬照抄，当下的民间私学又无经验可循，完全是一条不知未来的艰难之路。这也给私塾经营者带来文化素养上的极大挑战：从理论上，他们要分辨、挑选和吸收传统私塾中值得传承的"精华"部分，并且使之能够应用于当下社会的现实需求；在实践中，随时关注教学反馈和效果，一旦发现有问题，要及时反思、咨询、学习、调整和总结，并对知识和方法进行一定创新。

虽然每家私塾都存在着一定差异，但是大体上都会有一些文化传承的共性，代表了私塾群体对"哪些传统是优秀的"所做出的文化价值判断。有些教学内容看似是在"复古"，但也是对现实社会的反思、弥补和调适。

---

① 滕星：《族群、文化差异与学校课程多样化》，《江苏社会科学》2003 年第 4 期。
② 滕星：《教育人类学通论》，商务印书馆，2017，第 245 页。

（一）有选择地沿袭旧私塾的一些传统礼仪与教学仪式

广义的仪式既包含个人的行为规范和社交礼节，也包含具有集体性与神圣感的社会性仪式。教育与仪式二者关系密切，"教育给仪式一个宽广的空间，仪式给教育一个发展的动力"。[①] 与公立学校中通行的升旗仪式、少先队员敬礼、运动会等现代仪式不同，现代私塾根据自身条件，适当恢复了一些具有传统意味的仪式，比较常见的如悬挂孔子像、课前师生互行鞠躬礼、饭前念诵"感恩词"，分享东西要"长幼有序"、重要场合穿着汉服、教师节举行"开笔礼"等。文礼书院在 2013 年恢复并举行了古代私塾入学时祭祀先圣和先师的"释菜礼"，此后每年举行一次。书院的师生从时间的选定、人员的服装、职位的设置，到繁复详尽的仪程，几乎复现了历史中庄严隆重的"开学典礼"。[②] 另外，有些看似"传统"的流行仪式中也有一定的现代创新，如给长辈洗脚的"孝亲"仪式，即使是在经典的《二十四孝故事》中也未见记载。

这类突然出现在人们视野的传统礼仪与仪式，似乎"传承"得很不自然，因此引起很多争议，褒贬不一。私塾界认为之所以恢复传统仪式，是基于对现实生活中的反思与修正，因为现在的年轻人"没大没小""没规矩"，既不像西方人，也不像中国人，对任何事物都没有敬畏感。从文化变迁的视角来看，仪式得到再造与复兴的情况在整个社会都具有普遍性，民间不仅在重构传统节日、庙会、宗族、信仰方面非常活跃，连官方也一改对"封建迷信"的政治批判，积极兴办各类"文化遗产"活动。因此"20 世纪可以说是文化自觉地被传承、被发现、被创造的世纪，这一文化也是近代以来民族—国家认同的一个重要源泉"[③]，而私塾不过是用自己的空间组织方式来演绎这类"家国同构"的文化诉求。

[①] 滕星：《教育人类学通论》，商务印书馆，2017，第 284 页。

[②]《秋雨中的盛典——丙申秋文礼书院开学"释菜礼"纪实》，https：//www.rujiazg.com/article/9286，访问日期：2016 年 9 月 20 日。

[③] 麻国庆：《走进他者的世界》，学苑出版社，2001，第 322 页。

（二）继承传统私塾中古代经典文献的语文教学内容，以文言文学习为核心和特色

大多数现代私塾都不认可公立学校的语文教材，认为其中有诸多明显弊端。他们会根据自身对于"经典"的理解去选择一些重要作品，推崇文言文为主的阅读、记忆和写作。现代私塾认为古代经典文献的传承价值主要体现在以下三个方面。

第一，认同"经典"在历时传承中的稳定性与可靠性。古代经典学习与科举考试有直接关系，也存在"考什么学什么"的实用思想，而"四书五经"在当时相当于考公务员的规定教材。但是现代私塾面对的现实情形是：在海量信息的大数据时代，人们有太多需要学习的知识，但是人一生的时间和精力有限，而童年更是短暂易逝，那么选择那些不易过时的"经典"是可靠而有保证的。在对"经典"的理解和选择上，现代私塾展示了丰富的差异性：有的认为先从符合儿童认知水平的"蒙学"学起，如《幼学琼林》《三字经》《声律启蒙》《五字鉴》等，再去学习较难的，如"四书"等经典；有的私塾主张从"儒家圣贤"的著名经典开始学习，首推《论语》和《孟子》；也有的认为诗歌类作品更适合儿童读诵，抑扬顿挫的语言节奏能使其保持学习兴趣，先学习《诗经》《唐诗三百首》等；还有的私塾推崇《弟子规》，不仅要背诵而且要"力行"，"知行合一"才是真正掌握经典的基本方法。当下人们对于"经典"的理解可谓"仁者见仁、智者见智"，不仅有吸收和承继，更有选择和创新。

第二，认同文言文较之白话文有更高的文化传承价值，具有多学科的教育价值。经典文献由于能够兼容现代白话文、文字学、音韵学、历史学、政治学、哲学、思想品德等现代人为划分出来的知识领域，学习起来更加统一高效。私塾的老师们几乎都会强调，文言文的高度可以覆盖和超越白话文，如果掌握了较难的文言文，那么学习有活态语境的白话文便不成问题。读诵经典的同时，老师都会不同程度地辅以讲解相关文史知识，引导学生业余

时间阅读白话文书籍，使学生更好地理解古文内涵和当下意义。同时他们也能够像传统塾师一样，比较自然地进行道德教化。有的学者提出，"私塾这种注重在教学过程中进行道德教育的方法，能够收到专门做道德品质教育报告所收不到的效果，这使得道德教育内容较充实，摒弃了苍白无力的说教"①。

第三，在具体的教学方法上，认同传统私塾以背诵或吟诵为主的语言学习方法；恢复"小班制"的现场教学方法，实现"因材施教"。

传统私塾中"死记硬背"、"不求甚解"的语言学习方式曾经一度遭到国人的质疑与抛弃，然而这一教学方法正在被各类学校不同程度地加以重新认识和运用。现代私塾不仅突出"背诵"是语文学习的关键方法，还要求背诵经典要"大量"和"日常"。这一被复兴的传统学习方法，也得到了现代心理学、儿童教育学、语言学等多个现代学科的支持，如"3—6岁儿童的短时记忆发展是迅速的，7—11岁记忆的总成绩会随着年龄的增长而持续增高，但在11岁左右处于发展的相对停滞时期，之后则是长时记忆随着年龄的增长而提高"②。因此，现代私塾都特别强调读诵经典要从幼童开始，越早接触效果越好。

在重申儿童背诵经典的同时，传统私塾中的"吟诵法"得到许多现代私塾的关注和应用。著名吟诵家徐健顺认为，"吟诵不仅仅是诵读方式，它是中国式读书法，是一个上下贯通的文化传承体系"，并将吟诵的规则总结为"一本九法"，"一本"即吟诵的目的是要表达出作品的声韵含义，"九法"即"依字行腔""依义行调""平长仄短"等九种方法，从而还原声音的丰富意义。③著名学者如叶嘉莹、周有光、赵元任、赵朴初等人的诗文吟诵资料，

① 熊贤君：《私塾教学方法的现代价值》，《课程·教材·教法》1999年第9期。
② 洪德厚：《3—14岁儿童记忆发展的某些特点》，《心理科学通讯》1984年第1期。
③ 徐健顺：《吟诵——中国式读书法》，《中国教育报》2013年12月16日。

在现代私塾的古文教学法中也很流行。"吟诵调"在 2008 年经国务院批准被列入"第二批国家级非物质文化遗产名录",一些现代私塾的学生在事实上成为该遗产项目的一批年轻传承人。

恢复传统私塾"因材施教"的"小班制"现场教学传统。民国以后政府通过自上而下的教育改良,用一定规模的"新学堂"逐渐取代了传统私塾的教育地位,使"班级教学"成为此后长期流行的一类"新传统"。20 世纪 40 年代就有学者提出批评,"班级教学,把一个教室里的全体儿童,当作一个单位看待;因此其对于个性的适应,比较困难,而个性适应的问题,遂成为十分严重的了"[①]。如今这一弊端依然没有得到很好解决,"把学生当成了'产品',把学校当成了'企业'"[②]的批评声依然很普遍。因此一些师生规模较小的现代私塾,试图恢复"小班制"的教学传统,让老师能够有较多精力和时间兼顾到每一个学生的具体情况,实施个性化教学,而师生在亲密的日常生活中也能更加了解和信任,实现更好的教育效果。在传统私塾与现代私塾之间,我们可以看到教学发展史上的"钟摆现象",即从个别教学发展至班级教学,再恢复到个别教学的历史轨迹。

现代私塾作为当代社会的文化产物,具有"现代"和"城市"的文化属性,已经与古代私塾相去甚远,需要兼收并蓄传统与现代、东方和西方的教育理念,以适应具体的社会土壤。他们也会根据自身资源和现实情形,设置其他必要性或辅助性课程,展现出了丰富的个性。现代私塾里的英语学习大多无争议,有的学堂强调背诵莎士比亚的英文经典,有的从自然拼读教材开始,有的选择《新概念英语》等教材。有的私塾还安排了与体制学校对接的课程,以便孩子们即使转入公立学校也能够较好地适应。有的私塾设置了一些提高文化修养的"国学课",如书法、古琴、围

---

① 赵廷为:《教材及教学法通论》,商务印书馆,1947,第 16 页。
② 胡晓明:《读经:启蒙或蒙昧——来自民间的声音》,华东师范大学出版社,2005,第 147 页。

棋、武术、八段锦等。许多私塾老师都认为现代私塾也要满足现代社会的知识需求，孩子不能关起门来只读经典，将自身限制在一个狭窄的知识范围内，同样需要广泛接触各个门类的综合知识。由此，"时代"与"国情"正是私塾发展不可回避的两个关键词，而"这种'纳古融新''文化扬弃'的过程贯穿整个中国式"在家上学"的全过程"①。

四、结　语

"教育遗产"作为当代文化遗产的组成部分，其复兴表现出与其他文化遗产不同的形态与意义。大众文化的多样需求催生了民间社会的新教育形态，使其在官办文化之外的民间社会空间里发展着，有生有灭，有起有伏。而现代私塾这一新生事物也常常被贴上"民间""体制外""不合法""非主流""边缘"等诸多标签，面临着法律的不确定性、教育界的质疑和大众的争议。

2019 年，国家教育部在两个月内连续印发通知，即《关于做好 2019 年普通中小学招生入学工作的通知》和《禁止妨碍义务教育实施的若干规定的通知》，其中明确表示，私塾、国学班、读经班等以"国学"为名的民间教育形式无法替代义务制教育，被视作违反《中华人民共和国义务教育法》。但是由于现代私塾的师生人数不多，规模不大，具有一定的灵活性和隐蔽性，因此家庭作坊式的私塾依然屡见不鲜。

2020 年开始，新冠疫情的爆发使国内的私塾行业遭受了一定冲击，跨区域的招生受到了限制，致使其招生规模不断缩小，私塾学生也陆续重返当地的公立学校，继续完成义务制教育。在此情形下，有的私塾无法负荷经济成本而停顿，有的则转型为课外国学辅导班或校外培训机构，主要教授古文的吟诵、阅读与应试技巧。

2021 年，"双减"政策的正式出台与实施，则令整个私塾行业

---

① 任杰慧：《中国式在家上学》，社会科学文献出版社，2017，第 108 页。

受到重创，能生存下来的民间私塾寥寥无几，有的转入"地下"，只招收一些 3~6 岁的学龄前儿童。

由于现代私塾具有高度的民间灵活性，师资、生源和场地可以随时调整与变化，可以预见，只要国学教育的市场需求存在，一旦综合环境松动，私塾教育便很可能再度兴起。由此，我们可以将现代私塾视作了解社会思想变迁与公众教育观念的一个窗口，其未来的变化与发展值得持续观察与研究。

婺州窑陶瓷印传承及其教育实践

顾 童①

（金华市第一中等职业学校智者瓷社，浙江金华，321004）

摘 要：中国印章文化源远流长，与书法、绘画、诗歌并称为中国四大传统艺术，在中国传统艺术中有着极其重要的地位。陶瓷印在历史上出现甚早，其制作工艺及艺术效果也有不同于金石材质印章的独到之处。陶瓷印的制作方法及其艺术风格特点与其所产窑的地区特点有密切关系。婺州窑传统烧制的陶瓷以民用瓷为主，陶瓷印不多见。但在传统工艺的现代发展中，传承与创新是同步进行的。婺州窑陶瓷印已经通过传承人的实践产生了积极影响，并在"非遗进校园"背景下进入大学课堂和职业教育，体现出传统手工艺新的活力。

关键词：婺州窑；陶瓷印章；非物质文化遗产；职业教育

一、陶瓷印的起源

印章是我国书法和雕刻相结合的工艺美术，又称篆刻艺术。印，信也。普遍用作印于文件上表示鉴定或签署的文具。除日常应用外，又多用于书画题识，是我国特有的艺术品之一。

陶瓷印的起源甚早，在河南安阳殷墟曾发现3枚类似古玺的

---

① 作者简介：顾童，高级工艺美术师，中国工艺美术学会书画专业委员会委员，中国陶瓷工业协会会员。

实物，据此可推断印章的起源在商代。而林乾良著的《中国印》中记录：河南舞阳县贾湖新石器时代遗址中发现的陶印模具上有"十"字形阴文印记（经抑于泥上故阴文变为阳文）。在陶器上使用拍打压印（抑）纹饰的方法，而具有印章功能的陶拍的产生，更加说明这种独立的圆形或方形的陶拍，犹如一方圆形或方形的印章，压印在半干湿的陶坯上，这无疑就成了印章的最初形态。[①] 陶与印是相伴而存、相合而生的，最初的陶印是作为记号抑印于陶器上的，被称作"陶印模"，中国印的历史有八千年，而陶印模是中国印的始祖。目前有实物可作为依据的古代陶印较少，据资料记载，1988 年湖北有遗址出土过西周的陶印章，西安的文物库存有唐代的"万年县印"库藏陶印。

　　唐代有陶刻的明器印章，目前所见唐代的这类陶印约有 20 万枚左右，由于时间的关系，有的已漫漶不清，但也有十分精彩的，陶印是烧制之前于泥坯上镌刻的，用的虽为两种印材，但它们所追寻的却是一种趣味。[②] 宋代，制瓷业较为发达，瓷窑遍布各地，并出现了五大官窑，瓷器的生活用品几乎取代了金属等产品，陶瓷印品类也有所增加。

　　到了清代，同时出现了瓷印、陶印、紫砂印。清朝陈目耕在《篆刻针度》中说："近有好事者，以宜兴紫砂作印，颇有可观。"陈曼生官宜兴府时，曾为振兴宜兴陶瓷，常入作坊，设计茶壶，在其上绘画题字，并在款后加盖印章，或在所制小壶底钤一印章，时人谓之"曼生壶"。[③]

　　现代，陶瓷印章的制作参与者越来越多，其质感、风格、类型也有了新的探索，在发展、创新的过程中，也越来越注重陶瓷印的受众，重视陶瓷印的传承。

---

① 林乾良：《中国印》序言，西泠印社，2008。
② 萧高洪：《印章历史与文化》，江西教育出版社，2000，第 143 页。
③ 刘江：《中国印章艺术史》，西泠印社，2005，第 419 页。

二、陶瓷印的制作和艺术风格

陶瓷印多为方形，也有圆形、三角形等，由印钮、印面两个部分组成，其印面是陶瓷印章篆刻艺术的核心，印钮是陶瓷印的有机组成部分。其制作过程分为制坯、刻印、烧制三个阶段。瓷印既要保持金石书画之传统风格，又能发挥晶莹光泽的瓷彩特色，既有苍劲、朴实的印面章法，又兼精巧别致的雕塑造型，这种效果的呈现难度很大。首先，制作者需具备多方面的艺术素养；其次，治印时奏刀也较难掌握，因为目前市场上大多数陶印是用低温烧成，质地坚硬紧密，需用钨钢或金刚石的特制刀具，镌刻时不可能像其他石刻那样挥洒自如；再者，入窑烧制时，温度高低、时间长短、釉彩多寡，也会极大地影响作品的成败和艺术效果的优劣。此外，印文章法的疏密、文字结构的统一、钮式造型的得体等要素，也都需要治印者仔细推敲，达到技术和艺术的统一。

陶瓷印章是众多印章材料中的一小类，其印钮的制作工艺充分显示出陶瓷艺术的手工之美。印钮部分无论是仿古的桥钮、瓦钮、鼻钮、覆斗钮，还是传统的立体兽钮、人物钮、深雕的山水钮，它的成型方式主要分两种：手工成型与模具成型。手工成型分为湿式成型（捏制）与干式成型（刻制），印坯密度大，后期烧制成功率高。模具成型可先用黏土制成想要的造型，后用石膏翻制成模具，再以泥浆注入模具，待稍干后取出便可，这种成型方式缺点是印坯密度小，易变形，优点是模具制成后方便快捷，可多次使用。

石印印钮制作相较于陶瓷印印钮大有不同。如石钮中有一类精美的昆虫印钮，需钮工雕刻出来。而昆虫类的陶瓷印印钮则可以以真正的昆虫作为"模种"翻制成模具，蜗牛、甲虫甚至鱼虾、小蟹都可以直接翻制成陶瓷印印钮。为保护动物，可购置一些仿真的塑料小昆虫代替，因此石印印钮以及坊间的小工艺品都可直接使用翻制成的模具，来制成陶瓷印印钮。

如果要创作出优秀的印钮，则需制作者具有一定的雕塑和陶艺基础。平时也可以搜集、临摹传统的印钮造型，也可借鉴古代的青铜器、玉器造型，如良渚文化中的玉猪龙、三星堆的人面像、西周的饕餮造型，都可以运用到陶瓷印印钮的创作中。

陶瓷印章在釉、彩、饰等方面所表现的艺术风格，与其所产窑的地区特点有密切关系，陶瓷印章常用装饰方法有单色釉、杂色釉（窑变釉、花釉）、结晶釉、裂纹釉、釉上彩、釉下彩、釉中彩、金银彩、斗彩、贴花、喷花、印花、刻花、剔花、划花、雕塑等。陶瓷印的泥和釉种类非常丰富，因此在色彩、肌理、质感上都可以做得惟妙惟肖。此外，陶瓷印即使是同一方印钮造型，使用不同的泥土或施上不同的釉色，最后呈现的效果大不相同。施釉时需要注意的是，由于陶瓷印体积小，不宜施流动性过大的颜色釉，一来很难体现颜色釉的特征，二来釉质也容易在高温烧制时流动至底部，盖住印面而无法钤盖，因此施釉时应该上厚下薄。当然，一方瓷印，施上洁白的透明釉，再画上一两笔青花或者施以彩绘也别有风味。

三、婺州窑陶瓷印的创新发展

婺州窑位于今浙江金华、衢州一带，产地分布广泛，主要生产青瓷。婺州窑瓷史延续千年，以生产民用瓷为主，目前发现的窑址就有 600 余处。其釉下褐彩、化妆土工艺、乳浊釉工艺均在中国陶瓷史上影响深远。2014 年，婺州窑传统烧制技艺入选国家级非遗代表性项目名录，开启了新的一页。在婺州窑国家级传承人陈新华及其弟子等传承群体的努力下，婺州窑传统烧制技艺的传承发展取得了有目共睹的成就。

2021 年 1 月，"婺窑之光——国家级非遗婺州窑精品展"在浙江省博物馆孤山馆区·浙江西湖美术馆展出。国家级非物质文化遗产"婺州窑陶瓷烧造技艺"代表性传承人、中国工艺美术大师陈新华携徒子徒孙共 59 人，分三个主题展出了涵盖大器、摆件、瓷印、茶器、香器、花器等在内的 741 件作品。在展览开幕式上，有 20 多位婺州窑传承人将自己创作的精品力作捐赠给浙江省博物

馆，用实际行动展示当代婺州窑成就、推广传统婺州窑文化。有多家媒体进行了宣传报道，引起社会各界广泛关注。（图1）

图1　陶瓷印八枚　浙江省博物馆收藏　作者：顾童

2021年10月，以婺州窑陶瓷印为主要展品的"婺窑之光——顾童陶瓷作品展"在金华博物馆·八咏楼展出，并举办了"婺窑之光——顾童陶瓷作品展"研讨会。在此次研讨会上，众人各抒己见，畅所欲言，以纵向历史观看待婺窑传承，以横向对比探讨婺窑创新，多维度视角碰撞，求同存异探新路。陈新华说："婺州窑传承人才辈出，这是当代婺州窑传承再创辉煌的有力见证。顾童的瓷印艺术既保持金石篆刻之传统风格，又体现晶莹润泽的瓷彩特色；既有苍劲朴质的印刻章法，又兼精巧别致的雕塑造型。这种瓷印的内涵及视觉艺术效果如一股清雅之风迎面拂来，艳而不骄，丽又不失内秀。"（图2）

图2　婺窑瓷印　作者：顾童

历史上婺州窑瓷器作品作为民用器和明器者较多，制作稍显粗糙，瓷印作品所见不多。在非遗保护背景下，婺州窑传承人也在探索如何更好地融入现代社会和生活，谋求新的发展。陶瓷印章的创新实践就成为一个重要方向。在探索中我们发现，任何作品的创作都要基于传统婺州窑的底蕴和技艺特色，同时在题材和创意上要有时代性，符合当代人的审美需求。

在特色技艺上，乳浊釉为婺州窑于初唐创烧成功，这一技法比钧窑至少早100年。以乳浊釉技法创作陶瓷印是体现婺州窑特色的重要方式。如，笔者作品《印之韵·生肖福》用中国肖形印的元素将十二生肖的每一种动物与"福"字组合，将篆刻印章、陶瓷这两种元素重新组合，在瓶体中间陶泥部位用"篆刻钤印技法"制作印章祝福语，内容有"多师""祝福""兰风""静观""宁静""无畏""个中真趣""率真""幽静""平安""福""道法自然""家住清风雅雨间"等等，以立体的方式在陶瓷容器上体现出中国印章"方寸之间见功夫"的审美情趣。在容器的上、下方施了婺州窑中最有代表性的两种乳浊釉，用最质朴的方式再现出陶瓷印章之美。（图3）

图3 《印之韵·生肖福》 作者：顾童

婺州窑另一特色技法为三国时期创用的釉下点褐彩，这是陶瓷体系中最早的彩瓷。笔者的瓷板作品《心经》，是将《心经》的正文用篆刻多字印的手法排列雕刻，在湿泥坯上施以篆刻铭印技

法，并用婺州窑点褐彩的工艺为文字上色，经低温、高温两次烧造而成。（图4）

图4 《心经》 作者：顾童

技艺的融合也非常重要，如作品《佛印禅心》，将婺州窑中"点褐彩""刻花"手法与龙泉青瓷中哥、弟窑混合绞胎技艺以及景德镇高温颜色釉窑变等多种陶瓷工艺融合运用，使陶瓷印章的形式多样、釉色更加丰富。（图5）

图5 《佛印禅心》 作者：顾童

传统陶瓷工艺的发展必须紧跟时代，能够以多种形式融入现代生活，体现出活态性。婺州窑陶瓷烧制也必须实现与现代生活的融合，拓展技艺表现空间和产品应用空间。比如作品《瓷域匠心——般若波罗蜜多心经印象》，是为金华智者寺所做的佛教主题创作，从起心到完工历时三年，其间经历了多次烧制失败，进行过多次返工，通过反复试验方成功。该作品在技法上采用了"景德镇制瓷七十二道工序"，经晾干的泥坯上用手工雕刻、分次上色、单块挂釉等多道工序，在1200多摄氏度的高温下烧制成瓷。而且，传统陶瓷技艺必须能够表达时代主题，弘扬积极的价值观，才能具有时代价值和力量，才能更好地传承、传播。

四、婺州窑陶瓷印的教育实践

非物质文化遗产的传承最关键的是传承人能够保持一定的数量和规模，形成有序的代际传承体系。一方面是掌握核心技艺的代表性传承人要承担起非遗项目创造者、守护者的使命，坚守工匠精神，创作优异的作品，构建传承体系；另一方面从学校教育层面看，只有越来越多的人有了对本地传统文化的理解、认同，逐渐树立文化自信和自觉，愿意去体验、传播，非遗的传承才有强大的群众基础。非遗进校园活动就是增强学生文化认知能力、提升学生文化素养的重要方式，也是夯实非遗传承群众基础的重要方式。

在课程教授与实践中，笔者曾教授"陶瓷印的设计与制作"课程，并与浙江大学艺术学系书法专业的汪永江教授的研究生团队一起探讨陶瓷印的设计与制作课题。因浙江大学没有瓷器烧制基地，于是笔者所在的童印堂成为该团队陶瓷印烧制基地。2017年，中国美术学院推行"匠人般劳作、哲人般思考"理念，笔者受聘担任中国美术学院书法系"陶瓷印设计与制作"专题课程教师。因美院学生的书法、篆刻功底较好，但大多没有接触过陶瓷印，技巧较为薄弱，因此笔者在授课过程中注重于教授陶瓷烧制技艺。接受授课的学生均表示出了学习兴趣，对陶瓷印的文化认识和实践水平都有较大提高。通过这样的途径，大学生群体对于传统非遗将会有切身的体验，可以达到丰富其知识体系和拓宽视野的目的。

而这种教育主要不是培养代表性传承人，而是以传承为手段进行传播，扩大陶瓷印的影响力。

陶瓷印融入职业教育是实现技艺传承的重要途径。笔者作为婺州窑传统烧制技艺的传承人，开展传承活动义不容辞。2019年，笔者被金华市第一中等职业学校聘为陶艺教师，并将陶瓷印工作室入驻校园，主持学校智者瓷社的教学工作。通过教学活动，让学生首先掌握关于婺州窑的历史与文化和篆刻的历史与文化，提升基本的文化素养。在此基础上，通过实践教学，让学生真正掌握基本的婺州窑捏塑技艺（做陶瓷印钮、手工茶器、花器等）和装饰技艺（陶瓷雕塑、陶瓷绘画、陶瓷书法、陶瓷篆刻等），最终都有完整作品产生。通过这种方式，学生可以基本了解婺州窑陶瓷印技艺的整个过程和环节，也有助于挖掘未来的代表性传承人。

除了通过学校授课传承、传播婺州窑陶瓷印技艺外，走出学校，通过社会活动增加受众面、扩大影响也极为重要。体验也是一种传承方式。2020年，笔者曾在金华博物馆开展"陶瓷印章制作体验"活动。首先进行示范，将柔软的陶泥进行按压、拍打、切割、拼接，变成了一个半成品湿印章；接着让观众动手体验；然后进行篆刻、上釉；结束后将晾干的半成品印章带回工作室进行烧制；最终让观众们获得独一无二的陶瓷印。这项活动不仅让观众体验了如何制作陶瓷印，而且弘扬了传统的陶瓷和篆刻工艺，使陶瓷印技艺得到肯定与传播。

从非物质文化遗产的传承规律看，口耳相承的师徒制传承，毫无疑问是最传统、最有效的方式。这也是数千年农耕文明背景下，大多数传统手工艺的传承方式。而当我们有了现代教育方式后，非遗传承人的受教育方式是多元的，学校教育逐渐成为传承人必须经历的阶段。当然，学校教育一般以基本文化素养和科学知识的传授为主，而手工艺人要想得到专业的技能训练，必须上专门的实践类专业。这一类教育方式与传统师徒制有着比较大的区别，主要是因为其往往侧重技艺而脱离文化语境，从而导致本乡、本土的文化认同被淡化。但是，文化的发展一定是多元的，技艺的传承也可以是多元的。婺州窑陶瓷印的传承要想做强做大，必须不拘一格，从师徒制、学校教育、社会教育等多个层面突破，增加受众面，扩大传承人群规模，才能保证建立可持续的传承体系。

五、结　语

婺州窑陶瓷印作为我国一门特有的艺术品种，融合了实用价值和艺术价值，同时也包含了人们的物质文化与精神文化的双重价值，凝聚了中华民族的集体智慧、文化素养与审美经验。随着我国不断重视非遗传承，非遗传承人在校园进行非遗宣传与授课，开展了各具特色的文化活动。但非遗传承不能仅仅依托于学校，还需要非遗传承人与相关社会组织机构协同，不断拓展新渠道、开创新方式、打造新空间。对非物质文化遗产的传承，不仅可以涵养审美情趣、增强民族文化自豪感，在工艺技能的学习和实践中培养动手能力，还可以扩大非遗技能的受众面，有利于培养新一代非遗传承人，推动非物质文化遗产与传统文化的发展与创新。

非物质文化遗产与产业发展研究

经济结构变革中义乌红糖产业复兴
与本体性安全

朱思怡 [1]

（华东师范大学社会发展学院，上海，200000）

摘　要：经济结构的变革，促进社会发展的同时也引发了现代性风险。而"非遗"中蕴含的民俗文化传统具有加强地方凝聚力，增强地方文化认同的作用。本研究聚焦义乌商人群体，采取参与观察法和半结构访谈法，研究发现，通过红糖产业的复兴，义乌商人实现了对自我身份认同的连续性与拨浪鼓商业文化恒常性之恒心，重获本体性安全。同时，在义经商的外地客商也通过购买和食用红糖，加深对义乌传统地方文化的认同，外地客商和义乌商人在小商品经济中，形成了新的共同体。

关键词：非遗；土制红糖；本体性安全

一、引　言

　　义乌古称"乌伤"，唐武德七年（624 年）将其命名为义乌县，并一直沿用至今。1988 年，义乌撤县立市，隶属于金华地区。进入 21 世纪以后，义乌出现了国际化的发展趋势，现今已成为闻名中外的"世界超市"。于光远先生曾说，"义乌是一个值得研究的

---

① 作者简介：朱思怡，华东师范大学社会发展学院社会学系硕士研究生。

现象"①。作为一座因市场经济而发展起来的城市，义乌的迅猛发展是社会主义市场经济发展成就的一个缩影。对于义乌这一经济现象，许多学者特别是经济学家进行了深入细致的研究。

而在土生土长的义乌人心中，有着另一个义乌——一个红糖飘香的义乌。土制红糖是属于乡土经济时代的经济产物，曾一度消失在市场经济的洪流之中，但是在义乌政府和义乌人民的努力下，红糖产业又在义乌农村地区复苏。义乌红糖制作技艺也于2014年被列入第四批国家级非物质文化遗产代表性项目名录。义乌人记忆中的那个义乌在农村地区重现，它通过延续传统的糖梗种植与红糖生产技术，承载了义乌商业文化的精髓，给另一个市场经济发达的义乌以精神力量，使得商业精神在义乌商人的血液中延续。

本研究通过对蔗农的日常生活进行参与观察以及对义乌商人群体进行半结构访谈，探讨曾作为农民的义乌商人在经济结构变迁中，他们的本体性安全遭遇了怎样的威胁，而他们又是如何通过红糖产业的复兴，实现对自我认同的连续性以及自身所处的"鸡毛换糖文化"②。

二、本体性安全与非遗文化

费孝通先生在《乡土重建》中指出，中国的乡土经济具有农土混合的特点，乡村农家并非完全自给自足，有些消费品依赖外来供给，由此，乡村也发生了商业活动。③在乡土经济中，农户间所交易的货物，多为土产，生产简单，投入成本低，一家一户的

---

① 黄祖辉：《为什么是义乌》，浙江人民出版社，2007，第1页。

② 鸡毛换糖文化是义乌重要的城市文化，凝结于义乌商人早期的鸡毛换糖活动，是一种毫厘争取、积少成多、勇于开拓的创新精神和百折不挠、善于变通、刻苦务实的实干精神。详见：《义乌鸡毛换糖文化》，http://www.eyiwu.com/k48/39428.htm，访问日期：2020年5月10日。

③ 费孝通：《江村经济》，中信出版集团，2019，第38页、第107页。

资金和劳力就可以生产。^①这种诞生于乡村市场的商业模式被称为"土特产工业"。

在浙江，商业的发展与土特产工业的发展一脉相承。浙江商业的传统具有工商结合的"艺商"传统特征，与农村经济融为一体，是乡土经济的一部分。^②改革开放以后，中国逐渐从乡土社会转变为工业社会。在经济结构变革中，乡土社会出现了双二元化的转型^③：一方面城市发展吸引了农村劳动力，而城市却无法为农村劳动者提供良好的社会保障^④，使得农民不得不在乡村与城市间辗转；另一方面农村也有了现代化的发展趋势^⑤，乡镇企业的发展，使"土特产工业"等传统产业在农村消失^⑥。

社会学认为现代化世界的发展使置于其中的个体皆处于现代性的风险之中^⑦，在社会的变革中，无论是城市居民还是农村村民

① 陆立军等：《市场义乌——从鸡毛换糖到国际商贸》，浙江人民出版社，2003，第28页。

② 白小虎：《当代浙商的传统及其转变》，转引自吕福新《浙商人文精神》，中国发展出版社，2008，第108页。

③ 陆益龙：《农民中国——后乡土社会与新农村建设研究》，中国人民大学出版社，2010，第88页。

④Glaude Aubert，李先德：Modernizing China's Agriculture，A Survey Report from Wenxian County，Henan Province，转型中的农村发展：城乡协调发展的新战略——第四届中国农业现代化国际研讨会暨第八届欧洲中国农业农村发展论坛，义乌，2006。

⑤Gang Shuge：The Social Changes in Rural China and the emergence of Chinese Farmer's Modernity：in the Context of China's，转型中的农村发展：城乡协调发展的新战略——第四届中国农业现代化国际研讨会暨第八届欧洲中国农业农村发展论坛，义乌，2006。

⑥Sanjeev Kumar：China's Quest for Building a New Socialist Countryside，转型中的农村发展：城乡协调发展的新战略——第四届中国农业现代化国际研讨会暨第八届欧洲中国农业农村发展论坛，义乌，2006。

⑦［英］安东尼·吉登斯：《现代性与自我认同：晚期现代中的自我与社会》，夏璐译，中国人民大学出版社，2016，第1页、第4页。

都遇到了本体性不安的问题。吉登斯（Giddens）指出，制度反思性、时空分离以及抽离化机制是现代性的三大动力，在个人的成长中学会发展和维护信任、实现个体自我经历之连续性的一致感受、做好应对各种风险与挑战的准备，为建立本体性安全的三大方面。[①] 学者蔡静诚、贺霞旭对百步亭社区进行研究发现，个体可以通过反思性实践重塑本体性安全，并在城市社区中形成新的生活共同体。[②] 学者吴旭研究恩施农家的传统养猪发现，人们可以通过日常活动的建设重获本体性安全。[③]

"非遗"是一种活在社会中的传统文化，具有丰富广大人民群众的生活、增强地方认同性建构的作用。[④] "非遗"作为一种来自人民群众的生活实践，对它的保护也是加强地方凝聚力、延续地方文化的过程。义乌红糖制作技艺的复兴，也是对"土特产工业"的恢复，是农村进行日常活动建设的重要途径。本文从"非遗"文化价值的角度，揭示农村是如何通过红糖产业的复兴进行日常活动的建设，从而实现义乌商人群体本体性安全的重获。

三、义乌红糖与义乌商人本体性安全

本部分首先回顾义乌红糖的发展历史，追溯"鸡毛换糖"的商业传统，探讨义乌商人本体性安全的源头；接着分析在市场经济发展浪潮中，义乌红糖产业在农村没落，处于经济结构变革中的义乌商人，由于商业环境的变化，因而对所处的商业文化产生怀疑，陷入本体性安全的危机中。

---

① 路慧、刘升、李怀：《对吉登斯的"本体性安全"的解读》，《黑河学刊》2010 年第 5 期。

② 蔡静诚、贺霞旭：《重塑社区本体性安全：对武汉市百步亭社区建设的实地研究》，《学习与实践》2013 年第 3 期。

③ 吴旭：《恩施自治州农家的传统养猪与本体性安全》，《华东师范大学学报》（哲学社会科学版）2018 年第 5 期。

④ 王晓葵：《"共同体"如何想象》，《社会科学报》2016 年 4 月 14 日。

（一）"鸡毛换糖"与义乌商业文化的起源

红糖与火腿、蜜枣一同被称为"义乌三宝"，其中尤以红糖流通性最高，对义乌的发展影响最大。义乌特有的传统"鸡毛换糖"——一种用红糖及其制成品或换取金钱，或换取鸡毛等货物的交易行为。鸡毛换糖，也被认为是义乌商业的起源。

义乌土制红糖产业于清朝兴起。清顺治时期，燕里村村民贾惟承从福建引进糖梗种植和木糖车榨糖技术，并在义乌推广。据《洋川贾氏燕里村谱》记载：燕里第五代孙贾惟承原是一名木匠，一日他在洋滩集市上出工，遇到一位慕名来购买芝麻、花生的闽商。闽商看到他在嚼一节甘蔗，便与他交流起来，告诉了他闽粤地区糖梗种植与红糖生产的一些情况。贾惟承听了以后，便下定决心去闽南学习糖梗种植和红糖生产的技术。由于当地有着不传外人的风俗，为了学习技术，贾惟承与当地一名寡妇结婚，并一起生活了几十年。一日在与同村人到集市上售卖红糖的时候，他偷偷地把两节糖梗种子和木糖车设计图纸藏到雨伞里。当时官方抑制商品经济的发展，而糖梗是经济作物，一旦被发现便是死罪。贾惟承冒着生命危险，将糖梗种植和木糖车榨糖技术带回燕里。[①]传说，贾惟承有两个女儿，一个嫁到了今义乌西门，另一个嫁到了义乌下傅。西门的泥土为红泥，不适宜糖梗种植，而下傅的土壤十分适宜糖梗种植，于是红糖生产从燕里扩展到了下傅，并以这两块地方为中心逐渐向四周扩展。逐渐地，红糖成为义乌特产，田地里出现了大批绿油油的糖梗，而每当十一月份的"榨糖期"，空气中都弥漫着红糖的香气。

明清时期，关于糖的贸易往来如火如荼。中国的糖，通过海运被输送到东南亚、欧洲等国，对当时欧洲工业革命的发展产生了一定的影响。义乌的红糖也被大量销往海外地区，其生产技艺也随之传播到日本长崎地区，并为此后长崎地区甜品业的发展奠定了基础。由于红糖生产所需设备简单，技术含量低，且红糖交

---

① 《洋川贾氏燕里村谱》，1991，燕里。

易能带来丰厚的利润，因此广受农村地区欢迎。在南方的一些糖蔗种植地区，出现了农业商品化和资本主义萌芽。①

在义乌廿三里一带，土壤贫瘠，当地农民常常将禽类的毛用火烧成灰后，给土壤施肥。由于灰肥的需求大，一些人就想出了用义乌红糖外出换鸡毛的方法，民间将这一行为称为鸡毛换糖，将从事这一行业的人统称为"敲糖帮"②。伴随着鸡毛换糖交易的发展，物物交换的小商品交易思想在义乌商人心中诞生。敏锐的义乌商人嗅到了红糖中蕴含的商机，到燕里等地批发红糖，对红糖进行加工，然后外出进行交换。"敲糖帮"内部逐渐形成了严密的分工体系：有专门的糖坊负责生产糖粒、糖饼和生姜糖，用现金或货物贷给敲糖人，有行家专门采购各类小百货以供"敲糖帮"经营，"老土地"负责回收"敲糖帮"换来的货物，"栈头"负责给"敲糖帮"提供住宿兼营糖担托运业务。到了清朝末年，"敲糖帮"在义乌及周边地区形成了严密的销售网络。在商业利益的刺激下，红糖产业得到了极大的发展。

民国时期，"燕里红糖"作为义乌红糖的代表参加了西湖博览会，并获得了特等奖，从此名声大震。1933 年，政府拨款 10.4 万元用于支持义乌红糖产业的发展。而后由于战争等社会原因，红糖产业的发展戛然而止。③

进入公私合营阶段后，红糖厂在义乌农村普及。农村的红糖厂主要用于加工本村所种植的糖蔗，其所生产的红糖，大部分被国家收购，只有小部分被用于鸡毛换糖交易。计划经济初期，因为鸡毛换糖在一定程度上有利于农业的生产，所以得到当地基层政府的默许。此时，农村地区出现了市场交易的苗头。"文革"时

① ［美］穆素洁：《中国：糖与社会——农民、技术和世界市场》，叶篱译，广东人民出版社，2009，第 141 页。

② 王一胜：《义乌敲糖帮——口述访谈与历史调查》，上海人民出版社，2012，第 328 页。

③ 吴优赛：《话说义乌红糖》，吉林大学出版社，2014，第 145 页。

期，鸡毛换糖交易活动被认为是"投机倒把"而被取缔，于是鸡毛换糖转为地下交易。"文革"结束后，政策稍有放松，市场交易活动再度活跃。1980年，小商品市场在义乌廿三里镇（2003年撤镇建廿三里街道）建成。[①]

"鸡毛换糖"是义乌商业文化的源头，而挑着货郎担走街串巷，吆喝着"鸡毛换糖"的敲糖佬是义乌商人的原型，在鸡毛换糖交易中孕育出的"勤耕好学、刚正勇为"的义乌精神，"薄利多销、义利并举、诚信为本、重商亲商"的商业理念和商贸文化，是义乌商人的智力支持。这种源于敲糖帮不同于主流的民间商业传统，使得义乌商人在清朝顺治以后官方重农抑商思想的重压之下，在小农经济和手工业经济的夹缝中得以生存，为义乌小商品经济的发展奠定基础。义乌商业文化给予义乌商人以精神力量，这也是义乌商人本体性安全的源泉。

（二）经济结构变动与本体性安全的丧失

小商品市场建立后，义乌红糖产业也有过快速发展。20世纪80年代初期，义乌红糖的产量达到顶峰。进入20世纪90年代以后，红糖价格暴跌，农民遭受严重的亏损，糖蔗种植规模大幅缩减，红糖产业渐渐在农村消失。与此同时，义乌的经济结构经历了剧烈的变革，从一个农业社会转变为商业社会。

如表1所示，在1949—1985年间，义乌经济呈现出从单一的农业县转变为农业—工业县的发展轨迹。而国有制工业、村集体所有制工业和私人个体工业的发展齐头并进，是20世纪80年代义乌工业发展的显著特征。1985年，国有制工业的产值为13445万元，村集体工业的产值为14094万元，私人个体工业的产值为13254万元，三者的比例为33：34.6：32.4，大有三足鼎立的趋

---

① 刘成斌：《义乌：市场变迁中的分化与整合》，人民出版社，2015，第41—45页。

势。[1]1982年小商品市场的创办，促进工业结构的优化，以顺应商品市场发展的需求，轻工业所占比重提升。

表1　义乌经济结构变动情况（1949—1985年）[2]

年份/年	工农业总产值/万元	农业总产值/万元	占比/%	工业总产值/万元	占比/%
1949	5393	4832	89.6	561	10.4
1952	8413	7192	85.5	1221	14.5
1957	9025	7587	84.1	1438	15.9
1961	6932	5600	80.8	1332	19.2
1965	9618	8350	86.8	1268	13.2
1975	16476	11897	72.2	4579	27.8
1980	25110	15459	61.6	9651	38.4
1984	51210	20456	40.0	30754	60.0
1985	63382	22589	35.6	40793	64.4

　　工业的发展对农村产生的影响如下：其一，20世纪80年代初期的小商品市场仍是依托农村土特产工业的区域市场，部分生产加工农产品为主的乡镇企业，如糖厂，在小商品市场的带动下发展，以甘蔗为代表的经济作物种植面积加大，产量提升；其二，工业的发展带动了销售、建筑、运输和服务等行业的兴起，创造了就业机会，农村剩余劳动力被吸纳。

　　进入20世纪90年代后，义乌的经济结构不断优化，同时，随着国际贸易的兴起，义乌与世界市场的关系日益紧密，以商业为代表的第三产业在义乌迅猛发展。

　　如表2所示，随着商业的不断发展，义乌第一产业的比重不

---

[1]《义乌县志》编纂委员会：《义乌县志·概述》（1987年版），www.gov.cn/zjyw/02/ywxz/zz/200706/t20070601_2828214_2.html，访问日期：2020年11月20日。

[2] 同上。

断下降，第二产业比重从 2004 年开始下降，第三产业比重不断上升，目前义乌已呈现出"三、二、一"的产业发展格局。

表 2　义乌产业结构变动情况（1998—2019 年）[①]

年份/年	第一产业增加值/亿元	同比增长/%	第二产业增加值/亿元	同比增长/%	第三产业增加值/亿元	同比增长/%	三大产业比值
1998	6.3	5.4	59.2	12.2	50.9	5.5	5.4∶50.9∶43.7
1999	6.76	8.4	52.17	9.6	46.43	8.8	6.4∶49.5∶44.1
2000	7.09	5.4	60.32	14	51.83	9.8	5.9∶50.6∶43.5
2001	7.16	1.2	69.06	14.1	59.79	13	5.2∶50.8∶43.9
2002	7.64	6.8	79.71	14.7	68.73	13	4.9∶51.1∶44
2003	7.86	2.7	98.28	19.9	82.35	14.5	4.2∶52.1∶43.7
2004	9.24	5.1	133.52	17.2	139.24	18.9	3.3∶47.3∶49.4
2005	8.82	2.8	138.65	15.6	152.62	16.5	2.9∶46.2∶50.9
2006	9.64	1.8	162.25	15.9	180.17	14.9	2.7∶46.1∶51.2
2007	11.8	6.1	194	15.9	215.1	16.1	2.8∶46.1∶51.1
2008	15.3	8.5	223.5	11.3	254.6	13	3.1∶45.3∶51.6
2009	14.6	5	227.3	6.8	277.6	11.1	2.8∶43.8∶53.4
2010	17.2	5	265.5	10.4	331.4	12.7	2.8∶43.2∶54.0
2011	19.8	4.8	310.9	9.6	395.4	11.4	2.7∶42.8∶54.5
2012	21.1	3.9	334.15	10.1	447.69	10.5	2.6∶41.6∶55.8
2013	21.9	0.3	357.3	9.4	503.7	10.1	2.5∶40.5∶57.0
2014	21.8	0.4	381.4	7.8	565.4	10.7	2.3∶39.4；58.4
2015	21.4	0.5	377.1	5.7	647.5	11.6	2.0∶36.1∶61.9
2016	22.4	2	384.8	4.3	710.9	9.9	2.0∶34.4∶63.6
2017	21.9	0.1	371.6	5	761.6	9.1	1.9∶32.3∶65.9

---

① 义乌市统计局：《统计公报（1998—2019）》www.yw.gov.cn/11330782002609848G/a/07/02/index.html.2020/5/10，访问日期：2020 年 11 月 20 日。

年份 / 年	第一 产业 增加值 / 亿元	同比 增长 / %	第二 产业 增加值 / 亿元	同比 增长 / %	第三 产业 增加值 / 亿元	同比 增长 / %	三大产业比值
2018	21.1	2	409.5	9.2	817.5	6	1.9 : 29.7 : 68.7
2019	22.6	2.2	418	7.4	980.5	7.5	1.6 : 29.4 : 69

在义乌商业的发展中，小商品市场交易在其中扮演着重要角色，同时义乌的商业对出口贸易的依赖度较大。如图1所示，在1998—2019年期间，义乌的小商品交易额呈现明显的上升趋势，2016年已经突破1000亿元的交易规模。

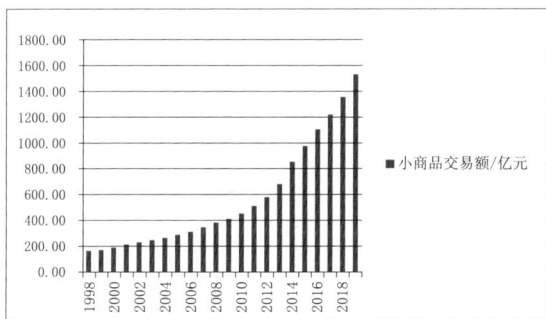

图1　1998—2019年义乌小商品交易额 [①]

如图2和图3所示，义乌的出口贸易总额一直在稳步上升，并在2012年和2013年经历了快速的发展。小商品交易总额和出口贸易总额是义乌商业的晴雨表，而对相关数据进行分析，可以发现，义乌经济的发展与国际局势、全球经济密切相关，义乌已与世界市场密不可分。

---

① 义乌市统计局:《统计公报（1998—2019）》www.yw.gov.cn/11330782002609848G/a/07/02/index.html，访问日期：2020年5月10日。

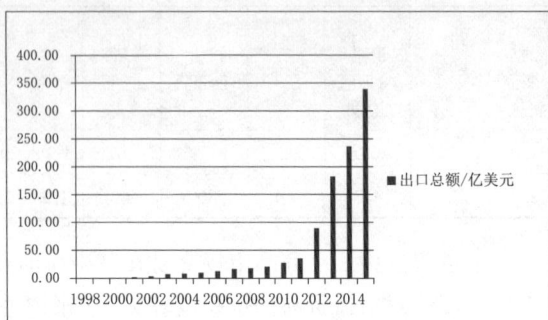

图 2　1998—2015 年义乌出口总额 [1]

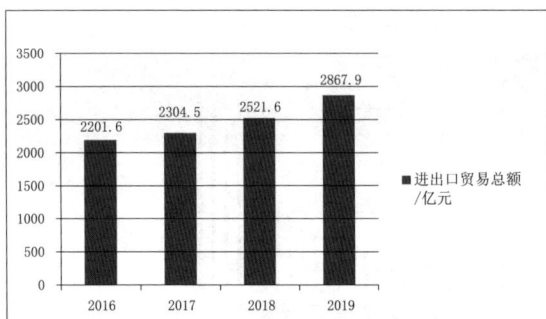

图 3　2016—2019 年义乌进出口贸易总额 [2]

商业的发展，使义乌从乡土社会转型为现代社会，而身处其中的义乌商人也面临着现代社会所带来的风险。一方面，现代社会带来了更强的人口流动性，农村劳动力的流失导致农村社会共同体的瓦解，同时义乌也吸引了更多的外地客商，地方传统受到了外界力量的冲击；另一方面，全球贸易产业链的形成，使得任

---

① 义乌市统计局:《统计公报（1998—2015）》www.yw.gov.cn/113307820
02609848G/a/07/02/index.html. 访问日期: 2020 年 5 月 10 日。
② 义乌市统计局:《统计公报（2016—2019）》www.yw.gov.cn/113307820
02609848G/a/07/02/index.html. 访问日期: 2020 年 5 月 10 日。

何一国的经济形势都会对其他国家或地区产生影响，商业变得更加难以预料。

鸡毛换糖与货郎担两者的结合，被认为是义乌小商品市场兴起的重要推动力。[①]而在小商品经济的发展过程中，义乌商人逐渐脱离土地，从农村走向城市。义乌商人在脱离农民身份的同时，面临着现代社会所带来的风险，其本体性安全遭受了威胁，并鲜明地表现在以下两方面：一是义乌市场从区域市场转变为全球化商业市场，所带来的流动性和世界经济蝴蝶效应等问题；二是现代社会对乡土社会侵入后，对传统地方文化的破坏。

1. 经商环境的变化

在过去，义乌商人是外出进行鸡毛换糖，俗称"敲糖人"。每到一地，义乌商人会对当地的生活习俗进行考察，以便更快地融入当地的生活；同时，敲糖人也会尽快地了解每户家庭的生活所需，从而更好地进行货物交换，赢得最大的商业利益。此外，敲糖人还会尝试结交当地的朋友，因为敲糖人往往会长期在一块区域内做生意，需要熟人的帮助，解决自己的吃住等问题。善于交际的敲糖人，常常与当地人结成像亲戚一样的关系，逢年过节时，也会礼尚往来。鸡毛换糖，实质上是一种基于彼此信任的熟人经济，而其依托的是农村市场和土特产工业，面向的是区域市场。

国际商贸城的建立与发展，吸引了世界各地的商人在义乌经商。在义乌朝向全球化商品市场的发展中，义乌商人所处的经商环境发生了变化，面临着全球化所带来的人口流动性问题。义乌商人群体主要有两类：一是市场上摆摊的经营户，二是从事生产加工的企业主。本文将分别对这两类群体所面临的流动性问题进行探讨。

对于摆摊的经营户而言，其面临着顾客赖账、外贸公司卷货款逃跑等问题。

---

① 王一胜：《义乌敲糖帮——口述访谈与历史调查》，上海人民出版社，2012，第 257 页。

这些货是去年一个老板订的，这些只是小部分，我仓库里还有几百箱。他订了之后付了一点点的定金，就没来拿货了。我货款已经结清，钱都没了，只好把货在这里处理，低价卖，能回多少本算多少吧。我觉得我还是幸运的，这个还比较大众化，基本每个人都会用到的，一时也不会过期。有些（货）是按客人要求定做的，或者有些人卖的是食品之类的，保质期短，如果客人订的货量大，又没有来拿货，或者拿货逃跑了的话，我估计，可能就要破产倒闭了。（2020年3月访谈于G市场）

外贸公司逃跑的情况，做生意的人或多或少都经历过。

2005年，我刚刚做生意那年，被骗了几万块吧。那笔单子是我接到的第一笔外贸订单。客户说要拖欠三个月，我本来不想接，当时听人家说过外贸公司卷款逃跑的事情。然而，对方说会先付给我10%的定金，我就接下了这笔单子。后来货物送过去，那边很快就验收。我当时还庆幸，还好接下这笔单子，利润也还不错，进行得也很顺利。之后我打电话问什么时候付款，对方就说按照合同来，三个月。我就等，三个月后，对方并没有把钱给我，我又打电话过去，对方说再等。过一段时间，我再打电话，已经打不通了。于是，我起了疑心，就找到他们公司去，发现已经人走楼空了。在门口，我还遇到了很多像我一样的经营户，有十几万的，也有几千的。有些人很恼火，就把人家公司的门给撬开，把没有搬走的桌子、椅子都搬走。我当时和几个老板一起报了警。那时临近年关了，类似这样的事情很多，警察一时忙不过来，最后这个钱也没有拿回来。我后来做生意就多留个心眼，那笔钱，就当我上学了，交学费了。（2020年3月访谈于G市场）

人口流动性的加剧，有越来越多的陌生人在义乌市场参与交易。与熟人经济模式不同，在小商品交易中，人与人之间是短期博弈，所投入的社会资本减少的同时，也面临着更大的信用风险。同时，高强度的人口流动给企业主带来用工困难等问题。

2008年，金融危机的那一年，我生意损失惨重。那年全球经济都不景气，生意很差。一方面来义乌进货的人少了，单子比往年少了一半，我为了接生意不得不降低产品的价格；另一方面，很多打零工的人都回老家去了，不涨工资的话，工人根本招不到，用工成本也上去了。单子少了，总体营业额下降，加上产品价格下跌，用工成本上涨，每张单子的利润下降了，营业额很不理想，资金一下子周转不过来，差点破产。后来规模减小，就挺过来了，一直坚持到现在。现在工人是越来越难招了，工人工资也越来越高，单子还是那些，我也没想着要扩大规模。身边做生意破产的人也有一些。有些外地人听说义乌生意好做，就带着全部家当来义乌淘金，结果带着几百万的债务回家。（2020年3月访谈于G市场）

过去，在工厂工作的工人，大多是熟人，而现在工厂的工人来自全国各地，流动性大。除人口流动的问题以外，义乌商人也面临着世界经济蝴蝶效应的考验。而比起经营户，投入资金成本更多的企业主所面临的挑战更为剧烈。

鸡毛换糖是依托农村市场，建立在熟人社会之中；而小商品经济面临的是国际市场，在多元化、国际化的经商环境中，义乌商人面临着更多的不确定性。

2. 鸡毛换糖精神的淡忘

义乌卷入全球贸易体系之后，现代社会对义乌的乡土社会不断地侵入，使其传统的地方文化遭受威胁。笔者将其归为以下两方面：一是义乌商人不愿意自己的子女继续经商，导致经商传统难以传承；二是部分义乌商人在生活水平提高后，逐渐丧失了吃苦耐劳等传统精神，贪图享乐，导致社会不良风气的出现。

"万般皆下品，唯有读书高"是中国的传统思想，"没钱想挣钱，有钱想安稳"是商人的本性。即便是生活在浓厚的商业氛围之中的义乌商人，也希望自己的子女在接受高等教育后进入体制内工作，不愿意自己的子女继续从商。

我自己在村里办了一个工艺品厂，但是我并不希望自己的孩子也继续从商。我有两个儿子。大儿子应该是当数学老师了；小儿子的话，到时候看他有没有自己的想法。我一开始希望他们学医，但是大儿子不喜欢这个职业。其实想生活安定，那就尽量在体制内，毕竟稳定一些，做生意的话，风险是不可避免的。大多数家里做生意的，还是希望自己的孩子可以跟着专业走。有些孩子学习成绩不太好，有开玩笑说要让他们继承家业。（2020年3月访谈于G市场）

我自己没有办厂，就是在市场上摆摊，帮厂家代卖。我不希望我女儿做生意，女孩子家嘛，就不要那么辛苦创业了，有份稳定的工作就好。我自己这样闯过来的，知道做生意挺累的，风险也比较大。现在已经有一定的家底了，她以后只要考个公务员，生活有保障就好了。我也希望她以后嫁一个工作稳定的、在体制内上班的人，这样他们以后的生活都有保障了，生活也会比较稳定。（2020年3月访谈于G市场）

对义乌商人而言，子女的教育问题是其最为关注的问题。经商致富的第一批义乌商人，大部分是因享受制度的红利而得以成功，其原有的经商模式和商业理念已难以适应当今的义乌市场，因此不少义乌人感叹"生意越来越难做了"。商人职业的不确定性使得义乌商人向往公务员等安稳的职业，同时，一些商人通过经商发家致富后，就忘记了吃苦耐劳的经商精神，享受安逸，导致不良社会风气的形成。

有些义乌的大老板，办厂挣了钱，就不好好做生意了。前几年，有一个大老板，做相框的，厂也办得挺大的，后来他到澳门去赌博，输了好多钱，家业都败光了。有些是家里旧村改造过的，可以吃房租，生意就不做了，其他活也不干，全家都靠房租过日子。每天打打牌，吃吃喝喝的，我觉得这样下去很不好。如果万一义乌市场不景气了，外地人都走了，没有人来租房，怎么办？（2020年3月访谈于G市场）

义乌是一座因市场经济而发展起来的城市，以鸡毛换糖为核心的商业精神是其文化之根，在义乌商人眼中，做生意就是一份"养家糊口的职业"。在农耕经济时期，人地关系的紧张，迫使农民外出经商。虽然义乌人用拨浪鼓闯出了小商品市场，创造了义乌经济发展的奇迹，但是在大多数义乌人眼中，经商始终是迫于生活压力的无奈之举。通过经商而改善生活水平的义乌人大多希望自己的子女可以有一份稳定的工作。现代社会的发展在破坏了传统地方社会的同时，也会带来一定的经济回报。部分人在享受现代社会带来的物质回报中，渐渐丧失了原有的义乌精神。诞生在义乌商人艰苦奋斗的创业史中的鸡毛换糖精神，正面临着被淡忘的可能。

四、义乌红糖产业的复兴与本体性安全的重获

红糖产业的衰弱，引起当地政府的重视。顺应群众的诉求，2003 年始，义乌着手红糖产业的保护工作，成立义乌红糖产业保护领导小组，并于 2005 年将每年的榨糖期规定为"红糖节"。这使得蔗农的生产积极性被调动，义乌红糖产业复兴。[1] 本部分首先描述红糖产业的现状，接着分析义乌商人是如何在对红糖制作技艺的生产性保护中重构本体性安全的。

（一）青皮糖梗的种植与土法制糖

义乌甘蔗的品种有二：一种为食用蔗，水分少，口感略涩；另一种为专门用于生产蔗糖的糖蔗，水分多，口感较甜，因其外皮为青绿色，被当地人称为"青皮糖梗"。青皮糖梗为义乌所独有，在明代宋应星的《天工开物》中有对义乌青皮糖梗种植方法的记载，在清末民初徐珂的《清稗类钞》中也有对义乌青皮糖梗的专门记载。

糖梗的种植颇为辛苦。每年年末，蔗农在农田中挑选一块略为湿润的土地，在选好的土地上挖一个洞，把经过托布津消毒后的"糖梗头"埋进土里。同时，为了保暖，蔗农会在"糖梗头"的周围铺上叶子，并用泥土把洞口封好。待来年开春，蔗农才会将

---

① 吴优赛：《话说义乌红糖》，吉林大学出版社，2014，第 145 页。

"糖梗头"从土里挖出来。通常，蔗农会赶在雨水前的某个晴朗的日子，将"糖梗头"下种。种植前，蔗农须在蔗田施上些许肥料，再盖上一层泥土，方能下种。糖梗的种植颇为密集。待糖梗的芽长两寸后，蔗农会施以农家肥。等糖梗再长六七寸后，蔗农会用泥土对糖梗的根部进行加固。七八月份是糖梗生长的关键期，而此时的义乌正值酷暑，多高温而又多台风。这一时期，蔗农会特别关注天气情况，每天准时收看天气预报。若第二天为晴天，蔗农则会在当天晚上，到田里浇水以抵抗炎日；若遭遇台风等自然灾害，待风雨过后，蔗农要到田里将被狂风吹倒的糖梗一根根地扶起。这一时期，蔗农间会互相交流天气情况或各家各户的损失情况，同时，蔗农们也会互相帮忙。到了十月份，糖梗相继成熟。村干部则会召集蔗农，组织开展红糖的生产工作。在农村，糖厂和红糖的生产设备为村集体所有。在榨糖期间，蔗农以抽签的方式决定榨糖的先后顺序。糖厂的工人以及工作安排，由当日轮到榨糖的农户负责，工人工资按日结算，也由当日轮到榨糖的农户支付。所生产的红糖部分被村集体统一收购，或售卖给食品加工厂，或被加工成零食和红糖一起零售，其余由农户自由支配。糖梗的种植和生产，将农民与土地紧密相连。农民依据糖梗的生长周期安排一年四季的生活，使得以往的生活节奏在农村得以延续。

在中国古代，土法制糖获利颇丰，是为农民所热衷的一项手工业。明清时期，甘蔗制糖的主要品种有红糖、白糖和冰糖三种，而因红糖的生产最为简单，因此在农村最为流传。红糖的生产方法在明代已成熟定形，并一直延续至今。[①] 在义乌，土制红糖的生产已有 400 余年的历史。在农村，红糖厂通常被建在交通便利之处。厂房通常只有一层楼，面积较大，其周围场地开阔，便于停放车辆和运输货物。糖厂采取义乌传统的徽派建筑风格，古色古香。糖厂归村集体所有，只在榨糖期间营业，平日大门紧闭。糖厂的窗户大而透明，透过窗户，可将红糖的生产过程看得一清二

---

① 李木田：《中国制糖三千年》，华南理工大学出版社，2016，第 213 页。

楚。在榨糖期间，糖厂会飘出一阵一阵的糖香，其周围弥漫着略微甜润的水汽。

义乌红糖的生产保留着原有的土法制糖工艺，其生产流程可分为三步：压榨—蒸煮—风干成糖。明清时期，主要用牛力拉石磙压榨甘蔗；民国后，压榨机被引进和推广；新中国成立后，压榨机在农村普及；目前，义乌农村的红糖厂还在使用压榨机进行压榨。蔗农将收获的糖梗，用稻草一捆捆地绑好，每次取两三根糖梗放入压榨机内，榨出的蔗汁直接流入糖水池中，并通过水泵引流到熬糖的锅灶中。剩余的渣滓被用来烧火。进入蒸煮环节后，便完全依赖人工。糖厂所用的锅灶，俗称"梅花灶"，几口黑色的大铁锅，一字排开，以明火开锅，锅的数量不同糖厂之间略有差异。每口锅前都站着一位工人，手拿一把铲子，不停地搅动锅中的糖水。前两口锅中的糖水杂质较多，工人要不时地撇去糖水中泛起的泡沫，以去除杂质。糖水进入第三口锅后，其杂质已基本被撇光，此时控制熬糖火候成为关键。经验充足的熬糖人，会用大拇指和食指从铁铲中取少量糖浆以试稠度，同时用眼观察糖浆的颜色，以判断火候，待适宜时机，再把糖水舀到下一口锅里。在这个过程中，糖水不断地变黏稠。最后一口锅中的糖水已经十分黏稠，当地人称之为"糖勾"，可以浇到糖梗、花生、麻花等食物上，做成各类特色小吃。等糖水变为"糖勾"后，便进入风干成糖的环节。熬糖人把起锅后的"糖勾"倒入一个木制的长方形槽内，将其铲平。待"糖勾"冷却至85℃时，熬糖人须搅拌"糖勾"到起砂状，再迅速地把其搓成粉末。

义乌的土制红糖，色泽金黄，极大程度地保留了甘蔗的原汁原味，颇受当地民众喜爱。榨糖期后，农民便开始切麻糖、置办年货，准备过新年。对义乌农民而言，榨糖是新年的前奏，人们在红糖的甜蜜中庆祝丰收的喜悦。

（二）红糖产业与义乌商人日常生活秩序的重构

红糖产业复苏后，农民依据糖梗的生长周期安排一年四季的生活，使农村延续了以往的生活节奏。而原本是农民的义乌商人，其日常生活秩序也通过红糖产业得以重构，笔者认为，义乌商人日常生活秩序的建构有两种途径：一是进城经商的农民返乡从事红糖产业，直接参与到农村日常生活的建设中；二是仍在城里经商的农民通过参与红糖节，购买和品尝红糖，间接融入农村日常生活之中。

1. 返乡的义乌商人

在过去，农民在农闲时期才会出去从事鸡毛换糖商业活动。在小商品经济发展后的一段时期内，农民曾放弃土地外出谋生，农村糖厂关闭，相关设备损毁，蔗田荒废，导致红糖产业衰落。红糖产业的复兴，让外出的农民重回土地。

我以前也是在外面做生意的，后来当选了村支书，就开始负责红糖产业的复兴工作。我自己也有在种甘蔗，此外，也种了很多的稻谷和其他一些农作物，又成为农民了。村里还有其他农户，本来也不种田了，现在甘蔗恢复种植了，他们也回来种甘蔗，其他农作物也开始种起来。不少人是在城里做点小生意，住还是住在乡下，同时家里的田也种起来，可以说经商和种田两不误。（2019年11月访谈于义亭镇 X 村）

义乌红糖产业复兴后，部分外出经商的商人回家了，一些从事糖梗等农作物的种植，重新做回农民；一些则通过网络售卖村民生产的传统食品，将土特产工业与现代商业相联结。

我之前是在镇上卖中药的，电商兴起后，实体店生意越来越不好做，我就开始开网店，卖中药。后来随着村里红糖产业规模不断扩大，我觉得在网上卖这些义乌土特产也挺好的，就将网店改行，专门卖义乌的传统食品。现在我把实体店关了，全家都回到了农村。父母种植甘蔗，我和妻子就经营网店。平常日子，会卖一些农村里生产的雪饼、芙蓉糕等传统食品；榨糖前后，就专门卖义乌红糖和红糖麻花、红糖酥饼等红糖制成的零食。收入不错，比以前挣得还多。（2019年11月访谈于义亭镇 X 村）

返乡的商人，或参与糖梗的种植及红糖的生产，或参与红糖等传统食品的销售，使得土特产工业在农村再现，实现土特产经济与现代商业的联结。在这一过程中，义乌商人也在新的经济环境中找到以往日常生活的秩序。

2. 在城里经商的商人

每年，"红糖节"的举办都会吸引不少游客前往红糖生产基地，参观红糖的生产工艺，购买正宗的义乌红糖。这其中有不少人是在城里经商的义乌商人，他们生于农家，曾经从事过糖梗种植、红糖的生产，记忆中有着红糖的香甜。

每年"红糖节"都吸引了不少人前来游玩。"红糖节"的内容也挺多的，其主要目的还是向外宣传土法制糖的技术，以及讲述以前义乌农民"鸡毛换糖"的故事。这也是我们以前的生活，鸡毛换糖文化可以说是我们的文化之根吧，我们有义务继承，也容易在本地人之中形成共鸣。来买红糖的有很多是义乌人。他们从小是吃红糖长大的，有些本来也是种田的，后来外出去做生意了。（2019年11月访谈于义亭镇X村）

在外经商的义乌商人，在购买红糖时，也在购买一种情怀，一种对从前生活的怀念之情。目前，义乌已经以红糖产业为核心，发展农业观光旅游，希望人们可以在参观游览的过程中，体会孕育红糖之中的鸡毛换糖精神。

我这次是带女儿一起过来的，想让她感受一下鸡毛换糖传统文化。她现在正在吃的这个"糖勾"，就是我们小时候吃的。以前，糖梗收获的时候，大人会把糖梗的头砍下来，因为糖梗的头水分多，糖分少，熬糖不划算，这些糖梗的头是被留作种的，当然很多也是被我们用来当零食吃掉的。熬糖的时候，小孩子总是会等在锅灶旁，闻着从锅中飘出的红糖香味，眼巴巴地望着锅子里不断翻滚的糖水，口水直直地往下流。大人们一眼就看穿我们肚子里的馋虫，便从熬糖的铲子上抠下一块"糖勾"，放在我们嘴里。那个滋味，现在回想还是美滋滋的。（2019年11月访谈于义

亭镇 X 村）

随着红糖产业的复兴和农业观光旅游业的发展，"红糖节"也吸引了不少客商。许多在义经商的外地商人，或是自己前往，或是在本地人的陪同下，前来购买红糖。

近几年，来我们这里购买义乌红糖的外地人越来越多了。他们有些是在义乌经商多年，有的甚至已经落户义乌，成为新一代的义乌人。这些人在义乌长期的生活中，习惯了义乌的味道，也爱上了义乌红糖，他们也会来我们这里买红糖，用于自己食用或送老乡。有些是刚来义乌不久，或者是来义乌进货的老板，被义乌本地的朋友带来，感受义乌的红糖文化。义乌红糖的名气虽比不上云南、广西那边吧，但是名气也渐渐大起来，越来越受外地人的喜欢了。（2019 年 11 月访谈于义亭镇 X 村）

"红糖节"吸引着外出经商的商人回家团聚。在红糖的甜蜜中，亲朋好友欢聚一堂，庆祝丰收的喜悦。这些在城里经商的商人通过消费红糖，从义乌红糖独有的甜味中回味从前的生活。

与云南、广西等中国蔗糖生产大省相比，义乌红糖的名气并不大，除少量被销往义乌以外的江浙地区之外，绝大部分是被义乌本地消费。而与外地的红糖相比，义乌红糖所拥有的金黄色泽与蔗汁般的香甜，是义乌独特的风味。在过去，外出经商的义乌人，总是会带上一包红糖，以解思乡之苦。而朴实的农民，也将红糖视为珍贵的礼物馈赠给尊贵的客人。现在，外出经商的义乌人通过购买和品尝红糖，体会过去的生活，实现与土地的再次联结。同时，义乌商人也将红糖视为义乌特产介绍给在义乌经商的外地商人。这些客商，也通过红糖体会义乌传统文化，拉近与义乌的距离。

义乌红糖产业的复兴，是义乌人共同努力的结果。农村通过糖梗种植以及土制红糖生产的恢复，延续了以前的日常生活秩序，实现了土特产工业在农村的振兴，把乡土经济和现代商业再次联结。义乌商人群体，或通过直接参与红糖产业的发展，或通过"红糖节"的参与以及红糖的消费，实现了与土地的再次联结。此外，在义经商的外地商人，也以红糖为媒介，逐渐融入义乌社会。

五、非遗文化在现代性过程中的作用

民俗文化具有重构地方共同体，加强地方认同感的重要作用。在过去，义乌商人以红糖产业为生，以种蔗、熬糖、鸡毛换糖的生产秩序，来安排自己的一年四季。为生活所迫的农民，以红糖为主要商品，外出进行物物交换，赚取微薄利润，贴补家用。笔者认为，义乌商业孕育于农业，依托于农村市场。在小商品市场建立以后，义乌商业逐渐脱离农业，义乌商人所面临的市场也从义乌周边的农村逐步转向全球。随着商业的发展，义乌商人的生活水平不断提高，同时也渐渐失去了文化之根。现代社会的抽离机制借助商业，将义乌商人从其原有的日常生活抽离，而农民出身的义乌商人对土地有着眷恋之情，其心中的乡土情结需要释怀。土制红糖作为鸡毛换糖精神的物质载体，成为义乌商人抒发乡愁的媒介。

义乌土制红糖制作技艺源于义乌农民的生产实践，蕴含了以鸡毛换糖为核心的义乌商业文化的精髓，而这也是其被列入国家级非遗名录的重要原因之一。义乌土制红糖制作技艺的恢复，使得传统的义乌商业文化得以延续，彰显了文化自信。义乌商人也通过义乌红糖产业，重振鸡毛换糖精神，加深了对自身所处环境的文化认同。同时，在义乌经商的新义乌人，也通过红糖产业了解义乌的传统文化，增加自身对义乌的文化认同。通过土制红糖制作技艺，新老义乌商人置身于同一的义乌商业文化之中，新的地方共同体得以重构。

同时，地方文化认同也是非遗保护中重要的地方力量。义乌土制红糖制作技艺给了义乌商人以精神力量，去应对经济结构变革中带来的现代性风险，而义乌商人对地方商业文化的认同，也给了他们保护义乌土制红糖产业的动力，使义乌土制红糖产业发展进入良性循环。笔者调查发现，不少90后也返回农村，投身于红糖产业的发展中。他们一方面利用新媒体直播平台带货，扩大义乌红糖的名声和销售；另一方面也通过现代生产和管理技术，在保留古法生产工艺核心的同时，解决原有手工作坊存在的卫生问题、产品质量问题，更好地实现义乌红糖产业的"规模化种植、产业化经营、品牌化发展"的战略。

山西建筑琉璃工艺传承保护
与区域经济发展互动研究

于蒙群 ①

（上海出版印刷高等专科学校艺术设计系，上海，200093）

摘 要：作为国家级非物质文化遗产的山西建筑琉璃烧制技艺，蕴含丰富多元的文化、技术内容。本文根据多次山西实地考察经历，围绕山西建筑琉璃传承保护与区域经济发展互动展开研究，通过梳理山西建筑琉璃工艺的传承现状，构建其合理的传承体系，探讨山西建筑琉璃工业化、产业化蜕变及其对区域经济发展的影响，从而探索非遗保护与乡村振兴的相互作用。

关键词：山西建筑琉璃；传承保护；区域经济；互动

一、山西建筑琉璃工艺传承现状

明清时期，山西建筑琉璃工艺主要沿着家族与师徒谱系传递，其中家族传承占据主要地位，并因家族血缘传承的特性发展出众多建筑琉璃工匠家族。晚清民国时期，时局动荡、战乱频仍等因素，严重阻碍建筑琉璃工艺的传承发展，原本流传有序的传承链条在这一时期出现断裂甚至泯灭，其中尤以抗战时期影响最大。

---

① 作者简介：于蒙群，上海出版印刷高等专科学校艺术设计系讲师，上海大学上海美术学院博士。

根据山西省档案馆馆藏档案《山西省新绛县的琉璃工艺品》记载：
"七七事变后，日寇阎匪交相压榨，琉璃工艺者不得不忍痛停止了
生产。"[①]

　　生产停滞延续至新中国成立初期，让建筑琉璃工艺传承形成
了青黄不接的局面。以阳城乔氏为例，直至 1956 年开展合作化运
动后，建筑琉璃的生产才开始恢复[②]。阳城乔氏曾经是明清时期山
西规模最大的琉璃工匠家族，但在新中国成立初期，确证的乔氏
建筑琉璃工匠仅剩乔承先一人。乔承先 15 岁开始跟随父亲学艺。
1954 年，西安市修造人民大厦，屋顶所用的琉璃脊兽产品均为乔
承先与徒弟烧制。

　　根据档案记载，在党与社会的关怀下，乔承先开始传播发扬
建筑琉璃工艺，"自省社（山西省手工业生产合作社联合社）召
开老艺人座谈会议后，老艺人乔承先更开阔了眼界，他深深地体
会到党与上级社的重视和关怀，他想参与阳城县后则腰磁业生产
社，开展琉璃绿货工艺美术品生产，除个人发挥创作各种艺术产
品外，准备到磁业社传授徒弟七人，把所会的一切技艺传授到青
年们的手里，使祖国具有悠久历史的工艺美术，得到更好的提高
与发扬"[③]。乔承先所带的七位徒弟具体信息未见于记载，但这些人
对乔氏琉璃的传承应有所贡献。正因乔承先及其徒弟的努力，阳
城乔氏琉璃才能够传承至今，成为国家级非物质文化遗产。

　　目前，乔氏领军人物为乔月亮，其传承场域从传统的琉璃窑
向琉璃企业转变，传统的师徒关系也逐渐演化为雇佣关系，通过
企业内部组织的技艺研讨班进行技艺传授，其技术骨干有崔如霞、
贾蕊霞等人。

---

① 山西省手工业生产合作社联合社：《山西省新绛县的琉璃工艺品》，山西省
档案馆藏，档案号：C022-0004-0369-0007。
② 阳城县手工业生产联社：《琉璃匠老艺人乔承先的创作经验专题材料（整
理）》，山西省档案馆藏，档案号：C022-0004-0372-0005。
③ 同上。

通过传统方式进行家族传承的尚有太原苏氏、介休刘氏与河津吕氏，这三家琉璃家族均由直系后裔继承相应的琉璃技艺。根据笔者实地调研与访谈得知，目前太原苏氏尚在进行建筑琉璃烧造的传承人为葛原生、苏永军、苏琪等。葛原生为太原苏氏琉璃的第七代传承人，也是山西琉璃烧制技艺国家级非遗传承人。他接触建筑琉璃自 1979 年始。根据他的口述，他最早在太原郝庄公社农科站工作，1979 年因山西省提出对古建筑修复的需求，郝庄公社开始筹建琉璃厂，葛原生那时向太原苏氏第六代传承人苏杰学习建筑琉璃配釉等一系列工艺。由此太原苏氏琉璃工艺得以传承，并在郝庄公社琉璃厂发扬光大。郝庄公社琉璃厂的产品很快应用到太原乃至山西的古建筑修复重建工作中，如永祚寺山门琉璃壁（图 1、图 2）等。

图 1　永祚寺山门东侧琉璃壁　图 2　永祚寺山门东侧琉璃壁题款细部

郝庄公社琉璃厂的成功带动了太原建筑琉璃事业的发展。葛原生之后还参与了创建东太堡村琉璃厂。近年来，由于太原的环保政策，以及市场需求变化等原因，目前太原苏氏的山头窑址减少了传统建筑琉璃构件烧制数量，而以烧制各类琉璃文创产品为主。与此同时，太原苏家还举办各类体验班与非遗兴趣班，向社会各界普及琉璃技艺，受众群体大多为学生等。但这种方法只能让年轻人了解建筑琉璃工艺，对培养建筑琉璃技术后备力量的作用并不明显。

介休刘氏目前的主要传承人为山西省级琉璃烧制技艺传承人刘开宝及其子女刘文海、刘文婷。介休刘氏产品主要为大型建筑琉璃构件及琉璃雕塑，如介休博物馆前的琉璃雕塑《世世太平》（图3）、琉璃团龙影壁（图4）、孔雀蓝脊饰（图5）等。

图3　刘开宝制琉璃雕塑《世世太平》　　图4　刘开宝制琉璃团龙影壁

图5　刘开宝制孔雀蓝脊饰

介休刘氏以企业的方式运营琉璃厂，除其子女外，还雇佣一定数量的琉璃工匠协助刘开宝烧制各类建筑琉璃。2019年11月，介休刘氏创立琉璃烧制技艺传习班，学制半年，学员群体主要为介休洪山镇中小学的青少年。这类传习班与太原苏氏所举办的琉璃非遗体验班类似，能够在一定程度上普及琉璃工艺文化，让青少年了解琉璃的工艺流程。但这些经过传习班培训的青少年能否在未来从事建筑琉璃行业尚未可知。

由于建筑琉璃生产过程中的工作环境质量堪忧，体力消耗较大等，目前年轻人从事建筑琉璃事业的意愿较低。根据笔者走访山西多家琉璃厂的实地调研，现下建筑琉璃工厂中大多为中老年从业者。这种传承断层的现象不利于山西建筑琉璃的传承发展。

河津吕氏作为另一重要琉璃家族，自清代康熙时期发源后传承至今，在晋南地区影响广泛，其传承方式以家族血缘传承为主。20世纪50年代，为配合上级生产技术指导处的工艺美术人员调查访问，河津县（今河津市）手工业生产合作社联合社生产技术指导科对本县工艺美术人才进行了摸底调查，统计了东窑头村土陶生产小组吕焕文、吕凤山等技术人员的情况，并且根据上级的意见对琉璃产品进行调整改进。[①] 其中吕焕文（1899—1971）为河津吕氏琉璃家族第七代传承人，是河津吕氏琉璃自晚清民国至新中国成立初期得以传承的关键纽带。吕焕文之子吕鸿渐为河津东窑头陶磁业生产小组负责人，与其父吕焕文共同支撑河津建筑琉璃的有序传承。（图6）

图6　河津东窑头吕氏家族与建筑琉璃制品合影

20世纪50年代摄　吕彦荣提供

在河津东窑头土陶生产小组、陶磁业生产小组的基础之上，1972年成立国营河津琉璃工艺厂，一定程度上整合了河津的建

---

① 河津县手工业生产合作社联合社生产技术指导科：《关于手工艺美术人员调查访问问题的函》，山西省档案馆藏，档案号：C022-0004-0372-0015。

筑琉璃工匠资源。后因私营琉璃厂风起，国营河津琉璃工艺厂于1992年关闭。但贯穿百年河津建筑琉璃传承，吕氏始终占据着重要的位置。

目前河津吕氏琉璃的第九代传承人如吕彦堂、吕彦荣、吕仁义等，他们从父辈手中将琉璃技艺传承下来。随着改革开放后市场化的不断加深，三人各自建厂进行建筑琉璃制作与销售。其中吕彦堂成立吕氏祖传琉璃厂，吕彦荣成立凤凰吕氏祖传琉璃工艺厂，吕仁义成立龙门吕氏砖雕琉璃厂。从厂名中可以看出，三厂均彪炳吕氏符号，一方面是因其建筑琉璃工艺均来自吕氏祖传，另一方面可说明吕氏琉璃在河津当地及晋南地区的影响。吕氏三厂各有所长，吕彦堂代表作如日本燕赵园（图7）、北海公园等。近30年，吕氏三厂为国内外众多古建筑修复、重建工程提供了大量建筑琉璃构件，同时通过市场化的运营培养了一批技术骨干，使得建筑琉璃工艺得以传承。但如今吕氏新一代的传承人如吕鹏峰、吕永丰等人，多不再从事一线的琉璃烧制工作，转以管理琉璃厂为主，从技术型人才向管理型人才过渡。

图 7　吕彦堂建筑琉璃代表作——日本燕赵园
吕鹏峰提供

从上文对阳城、太原、介休、河津等地建筑琉璃传承现状分析中，可以看出这样一个规律：山西建筑琉璃在经历清末民国时期的传承危机后，于 20 世纪 50 年代至 70 年代，在工艺合作社运动以及古建筑修复重建背景下复苏，形成了一批国营或合作经营性质的琉璃厂。改革开放后，由于市场需求的猛增，私营琉璃厂鹊起，成为目前建筑琉璃传承的主要载体。在传承载体从国营或合作经营向私营转变的过程中，重要的琉璃家族始终是传承的核心链条，成为各类传承载体的技术骨干。其传承方式主要还是延续传统的血缘家族与业缘师徒模式，也有因雇佣关系而实现的工艺传承，最终围绕着固定区域形成地缘传承。

就目前山西建筑琉璃传承现状来看，工艺传承现状并不理想，传统家族、师徒传承的方法已经无法适应如今的市场需求。各类传习班仅具有普及琉璃知识、培养建筑琉璃工艺兴趣的功能，很难真正起到培养下一代传承人的作用。此外，建筑琉璃工匠家族成员从技术人才向管理人才的过渡，也降低了琉璃工艺传承的完整性。因此建构完整、科学、规范的建筑琉璃工艺传承体系势在必行。

二、山西建筑琉璃传承体系建构

根据上文的研究结果，目前山西地区建筑琉璃工艺传承现状并不乐观，从传承数量到传承质量均未达到理想境地。因此尽快建立适合建筑琉璃发展的传承体系是重中之重。

在构建传承体系之前，首先要了解非物质文化遗产传承的影响因子或条件。崔家宝等对体育非遗活态传承影响因素进行开放式编码，得出我国体育非遗活态传承影响因素框架，即以传承主体为核心范畴，包括物质条件、人文环境和政府保障等。[1] 但工艺类非遗与体育类非遗不同，除上述因素外，还包括工艺所承载的传统民间文化。如果缺失了传统民间文化、民俗内涵，即使传

---

① 崔家宝、周爱光、陈小蓉：《我国体育非物质文化遗产活态传承影响因素及路径选择》，《体育科学》2019 年第 4 期。

统工艺得以传承，其产品也必将流于符号化或商业化。因此，笔者认为，以建筑琉璃所代表的工艺类非物质文化遗产的传承影响因子，应包括以传承人为主的传承主体，其所承载的传统民间文化，工艺所必备的物质资源条件，工艺生产与工艺品应用的自然、人文环境，各级政府、机构的支持保障。

传承主体包括资深传承人及预备传承人，这是影响传承质量的最关键因素。目前山西地区仍然活跃着一批资深建筑琉璃传承人，如太原苏氏的葛原生、苏永军，河津吕氏的吕彦堂、吕彦荣、吕仁义，阳城乔氏的乔月亮，以及介休刘氏的刘开宝等。这些资深传承人年龄范围从五十余岁至八十余岁，都拥有数十年的建筑琉璃生产经验，这些经验是不可多得的宝贵财富。因此，应首先建立对上述资深传承人的保护机制，一方面进行口述史调研，另一方面通过多媒体方式详细记录这些资深传承人的技艺特征，形成技艺数据库。针对预备传承人，除了各个琉璃家族的后辈之外，政府应该设立非遗传承基金，从社会广泛招募有志于传承建筑琉璃技艺的青年技术人才，通过基础知识培训，以老带新式的技艺传授，以及建筑琉璃每个环节的实习等，逐步掌握完整的建筑琉璃技艺；并设立与传承教育相适应的传承效果评估体系，以此检验传承效果。

建筑琉璃所承载的传统民间文化包括民间信仰、民俗内容、民间礼仪、民间审美等方面，这一方面因素虽然无法量化，但能够决定非遗传承的质量。结合目前传承人文化素养良莠不齐的局面，一方面，应成立非遗传承人研修班，选择建筑琉璃文化知识深厚的老艺人或学者对传承人进行讲授，增强传承人对建筑琉璃文化的认识；另一方面，尽量使传统建筑琉璃工艺回归民间生活场景，形成传统工艺传承与传统文化生态保护相结合的方法。

物质资源条件与自然人文环境指的是非遗传承过程中所必备的软硬件设施及传承场域。其中传承场域的环境往往被忽略。但陈波等人认为："基于场景理论和中国非遗传承的基本国情，建立科学的非遗传承场景评价指标体系，有利于克服非物质文化遗产保护中存在的问题，进而对非遗保护传承工作发挥积极的指导作用。"① 陈波引入西方场景理论，提出非遗传承场景力指标体系。在该体系中，他将"社区、物质结构、多样性人群、链接相关要素的活动、场景中蕴含的价值"② 作为五个主要的衡量指标。

建筑琉璃传承体系的核心为传习方法。朱怡芳结合社会学与伦理学的理论与研究方法，概括了中国历史至今主要的五种手工艺传习体系，分别是"家庭体系／血缘代理、社群体系／行业代理、学校体系／现代代理、宗教体系／综合代理、自我规训体系／自我元代理"③。目前山西建筑琉璃的传承现状中包含了上述多种体系，如家庭体系、社群体系、学校体系与自我规训体系则较为少见。山西建筑琉璃工艺的传承体系，首先应巩固家庭体系与社群体系，使其原生传承链条绵延不绝；其次要促进学校体系的生成，这方面太原苏氏与太原当地高校及职业学校以共建琉璃传习所的方式进行了探索。而在笔者看来，能够实现自我规训的建筑琉璃工匠在山西仅有葛原生与史上海二人。这二人皆具备不俗的文化修养、数十年的建筑琉璃工艺实践经历，并且在晚年时候尝试突破建筑琉璃的程式桎梏，运用琉璃技艺创造出新的琉璃艺术形式。

缘此，建立建筑琉璃传承体系要从传承主体、传承效果、传承场景等三方面着手。首先，通过对传承主体的保护与全面记录，形成琉璃技艺数据库，永久保存技艺基因。其次，在广泛招募、以老带新的基础上，设立传承教育效果评估体系、评估传承效果。最后，通过社区、物质结构、多样性人群、链接要素、场景价值这五维指标衡量传承场景优势。

---

① 陈波、赵润：《中国城市非遗传承场景评价指标体系构建与实证》，《华中师范大学学报》（人文社会科学版）2020年第4期。

② 同上。

③ 朱怡芳：《伦理规训的五种手工艺传习体系》，《南京艺术学院学报》（美术与设计）2019年第6期。

三、山西建筑琉璃产业化、文创化发展对区域经济影响

随着十九大提出乡村振兴战略以来，关于非遗传承发展与乡村振兴的关系成为一个新的研究方向。由于乡村是非物质文化遗产的重要传承场域，非遗与乡村具有一损俱损、一荣俱荣的关联性，非遗的代际传承困难往往伴随着乡村空心化的危机。建筑琉璃工艺与其所在乡村、乡镇等场域也具有这种重要的关联性。近年来，随着建筑琉璃的工业化、产业化发展，建筑琉璃成为乡村地区经济发展的新路径。

建筑琉璃工艺的工业化蜕变是其发展路径之一，相较传统手工技艺而言，加入机械与生产线的现代工艺无疑在生产效率与产品质量上更胜一筹。建筑琉璃现代化早在 20 世纪 50 年代就开始萌芽。1957 年，山西晋城县（今晋城市）派遣琉璃工匠前往天津，学习转盘机与齐口机的操作过程——

天津木庄玻璃厂：

兹介绍我省晋城县工业联社干部李世云和琉璃社技工陈宝珍二同志前往贵厂参观实习转盘机和齐口机的操作过程，请予接洽。

此致

敬礼

山西省工业厅轻工业管理局

1957 年 11 月 4 日 [1]

1957 年以来，阳城县后则腰磁业生产合作社在山西省手工业生产合作社联合社生产技术指导处的技术支持下，开始改建与新建传统琉璃窑，传统琉璃窑以馒头窑或半倒焰窑为主，此次改进将新建倒焰窑并改善原有半倒焰窑。"新建倒焰窑，烟筒已建修成功，底部至顶高于 8.5 尺，底部直径 4 尺，顶上直径 1.8 尺……约计在 10 月份投入生产，根据修建倒焰窑来看，比半倒焰窑生产效

---

① 山西省工业厅轻工业管理局：《关于晋城工业联社干部李世云和琉璃社技工陈宝珍二同志去天津木庄玻璃厂参观实习的函》，山西省档案馆藏，档案号：C007-0001-0171-0006。

率要提高两倍以上。"① 另外，阳城县后则腰磁业生产合作社也积极采购如球磨机、粉碎机等机器，用于原材料的加工。

河津建筑琉璃产业历史悠久，并较早进行产业化运营，在河津吕氏数百年的技术积累以及东窑头陶磁业生产小组的基础上，根据当时国家倡导工艺品出口创汇的要求，由河津县外贸公司、手工艺管理局和文化馆三家单位，于1973年共同成立河津琉璃工艺厂。该厂将传统工艺与现代技术结合，使得"产品由原来的五种增加到八百多种，釉色由原来的四种增加到三十多种，成为全国八大琉璃厂之一"②。根据河津琉璃工艺厂原厂长史上海的回忆，河津琉璃工艺厂生产的琉璃制品，包括山西狮、北京狮、蜡台狮、象驮瓶、绣推鼓、神仙、二龙戏珠、唐三彩等。这些琉璃制品出口量逐年增大，畅销国内外两个市场。为培养后备人才，河津琉璃工艺厂还在内部举办了美术培训班，这为河津建筑琉璃的有序传承创造了良好的条件。

改革开放以来，由于市场环境的变化以及私营琉璃厂的崛起，国营河津琉璃工艺厂无法适应新的市场环境，最终于1992年关闭。据国家中小企业官方备案征信机构等数据库统计，河津地区以琉璃为名称以及经营范围包含琉璃制造的企业共65家，注册资金从数百元至1600万元不等，目前仍然存续经营的企业共47家，从业人员约1200余人，产业规模在山西乃至全国居于领先位置。其中既有保留原有传统技艺特色的吕氏琉璃企业，如凤凰吕氏琉璃厂与龙门吕氏琉璃厂，也有与现代化结合较深的全自动产业链琉璃企业，如鑫泰琉璃灰陶有限公司等。该公司成立于1983年，是河津地区最早的私营琉璃厂之一，如今已经成为河津地区现代化转变最彻底的琉璃生产企业，几乎所有的生产步骤均达到流水

---

① 阳城县后则腰村磁业生产合作社：《1至8月份生产建设产销情况工作汇报》，山西省档案馆藏，档案号：C022-0004-0335-0002。
② 中国人民政治协商会议山西省河津县委员会文史资料研究委员会编《河津文史资料·第3辑》，河津县委员会文史资料研究委员会，1987，第143页。

线自动化生产的程度，尤其是 150 米长的辊道窑，可随着传送带的运输，完成素烧、釉烧等步骤，且无须停火，极大地增强了生产效率。（图 8—图 11）

图 8　制坯生产线

图 9　施釉生产线

图 10　辊道窑

图 11　辊道窑内部

从辩证的角度观察，河津建筑琉璃的工业化、产业化转向对山西建筑琉璃发展具有两方面的影响。其一，山西建筑琉璃的基本工艺以及产品样式得以保存传承；其二，流水线生产的建筑琉璃产品，在一定程度上丢失了附着于传统建筑琉璃中的艺术语言、民俗文化、民间信仰，使其成为单纯的建筑构件。潘鲁生认为："体现精湛手工制作技艺的传统生产工艺被机器大生产替代，不少民间以使用功能为主的器物被新材质、新形态的工业产品取代，传统工艺和形式语言等一定程度上失去了物质载体。还有民间传统信仰、礼仪、习俗等不同程度上弱化，传统工艺以及民间文化的表达方式和意义传播受到影响。"① 因此，要区别传统手工方式生产与工业化生产的建筑琉璃。建筑琉璃的工业化生产虽然保存建筑琉璃基本特征，并促进了相关就业以及经济发展，但如何在工业化生产中，更多地保留山西传统建筑琉璃的文化意涵，成为新的问题。应在各类建筑琉璃企业举办琉璃文化研修班等，加强传统建筑琉璃文化教育，提升建筑琉璃产业工人的琉璃文化素养，从而改进现有流水线上的泛性琉璃产品。

此外，河津地区建筑琉璃的工业化、产业化转向有助于解决当地就业问题以及促进经济发展。为实现琉璃产业的转型升级与集群化发展，河津市政府牵头创建龙门灰陶琉璃文化产业园。产业园注册于 2017 年，总投资 1.2 亿元，位于河津市西窑头新村以东，建设用地面积约 20 万平方米。园区包括 4000 平方米的展示中心，以及共计 15520 平方米的 3 个商业组团。

龙门灰陶琉璃文化产业园的设立，促使河津灰陶琉璃产业在集聚过程中降低生产、运输、销售等各项企业成本；通过内部技术交流与竞争，推动产业内部业务细分与技术迭代；促进上下游产业、企业的联动发展；优化产业人才交流与培养；有利于形成"河津灰陶琉璃"区域品牌，更有利于区域经济的发展。产业集群所需要的原料资源、人力资源、资本等都是巨量的，这些资源进入产业集群的循环生态后，能够为东、西窑头村乃至河津市提供大量的就业机会，以及满足上下游产业的相关需求，从而繁荣整个区域经济。（图 12）

---

① 潘鲁生：《保护·传承·创新·衍生——传统工艺保护与发展路径》，《南京艺术学院学报》（美术与设计）2018 年第 2 期。

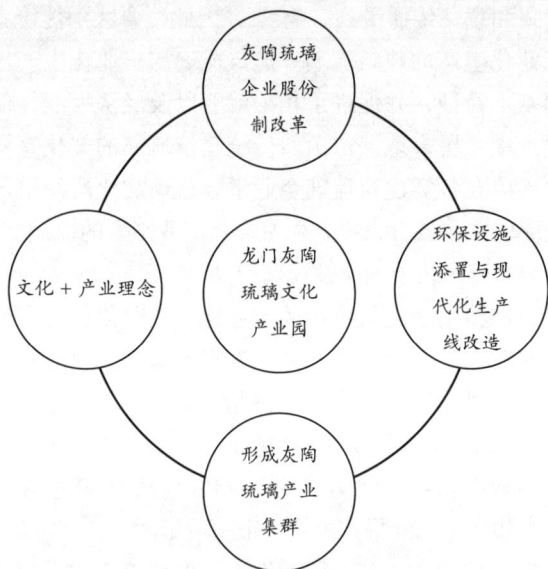

图 12　河津龙门灰陶琉璃文化产业园循环结构

在目前全国非遗保护的背景下，河津走出了一条以产业发展带动非遗保护传承的路径，通过政府的多元扶持方案以及现代化生产设施的引进，进一步形成建筑琉璃产业集群，并带动产业转型升级。但在通过产业化方式传承保护的同时，也应注意保护留存建筑琉璃所承载的传统民间文化与艺术形式。

在产业化道路之外，山西太原等地发展出一条建筑琉璃工艺文创衍生的路径。潘鲁生将传统工艺领域的衍生解释为："衍生意味着传统工艺自身及其多重价值属性将成为创意的资源或手段，包括解构与重构、拓展与升华、颠覆与再造，意味着跨界融合、多元发展。"[1] 从中可以得知，衍生的核心是传统工艺资源，衍生的方法可以多种多样。

由于山西各地建筑琉璃发展传承情况不一，不同的琉璃工匠

---

[1] 潘鲁生：《保护·传承·创新·衍生——传统工艺保护与发展路径》，《南京艺术学院学报》（美术与设计）2018 年第 2 期。

家族因其地域与市场的影响，形成了不同的经营策略与产品类型。河津琉璃走向了产业化的道路，流水线生产逐步将建筑琉璃这一工艺品向工业品转变。随着建筑琉璃市场的日趋饱和以及竞争的加剧，一些建筑琉璃家族也开始尝试其他类型的琉璃产品。例如顺应当今文创发展的潮流，以建筑琉璃支撑各类文创品。

　　将建筑琉璃向文创产品过渡，一方面源于市场潮流，一方面也有其历史可以追寻。除早期琉璃饰物外，阳城乔氏早在明代时就已经开始制作各类琉璃佛像或观音像（图13）。明代这类三彩琉璃佛像在技术上与建筑琉璃相同，其装饰手法、样式风格与明代各类琉璃塔饰面构件佛、观音像类似，因此可以作为建筑琉璃的一种衍生。除佛坐像外，与碑相结合的佛像也是重要的类型（图14）。

图13　明代弘治时期琉璃观音像
乔彬制

图14　明代三彩琉璃阿弥陀佛众碑
观复博物馆藏

　　至民国时期，阳城乔氏的琉璃产品进一步丰富，包括"十八罗汉，三仙姑，福禄寿三星，八郎进宝，鸽、鹦、兔、狮、猴吃桃，以及客厅陈设和家庭日用生活品。这些产品的特点是形象生动、有色有光，时间愈久愈亮、颜色经久不变"①。20世纪50年代，琉璃生产恢复后，在老艺人乔承先的带领下，阳城后则腰琉璃窑又开发出了"大小狮子、鹦、鸽、站人、坐卧猴、梅花鹿、骑人像等新产品"②。琉璃工艺产品的丰富，为琉璃窑以及建筑琉璃技艺传承人带来第二个生产方向，有利于建筑琉璃技艺的持续发展。

　　无独有偶，太原苏氏琉璃于近年来开始尝试琉璃文创产品的制作与经营，设计了以文房用具、花器、茶器、摆件等为主的品类丰富的琉璃衍生产品。（图15）

图15　太原苏氏琉璃文创衍生产品

　　根据太原苏氏琉璃第八代传人苏永军的介绍，由于近年苏氏琉璃窑规模缩小，为了存续经营，与太原几家职业技术学校达成合作，开办琉璃技艺研习班，并在研习班的基础上，设计衍生品。这一方面可以成为研习班学习琉璃技艺初级阶段的实践活动，另一方面可将产品推向市场，支持琉璃窑存续发展。

---

① 山西省手工业生产合作社联合社：《山西省阳城县的琉璃工艺品》，山西省档案馆藏，档案号：C022-0004-0460-0006。
② 同上。

建筑琉璃工艺文创化发展，是在产业化道路之外的另外一条有利于建筑琉璃传承发展以及区域经济发展的道路。琉璃文创产品市场需求量大，造成环境污染少，是典型的绿色经济，虽然目前体量有限，但这种模式可以大面积推广，能够简单复制到其他建筑琉璃工艺传承区域。

四、结　语

本文围绕山西建筑琉璃工艺，展开讨论建筑琉璃工艺传承保护与区域经济发展的互动关系。目前山西建筑琉璃工艺的传承，以家族血缘传承与行业师徒传承为主要链条。因其无法满足当下市场与社会要求，且传承基因有弱化的风险，由此笔者提出，应建构山西建筑琉璃传承体系，该体系由传承主体、传承效果、传承场景三个板块构成。

首先，通过全面记录以传承人与技艺要素为核心的传承主体，形成琉璃技艺数据库，永久保存建筑琉璃技艺基因，为展开更广泛的传承培训奠定基础。其次，在广泛招募、以老带新的基础上，设立传承教育效果评估体系，通过评估传承效果，杜绝流于形式的技艺培训，强化传承教育质量。最后，通过社区、物质结构、多样性人群、链接要素、场景价值这五维指标衡量传承场景优势，必要时调整、优化传承场景。

以河津为代表的部分地区，在建筑琉璃工艺传承保护的基础上，使建筑琉璃工艺走向现代化与产业化，并进一步形成建筑琉璃产业集群，通过产业集群的集聚效应带动产业转型升级。同时，这种产业化、集群化的趋势有利于拉动地方投资、就业，促进乡村区域经济发展。以太原苏氏为代表的建筑琉璃老艺人，开始尝试以建筑琉璃为媒介的文创衍生。这种文创衍生的方式，无疑为建筑琉璃工艺的发展开辟了一条新的路径，即在保留原有工艺特点的基础上，通过形式与材料的创新，让建筑琉璃走上更多元的发展之路。

无论是走产业化道路还是文创化途径，建筑琉璃产业的活跃，对以乡村为主的建筑琉璃工艺传承区域的经济发展无疑是一种促进；而区域经济的向好发展，又能为建筑琉璃工艺传承提供更多的人员、资金、场地保障，从而实现非遗保护与乡村经济振兴的双向促进。

当代非遗数字化开发的新方式

殷硕函　刘美婷 [①]

（浙江师范大学设计与创意学院，浙江金华，321004；浙江师范大学国际文化与社会发展学院，浙江金华，32004）

摘　要：数字科技为非遗的传承和发展提供了更多的路径与可能性，在现实需求与时代召唤的双重影响下，非遗的传承与发展势必需要数字化科技的辅助来弥补传统非遗传承的缺失。数字化保护和数字化开发并不矛盾，在一定意义上二者可以互相补充，共同促进非遗的传承和发展。游戏开发、广告创意、非遗直播平台的搭建和数字化活动场地的重构，都是数字科技视域下非遗可能的开发路径。

关键词：非物质文化遗产；数字化；开发路径

我国的非物质文化遗产保护工作，可追溯到 2001 年，昆曲被联合国教科文组织推选为第一批"人类口头和非物质遗产代表作"，至今已二十余年。中国非物质文化遗产数字博物馆统计显示，截至 2022 年 9 月，中国累计入选联合国教科文组织非物质文化遗产名录共计 42 项，总数位居世界第一。目前已公布的 5 批国家级非物质文化遗产项目总数已达到 1557 项，按照申报地区或单位进行逐一统计，共 3610 个子项，是名副其实的非遗大国。

---

① 作者简介：殷硕函，浙江师范大学设计与创意学院讲师，数字设计影像学博士。刘美婷，浙江师范大学国际文化与社会发展学院硕士研究生。

近年来，国家对非物质文化遗产的重视程度越来越高，对非遗保护的路径探讨也有了一定理论积淀。但传统非遗因时间、空间和传承人群的局限性，经常遭遇到发展困境。一方面是因为部分非遗项目的深厚文化底蕴没有被充分发掘和认识，大众认同度降低导致受众面越来越小；另一方面是因其缺乏文化创意和实用性，没有融合现代审美以新姿态面向市场，使得部分非遗项目逐渐淡出人们的视野。

一、非遗发展的市场困境及反思

在快速发展的当代社会，若使承载非遗的产品在纷繁复杂的市场上脱颖而出，必须得靠创新力。这里的创新力，指其产品不仅作为非遗传承发展的载体，同时要符合现代民众的审美要求，且在日常生活中常用、便捷，集文化、审美、实用为一体。而目前市场上大多数非遗产品，往往仅以原貌或附加于其他工业产品为主要形式，不能凸显非遗的精神内核以及其与时代和科技的交融感。所以，通过采访非遗传承人及进行田野调查等形式，深入了解该地非遗的历史脉络及相关逸闻趣事，精准把握非遗精神内核；再通过市场调查、大数据等形式了解现代人的审美观念和现实需求；之后再从现代工艺、科技与非遗间的碰撞中寻找新的灵感与契机来打造非遗艺术精品，科技赋能助力非遗的传承与发展，就极为必要。

此外，并非所有的非遗都可以朝着市场化方向发展，尤其是濒危非遗，它们承载着民族历史文化的基因，但有些甚至不会出现在非遗博物馆里为人所知，而恰恰这部分非遗是需要我们重点关注保护的对象。如羌年，作为四川省羌族的传统节日，曾对羌族人民有极强的凝聚力和感召力，但随着人们迁徙活动日益频繁、年轻人对羌族传统文化的兴趣不断减弱，加之外来文化的冲击，以及 2008 年汶川大地震对羌族村庄造成的严重破坏，羌年也因此陷入岌岌可危的状态。但正如钱永平所说："传统本就具有适应变化和重构自身的力量，这一系列的变化使非遗面临挑战，但也赋予其新的发展机遇。"[1]另外，也需要从国家战略的高度上予以支持，从心理上激发羌族人民对本民族文化的认同感和自豪感，才能在外来文化的冲击下持续呈现出与新时代相荣相生的真实性与原态性。

如今，中国正处在世界第三次科技革命浪潮中，日新月异的科技不断吸引着人们的目光，数字科技的普及使我们在家就能做到"家事、国事、天下事，事事关心"，时空距离感大幅缩短。因此，将非遗与数字科技融合，探索非遗的新形态，不仅可以弥补传统非遗传承、传播模式在时空距离方面的局限，同时也可顺应时代的召唤，更好地融入现代生活。非遗的数字化还具有资源共享、线上即时和延后的交流互动功能，以及相关文字、影像等资料也可以永久无损保存等优点。所以，通过非遗数字化开发利用，可以获得更多受众的关注，激发更多民间力量参与到非遗保护中来，也可以吸引和动员更多热爱非遗的人才投身于非遗的保护与创新工作中。

如何将数字科技与非遗相互交融，使非遗产品充满现代科技感，吸引受众注意的同时又不会本末倒置；如何借助科技力量让受众在潜移默化中逐渐了解并喜爱非遗，进而产生传承保护非遗的自觉心理；以及如何从数字化科技的角度重新审视非遗的传承与发展并落地于实践应用，是值得探讨和研究的问题。

二、非遗数字化开发的多元方式

数字化保护是非遗保护的重要方式之一，但传统的数字化保护还是以数字化存储、数字化记录、数字化展示等初级方式为主，数字化介入的深度和广度都不够。数字化新技术的出现和发展，为非遗保护提供了新的机遇，但在如何实现非遗和数字技术的融合方面还存在很多问题需要探讨。部分研究者已经关注到技术升

---

[1] 钱永平：《社会变迁维度下非遗濒危传承与保护策略》，《文化产业研究》2017年第2期。

级对非遗保护的重要意义，比如有研究者认为，"人工智能通过介入非遗的传播过程，让更多的社会受众以一种新颖的方式接触非遗、体验非遗，从而可提高非遗项目的社会知名度和影响力"①。在当代社会，非遗的数字化保护程度还不高，数字化开发也处于初级阶段。为了更好地促进非遗融入现代生活，实现文化价值与经济价值双赢，与新技术相结合的新开发方式就值得我们去关注。游戏开发、广告创意、非遗直播平台的搭建和数字化活动场地的重构，都是数字科技视域下非遗可能的开发路径。

（一）融入游戏开发

游戏与中国传统文化相结合的案例在国内外早已盛行，如《三国杀》中的剧情设计、《王者荣耀》以及国外《DOTA2》中的角色设计，都是以传统文化为蓝本。但这些游戏制作的初衷并非宣扬传统文化，而是出于商业目的，为了内容的趣味性刻意而为之，扭曲了很多历史人物，比如《王者荣耀》中"诗仙"李白变身为手拿长剑的"刺客"。

当游戏内容成为非遗的载体时，将其融入游戏的同时便不能使之失真，要尊重传统文化，力求让非遗呈现出可接近性与真实性，使其得到正向传播与发展。游戏策划从场景设计到人物选择再到每一个关卡的通关方式乃至背景音乐，都可以与不同的非遗相结合。但要注意与游戏的可玩性、探索性相平衡，注入文化创意，可引用非遗传承人的故事丰富游戏的叙事性，增强游戏文化的传播属性，给予游戏新的灵魂，开发内容的同时需尊重客观历史，弘扬民族文化。

技术赋能，虚拟现实增强了用户的沉浸感，用户可以身临其境地去感受非遗内容视觉化所带来的临场感，打破了时间和空间壁垒。因此在虚拟现实内容开发方面：前期可通过采访非遗传承

① 孙发成：《人工智能介入非遗保护的路径与问题》，《中国社会科学报》2020年12月4日。

人和征文形式来进行传承人数据和非遗故事收集；通过对数据和故事的真实性、叙事性的筛选，从中"取其精华，去其糟粕"，为虚拟现实内容开发提供策划蓝本；基于符合客观实际的蓝本进行虚拟现实游戏开发，根据故事主线设定角色，使用户在游戏过程中形成代入感，沉浸式体验的同时也对内容有了更深层次的理解，便于提升用户对非遗的认知，使其产生情感共鸣，增强对非遗的关注度和认同感。

（二）融入广告创意

不同国家的优秀广告创意中往往会形成具有本土文化特色的创意，如英国广告的黑色幽默，美国广告的创意性和科技感，泰国广告的宗教特点及故事性，法国广告的幽默以及韩国广告的温馨等，都各具特色。具备自身特点和文化特色的广告更利于传播和文化输出。国内广告创意日益发展，但仍会出现创意不足、文化输出乏力等问题。我国文化底蕴深厚、文化体裁种类较多，其可挖掘性较强，需要与当下主流产品相结合，形成大众所能接受的创意性文案，以此形成中国广告的文化特色。脑白金广告就因其蕴含"孝"文化而一度居于保健品年销量榜首。不仅是国内品牌，就连肯德基的"全家桶"套餐也因融入了"家"文化而大卖。由此可见，国内的受众更容易接受的是本国的传统文化，将民族精神文化蕴藏其中的创意更能打动人心。

首先，非遗作为传统文化的重要组成部分，将其运用于广告创意，一方面可以满足人民日益增长的精神文化需求，提高对广告的关注度和认知度，从而增加对该品牌和相关产品的好感，以此达到广告的根本目的——提升销量；另一方面，广告具有潜移默化的传播效应，可以迅速提升大众对非遗的认知和关注，从而达成双赢。

其次，在设计广告时，要注意将电视广告、平面广告、数字视频广告等不同广告类型的特点与相关文化建立联系，从中寻找能够使目标受众产生共鸣的点，由此可能会达成意想不到的效果。

公司可与相关非遗专家共同设计，打造出独具特色的中国广告。

最后，很多非遗类型就以艺术表现形式存在，可打造相关的文创产品或标识。塑造品牌效应，需要注意时代性与创意性，秉承"活态传承、活力再现"的基本理念，具备文化属性的同时也需要兼顾社会发展趋势，以及受众在特定时代所需要的某种价值属性，拥有"双向设计思维"。因此在保留非遗文化核心的同时，可尝试将其融入现代背景中，寻找与现代社会需求的契合点。故宫文创产品囊括了首饰、彩妆、文具、摆件、餐具等等，多以日常物件为创作底本，在实用性的基础上，结合故宫独有的文化底蕴，设计成一件件附有"故宫故事"的文创产品，在传播故宫文化的同时也创造了收益。

（三）对接线上直播

随着信息技术的发展，网络直播成为互联网时代的新宠儿，"直播＋传统文化"行业也在此次浪潮中崭露头角，收获广大观众的好评和追捧。如"一通文化"平台因专注于举办线上戏曲节目，被《人民日报》称为"传统戏剧数字博物馆"。故宫博物院在2020年4月5日、6日开展云游故宫活动，新华云直播统计数据显示，仅4月5日下午场，网络平台的累计观看量就达到1817.68万人。这不仅得益于讲解员、摄影师及其幕后工作团队出色的表现，也证明当今大众对文化瑰宝依然怀有炙热之心、热爱之情。

然而，诸多非遗因所处地理位置受限，无法扩大受众群体，抑或是当现场容纳人数有限时，网络直播便成为弥补线下非遗传播不足的新路径。贵州化屋村扶贫车间的负责人杨文丽曾在《时政新闻眼》中提到，车间的苗绣成品有近70%是通过直播带货销售出去的。前期的宣传、内容的把控以及直播时长、互动方式的选择等方面是值得注意的。同时，只有深知用户需求，才能实现更加精准的产品定位，从而针对面向的不同群体定制直播内容，最大限度达成传播非遗的目的。

（四）建构数字空间

非物质文化遗产包括与传统文化表现形式相关的实物和场所。因此，博物馆、非遗馆成为非遗重要的实物依托。运用数字化体验设备重新打造这些场地，使得游客来到这里不仅仅是对各种展品走马观花式观赏，而是深入了解其背后历史文化的积淀，懂得品味展品背后的故事，才会对非遗产生真实的情感。

目前国内大多非遗馆、博物馆的数字化体验设备陈旧落后。如应用场景中，某博物院有自助讲解设备可供参观者租用，但由于放在拐角处，人们往往无法在进入时就看到，导致使用率较低。展品旁边都附有二维码，扫描即可收听专业讲解，但是，对于大部分参观者来说，无法随身携带耳机，也没有很多的专注力去收听长段的专业讲解，此功能的利用率较低；即便是有志愿者进行生动的讲解，但当一个展品前人满为患时，便极少再有参观者加入，此方式只能在人流量较少的情况下采用。此外，文创产品与本馆陈列展品尚未建立关联性。因此，就博物馆应用场景而言，首先应增加参观人员反馈系统，从用户角度着眼，增加博物馆与外界的实时交互性。智能语音讲解内容需及时调整，冗长的专业讲解并不适合当今快节奏的生活方式，可在公众号设置便捷搜索框，输入名称即可查看该展品的简要文字版提示。另外，音频版要增强趣味性和层次性，设置专业版、普通版和儿童版，以满足不同人群的多样化需求。如儿童版可与"假日博物馆"合作，结合眼前的实物，让孩子们真切感受文物背后的历史文化，满足儿童的历史好奇心的同时，不会使他们感到乏味枯燥。最后，某些非遗及相关文创产品可运用全息影像、增强现实、虚拟现实、混合现实等体验，使博物院的文物"动起来"，让人们真切感受非遗文化的魅力，愿意为文化而买单，从而实现博物馆的良性发展。

各类型的非遗馆是继承发展非遗文化的重要基地，常见的展示模式有平面展示、实物陈列、旧场景复原、现场展示和多媒体信息技术展示等。但在多媒体数字化信息技术的运用上，刘忠华、李若辉指出:"现在,很多博物馆都运用了新的视听形式……应用最广泛的是采集非遗数字化资料,将难以在固定或有限空间内进行展示的内容通过电子显示屏、投影设备等媒介进行循环演示。"① 内容呈现方式较为单调枯燥,且与传统博物馆相类似,造成了"千馆一律"的现象。正如李志勇所提到的:"非遗馆的建设规划、设计思路不同于传统博物馆,其展示内涵强调非物质文化遗产'无形的'精神层面、实践过程的'活态性'及与外部环境'文化脉络'之间的关系。"② 因此,可在原馆的基础上重新规划参观路径,根据非遗文化历史脉络,在叙事基础上进行审美性诠释,"注重'活态性'和'故事性'的感染力,积极引入非遗传承人在非遗馆里进行活态展示"③。将历史访谈、手工艺制作、民俗活动等音视频资料融入目前流行的短视频,结合陈列实物进行讲解,再将难得一见的大师级非遗作品及在玻璃窗内难以清晰展示全貌的非遗文化承载物采用三维数字化技术呈现出来,辅以简单生动的人工智能讲解,最后在图标的指引下,参观者可现场观看传承人的创作与表演,并参与互动或利用虚拟现实技术体验非遗在生活中的创新型应用,引导参观者步步深入,逐渐了解、体会、品味非遗的精髓与魅力。但在设计时,要始终围绕非遗的精髓来布局,注重内容质量和真实性。

综上,博物馆、非遗馆体验的提升需着眼于用户群体、参观体验及馆舍定义重构三个方面,并充分利用现代数字化技术来完善实施,并通过游客反馈不断提升自身的服务质量,为非遗的继承和发展保驾护航。

---

① 刘忠华、李若辉:《传统手工技艺类非遗博物馆展示设计方式与特征研究——以金陵老字号博览馆为例》,《美术教育研究》2020 年第 13 期。
② 李志勇:《非物质文化遗产博物馆建设理念初探——以南京博物院非遗馆为例》,《东南文化》2015 年第 5 期。
③ 同上。

三、结　语

　　数字科技为非遗的传承和发展提供了更多的路径与可能性，在现实需求与时代召唤的双重影响下，非遗的传承与发展势必需要数字化科技的辅助来弥补传统非遗传承的缺失。随着科技力量在非遗领域的不断渗透，一些边远地区或少数民族特有的传统技艺也随着网络的发展重新进入人们的视野。加之近年来国家政策的大力支持，尤其是精准扶贫工作的开展，使得部分因传承人缺乏与外界交流的渠道或技巧而未能进入市场形成良性循环的传统技艺，重新焕发了生机。非遗逐渐呈现出活态性和创新性，在多方努力下，向着"创造性转化和创新性发展"的方向迈进。但非遗数字化开发依然存在很多挑战，既有市场层面的因素，也有项目本身的原因，需要我们认真对待和解决。

非物质文化遗产个案调查与研究

民俗学视野下的湖州船拳研究

沈月华 ①

（湖州市非物质文化遗产保护中心，浙江湖州，313000）

摘　要：湖州东部平原地带河网纵横，人们世代以养蚕为生。在独特的地理文化背景下，形成了当地特有的水上蚕事祈福活动，船拳便是其中之一。笔者试图以民俗活动的视角阐述湖州船拳的发展演变，以及作为从传统民俗活动中走出来的表演艺术，在当下如何得以更好地传承与发展。

关键词：水嬉；哨船；船拳；传承

湖州，典型的江南水乡，自古以鱼米之乡、丝绸之府著称，尤其东部平原区，河网纵横，舟船穿梭，人们舟楫出行、货船行商，独特的水文化环境孕育着当地独特的民俗风貌。加之作为传统蚕桑生产之地，家家养蚕，户户种桑，在很长一段时间内，养蚕的收入在当地百姓收入中占据主要来源。谚云："养蚕用白银，种田吃白米。"人们重视养蚕，在日常生产、生活中无不渗入蚕事大丰收的祈愿。非常有意思，这两种大文化背景的交融，形成了当地一系列特有的水上蚕事祈福活动，包括各类拜香船、标杆船、台阁船、打拳船等。

而打拳船上表演的船拳，关于其起源、起源地等，学术界存

---

① 作者简介：沈月华，湖州市非物质文化遗产保护发展中心主任。

在很多争议。其中一则以湖州为船拳的发源地，认为船拳始于越王习水战，在唐宋时期得到发展；到了明代，曾在京城担任锦衣卫的陆炳告老还乡后定居双林，宣扬戚继光抗倭的英雄壮举，发动群众在农船上习武练拳；又因吴语"船拳"谐音"蚕健"，船拳的表演助兴与人们期待蚕苗健康相互生发，故而愈加兴盛。

但是船拳作为一种特殊的社会文化现象，它的产生与发展不是孤立的，它存活于独特的地域性文化空间，包括"宜田蚕"的功能目的也是在特殊环境背景下形成。倘若我们对船拳活动的场合进行分析，可发现船拳多伴于乡间庙会、节庆等，从某种程度上来说，船拳更多的是从传统民俗活动中演化出来的一种现代表演艺术。笔者试图从民俗活动的视角阐述湖州船拳的发展演变，以及作为从传统民俗活动中走出来的表演艺术，如何在当下得以更好地传承与发展。

一、船拳的产生及演变轨迹

（一）从水嬉到哨船

水嬉，"嬉"通"戏"，即水戏，也就是指各种水上游戏，其形态各异，包括歌舞、戏曲、竞渡、杂技等。但水嬉多伴于乡间节令的庆祝或庙会的举行。明宋雷撰《西吴里语》云："棹小舟于溪上为竞渡，谓宜田蚕。始于寒食至清明日而止，谓之水嬉。"①

便捷的水网体系是水嬉活动开展的前提条件。而寒食清明期间的水嬉被诗意地与"宜田蚕"相关联，其功能目的非常明确。究其原因，则与蚕乡人民的生产有关。虽然过去人们对节气时令有着非常精细的认知，但在传统蚕桑劳作中，往往存在着诸多不可预见性，人们希望通过随时可行的却不失神圣意味的仪式（活动）来祈福禳灾，满足自己的诉求。

---

① （明）宋雷：《西吴里语》，明嘉靖刊本，第三卷，第34页。

1. 清明水嬉是蚕乡人们进入蚕忙前的大狂欢

清明，二十四节气之一，《历书》云："春分后十五日，斗指丁，为清明，时万物皆洁齐而清明，盖时当气清景明，万物皆显，因此得名。"到了清明，降雨增多，气温转暖，人们开始春耕、养蚕。

在蚕乡一旦进入养蚕的关键时刻，哪怕是亲朋好友，都得严格遵守"禁往来"的乡规，俗称"关蚕门"。届时，家家闭户，门口张贴"蚕月免进"等纸条，甚至官府的征收也停止，谓之"蚕禁"。人们以此来保障蚕事顺利，不受外界干扰。寒食清明期间，人们趁进入大忙和高度紧张期前走亲访友，聚集在一起狂欢，以备更好的状态迎接蚕忙。水嬉，从劳动张弛安排上也合情合理。

2. 蚕农以水嬉来娱神，祈求蚕花娘娘庇佑

湖州东部平原区，有一小山丘，为含山，地处南浔、桐乡、德清交界，京杭大运河傍山而过。相传蚕花娘娘在清明期间化作村姑踏遍含山，留下蚕花喜气。由于水路的发达，四方蚕农摇船至含山塘，把喜气带回家，同时也带来了各种水嬉活动，包括台阁船、标杆船、打拳船、拜香船等。人们以此来娱神，祈求蚕花娘娘的庇佑。加之伴随清明由节气到节日的转变，祈祷与踏青功能的融合，含山轧蚕花水嬉的习俗从宋治平年间（1064—1067年）起，一代一代传承，备受推崇，经久不衰。

当然，水嬉形态各异，但在清同治《湖州府志》中关于水嬉引用了《西吴里语》的原文，并注释："今之哨船即其遗风。湖录以为今无其事，非也。"[①]哨船即水嬉遗风，而关于哨船的记载在湖州地方古籍资料中相当丰富，但大部分与清明相关。现摘录部分如下：

姚田快船成队到震泽岳庙前，取道市中，皆舞兵器及篙，名

---

① （清）宗源瀚等修，周学濬纂《湖州府志》，清同治十三年（1874）刊本影印，第573页。

曰哨船[1]。

寒食节乡村以农船驾四橹，上设彩亭旗帜，列各种器械，互较技勇诸艺，谓之哨船。驶行南北山前，而东乡双福桥尤盛[2]。

清明前后日，乡村以农船驾四橹，上设彩棚、旗帜，列各种器械，互较技勇诸艺，谓之哨船[3]。

我们由此可以推测：哨船为水嬉一种形式，在往后的发展中，相对其他水嬉活动独树一帜。但不管是水嬉还是哨船，两者同样于特定的文化空间下举行，与当地人们的生产生活实践直接关联，尤其是清明期间含山的轧蚕花，理所当然，秉承"宜田蚕"的目的功能。

（二）从打拳的船到船拳

关于哨船的形态，则以农船为基础，并且对农船有一定的装饰，设彩亭，插彩旗，且列各种器械，人们在船头耍拳、舞弄刀棍、互较技勇。从某种程度上来说，其实是一艘艘打拳比武的农船在清明特定时空下对蚕事丰收的祈祷与祝愿。

由于在船上打拳，船头面积只有八仙桌大小，活动空间受限，不能在较大范围内跳、蹦、窜、闪、纵、展、挪、腾。加之船体行驶过程带来晃动，使得在船上打拳的人每招每式都得讲究身法，做到稳和轻。也正因为这样，船拳的招式与陆地上练习武术有很大的不同。而且船拳使用的武术器械多从人们的劳动工具转化而来，比如鱼叉、板凳、刀等，使船拳更富于浓郁的乡土气息。

当然，船拳拳术其最初原始形态应该说是散落在民间乡村。在调研中，笔者采访过很多村民，都有类似以下陶新卫的说法。

"那会儿，村里很多人都会打拳，也比较简单。只要在船上

---

①（清）汪曰桢：《南浔镇志》，清咸丰九年（1859）修同治二年（1863）刻本，第396页。

②（清）宗源瀚等修，周学濬纂《湖州府志》，清同治十三年（1874）刊本影印，第573页。

③（清）陆心源等修《归安县志》，清光绪八年（1882）刊本影印，第118页。

能打就是，能挥动各种兵器。一般在 3 分钟左右，大家轮流上场，确保船在行驶中不冷场。"

——陶新卫，湖州市南浔区练市镇达井村船拳教练

水路、舟船的特殊条件，以及其自身的特点，使得这一拳术自成体系。但在往后的发展过程中，船拳不断吸收改进，交叉传播，同时也结合南拳、五行拳等拳术，形成比较完整的船拳套路，多达百余种。

（三）从民俗活动到现代表演艺术

原先船拳活动依附于特定的文化空间，但同时作为一种相对独立的拳术，又为其脱离传统的民俗活动成为随时可行的表演艺术提供了可能。伴随农村从业结构多元化，传统养蚕业缩减，人们对天气、蚕事的祈求没有先前迫切，蚕事信仰衰弱，加之传统水路交通被陆路交通取而代之，在诸多因素的影响下，船拳更多的是作为一种现代表演艺术，登上每年含山轧蚕花及其他各类比赛的舞台。时至今日，船拳虽然每年在含山轧蚕花活动中有所表现，但它的呈现形式在当下已然被更改，更多的只是作为一舞台节目，同其他歌舞类演出组成一台文艺汇演。总而言之，不管是各类赛事还是清明轧蚕花及其他舞台的呈现，以船为媒介的方式几乎不再显现，船拳彻底从传统民俗活动中消失。

二、船拳的传承与保护

（一）习船拳于校园村落

近些年来，各地通过"传统文化进校园""建立传承教学基地"等举措，将非遗传承工作与校园活动紧密结合起来。笔者以湖州练市船拳为例。2009 年，练市船拳被列入第三批浙江省非物质文化遗产名录。而早在 2005 年，练市小学就启动并实施将湖州船拳引入校园的计划，并由 300 多名小学生组成了船拳表演队伍。2007 年，练市小学的工作计划中纳入了"练市船拳"普及教学活

动，提出了人人会练武的目标。通过多次教学实践，以体育教学以及课间操的形式融入练市小学的教学中。

练市小学聘请了专职的船拳教师，在延续传统特色的基础上，经拳师们多次商讨研究制订出练市船拳的教材。根据不同年龄层次学生特点，针对性地在一、二年级中开设功架拳，三、四年级开设四门拳，五、六年级开设小洪拳。此外，在普及基础上学校还专门成立了武术社团，选取一些有天赋及有兴趣的学生，教习有一定难度的船拳套路。

秉承"两条腿走路"的方针，练市小学的拳船教学工作如火如荼地开展，也取得了一定的成绩。但是由于传授对象是小学生，从某种程度上说，这就限定了船拳的教学时间只能是零星点点，校园传承难以从深度、广度上铺开。再加上学生生源的不固定，使得船拳的教学难以延续。学校虽然挑选出部分学生组成社团，但孩子不得不面临升学问题，老师们连续几年的心血伴随着孩子的毕业而画上句号，对船拳整体传承来说，意义不大。

学校实质上承担得更多的是普及工作。当然对任何一种传统文化来说，学校的普及同样非常重要。但传承工作的开展理应从多方面、多人群着手。传统船拳的表演以村为单位，存在着村村之间的较量与比拼，无形中对船拳的传承起到了非常大的作用。

同样以练市船拳为例，在实地走访调研过程中，笔者发现民间依然有一定比例的传承人群，分布于练市各村落，包括白水河村、钟家墩村、大虹桥村、达井村、朱家埭村等，且据不完全统计，大家公认的拳师达30余人，年龄多集中在55至75岁之间。据了解，钟家墩村邱阿央、达井村陶新卫等一批拳师，定期在村里教授村民练拳。从某种程度上来说，练市船拳在当下的传承有着一定的基础，也有着相当的师资团队力量。而对这一大批以村落为单位的习拳人来说，给予展示舞台、合理加以引导，则相对显得更为重要。当下我们可以借助"一村一品"、美丽乡村建设等特色文化活动，以政府政策为主导，以地方村落为实施单位，建构传播平台，更好地推动湖州船拳的传承与发展。

（二）还船拳于民俗活动

任何一种民俗文化的传承发展，必然依赖于它赖以生存的最基本的社会结构。船拳作为一种民俗体育文化，依赖于农民千百年来不变的生活方式得以自然传承，这是他们生产生活的一部分。尽管当下随着信仰的衰弱、蚕事的衰弱、水路交通的衰弱，在各种因素制约下，民俗活动本身的功能意义也发生着一定的变化。娱神功能更多转向娱人，活动内容更侧重于游艺。

但最初源于蚕事祈祷而形成的船拳，实质上并未彻底退出村民的社会生活，而是在地方性文化的独特逻辑下延续与传承着。我们在每年的含山轧蚕花中依然可以看到船拳，虽然其形式有所变化，但船拳节目的保留其意义不同于其他歌舞类节目。对于这个特定群体来说，这更是大家共同的记忆。人们重复着"过去"，并将此纳入自己的社会秩序中，使之合法化，以此来证明当下生存方式的合法性，以及此地有别于彼地之处。

既然这种共同的记忆在乡民秩序中合法存在，那么是不是可以使船拳更加紧密地融合在民俗活动中呢？当然，我们并不期望也不要求民俗活动一成不变地沿袭。时代在进步，没有谁愿意躲在"过去"中故步自封。但是从某种程度上来说，船拳应该是轧蚕花民俗活动中的重头戏，而不是作为一般性节目登上文艺演出的舞台。当然，在轧蚕花活动本身功能目的巧妙地发生着转化的今天，我们也不可能要求船拳"宜田蚕"功能的秉承。但倘若在每一年的含山轧蚕花期间，继续以村落为单位，将船拳移入水上，在含山塘中进行比拼与展现，为船拳提供更为广阔的活动空间，这对各村船拳的提升也不失为一项举措。

（三）展船拳于多舞台

当下在湖州各地，船拳更多的是作为独立的现代表演艺术登上各类比赛舞台。尤其是浙江国际传统武术比赛，频频出现湖州船拳，并且各比赛者均取得优异的成绩。一方面，船拳作为相对独立的表演艺术参与各类比赛，扩大其影响。另一方面，前文提到还船拳于民俗活动，众所周知，民俗活动具有一定的时空性，但船拳又不同于其他仪式类活动，在民俗活动之外常态化展现应该说具有一定的可行性及可操作性。在嘉兴乌镇景区，多年来一直对这种可能性进行探索，并且取得了一定的成功。练市船拳省级传承人陶新卫甚至受聘于乌镇旅游公司，每天上下午各安排一场船拳表演，深受游客喜爱。同样，我们可以借鉴其经验，在南浔古镇、湖州历史文化街区等河道中，开辟船拳表演场所，将船拳与旅游相结合，彰显江南水乡文化。

三、结　语

船拳在水乡特殊的地理环境下孕育形成，印刻着蚕乡人们生产生活历程，并伴随着当地的民俗活动得以传承与发展。当下伴随蚕事的衰弱、水路交通的衰弱，对船拳的保护也提出了新的要求。我们理应在实践中不断拓宽思路，合理构建船拳保护平台，使其得以更好地继承与发展。

留住传承人

——以荆河戏为例 [①]

苏振华 [②]

（湖南工业大学音乐学院，湖南株洲，412007）

摘　要： 非物质文化遗产项目传承人的认知水平与话语权重极具现实意义。音乐人类学的分析结论表明，传承人在文化遗产项目传承与保护方面话语权的不足，是以荆河戏为个案的地方戏曲濒危的直接原因。因此，对非遗传承人在传谱、传播与传承"历史"维度话语的抢救性保护，与社会新发展阶段基础教育中非遗的传承与保护息息相关。

关键词： 荆河戏；萧耀庭；传承与保护

荆河戏是流行于湘西北及湖北荆州等地的戏曲声腔地方大戏剧种，2006 年 5 月 20 日入选第一批国家级非物质文化遗产保护名录。

截至 2020 年 12 月，国内与荆河戏相关的著述 18 部、期刊与

① 基金项目：湖南省社会科学成果评审委员会课题"荆河戏器乐曲牌研究"（ XSP22YBZ047 ）；"湖南民族民间音乐舞蹈研究"（ 湘民宗通［ 2017 ］27 号 ）阶段性成果。
② 作者简介：苏振华，湖南工业大学音乐学院讲师，艺术学博士，硕士研究生导师。

学位论文 29 篇、媒体报道 5 篇，有"荆河戏"条目介绍的辞书 9 部，活动年鉴 8 篇，会议论文 1 篇。按其成果特点可以分为三个阶段。

第一阶段：1999 年以前，以《中国戏曲音乐集成·湖北卷》（1998 年）、《中国戏曲志 湖南卷》（1990 年）、《湖北地方戏曲丛刊 1. 荆河戏》（1959 年）为代表的著述有 8 部，成果为荆河戏剧目的集成，虽有器乐曲牌内容，但仅为材料或名称罗列，没有涉及发展流变、与其他剧种曲牌的关系等信息；"荆河戏"条目在辞书《湖南大辞典》（1995 年）中开始出现。

第二阶段：2000 年至 2009 年，以萧耀庭编著的《荆河戏音乐研究》（2009 年）、《荆河戏音乐集萃》（2004 年）为代表，这两部以专题形式对上述成果相应内容进行拓展，对较全面地了解荆河戏的发展流变有帮助。《湖南日报》刊登的《荆河戏：在市场中艰难求存》（2006 年），期刊论文《探究湖北地方戏曲——荆州荆河戏》（2009 年）、《想念荆河戏》（2003 年）等 4 篇，对荆河戏的传播、推广有一定影响；"荆河戏"条目在《中国音乐词典》（2003 年）等 6 部辞书中有了介绍。这一时期的成果虽有注重荆河戏的发展现状、特色解读，器乐曲牌研究不足的局限，但与前期集成式成果比较，研究者有了对荆河戏的思考。

第三阶段：2010 年以来，产生了 8 部论著、4 篇报道、21 篇期刊及学位论文等成果。如《荆河戏经典唱段曲谱集》（2020 年）、《荆河戏史料集》（2013 年）、《荆河戏艺术探源》（2012 年）等代表性著述，其成果是从唱段、史料、表演等维度对荆河戏的进一步发掘；2017 年 8 月 24 日临澧政府网站刊登的《走近荆河戏传承人萧耀庭》一文，《常德日报》于 2016 年 1 月 16 日刊发的《荆河戏国家级传承人抢救性记录工程正式启动》等信息，内容是就荆河戏的传承、发展与建设的发声，与剧种器乐曲牌的关联还是不大；期刊论文中，高翔、许雪荣等就其风格特征、传承现况、创新发展展开研究的有 12 篇；桑俊、易飞等 7 篇则是以声腔演变、唱腔特色等为基础进行的解析；另从有关舞美设计、抄本特点、传承人角度探究的 7 篇论文中，苏振华围绕传承人"话语"的阐释有代表性。庞小凡、杨颜嘉等的硕士学位论文共 4 篇，研究同样停留在资料的收集整理、生态现状的呼吁等层面。也就是说，国内关于荆河戏的前期研究成果，有着以音乐集成、风格特色、剧目唱腔等传统内容为主，对变革荆河戏现状有决定性影响的传承人研究重视不足的特点。

国外与国内传统戏剧相关的研究主要定格在非物质文化遗产保护、制度等论域，与荆河戏相关的研究成果目前还是空白。

故本研究既是对前期成果论域的补足，同时对满足社会新发展阶段荆河戏创新性发展的现实需求也有其现实意义。

传承人都是深谙传承过程的细枝末节，有待进一步开发的"活历史"。2017 年 8 月 18 日上午 9 时，在常德临澧太浮的鼎益生态农庄，笔者一行四人对已 82 岁高龄的荆河戏国家级传承人萧耀庭老先生①（下文简称萧老）进行了专访。② 本文就是在田野调查掌握第一手资料，同时结合文献史料研究的基础上，通过对现实生活中传承人在荆河戏传谱、传播以及传承中存在问题认知进行分析，为基础教育中如何实现非遗的传承与保护问题提供资料参考。

---

① 萧耀庭，1935 年出生，湖南常德临澧人，毕业于北京师范大学历史系。1981 年在《湖南戏剧》第 5 期发表大戏剧本《程咬金招亲》。2008 年被文化部评定为国家级非物质文化遗产荆河戏代表性传承人。他是已故荆河戏宗师黄绩三（下文简称黄老）的关门弟子，是 1984 年缪天瑞等主编的《中国音乐词典》中"荆河戏"条目、1992 年周巍峙主编的《中国戏曲音乐集成·湖南卷》里荆河戏概述的撰稿者。曾主编《湖南戏曲音乐集成·常德市卷·荆河戏》《荆河戏音乐集萃》，出版有《娲篆集》（获第七届丁玲文学奖）、《荆河戏音乐研究》等著作。
② 临澧县人民政府：《走近荆河戏传承人萧耀庭》，http://www.linli.gov.cn/Item/69064.aspx，访问日期：2021 年 3 月 2 日。

一、民俗里的传谱

荆河戏传统音乐采用工尺谱记谱。萧老认为，乐谱传人的认知水平对基础教育中如何使荆河戏艺术守住底色、保全本色、创新特色都有直接影响。

（一）守住底色

工尺谱是中国传统记谱谱系文字谱的代表之一，作为记录、承载、传播中国传统音乐的重要媒介，在传统音乐的发展中起着积极的推动作用。[①]它具有可唱性、凝练性、地域性特征，在历经"文革"后，湘西北及湖北荆州等地已被挖掘、整理的部分荆河戏传统堂曲与曲牌，以及传统经典剧目音乐内容，是否守住了底色，遭到怀疑。荆河戏国家级传承人谭复秀捐赠给荆州市群众艺术馆的11个手抄剧本，"荆河戏名师艺人徐元复、刘厚云等人转赠的钞本，有荆河戏乐师黄宗复、李正栋个人整理后转赠的钞本，也有在市业余荆河戏剧团成立后其他地方的荆河戏艺人口述整理的钞本"[②]。常德市文化艺术研究所的荆河戏资料中，萧老等记谱整理的资料为重要组成部分，同样具有材料来源广、信效度值得商榷的特点。与新时代荆河戏传统剧目的保护和数据库的建设要求存在一定差距。

工尺谱的传谱是关乎戏曲剧种前景的要事。在荆河戏传统剧目、曲牌等的传承中，稳固的"口传心授"传承方式、"一曲多变"的乐谱特点，使荆河戏的传播在遭遇地域差异性、人文环境变化时，在保守与创新的对峙中，具有能主动吸纳、融入本土文化的包容性特质。在传承层面，文化底蕴不足，完全靠机械性背诵或仅停留于乐谱原貌解读的被传承群体，无疑存在着对本剧种传统乐谱理解僵化，不能与时俱进的发展局限。因此，新时代荆河戏音乐传承中，传承人与被传承人的艺术涵养，对剧种生成发展环

---

① 吴晓萍：《中国工尺谱的文化内涵》，《中国音乐学》2004年第1期。
② 庞小凡：《荆州市群艺馆藏荆河戏钞本初探》，《戏剧文学》2016年第4期。

境下乐谱内核及个性化内容的保护与解读，即能否守住荆河戏的艺术底色有直接影响。

（二）保全本色

戏曲剧种是特定时代特色文化的物化表现，是一代代艺人们心血的结晶。在中国传统戏曲文化传承中，家族式传承是最典型、稳固的传承方式。

在与萧老的交谈中了解到，他1960年从北京师范大学历史系毕业后，同年被分配到呼和浩特师专（现内蒙古师范大学）任教，因身体被检查出患门静脉高压症致脾被切除后，1961年3月被动员退职在家待业。他与荆河戏结缘，得益于1961年12月参加当时临澧县文化系统组织的一场演出。由于他在演奏中的突出表现，他被当年临澧荆河剧团的毕科喜指导员荐举给了正在剧团指导荆河戏排练的黄老。黄老在荆河戏业内久负盛名，门徒众多，包括其嫡子黄开国，都是当时湘、鄂各地剧团的当红乐师。据萧老回忆，给他传谱的黄老当时已七十多岁，双目失明，因患过麻风病，其面容已损毁到影响言语清晰表达的程度。"你记性很好，感觉不错，今天就这样，明天再教。"[1] 他就是在黄老每次"口传心授"四首荆河戏工尺谱作品的基础上，开启其戏剧性的荆河戏人生的。

据萧老介绍，黄老在收其为关门弟子后不久，就把自己从原常德津市隆法寺的心缘大师手中传承的、已保存多年的荆河戏工尺谱钞本《韵谱》两册，亲手交给了他。这也是萧老在交谈中多次提及的，"黄老先生没有把《韵谱》传给他的嫡子黄开国，而是把它传给了我。这就是我为什么在1991年退休后，还要在2004年编纂出版《荆河戏音乐集萃》，2016年修订再版《荆河戏音乐集萃》的主要原因。因为黄老生前曾一再嘱托我，'这两册谱，你把它要保管好，一定要把它传下去'，不能让荆河戏毁在我们这一代人的

---

① 根据2017年8月18日，在常德临澧太浮的鼎益生态农庄的采访录音整理的

手里"①。有关《韵谱》的传谱，荆河戏名师黄开国就坦言，"这(指《韵谱》) 是我们的当家饭碗，不能给别人看的"②，直白指出了荆河戏艺人对传统乐谱传授给谁、给谁传授、如何传授的群体关注度与内在规定性。因此，我们应重视传统固化观念影响下的荆河戏在新时代的传承、革新。

（三）创新特色

"工尺谱字系统自有记录以来经历了从固定到可动的记音模式，变化历程在以往的知识记忆中呈跳跃式出现。"③ 工尺谱蕴含丰富、厚重的地方特色文化基因，它要求被传承人应具备良好的艺术修养与学术涵养，而非简单机械的模仿与背诵。早年荆河戏艺人出身多贫寒，少有学识者，学戏多是为了能自己糊口或养家，因此，重技艺训练与表演是大多数艺人生活的真实写照。

萧老被传谱的结果，与其谈到的"黄老先生教唱工尺谱的时候，边学唱边用简谱把它记录下来，回去后再琢磨，回课时再吟唱出工尺谱"④ 的创新性学习，与萧老早年在长沙艺术师范学校(现湖南第一师范学院) 读书时专攻音乐以及北京师范大学毕业的受教育背景，与前文提及的就业即失业再就业的戏剧性经历等一定有关联。这也是课题组成员在与萧老交流过程中能够感悟到的内容。黄老没有把《韵谱》传给他的嫡子黄开国及其他门徒，然萧老记谱的诸多传统荆河戏作品，据其所言大部分是在黄开国的传腔下完成的传谱事实，表明了老一辈荆河戏艺人对《韵谱》"传人"的态度。研究表明，在以黄开国为代表名艺人的传腔与指导下，萧老完成了早期大量荆河戏音乐的记谱以及传统剧目的收录与整理，拉开了他编、创现代荆河戏的帷幕。据核查，1980 年，

---

① 根据 2017 年 8 月 18 日，在常德临澧太浮的鼎益生态农庄的采访录音整理。
② 同上。
③ 李玫:《工尺谱记谱系统从固定到可动的演变》,《中国音乐学》2012 年第 1 期。
④ 同上。

萧老改编的历史剧《程咬金招亲》，经临澧荆河剧团首演后，陆续被全国近百个专业剧团移植上演，1981年曾被湖南省电视台拍为上、下集艺术片。原长沙市花鼓戏剧团的毛健华就提及，"《程咬金招亲》是长沙市花鼓戏剧团于1985年创编的，历演三十多年而长盛不衰，每回演出都能得到观众的热烈欢迎"[①]。萧老创编的大戏《孟良一家》，其全场音乐曾被当年的湖南省电台录音播放。这些事实表明，乐谱传人就是社会新发展阶段有待进一步开发的"活历史"。

二、改革中的传播

荆河戏艺术自20世纪60年代初期至21世纪的发展，萧老作为亲历者，认为其经历了盘点家底、积攒家底、拆散家底的流变过程。

（一）盘点家底

新中国成立初期，地方政府贯彻落实1951年5月5日中央人民政府发布的《政务院关于戏曲改革工作的指示》文件精神，广泛开展了地方戏曲的改编、演员培训等相关工作，对传统地方戏曲荆河戏的发展有直接影响。

据采访的老艺人许魁松[②]回忆，受"剧团登记制度""民营剧团改制"政策影响，在当时，常德津市古大同（现为古大同社区）是从湘、鄂各地选拔来的荆河戏小演员的早期集训地。师资是湘、鄂的荆河戏名师，采用传统"口传身教"的形式授课，传授内容为荆河戏的唱腔、传统剧目表演等的系统训练，乐谱识读等基础理论性内容没有开设。由于当时的演出任务多，每届小演员在一年时间左右的集训后，就被按需分派到常德的津市、石门、临澧以

---

① 毛健华：《我演程咬金》，《艺海》2007年第2期。
② 许魁松，常德临澧合口镇人。1957年入津市荆河戏小演员训练班，师从李福枝、瞿翠菊。饰演老旦，如在现代戏《红灯记》中饰李奶奶，《朝阳沟》中饰栓保娘等。20世纪80年代在临澧荆河剧团退休。

及湖北的石首四个剧团（常德的澧县剧团没有参加）①，他们在实地学习剧团前辈演员的排戏、演戏等内容的基础上，参与荆河戏传统剧目的实践，逐步成为各剧团荆河戏传统剧目表演的中坚力量，为湘西北及湖北石首等地荆河戏艺术的发展与传播做出了突出贡献。

1963年，湘西北地域成立"常德地区荆河戏遗产挖掘继承工作委员会"，组织开展了常德地区传统戏曲文化的挖掘与抢救工作，盘点荆河戏家底的工作由此展开。办公地点后设置在当年荆河戏名艺人最集中的临澧县的团堰阁（现临澧县人大院址对面）。萧老作为委员会成员之一，刻印了黄老传授的堂曲、曲牌以及记谱的弹腔唱腔（第一集），以及《访普》《扫松》《挑袍》《百花亭》《夫妻花鼓》等折子戏，分发到临澧、澧县、石门、津市、石首五个荆河剧团。②经查实，这一阶段挖掘整理荆河戏传统曲牌与剧目的工作，持续的周期并不长。受调查中交通不便、信息不畅、艺人年岁高等实际困难所限，以及调查不及时造成的永久性遗憾、认识性偏差形成的破坏等因素影响，收集整理的荆河戏资料并不多。但可喜的是，除做寿、办喜事、过年、拜节等民俗节庆外，农忙闲暇时的"草台"、集会赶场间的闹市，到处都表演着荆河戏，为后期荆河戏艺术的收集整理、修订匡正埋下了伏笔。

"破四旧"时期，传统地方戏曲挖掘工作中断，已整理的荆河戏部分资料被焚毁，剧团整改，演员们改行、出走。如1952年进入临澧剧团群乐班学荆河戏，攻老生、须生的名艺人向群寿，因多重原因，在20世纪70年代初就举家迁往了湖北荆州。③黄绩三、

---

① 1954年，荆河戏民间职业班社定点为五个荆河剧团，即：临澧荆河剧团、澧县荆河剧团、津市荆河剧团、石门荆河剧团和湖北省石首县（今石首市）荆河剧团。

② 萧耀庭、易凤林、申象泉：《荆河戏音乐集萃》，上海音乐出版社，2016，第19页。

③ 庞小凡：《荆州市群艺馆藏荆河戏钞本初探》，《戏剧文学》2016年第4期。

许宏海等荆河戏名艺人离世。加之政策层面下样板戏的强势推进，在催生荆河戏传统剧改革的同时，使亟待挖掘的部分传统剧目、传统堂曲、曲牌等工作遭遇瓶颈，原本热闹的传统荆河戏跌入了低谷。这给社会新发展阶段荆河戏传统剧目的再挖掘与创新性发展提出了新要求。

（二）积攒家底

在 20 世纪 70 年代末至 80 年代中期，常德地区培训荆河戏小演员、挖掘整理荆河戏遗产、创编移植荆河现代戏，成为地方文化建设新亮点。1978 年，萧老又率荆河戏音乐整理小组的老艺人黄开国、石少恒、余未精、谢天才、许安和等，在常德的石门、津市、澧县、临澧四地，组织社会流散的荆河艺人进行了访谈与录音，共录制了约 90 小时的音频资料以及大量的口述材料。经整理、分类后进行了刻印成册，包括弹腔唱腔、高腔、昆腔、打击乐、堂吹、丝弦、词牌曲牌、折子戏共八册。值得关注的是，录制过程中，艺人们改行废业及常年缺少练习导致的技艺性受影响、自然性遗忘等因素，原剧团潘思林、刘昌明等多人参与记谱标准的不统一，萧老采访时强调的"当时急于刻印后要分发到各剧团进行排演，对记谱的内容就没有来得及审校"[①] 等原因，造成分发的乐谱存在错、漏内容的问题。但在当时，这一明显的纰漏并没有影响民众欣赏传统荆河戏的兴趣与热度。与此同时，常德艺术学校的荆河戏专业的培养也得以稳步推进。

20 世纪 80 年代初期，社会改革大潮下，电视机、录音机等传播媒介渐次进入普通民众家庭，地方戏曲传统的传播模式受到冲击。1986 年，根据文化部和中国音乐家协会于 1979 年联合发出的《收集整理我国民族音乐遗产规划》的文件精神，常德市文化局编辑出版了《湖南戏曲音乐集成·常德市卷·荆河戏》。萧老任"荆河戏"内容的主编，负责记谱与校稿。据萧老所言，当时由于

工作人员少，造成了荆河戏文本的定稿、付印环节的疏略，成书后发现存在剧目完整唱段被删减得七零八落，记谱者张冠李戴等严重的讹、漏问题。在荆河戏乐谱准备重修但还来不及修订重版的情境下，现实遭遇了政策层面的地方剧团改制、社会风尚的流行音乐"飓风"的重大影响。传统与现代、守旧与新潮的博弈，把传统荆河戏直接推到了改革的浪尖。重现生机的荆河戏艺术再一次跌入低谷。

（三）拆散家底

20 世纪 80 年代后期至 90 年代，随着改革开放的进一步深化，大众生活方式发生改变，音乐文化需求也不同以往，荆河戏的原生系统遭到破坏。荆河戏固有的观演群体被进一步消解，音乐内容被肢解成碎片文化，幸存的荆河戏传统剧目被挤压到了濒临消亡的边缘。"转企改制"以来，演员阵容逐渐流散，使剧团"供不上、养不起、留不住"的问题愈发突出。当年正任职临澧县政协副主席兼文联副主席的萧老认为，在当时"政府如果能给予剧团一定的编制与财政支持，剧团应该能运转支撑下去"[1]。这种对荆河戏艺术的关切与期盼，以及对地方政策层面的无奈与感叹，在与萧老的交流中能深深感触到。原本与民众生活休戚相关的荆河戏，成为改革浪涛中的典型流浪者。

21 世纪以来，"市场化"改革并没有从根本上改变地方戏曲院团对财政性资金的依赖，在这样的前提下，由于对剧团资金的投入不足、荆河戏人才梯队的不完整、行业政策导向偏差等现实问题的存在，荆河戏的家底被拆散一空。再加上"影视艺术的飞速发展，网络视觉文化的广泛渗透，观众有更多自主选择视觉娱乐方式的空间"[2]，多重因素的影响最终造成荆河戏艺术成为非物质文化遗产的悲情性事实。这一切都给新时代荆河戏文化生态环境的

---

① 根据 2017 年 8 月 18 日，在常德临澧太浮的鼎益生态农庄的采访录音整理。
② 罗超、陈昔禅、莫念：《论新媒体下荆河戏发展与传承之困境》，《新闻传播》2015 年第 19 期。

培育与重建带来了严峻挑战。

三、现实下的传承

多元、开放的文化背景下，传统地方戏曲能否吸引到更多观众，最大限度地把地域文化精髓的艺术形态融入整个社会文化消费、文化审美之中，直接关系到剧种和剧团能否生存于当代、传承于未来。①

（一）有剧无演

文化生态影响下民众对传统文化认同感的迷失，持续影响到荆河戏原有或潜在观演群体。21世纪初，戏曲人才进出通道的不通畅，事业编制的"零增长"或减少等多重挤压，使戏曲专业人才无法进行正常补给，对荆河戏艺术本体，特别是专业性较强的、最具特色的技艺内容的正常训练与有效传承造成了直接影响。地方经费自给率低、支付报酬能力弱，导致对人才的吸引力极其脆弱，使许多代代相传的荆河戏优秀传统剧目陷入有剧本、无演员或有剧目、无市场的尴尬境地。表现在荆河戏剧目排练上，由于所需角色、行当人员的不完整，临时从其他荆河戏剧团借调演员，或由其他剧种相应行当的演员来拼凑的现象成为常态，严重影响了剧目的表演质量，更不用提传统剧目的传承与创新。加之中大型传统剧目的正常排练无法进行，表演成为空谈的事实等，制约了荆河戏艺术的可持续保护与发展。

（二）有本无传

戏曲表演需要在音准、节奏、音高、嗓音、形象、悟性等方面有较好素养的高潜质的人才。地方政府对所谓"现代戏""新戏"的大力支持，挤占了荆河戏传统经典剧目的资源空间，导致了荆河戏有传统剧目无实质性传人的尴尬局面，不利于荆河戏艺

---

① 陈锦高：《基层戏曲艺术表演团体的责任与使命》，《中国戏剧》2015年第9期。

术内涵的提炼彰显。

当前，除国内专业戏曲艺术院校在培养专业性戏曲人才外，"学艺苦""没保障"的实际问题，使地方剧团面临培养与招募演员的困难，剧团运营、剧种传承成为现实性难题。新中国成立后的相当长的时期内，因为演员具有国家编制，所以剧团对戏剧演员的挑选与培养有较大容量的"人才储备库"。[①] 现阶段，物质生活极大丰富，以解决衣食之忧为学戏动机的时代已成为过去，昔日送子学艺、门庭若市的热闹场景成为历史记忆。现实中，荆河戏艺术表演的诸多绝活"人走艺绝"，在经济风向标面前，传人的选拔甚至家族式技艺传承，都变得不堪一击。荆河戏艺术面临着有本无传的残酷现实。

（三）有牌无团

让最大多数的民众能便捷、充裕地欣赏到他们喜闻乐见的戏曲演出[②]，是地方戏曲剧团的职责使然。基于项目申报与传承人的认定，国家相应部门配备有一定的资金支持。但因此衍生出的诸多问题有待正视，如有牌无团（或无实质性剧团）等情况。表现在项目申报获批后，剧团本应履行、完成相应的任务，如演员的选拔与培养、剧目的创编、公益性演出、传统文化的传承等，都未很好完成，现实与期望之间存有较大差距。地方院团的传统剧目、技艺的传承逐渐沦为绝响，成为地方发展常态。萧老认为，"在传承项目的传承与创新方面，政策部门应给予项目传承基地、传承人以相应职责要求，实行问责制""文化部重新对传承项目、传承人进行审核是很有必要的""戏曲进校园是一件好事"[③] 等，道出了以萧老为代表的老一辈传人对当下荆河戏等非物质文化遗产

---

① 刘辉：《多向度断裂：文化事业单位改革面临的挑战及成因——以地方剧团的处境为案例》，《社会主义研究》2014 年第 3 期。

② 傅谨：《戏曲院团体制改革的隐忧与解困》，《南阳师范学院学报》2012 年第 11 期。

③ 根据 2017 年 8 月 18 日，在常德临澧太浮的鼎益生态农庄的采访录音整理。

项目传承现状的无奈与担忧。

四、结　语

荆河戏的文化传承价值已得到社会各界充分肯定。在文化趋同背景下，我们应在充分认识到中国传统地方戏曲在中国音乐文化发展中的文化身份，标榜其作用的同时，充分认识到中国传统地方戏曲在生态重建、动态保护、活态传承与创新层面上的任重道远。如上文所述：荆河戏传承人对荆河戏传统曲牌、堂曲音乐等的传承，能否建构在守住底色、保全本色基础上的创新性发展；荆河戏传统剧目的传播，能否在加强挖掘与整理的同时在基础教育阶段进行推广普及；荆河戏剧团能否以自身独有优势抢占市场、开展荆河戏生态环境的营造与重建；等等。这些问题的困扰与解决，均表明留住传承人的重要性。也就是充分调动传承人的积极性并深度挖掘剧种潜能，真正发挥其本应担当的引领作用，对基础教育阶段非遗的传承与保护有直接影响。

仪式现场与日常生活

——台州越剧的生存发展现状

陈星含 [1]

（浙江师范大学文化创意与传播学院，浙江金华，321004）

摘　要：越剧自进入台州地区，就得到了热烈的反响，甚至取代了本土戏曲的地位，活跃在当地的演出市场上。而越剧之所以能够在台州扎根，有诸多要素，最核心的是该地为越剧生存发展提供了文化土壤。而越剧演出在台州，从主要为仪式现场的演出，到现今公园、路口"随处"可见，这两类的演出形式并非接续关系，而是一同推进了台州越剧的繁荣。承办后者演出的多为民间票友组织，它们的产生发展离不开官方的引导规范，从根源上是民间力量的缩影，凸显了"草根的力量"。但民间票友组织也在面临着挑战，面对群众日渐提升的艺术欣赏水平，票友演出水平的提升和票友组织的改善仍然是其现今要面对的。

关键词：台州与越剧；仪式现场的越剧；民间票友组织

一、前言

在近现代历史进程中，人类文化价值观念经历了巨大变化，

---

① 作者简介：陈星含，浙江师范大学文化创意与传播学院民俗学在读硕士研究生。

倡导文化多样性、差异性的观念逐渐深入人心。[1]而一些优秀传统文化正面临着逐渐式微的境况,非物质文化遗产保护势在必行。但在当代流行文化的冲击下,"乡土"正慢慢流失,非遗保护面临着严峻的挑战。不论是对非遗的界定还是保护,全世界都在追求其"科学性"。我国于2004年正式批准联合国教科文组织的《保护非物质文化遗产公约》,并逐步推进非遗保护工作。[2]通过申请成为非遗,许多传统表演艺术得到了抢救和保护。但由于戏曲演出的每一场戏、每一个流派,从唱腔到身段都有相应的程式要求,且其师徒传承作为主要的传承方式存在不确定性,正因如此,各个剧种普遍面临着传承保护的难题。

基于此,笔者关注到越剧在台州地区的发展。笔者出生于台州的县级市温岭,自小耳濡目染,对当地人追捧越剧司空见惯。台州位于浙东,毗邻绍兴、宁波地区,并非越剧的发源地,也未在现代越剧改革中发挥重要作用,却有庞大的戏迷群体,越剧演出活动频繁,参与者众多。这种"盛况"绝不只是笔者的个人感受,当地群众以及到此演出过的越剧名家也有同感。2015年,在一档戏曲节目《一鸣惊人·越剧名家名票组团战》中,有一位温岭的参赛选手,他的标签是"来自戏迷之乡的图书馆管理员",越剧名家吴凤花在点评时予以肯定,说"温岭是戏迷之乡一点不假",这一说法也得到了其他名家的赞同。

虽然人们已经发现越剧在台州发展的与众不同,但相关的研究却比较少。傅谨对台州戏班长达八年的调查研究是一个重要的学术成果,为研究台州的越剧提供了"戏班"视角。[3]侯翔宇则关注到台州越剧的草根性,着眼于台州民间越剧戏班与地域习俗关系进行书写,得出了"对民间越剧戏班干预越少越有利于它的发

---

① 傅谨:《非物质文化遗产保护与戏剧发展》,《四川戏剧》2010年第4期。
② 王文章:《非物质文化遗产概论》,文化艺术出版社,2006,第10页。
③ 傅谨:《草根的力量:台州戏班的田野调查与研究》,生活·读书·新知三联书店,2018,第2页。

展"的结论。① 张永明对台州的民营剧团进行了调查研究，阐述了当地民营剧团的源流，指出了民营剧团的"乱与变"。② 除此之外，还有学者关注到当地的戏迷群落，并形成了相应的考察报告。如赵红帆对温岭大溪镇的戏迷群落进行了细致的考察，在其考察报告中指出，戏迷有群落的划分，但总体特征仍较鲜明："有钱、有闲"人群，以操吴侬软语的浙江本地人为主，热衷参与越剧活动。③ 在其字里行间也能看出越剧在当地如何受到追捧。

学者们从不同角度分析越剧在台州的产生条件，发现了民间力量对当地越剧产生发展的推动。由此笔者也回到了家乡——温岭市展开田野调查。调查发现，当地的越剧从主要为仪式现场的演出，到现今公园、路口"随处"可见，且两者演出形式并非接续关系，而是共同推进着越剧在节日和日常都频繁地出现在当地人的生活之中。

二、越剧与台州

越剧源于嵊州，兴于上海，在其逐渐发展之中走向全国，现今饮誉海内外。其"以浙江嵊州方言和民间音乐为渊源，博采绍剧、京剧、昆曲、话剧、电影等多种艺术精华；由越剧男班发展成女子越剧为主，辅以男女合演；唱腔以板腔体结构与不同流派为主要特征，人物不勾脸谱，表演真切、细腻、动情，艺术风格独具特色"④。从形成与发展来看，越剧从一开始的男子小歌班发展

---

① 侯翔宇：《浙江台州民间越剧戏班与地域习俗关系——以台州黄岩越剧团、青春小百花越剧团为例》，《戏剧之家》2014 年第 17 期。

② 张永明：《朝向山海之间：新时代越剧民营剧团演出现状研究 以台州市越剧民营剧团为例》，《中国戏剧》2021 年第 8 期。

③ 赵红帆：《浙江温岭市大溪镇越剧戏迷群落考察报告——由四月廿三庙会管窥当地越剧戏迷》，《剑南文学（经典教苑）》2012 年第 7 期。

④《中国越剧百年诞辰纪念大会和纪念活动新闻发布会发言稿》，http://www.scio.gov.cn/xwfbh/gssxwfbh/xwfbh/zhejiang/Document/337996/337996_1.htm，访问日期：2022 年 12 月 3 日。

至女子越剧繁荣，而后推进越剧男女合演。发展至今，越剧流派纷呈，每个流派都有其代表性作品。2006年，越剧入选首批国家级非物质文化遗产名录，在上海市和浙江省嵊州市分别都有保护单位和传承人。

越剧自20世纪三四十年代进入台州，就得到了迅速的发展，活跃于庙会等仪式现场以及平日的公园角落，甚至逐渐取代了台州地方剧种——台州乱弹的地位。"目前我们可知的就是，从20世纪40年代之后，越剧已经取代了乱弹，成为台州地区的强势剧种。"① 尽管在历史上有多个剧种生存过的痕迹，但现今越剧几乎占据了台州的戏曲演出市场，每年都有大量的演出，并积累了庞大的戏迷群体。

越剧在当地如何能够扎根生长，又何以有如今盛状？当地人知晓自身对越剧异于常人的钟情，却不知情之所起。着眼于此，笔者进行了调查，提出以下思考。

越剧能够扎根台州，首先是得益于自然环境因素。台州北面与绍兴和宁波接壤，天台县与嵊州市相连，距离较近，这为越剧进入台州创造了有利条件。且台州与绍兴同属吴语片区，语言在某些发音上能够互通，所以听和学相对而言没有那么困难。其次，越剧进入台州后，当地的社会、文化环境给予了它生存土壤，使其有如今的规模。

就社会环境而言，官方力量的支持、民间团体的推动都使得越剧在当地蓬勃发展。但文化环境因素才是越剧在当地站稳脚跟的根本。台州三面环山，一面朝海，其谋生方式在很大程度上依赖着自然庇护。这样的地理人文环境使得群众有着广泛的信仰，特别在台州农村，随处可见庙宇，供奉着当地的保护神。此外，台州人宗族意识比较浓厚，祠堂四处可见，至今仍有修族谱的行为。正是在这样的文化环境里，越剧成功融入当地，成为信仰仪

---

① 傅谨：《草根的力量：台州戏班的田野调查与研究》，生活·读书·新知三联书店，2018，第30页。

式中的重要一环。越剧在进入台州之初，还没有现今的众多流派之分，唱腔被当地人称为"道士调"，从中可见越剧与当地信仰仪式之间的密切联系。

发展至今，台州的商业氛围乃至群众追捧也为越剧提供了生存环境。近年来，非正式的越剧演出活动频繁，逐渐从仪式现场走向日常生活，常见于人群集聚的公园、路口等，演出群体也在发生变化，从专业剧团变成了票友组织，从专业演员变成了自学的普通群众。

三、仪式现场的越剧演出

在仪式中，往往伴随着音乐、表演，既是为了娱神，也是娱人。越剧演出在台州的各类仪式现场广泛存在着，并成为仪式的重要一环。

（一）庙会与越剧

在台州当地，几乎每个村都有自己的村庙，供奉着一方的保护神。每个神明都会有相应的寿日，庙会是神明寿日的"狂欢"表达，筹资"写戏"[1] 则是庙会的重要一环。筹资这个过程涉及信仰圈、祭祀圈的问题，涉及义务性和自愿性这两个特质。[2] 演出费用来自庙宇所在的一定区域范围内的群体，一类是居住在此的百姓，还有一类是在此地有商业活动的商人。组织者会上门挨家挨户地"讨要"，金额数视每个家庭的实际情况而定，条件好一些的愿意多拿一些，不仅"积功德"，还可以提升自己的地位和声望；条件不好的家庭也不好意思一分不出，怕落人口舌。而在当地经营的商人，往往都是会出一笔"巨款"。虽说是自愿筹资，但在潜移默化中，已经成为一种义务。而划分民众是否出资，可以看到祭祀

---

① "写戏"即请戏，邀请剧团来演出，为方言直译。
② 张宏明：《民间宗教祭祀中的义务性和自愿性——祭祀圈和信仰圈辨析》，《民俗研究》2002 年第 1 期。

圈的边界。

　　因为庙宇众多，会有很多演出集中在某些时间段，常常是上一个村刚演完，下一个村又开始了。当地的庙戏请的几乎都是越剧团，演出时间短则三天三夜，长则七至十天。演出的第一晚必定要先庆寿。虽各个剧团的排演有细微出入，现今的舞台陈设也远远好于从前，但庆寿的仪式过程几十年来并没有太大的改变。笔者于 2021 年 7 月，现场观看了一场庆寿演出。舞台上事先摆有香案，香案上依次摆放着香台、油烛、酒水和各类祭品。开演后，演员们扮演各路神明，依次亮相做自我介绍。主神为紫薇大帝赐福天官，其他神仙是财富、学习等方面的职能神。接着是一个背着桃枝的丑角出场，先介绍自己背的蟠桃是王母娘娘的仙桃，有着怎样的神奇功效，说罢抛下桃子，也会将香案上的食品从戏台上抛下，引得众人涌上前捡拾。这可以说是庆寿仪式的高潮时刻。一部分人会在庆寿仪式结束后离去，但大部分人会留下来继续观看越剧正本，直至结束。

　　在旧时娱乐活动极度缺乏的情况下，庙会为人们提供了观看演出的机会，越剧演出形式的庆寿更是深入人心，人们在这样的仪式中狂欢。而关于庙戏有一个禁忌，即最后一夜的戏不能够看到结束。这似乎是在提醒着人们，这是神明的节日，戏是做给它们看的，在狂欢的同时也要心怀敬意。越剧表演的目的是娱神，但在表演过程中让人们感受到了欢娱。在人神共娱的情景中，越剧演出的必要性被凸显出来。

（二）祭祀与越剧

　　在台州当地，受佛道文化影响的民众，会在丧葬仪式上请来道士、僧人为亡者超度，在出殡时邀请一些民间艺人唱越剧。此外，在举行修谱、祭祖仪式时也少不了越剧，甚至会请来当地有名的剧团，举办大型的演出活动。

　　在台州，祖先信仰广泛存在着。以温岭地区的"吃月半"习俗为例，年初的正月十五到年中的七月十五、八月十五，这三个

"月半"，当地人都要做一桌子菜和"食饼筒"，先请祖先回来"品尝"，而后再家人一同享用。这是祖先信仰非常直接的体现。此外，宗族意识在当地也深入人心。这直接体现在如若哪一家有婚丧嫁娶的事宜，总会有族人出面协助，哪些人按礼制需要做些什么，族人们都了然于心。现今的宗族仍保存了修宗谱、族谱的习俗，在修宗谱时则会请戏团来演出。

2021年7月，笔者于温岭新河镇观看了一场大型的"圆谱戏"，请的是当地公认能排进"前六所"的民营剧团，以一晚两万八千元的价格，演出了六天六夜。此次演出吸引了大量的观众，座无虚席。演出地点选在村委和文化礼堂之间的空地上。戏台前为观众席，当地人将祖先画像的神位放置于观众席的后方，正对着戏台，这也有些人神共娱的意味了。演出的第一晚，相较于庙戏少了庆寿一折，越剧正本演出前安排的是歌曲清唱。有一位男性歌者献唱《千山万水总是情》，其背后LED屏幕上却一直滚动播放着"章氏家训"，这与宗族组织如此盛会有关。此次演出并非单纯娱乐，而是在发挥戏曲的社会功能。[①]当晚的演出剧目为《狸猫换太子》，并非才子佳人的故事，传达了保持善良、坚守正义的重要性。这样一来，修谱仪式的演出就起到了向内教化族人、向外扩大影响力的作用。演出的功能性使得越剧在祭祀的过程中不可缺失。

四、常态化的越剧演出

（一）票友的组织化趋向

因为越剧演出在仪式过程中发挥着作用，大型活动往往都与越剧演出相关联，当地的越剧演出市场十分繁荣，也因此催生了很多优秀的民营剧团，积累了庞大的戏迷群体。戏迷群体中，存

---

① 艾炬：《明清宗族演剧研究》，博士学位论文，山西师范大学戏剧与影视学院，2018。

在一类"体验式"人群，他们不满足于只"看"和"听"，而是通过"唱"来表达对越剧的喜欢。有的人还会通过专门的学习，置办行头而后表演，以期在越剧上获得"造诣"，得到认可。如果唱得比较好，甚至小有名气，会被称为"名票"。票友一词，"系晚清才开始频繁出现"[①]，且学界多用于京剧的语境之中。而之所以直接使用越剧票友一词，是因为这个词语在官方和民间都已经通用，非职业的戏迷演员也自我认同为票友。

近年来，票友的发展呈现出组织化趋势，在温岭已经形成了正式组织形态，即"越剧协会"与"越剧俱乐部"。在温岭，每一个乡镇都有一个戏曲组织，但演员们唱的、演的几乎都为越剧，实质上为越剧票友组织。他们活跃在人群集聚的公园里、马路边，既有练习式的，也有正式的演出活动。这两类活动既有差别又有共同点。若是练习式的活动，往往是叫上搭档或是独自一人，主动到分散在各地的"演出场地"，唱尽兴了也就离开了。而若是正式演出，那需是受到邀请，呈现一台完整的演出，组织内也必得有一个牵头的人统筹演出的各项事务，包括演员的协调、节目的编排。前者往往是清唱，演出现场相对简陋，按票友的话来说就是："唱戏的人比看戏的人还要多。"而后者多有正式舞台彩唱演出。彩唱意为扮上行头，进入戏曲角色之中。若是彩唱，邀请者会给一些酬金。虽然有酬金，但与票友们所付出的时间、精力乃至在服装道具上的投入是不成正比的。故而票友们的演出往往都是公益性的，于他们而言，比较重要的是观众的认可。除此之外，二者也有一个共同点，即都以演唱折子戏为主，鲜有整场的演出。这与票友组织的非专业性有一定的关联，尽管票友组织中不乏剧团工作背景的演员，但大部分都是业余爱好者，水平参差不齐，其付出的成本对应演出效果并不如意。

这类票友组织的演出，不仅地点不局限于正式舞台，在时间

---

① 武翠娟：《"清客"、"串客"、"票友"关系疏证——兼考业余戏曲演员之名称演变》，《戏剧》2016年第4期。

上也十分灵活。天热时，在人流量大的地方几乎每个晚上都能看到票友唱越剧的身影。他们的演出活动为民众晚饭后休闲的去处，使民众得到更多观看越剧的机会。演出现场的观众分为两类，一类是经过时因为好奇，停下来观赏一会儿，看一会儿热闹后便离开；还有一类则是带上椅子、凳子前往，往往都是从头看到结束，乐此不疲。越剧演出对于前者来说，是一个深化"越剧印记"的过程，即使他们原本对越剧并没有很大的兴趣；对于后者来说，为他们提供了娱乐休闲的机会，他们往往对越剧有一些兴趣，从而在参与过程中享受这份快乐。对于观众来说如此，对于票友来说更甚。旧时越剧演员被认为是"不正经"的职业，很多女孩子即使非常喜欢却不得不听从父母的意见去学手艺。而现今对演员的包容度已经远远高于从前了，这给人们在工作之余重拾兴趣提供了可能，走到人前、台上唱戏也是在实现曾经的梦想。

（二）组织化的发展动因

民间票友组织包括协会和俱乐部两种形态，而即使是俱乐部，其成员仍会以"协会"自居。这些组织的产生，是官方力量与民间力量合力的结果。

温岭市于 2019 年 5 月在全市组织实施农村文化礼堂"四千工程"[①]，其中"四千工程"的"千项文体活动进礼堂"中就有两项与之息息相关。其一是积极开展"送文体"活动，指出每年送文体活动到文化礼堂不少于 400 场次。其中文艺活动中包括了越剧演出，且这类的演出多是由地方的戏曲协会、俱乐部承办。其二是广泛开展"种文化"活动。注重文化礼堂内生力量的培养，积极开展"四育"活动。一是举办"乡村艺校"培训班，因地制宜开展书法、美术、摄影、音乐、舞蹈等培训活动，每年开展文体辅导培训活动不少于 600 场次，因此地方上开办了戏曲唱腔、身段、化妆的培训，教授的也都是越剧的相关内容，满足了戏曲组织内成员接

[①]《关于实施农村文化礼堂"四千工程"的通知》（温宣〔2019〕23 号）。

受专业课程学习的需求。二是每个镇（街道）培育 1~2 支文化礼堂乡村艺术团。三是每个镇（街道）培育 50% 以上的文化礼堂举办村晚、唱响村歌。四是每家文化礼堂每年培育 1 支以上文体团队。以上举措都推动了戏曲组织进一步发展，并为其增加了很多的演出机会。

尽管官方力量的引导对于越剧在当地的规范化起着重要作用，为越剧发展营造了良好的环境，但从根源上来说，"草根的力量"也不可忽视，是民间孕育了越剧票友组织。就演员来说，组织内成员都来自民间，有着各自的工作岗位，越剧这样一个共同的兴趣爱好，将他们联结在一起组成了团体。而这类的组织都是非营利的。排练节目、练习唱腔、参加演出会耗费一定的时间精力，服装道具也需要自己置办，而演员的戏服、头饰费用动辄几百上千，需要用工作收入维系爱好支出。即使是这样，票友们也坚持积极参与。有些组织者和支持者甚至没有登台的机会，仅凭着这一腔喜爱出钱出力，为演出的顺利进行保驾护航。

票友组织的成立，使票友和观众都享受了这份"红利"。它为人们提供了休闲的去处，丰富人们的夜间生活，特别是乡镇人们的精神世界。演员因为有演出机会而增加对自身的关注，正如一位票友的自述："我姑娘的时候也是非常会打扮的，很要好的，衣服都是赶时髦，穿得很洋气的。自从剪头发（受访者的职业是理发师，笔者注）起，起来就干活，干完活就睡觉，这个孩子带大那个孩子又生下来了，就直接不打扮了……自从唱戏起，化妆又重新开始化，衣服买好一点，出门换起来，这种自信，不一样了。"对观众来说，找到了晚间娱乐休闲的去处，本来只有庙会才能看到的现场演出，现今广泛地存在于生活之中，面对面地欣赏越剧的机会越来越多。正如赵红帆在考察报告中体悟到的：浙江戏迷群落突出的特点就是"将戏迷协会这种看似松散的、民间性质的非营利组织，依靠当地人特有的勤于思考、富于变通的头脑，运作成为一项集电视、网络、舞台演出为一体的利国利民、轰轰烈烈的文化事业"①。

笔者家乡所在的乡镇也有这样的俱乐部，其会长是由镇文化站站长及镇驻地的村书记推荐任命的。该俱乐部在官方力量推动下得以成立，之后的运营由俱乐部的几名主要领导负责，官方没有参与具体的运营过程。在成立之初，是会长从邻村、亲戚朋友处筹得三四万元置办演出设备，之后的演出也都是会长和主要成员负责后勤工作。出资出力的也有很多只是喜欢越剧的群众，他们没有加入俱乐部，但也用自己的方式支持着演出活动的进行。这些来自民间的力量就像是炉膛里的柴火，使得票友的组织化群体逐渐走向成熟，即便没有官方的投入，也能够自发组织演出活动，助燃着越剧的火热发展。

五、结　语

越剧在台州之所以能够受到如此多人的追捧，笔者将其归因为"童年印记"。越剧演出在早年间就已经渗透进当地民众的生活。每位受访者都无法表述清楚自己对越剧究竟为什么喜欢，但他们却能够清楚地记得幼时看越剧的情形，生动地描述儿时是谁带着看的，看了什么，到哪里去看的，现场又是如何热闹的景象。哪怕是现在的年轻人，耳闻目睹了庙会活动和票友组织在公园、路边的演出，也已对越剧习以为常。在当地群众的意识中，越剧不是外来之物，喜欢越剧是理所应当的。

越剧在台州能有如今的盛状，群众的力量不可小觑。首先，民营经济是"草根力量"的重要动力。正是因为各类演出都能见到越剧，当地的演出市场十分繁荣，且台州各地相对富足，可以拿出不菲的资金承办演出，因此催生了很多优秀的民营剧团，并在当地得到蓬勃发展。再者，在越剧从仪式现场走向日常生活的过程中，更多的民众参与到演出中来。来自民间的根源动力加持以

————

① 赵红帆:《浙江温岭市大溪镇越剧戏迷群落考察报告——由四月廿三庙会管窥当地越剧戏迷》,《剑南文学（经典教苑）》2012 年第 7 期。

官方的助力，成就了越剧的现今规模。在这一过程中，"草根力量"仍然是源泉般的动力。

　　发展至今，越剧也面临着一些挑战。民营剧团在竞争过程中，常常通过整合"明星演员"的形式使得剧团有更大的知名度，以获得更高的酬金，演出质量和观众的审美需求呈现良性互动，都有所提升。且在互联网时代下，人们可以轻易地获取越剧名家的演出资源，可以随时随地听、看名家演出；随着生活水平的提高，人们还可以去各地看名家演出。这就导致越来越多的人能够看"懂"越剧，听得出流派，分辨得出演唱水平的高低。而这对于民间票友组织来说，是一个很大的挑战。由于演出成本相较于正式剧团较低，他们在"送戏下乡"中有着极大的优势，可以频繁地出现在乡村生活中，推动乡村的文化发展，助力乡村振兴工程。但对观众来说，当地的庙会演出已经十分普遍了，他们开始追求演出水平更好的剧团。故而笔者认为，票友这一形态的演出想要再进一步走得更好更远，还需要很大的自我提升空间；而文化部门如果想要票友的演出发挥更大的价值，那么对于民间票友组织的关注就不应只限于此。

客家非遗：于都"峡山道菜制作技艺"调查报告

刘永发 [①]

（赣南师范大学历史文化与旅游学院，江西赣州，341000）

摘　要：客家非遗"峡山道菜制作技艺"传承和流传于于都县罗坳镇峡山村，具有悠久的历史和传统的制作工艺。作为非遗食品，"峡山道菜"已经融入当地客家民众的生活之中，并且正在借助现代企业化的生产和营销走向更广阔的市场。"峡山道菜制作技艺"及其产品，具有丰富的工艺和产品价值、文化价值，以及为居民创收和助力乡村振兴的经济实用价值，但是在传承和发展中，这项非遗技艺面临着传承困境和现代化发展困局。

关键词：客家；赣南；非物质文化遗产；非遗技艺；峡山道菜

一、"峡山道菜"的历史渊源与由来

（一）"峡山道菜"简述

"峡山道菜"，为于都县罗坳镇峡山村的一道传统特色食品，其原料为大蔸菜。大蔸菜，形似萝卜，下有圆锥形块茎，叶子青翠且细长，据"峡山道菜"非遗传承人DSP [②] 介绍，大蔸菜原为峡

---

① 作者简介：刘永发，赣南师范大学历史文化与旅游学院硕士研究生。
② 因个人信息保护需要，本文中统一使用化名。

山村的一种野菜，后被广泛人工种植。"峡山道菜"一直采用传统的工艺制作，经晒干、腌制、炒制等诸个工序后制成。其制成后，色泽黄褐，味甘甜清香，余味悠长。采访时，当地人都表示，吃"峡山道菜"可开胃健脾、提升食欲；民间认为"峡山道菜"有延年益寿之功效，所以其又被人们称为"长命菜"。

"峡山道菜"由于味道鲜美、口感独特且绿色健康，深受峡山村及附近村镇群众的喜爱，一直以来都是当地居民生活中的一道必备美食，同时也是招待客人亲友的菜品以及走亲访友的礼品。如今，"峡山道菜"正力求走出乡村，通过规模化制作，走上城里人的餐桌。目前为止，"峡山道菜"已有两家小规模生产的食品厂。近年来，"峡山道菜"大有走出峡山走向更广阔的市场的势头。现在"峡山道菜"在于都已有一定的名气，在赣南地区的市场也有一席之地，甚至远销到北京、广州、上海等地。

"峡山道菜"被评为江西省乡镇企业名优特产品博览会金奖，"峡山道菜制作技艺"也已被列入于都县非物质文化遗产名录。据于都阿杜食品厂老板 DSP 说，"峡山道菜"每年总计可以为峡山村村民带来至少二十万元的收入，这些村民主要是为食品公司提供原料和半成品。如果利用得当，"峡山道菜"可以促进峡山村居民收入提高，且符合乡村产业振兴的发展需要。

（二）"峡山道菜"的传说

在于都县罗坳镇峡山村境内有一座皇木山，海拔约 600 米，山上树木众多且品质好，有许多适合做房梁和制造家具的木材。据当地民间流传的说法，皇木山之名为皇帝所赐。在元朝建大都皇宫的时候，曾派人到峡山征木材，最终在此山伐得数根合适的原始树木，从贡水入赣江，最终北上运往大都。因在此所取木材质量很高，故而被赐名为"皇木山"。

后还有民间传闻，因此山的树木奇特且品质好，一直名声在外。清乾隆皇帝为制作宫廷家具，亲派大臣来此地采办木材，在峡山村请了当地村民伐木。而伐木是力气活，伐木工人容易饿，因当时物资匮乏，就把当地的一种腌菜（即峡山道菜）带到山上充饥。后来这种不起眼的食物被采办的官员发现，官员品尝后大呼味道独特，甜中带有特殊的清香，就把这种菜带到了皇宫。乾隆皇帝品尝后大为赞赏。"峡山道菜"也因此成为当地的一道经典美食。

（三）"峡山道菜"名称由来

"峡山道菜"中的"道菜"究竟为何意？其名因何而来？对此，经过调查，笔者发现，关于"峡山道菜"的得名有以下两种说法。

其一是与制作技艺有关，即在制作"峡山道菜"时，在最关键的腌制环节，需要把坛子倒过来，将坛口扣在盛有水的碗中，以此作为密封措施，防止空气进入坛中。因为有这样一道流程，且"倒"与"道"同音，故而被称为"道菜"。

其二是说"峡山道菜"与当地的道教信仰有关。因为道士喜食素，故而道士们自己种大蔸菜，且将其晒干后制作成腌菜，而后这种食物在普通百姓中得以普及，人们便将其称为"道菜"。

二、制作过程及技艺

（一）原料及选材

为保证味道，"峡山道菜"在选材上要求很高。制作"峡山道菜"的材料必须是打过霜的大蔸菜。大蔸菜的块茎和叶子全株皆可一起入菜。大蔸菜生长在寒冷的冬季，害虫不易生长，几乎无病虫害，所以当地农民在种植时一般不用施农药，在肥料的选用上都施用农家肥，这保证了取材的绿色健康。

"峡山道菜"的材料精选自打过霜的大蔸菜，是有科学依据的。这也是当地民众长时间积累下来的经验。大蔸菜一般在农历十月左右播种，冬春为其生长期。而冬春季节多霜，打过霜的大蔸菜里的淀粉在植株内淀粉酶的作用下，由于水解作用，变成麦芽糖，又经过麦芽糖酶的作用，变成葡萄糖，使得大蔸菜内的糖分更为充分。而葡萄糖极易溶解于水，这样腌出来的"峡山道菜"，能够更加清甜。

（二）清洗与晾晒

夏天是大芜菜收获的季节，这个时候，农民们会把收割的大芜菜洗净，去除菜上的泥沙，再在太阳下晒干，干度约在九成左右，有的可以根据腌制使用时间不同进行适当调整。为保证口感，必须确保晒干，而不能是阴干。把大芜菜的水分基本晒干后，将其按适当的大小一匝一匝捆起来。为了方便装坛，每匝大小比腌制的坛口稍微小一点。捆好的菜干可以直接用于腌制，也可以保存一段时间再腌制。

（三）腌制与封坛

把捆好的干大芜菜装进坛中后加入少许细盐，再倒入酿制客家黄酒时的酒糟。据传承人 DSP 介绍，加入酒糟有两个作用，一是可以起到防腐的作用，二是可以使得腌制出来的"道菜"与酒糟的味道进行融合，使其更加香甜。这种甜味与大芜菜经霜后本身的甜味结合在一起，形成其独特的风味，成为"峡山道菜"的一大特色。

在腌制的时间方面，根据传统工艺，为了保持口感，腌制时间一般要求为两年，最少也不能低于一年，才能使味道更好。腌制过程中，储存室的室温要保持在 22 摄氏度左右。传承人 DSP 说："以前对于温度是凭经验靠身体来感知的，现在科技发达了，可以对室温进行精确化测量，这样就把最适宜的温度固定下来。在腌制过程中，保持 22 摄氏度的室温，这个温度是经过长时间反复验证过的。这样腌制的'道菜'不容易坏，而且口感也更好。"

"峡山道菜"的制作，封坛这道工序尤为重要。在绑住坛口后，需要将坛子倒放在装有水的碗中，以达到隔绝空气的效果。为了防止碗里的水在蒸发后减少，进而影响密封的效果，同时也为保持碗里的水的新鲜，每个星期应该酌量加或换一次水。勤换水可以保证"峡山道菜"的质量。因为"峡山道菜"腌制时间较长，如果中途进"风"（"风"：在当地方言中，指的是在腌制过程中所进的空气），那么之前长时间的腌制将功亏一篑。

（四）炒制

"峡山道菜"的制作技艺还包括炒制的环节。在腌制好后，要想品尝"峡山道菜"的美味，炒制也是非常重要的。炒制的工序很简单，但是非常考验经验。首先，将腌制好的道菜从坛中取出，将其再次洗净，且将外表的水分沥干；然后，切成适当大小，用温火将锅烧热，锅内不加油，将道菜倒入锅中翻炒，适当去除部分水分后盛起，火候必须把握好；再在热锅中加入凉油，油热后倒入道菜。峡山人在烹制时，一般放盐、辣椒即可，不需要过多的调料。峡山村村民认为，这样"峡山道菜"的香味才不会被其他调料喧宾夺主，才能保持这道菜本身的清香。如今，"峡山道菜"的炒制与传统的方法相比，在口感上进行了一定的改进。以前的"峡山道菜"是比较干的，如今为了适应现代人的口味，在炒制过程中多加了一些食用油，更加丝滑可口。

（五）品质的评判

峡山村村民对腌制"峡山道菜"的质量要求很高。因为是入口之物，无论是在口感上还是安全上，峡山村村民都非常讲究，且有一套评价标准。腌制出来的品质如何，主要有两个评判方法。第一个方法是"看"：一看颜色，如果菜体呈黄褐色，没有发黑发紫的，便是品质好的；二看叶子，看菜叶有没有烂的，因为菜叶是最容易烂的地方，如果菜叶是好的，其他地方基本也就没有问题，如果有烂叶，便是品质差的，是不能用的。第二个方法是"闻"：通过闻气味，如果有自然的清香味便是好的；不好的道菜，散发出或轻微或浓厚的异味，当地人统称之为"臭风"（"臭风"：当地方言，即在腌制过程中因进入空气导致变质而产生的酸臭、腐臭等味道）。

三、"峡山道菜制作技艺"可传承与发展的价值

（一）工艺和产品价值

"峡山道菜"在制作上工艺独特、精益求精、绿色健康。在峡山村，几乎家家户户都会做"道菜"。其实"道菜"的分布不仅限于峡山村，在峡山的周边村落与乡镇均有制作和食用"道菜"的习惯。但是"峡山道菜"的工艺是与其他地方有区别的，这也造成了口感上的区别。

"峡山道菜"的主要特点基于和体现在其制作工艺上。"峡山道菜"制作工艺的独特之处就在于：精选打过霜的大蔸菜，并在腌制的时候加入酒糟，而且腌制时间要足够长才行。在"峡山道菜"的腌制过程中，每道工序都极其讲究、精益求精，以此保证"峡山道菜"的品质。此外，因为"峡山道菜"注意腌制过程中的温度和密封性，这样在坛子里可以保存两年，而且达到两年的味道还更好。在过去物资匮乏的时代，通过特殊的储存方式，人们可以长期食用而不会坏，这使得具有"下里巴人"气质的"峡山道菜"可谓是一道非常重要的菜。到如今，人们更加追求口感，腌制时间足够长已不再是为了易于保存，而是经过足够长时间的腌制，"峡山道菜"的清甜味更加突出，味道更佳，且可以降低其亚硝酸盐含量。另外，"峡山道菜"之所以绿色健康，首要的一个原因是选材上取自绿色天然的大蔸菜，因为大蔸菜的生长习性几乎无须农药和无机肥料，可以说是有机蔬菜。再加上生产过程中无任何添加剂，保证了"峡山道菜"的绿色健康。

因为"峡山道菜"味道独特、清甜可口、解腻而开胃，可以与多种食材进行搭配，将其独特的味道与其他食材巧妙融合。其中最经典的搭配是"道菜扣肉"。即用"峡山道菜"来替代霉干菜。因霉干菜是酸的，而道菜是甜的，因而，这种搭配将扣肉的肉香与道菜的清甜结合，集甜、咸、香于一体，具有层次感，味道厚重中带有清新。又如"盐菜酥"（又叫"咸菜酥"），即以"峡山道

菜"为馅，外裹面粉，炸制而成，其味道外酥脆而内香甜。另有"炸丸子""烧卷子"等，在制作时也会加入"峡山道菜"作为辅料。此外，"峡山道菜"还可以配其他风味小吃，配瘦肉、青椒等进行小炒，配汤食等。如今"峡山道菜"已经成为当地餐桌上不可缺少的一道特色主菜和佐餐菜品。

（二）文化价值

"峡山道菜"及其制作技艺，是有源远流长的历史和丰富的文化内涵的。"峡山道菜"作为世代相传的传统食物一直延续至今，长期为当地人所食用，而且，其中还衍生出有趣的故事和传说。"峡山道菜"就地取材，且在发展过程中具有了人文色彩，受到自然环境和人文社会给予的双重影响，使其成为表现峡山村饮食文化的载体。透过这道食物，我们可以感受到当地的自然风光和人文风俗，这赋予传统食品以无形价值。

在千百年来的饮食制作实践中，"峡山道菜"及其制作技艺展现了当地人长期积累的经验和智慧。如今，民间制作"峡山道菜"仍然是以经验为主，因而虽然大体味道一致，但是不同的人制作的"峡山道菜"味道还是有些许不同。当然，这种经验并非一成不变的，在工业化、规模化不断发展的今天，峡山村有部分乡镇企业家一直在寻求规范和创新。"峡山道菜"的制作技艺是民间智慧的结晶，代代相传下来，经过不断传承和发展，服务于当地的人民。

"峡山道菜"丰富了峡山村的饮食文化。它不仅仅是一道食品，更是人情社会的展现。因为人在饮食文化中扮演着选择、创造、使用和传承的角色，以"峡山道菜"待客和送礼，其中承载着人情关系。而且，关于"峡山道菜"的故事传说，为其增添了神秘和古老的气息。当然，"峡山道菜"的工艺也是峡山村饮食文化不可或缺的一部分。"峡山道菜"制作过程中的精益求精，是一种"工匠精神"的体现，且制作技艺也是一种非物质文化遗产。"峡山道菜"中还蕴含着人们的生活态度，以及其中所展现着人们的生活世界和精神世界，这些都是饮食文化的一部分。作为一道非遗美食，"峡山道菜"展现了峡山村的人间烟火气，在当地百姓的饮食习俗之中，讲究对味、色、质等方面的完美结合，以及其"原汁原味"之法和"配菜之道"等。

（三）经济实用价值

1.助力乡村旅游

"峡山道菜"作为峡山村的一道传统美食，给当地人民带来了一定的经济价值，但是目前还是仅限于包装的"峡山道菜"的销售。在如今乡村旅游正在如火如荼地进行的情况下，这道特色美食可以与乡村旅游结合起来，成为峡山村甚至于都县的一张美食名片。充分保持"峡山道菜"的地方特色，通过增强游客对峡山村地方特色美食文化的了解，进而增加人们对峡山村文化的理解，基于此，可以增加旅游的深度，从而带动区域经济发展。

2.开发乡愁消费

目前，"峡山道菜"有一部分是销售给远在他乡的峡山籍或于都籍游子。他们身处异乡，食在他乡，便会怀念家乡的味道，而"峡山道菜"便是家乡的味道之一。当他乡的于都游子发现可以有渠道购买到家乡的非遗美食，很容易形成乡愁消费。这时，商家和买家是互相满足的。这样将物质与精神结合起来，是"峡山道菜"销售的一条路径。如今，制作"峡山道菜"的食品厂通过使用真空包装、微波杀菌、巴氏杀菌等方法提高产成品的保质期，使家乡美食销往外地。经过外地游子的宣传，"峡山道菜"突破空间界限，得以更大范围地传播出去。

3.推动乡村就业创业，助力乡村振兴

如今，一些峡山籍的创业者发现了"峡山道菜"这道传统美食中所蕴含的商机，于是在此投资建厂。据调查，峡山村目前有两家工厂生产"峡山道菜"，而于都阿杜食品厂便是其中之一。通过这些工厂的努力，"峡山道菜"的采购、制作和销售产业链已经基

本形成。目前原料的种植、半成品的收购、加工厂生产以及网上销售物流等，解决了一部分农村劳动力问题。但是，"峡山道菜"还没有形成规模化的产业，现有的创业工厂，仍在不断扩大市场和产能。非遗类的乡村创业，通过就地取"才"的模式，为有思想、有理想、有技艺的村民发挥特长提供条件。[①] 特别是要鼓励和扶持年轻人投身到非遗技艺工厂创业中去，通过挖掘非遗产业资源，壮大乡村产业。这样可以实现"一门手艺带活一门产业，一个能人带活一片乡村"的目标，并且吸纳更多的农村劳动力实现就业甚至创业，有效助力乡村振兴。

四、"峡山道菜制作技艺"的传承与发展现状

（一）优势：现代化生产与营销

笔者所调查的"峡山道菜制作技艺"的传承人、于都阿杜食品厂的老板 DSP 表示："我这两年跑过九江，到过湖南，千里迢迢就是为了去学包装食品的杀菌和保质技术，为了打开更广阔的市场。"如今，于都阿杜食品厂生产的"峡山道菜"，在传统制作技艺的基础上，把传统工艺与现代科技相结合，主要是采用无菌真空包装、微波杀菌、120 摄氏度蒸煮巴氏灭菌等方式提高保质期。这些措施都有利于"峡山道菜"产品运输到外地进行销售。此外，"峡山道菜"在实行现代化生产的同时，坚持不添加任何防腐剂。

在销售上，采用线上、线下相结合的模式。传承人 DSP 敏锐地发现了互联网对营销的重要性，现在已经在学习并运用新媒体实现跨时空的产品营销，并且利用新媒体的互动性强的功能，对"峡山道菜"进行大力推广。[②]DSP 在抖音和快手上开设了传统食品专卖店，并且开启直播卖货的模式，充分利用互联网的流量资

---

① 董向东：《人才振兴是乡村振兴的关键》，《甘肃农业》2019 年第 5 期。

② 申绍云：《新媒体视域下江西非遗产品营销策略探究》，《文物鉴定与鉴赏》2021 年第 13 期。

源，使"峡山道菜"的品牌得到更好的曝光，同时也大大增加了销售量。除了网上卖货，DSP也积极扩展线下销售渠道，通过与酒店、餐馆合作，为其长期供货，并且积极参加非遗食品展。

（二）困境：传承与规模化难题

如今，"峡山道菜制作技艺"已经被于都县认定为县级非物质文化遗产，可以说是从官方层面强化了对其的认可度和重视程度。这项峡山村代代传承的制作技艺被认定为非遗，使得"峡山道菜"成为"非遗食品"。入选非遗，赋予了"峡山道菜制作技艺"更深刻的文化传承价值，同时也更加明确了传承义务。但是，笔者通过调查发现，其传承面临着困境。在传承人方面，传承人并无明显的师承关系，一般是家庭内部代际流传。虽然各家制作技艺大抵相同，但是各家在传承时缺乏交流，技艺封闭且难以统一。目前能够完整熟悉"峡山道菜"制作技艺的人多为老人。年轻人更倾向于"更直接、更高效"的非遗食品获取方式[①]，他们认为制作流程太多且耗时太久，不如直接购买现成品，因而基本不愿意学习"峡山道菜"的制作技艺了。而被官方认定为非遗传承人的DSP是个例外，他是食品厂的创立者，他的公司对非遗食品比较重视，在"峡山道菜制作技艺"传承上做了许多努力。然而，值得一提的是，虽然他非常注重技艺的传承与改良，但是他在产品营销方面的投入远高于技艺方面的投入。

"峡山道菜"如今多为民间自发制作，不管是大蔸菜的种植还是腌制，主要还是由村里的老人来做，且基本凭经验来制作。这样，除了存在着断代的风险，还缺乏统一的技艺规范和标准。虽然村里有制作"峡山道菜"的食品工厂尝试进行现代化生产，但主要还是在村里收购了半成品进行加工和包装，再进行销售。传承人DSP表示："如果这样下去，预计在十年之后，食品作坊的原料

---

① 付伟安：《非遗视阈下传统手工艺人的传承困境及对策》，《人文天下》2018年第9期。

来源可能面临危机。"再者，目前食品厂没有标准化的生产厂房，机器较少，也没有核心技术，并没有实现真正意义上的标准化的规模生产。因而成本相对较高，市场竞争力有限。传统技艺的特点体现于其产品之中，特别是传统食品的制作技艺更是如此，而食品厂的主要努力放在后期营销方面，对产品的技术规范和品牌建设的关注明显不足。对于这个问题，传承人DSP也注意到了。他说："我也在寻求更多的支持，目前最急切的是要建立起标准化的生产厂房，扩大生产规模，然后打出自己的品牌。"这是个很好的想法，但是其忽略了两个问题：其一，"峡山道菜"的品牌价值很大部分在于这道传统美食的文化价值，打出品牌必须讲好品牌故事；其二，"峡山道菜制作技艺"这项非遗的传承与品牌发展相辅相成。这些问题都是亟待解决的。

五、结　语

作为一项非遗技艺，"峡山道菜制作技艺"是峡山村饮食文化的一部分，是峡山村的客家民众长期生活经验和智慧的结晶，其工艺上精益求精，具有独特的风味，具有可开发的经济价值。在乡村振兴的大背景下，"峡山道菜"可为当地居民带来可观的收入。如果将"峡山道菜制作技艺"进行合理有效的传承与开发，可以带来更大的效益。如今一些创业青年利用"峡山道菜制作技艺"开办食品工厂，借助现代化的生产方式和营销，为该技艺的传承与发展融入了现代元素，但同时也存在着一些问题：重商业化而忽视文化内涵和技艺规范；生产规模和品牌的发展面临着瓶颈。此外，熟悉制作技艺的多为老人，且人数在逐渐减少，大部分年轻人已经不愿意学习这项技艺，存在着传承的断代风险。

《非物质文化遗产研究集刊》稿约

《非物质文化遗产研究集刊》（以下简称"集刊"）是由浙江师范大学省非物质文化遗产研究基地全力打造的学术交流平台。本集刊立足浙江，面向全国，长期关注非遗领域发展动态，既重视非遗理论研究，亦重视个案和田野调查。本集刊自 2008 年以来已出版 14 辑，收录了一系列观点鲜明、见解独特的文章，在学界已有一定影响。

为继续展示非遗研究成果、传播非遗保护理念、促进非遗研究深入发展，本集刊长期面向省内外诚征稿件。投往本集刊的稿件须是未公开发表、符合学术规范的文章；文末请附作者简介和联系方式；本集刊审稿周期为 2 个月，逾期可自行处理，来稿均不收取审稿费和版面费。

凡文章被录用者，图书出版后均邮寄样书两册。

投稿邮箱：fy@zjnu.cn

联系电话：0579—82297930

《非物质文化遗产研究集刊》
版权声明

本集刊已许可中国知网以数字化方式复制、汇编、发行、信息网络传播集刊全文。本集刊稿酬（含著作权使用费）与审稿费、版面费相抵，不足部分由作者支付。所有署名作者向本集刊提交文章发表之行为视为同意上述声明。如作者不同意网络传播，请在投稿时声明，本集刊将做适当处理。